河南省"十四五"普通高等教育规划教材

现代产业经济学

主　编　朱　涛
副主编　夏　宏
　　　　袁文榜

河南大学出版社
HENAN UNIVERSITY PRESS
·郑州·

图书在版编目(CIP)数据

现代产业经济学 / 朱涛主编. --郑州:河南大学出版社,2022.6
ISBN 978-7-5649-5182-5

Ⅰ.①现… Ⅱ.①朱… Ⅲ.①产业经济学 Ⅳ.①F260

中国版本图书馆 CIP 数据核字(2022)101131 号

现代产业经济学
XIANDAI CHANYE JINGJIXUE

责任编辑 张雪彩
责任校对 李亚涛
封面设计 翟淼淼

出 版	河南大学出版社			
	地址:郑州市郑东新区商务外环中华大厦2401号		邮编:450046	
	电话:0371-86059715(高等教育与职业教育分公司)		网址:hupress.henu.edu.cn	
	0371-86059701(营销部)			
排 版	郑州市今日文教印制有限公司			
印 刷	广东虎彩云印刷有限公司			
版 次	2022年6月第1版		印 次	2022年6月第1次印刷
开 本	787 mm×1092 mm 1/16		印 张	17.75
字 数	428千字		定 价	48.00元

(本书如有印装质量问题,请与河南大学出版社营销部联系调换。)

前　言

为适应高校经济类、管理类教学和研究需要，根据教育部加强学科建设的要求，我们在总结自身教学实践经验以及借鉴国内外产业经济领域最新成果基础上，编写了《现代产业经济学》一书。

产业经济学是一门新兴学科，是以产业为研究对象，研究产业之间和产业内企业之间关系发展规律和互动规律的应用经济科学。产业经济学是在一定的历史背景下产生的。新古典经济学的危机意味着单从微观角度考虑经济问题不能够解决部分现实问题，凯恩斯主义强调政府干预的宏观经济也面临着诸多挑战，经济学家开始把研究的思路转向到介于微观经济和宏观经济之间的产业层面。除此之外，第二次世界大战后日本产业政策的实施对经济的积极作用，促进了人们对产业经济学的理论研究。

产业经济的研究对于促进一个国家和地区的经济持续发展，以及产业结构的优化、产业组织的合理化、产业政策的有效调整具有重要意义。目前进行的供给侧改革以及需求侧调整就是产业结构优化在实践中应用的具体体现。

产业经济学专业目前是应用经济学硕士点、博士点的二级学科。产业经济学的研究内容和体系在不断革新和完善，本书将其内容分为十八章，包括初识产业经济学、企业理论、产业结构演变、产业结构优化升级、产业关联、产业组织理论、产业组织模型、产业布局、产业集群、政府规制、产业竞争力、产业安全、芯片产业链安全、农业发展模式与粮食安全、电子商务与传统零售业转型、新能源产业发展与政策、中国机器人产业发展、人口老龄化与康养产业发展等。部分章后设计有相关案例，以增加学生对每章内容的理解和可读性。本教材可作为经济学专业本科生以及研究生的参考用书。

本书由河南大学朱涛教授任主编，河南大学经济学院袁文榜博士、刘涛博士、夏宏高级会计师，开封科技传媒学院朱亚雷博士，郑州经贸学院田艳杰老师，郑州西亚斯学院金芳芳老师参与了编写，以及研究生章曼、董凡、黄夏、高晓锦、高新杰、夏青苗、刘宇、孙欣瑜等同学参与了本书的资料收集、整理和校对工作。具体分工为：第一章（朱涛）、第二章（朱涛、章曼）、第三章（朱涛、黄夏）、第四章（朱亚雷）、第五章（袁文榜）、第六章（朱涛、夏宏）、第七章（朱涛、董凡）、第八章（朱涛、夏宏）、第九章（朱涛、刘宇）、第十章（朱涛、孙欣瑜）、第十一章（朱涛、夏宏）、第十二章（朱涛、高晓锦）、第十三章（朱亚雷）、第十四章（田艳杰）、第十五章（金芳芳）、第十六章（朱涛、高新杰）、第十七章（袁文榜）、第十八章（刘涛）。在此，向本书参编人员表示衷心的谢意。本书参考了前人的有益文献，有的出处在文中注明，有的列到参考文献里，在此，对所有的文献作者表示感谢。

本书为河南省"十四五"普通高等教育规划教材,教材出版受到河南省教育厅以及河南大学经济学院资助,特此表示感谢。

由于编者水平有限,产业经济学的很多重要方向没有在教材中加以介绍,其中疏漏之处在所难免,希望读者不吝赐教,以便今后进一步完善。

编 者
2021 年 12 月

目　　录

第一章　初识产业经济学 （1）
　　第一节　产业经济学研究意义 （1）
　　第二节　产业的内涵与分类 （2）
　　第三节　产业经济学研究内容 （7）
　　第四节　产业经济学研究方法 （10）

第二章　企业理论 （15）
　　第一节　科斯之前的企业理论 （15）
　　第二节　科斯及其之后的企业理论 （18）

第三章　产业结构演变 （26）
　　第一节　产业结构与经济增长关系的争论 （26）
　　第二节　产业结构演变规律 （27）
　　第三节　影响产业结构的因素 （32）

第四章　产业结构优化升级 （37）
　　第一节　产业结构合理化 （37）
　　第二节　产业结构高度化 （41）

第五章　产业关联 （52）
　　第一节　产业关联理论渊源及理论基础 （52）
　　第二节　产业关联的分析工具：投入产出表 （57）
　　第三节　产业关联理论的应用 （61）

第六章　产业组织理论 （69）
　　第一节　产业组织理论的产生和发展 （69）
　　第二节　SCP 分析框架 （74）
　　第三节　市场结构 （75）
　　第四节　市场行为 （83）
　　第五节　市场绩效 （89）

第七章　产业组织模型 （95）
　　第一节　古诺模型 （95）
　　第二节　伯川德模型 （98）
　　第三节　斯坦尔博格模型 （99）

  第四节 浩特林模型……………………………………………………（101）

第八章 产业布局……………………………………………………（103）
  第一节 产业布局研究内容………………………………………（103）
  第二节 产业布局的理论…………………………………………（104）
  第三节 产业布局指向及合理性评价……………………………（107）
  第四节 产业布局的实践…………………………………………（109）

第九章 产业集群……………………………………………………（111）
  第一节 产业集群理论研究………………………………………（111）
  第二节 产业集群的含义、分类及特点…………………………（113）
  第三节 集群产业的模块化………………………………………（117）
  第四节 产业集群的影响因素……………………………………（119）

第十章 政府规制……………………………………………………（124）
  第一节 政府规制的含义及分类…………………………………（124）
  第二节 现代规制理论……………………………………………（127）
  第三节 自然垄断行业的规制分析……………………………（129）

第十一章 产业竞争力…………………………………………………（135）
  第一节 产业竞争力的内涵………………………………………（135）
  第二节 波特的产业竞争力模型…………………………………（135）
  第三节 产业竞争力的测算方法…………………………………（141）
  第四节 提高产业竞争力的途径……………………………………（144）

第十二章 产业安全……………………………………………………（148）
  第一节 产业安全的产生、发展及特征………………………（148）
  第二节 产业安全的影响因素……………………………………（151）
  第三节 产业安全的测度……………………………………………（155）
  第四节 国外维护产业安全的实践经验……………………………（161）
  第五节 主要问题及建议……………………………………………（164）

第十三章 芯片产业链安全……………………………………………（171）
  第一节 产业链安全………………………………………………（171）
  第二节 芯片产业发展现状………………………………………（172）
  第三节 我国芯片产业发展存在的问题…………………………（175）
  第四节 我国芯片产业安全发展对策……………………………（178）

第十四章 农业发展模式与粮食安全…………………………………（180）
  第一节 发达国家农牧业发展模式及其适用条件……………（180）
  第二节 中国的农业发展条件及模式选择……………………（190）
  第三节 中国的粮食安全问题……………………………………（196）

第十五章　电子商务与传统零售业转型 (205)

- 第一节　中国电子商务发展现状 (205)
- 第二节　中国电子商务发展趋势 (211)
- 第三节　网络零售业态类型 (216)
- 第四节　传统零售业转型 (217)

第十六章　新能源产业发展与政策 (220)

- 第一节　我国新能源产业现状分析 (220)
- 第二节　国外发展模式及启示 (225)
- 第三节　我国新能源产业发展中存在的问题 (229)
- 第四节　我国新能源产业发展对策 (232)

第十七章　中国机器人产业发展 (237)

- 第一节　中国服务机器人产业发展概况 (237)
- 第二节　服务机器人终端应用分析 (240)
- 第三节　服务机器人产业趋势展望 (245)
- 第四节　中国工业机器人产业发展概况 (247)
- 第五节　工业机器人产业趋势展望 (248)

第十八章　人口老龄化与康养产业发展 (252)

- 第一节　人口老龄化以及各国的实践 (252)
- 第二节　康养产业发展现状与问题 (258)
- 第三节　政府产业促进政策 (264)

参考文献 (273)

第一章　初识产业经济学

第一节　产业经济学研究意义

一、理论意义

1. 产业经济学的研究有利于统一的经济学体系的建立

宏观与微观二分法造成了经济学学科体系的分裂,使得经济学本身由宏观、微观这样两个相互独立部分拼凑而成,而不在一个内在逻辑结构合理、完整的学科体系里。产业经济学刚好填补了宏观与微观之间的空白领域,产业经济学介于宏观和微观之间,属中观经济领域。因此,研究产业经济学有利于经济学学科体系的完善和发展,丰富了经济学的研究内容。

2. 产业经济学的研究能够为产业政策的制定提供理论依据

产业经济学是一门应用经济学,其融合了经济学和管理学,其中很大的一个组成部分就是经济管理,主要就是产业经济的管理。新古典经济理论界强调市场机制就能实现资源的最优配置,但是由于存在市场失灵,仍然需要政府制定相关的产业政策弥补市场缺陷,以实现有效的资源配置,促进经济发展。研究产业经济学在很大程度上也正是为了寻找管理产业发展的良好方法,为制定相关产业政策提供依据,以便在更为直接的基础上,更有目的地促进经济的进步。

二、应用价值

1. 有利于产业结构优化

随着一国经济的发展,产业结构也在不断变动,只有合理的产业结构才能进一步促进经济的发展。产业结构的变动存在许多规律,只有深入学习和研究,才能发现并据其制定相应的产业结构政策,促进产业结构优化升级。产业结构在变动过程中会存在许多不合理的地方,只有深入学习和研究,才能寻找到产业结构不合理的原因,并以此制定有效的产业结构政策,调整产业结构,促使产业结构合理化。

2. 有利于产业在空间上合理布局

每个地区都有其资源优势，产业发展的基础就是资源优势。通过产业经济学的研究，可以探求产业布局的影响因素、产业布局的一般规律，并据此制定正确的产业布局政策，将产业布局与各地区的资源优势相结合、与区域分工相结合，把产业布置在最有利于发挥优势、提高经济效益的地区，实现产业布局的合理化，以促进经济快速增长。

3. 有利于形成合理的市场结构

产业组织研究的重要特征是直接为政策服务。产业组织部分重点研究市场结构，其目的是促进有效竞争，从而促进市场绩效的提高。微观经济学侧重研究完全竞争和完全垄断情况下的市场结构、企业行为以及经济绩效，而产业组织侧重于不完全竞争情况下的市场结构、市场行为以及市场绩效的研究。

4. 有利于提高产业竞争力和产业安全

对产业竞争力的分析，有助于了解中国产业的竞争地位，找到差距，有助于提高中国产业的核心竞争力。对产业安全的研究，有助于了解中国产业安全状况，做到未雨绸缪。

第二节 产业的内涵与分类

一、产业的内涵

产业经济学的研究对象显然就是产业，产业是指具有某种同类属性的企业经济活动的集合，产业是随着社会生产力发展和社会分工而出现的，是介于微观经济（企业和家庭）与宏观经济（国民经济）之间的中观经济。

（一）产业是具有某种同类属性的企业经济活动的集合

产业是由提供相近产品和服务或使用相同原材料、相同工艺技术、在相同或相关价值链上活动的企业共同构成的集合。一个产业可以由多个企业的同类经济活动组成，一个企业也可以从事多种类型的经济活动，产业既不是指某一企业的经济活动，也不是指部分或所有企业的全部经济活动，它是指具有某种同类属性的企业经济活动的集合，其中同类属性有两层含义：

第一，在产业组织层面上，当我们分析同一产业内企业间的市场关系时，"产业"是指"生产同类或有密切替代关系的产品、服务的企业集合"。

第二，当我们考察整个产业的状况以及不同产业间的结构和关联关系时，"产业"是指"使用相同原材料、相同工艺技术或生产相同用途产品的企业的集合"。

(二) 产业是社会生产力发展和社会分工的产物

产业是社会生产力发展和社会分工的产物。随着社会生产力的不断发展,相继发生了三次社会大分工,逐渐形成了农业、畜牧业、手工业和商业等产业部门。随着生产力的进一步发展和社会分工进一步深化,新兴产业部门不断出现,产业分工也越来越细。

马克思从物质生产的角度阐明社会分工有三种形式:一般分工、特殊分工和个别分工。一般分工发生在社会生产力水平比较低下的时期,并且只能将生产活动分成比较简单的大类,例如农业、工业等。随着生产力水平的不断提高,特殊分工成为主要的形式,并在一般分工的基础上对产业进行细分,例如将工业分为基础工业、制造业等。随着生产力进一步发展,社会分工越来越细,个别分工成为主要的形式,并在特殊分工的基础上进一步细分,例如将制造业分为食品、纺织、制药、冶金等。产业是一般分工和特殊分工的表现形式。

(三) 产业是介于宏观与微观经济之间的中观经济

产业经济的研究对象是具有某些共同特征的企业经济活动组成的集合。宏观经济的研究对象是国民经济总量。微观经济的研究对象是企业和家庭的经济行为。

1. 产业经济与宏观经济的联系

(1) 产业结构理论是宏观经济理论的结构化分析。

(2) 宏观经济中的经济增长和经济发展理论是产业结构研究的理论基础。

2. 产业经济与微观经济的联系

(1) 从市场结构看,微观经济学研究四种类型的市场结构,而产业经济学主要研究寡头垄断和垄断竞争这两种市场结构。

(2) 从市场竞争看,微观经济学主要研究价格竞争,产业经济学则研究价格竞争和非价格竞争等所有竞争领域。

(3) 从研究方法上看,微观经济学是一种纯理论研究,产业经济学则可以看作是微观经济学的应用,用微观经济学模型解释现实中市场结构和市场行为。

(4) 从研究领域上看,两个理论最近有交叉的趋势,如交易费用、产权、信息等,博弈论的分析方法也共同运用于两个理论的研究中。

产业经济学是微观与宏观经济理论研究的应用性检验分析,冲破了理论经济学研究的一些严格假定后,产业经济学的研究更具有现实意义。

二、产业的分类

产业的分类是指人们为了满足不同需要而根据产业的某些相同或相似特征将企业的各种不同的经济活动分成不同的集合。产业的一般分类方法有三次产业分类法、国家标准分类法、国际标准分类法、关联方式分类法、生产要素分类法、生产结构分类法、产业发展阶段分类法、生产流程分类法等。

(一) 三次产业分类法

三次产业分类法是由费歇尔创立，后来克拉克继承并发展了他的理论，建立了产业分类及统计体系。

目前，三次产业分类法更多地以经济活动与自然界的关系为标准对经济活动进行划分。第一产业是指直接从自然界获取产品的物资生产部门，具体指广义上的农业，包括种植业、畜牧业、林业、渔业，多数主张市场经济的国家把采矿业作为第一产业，但日本和德国将采矿业作为第二产业，中国也将采矿业作为第二产业。第二产业是指加工取自于自然界的物品的物资生产部门，具体指广义上的工业，包括采矿业(不含开采辅助活动)，制造业(不含金属制品、机械和设备修理业)，电力、热力、燃气及水生产和供应业，建筑业。第三产业是指从第一和第二产业生产活动中衍生出来的非物资生产部门，具体指广义上的服务业，包括：批发和零售业，交通运输、仓储和邮政业，住宿和餐饮业，信息传输、软件和信息技术服务业，金融业，房地产业，租赁和商务服务业，科学研究和技术服务业，水利、环境和公共设施管理业，居民服务、修理和其他服务业，教育，卫生和社会工作，文化、体育和娱乐业，公共管理、社会保障和社会组织，国际组织，以及农、林、牧、渔业中的农、林、牧、渔服务业，采矿业中的开采辅助活动，制造业中的金属制品、机械和设备修理业。

(二) 国家标准分类法

国家标准分类法是指一国(或一地)政府根据该国(或该地)的实际而编制和颁布的划分产业的一种国家标准。我国国家统计局为了满足国民经济核算和其他统计调查的需求，制定了《国民经济行业分类》，并根据我国经济发展状况和趋势，不定期对门类、大类、中类、小类做了调整和修改。《国民经济行业分类》依据三次产业分类法将所有产业分为三类：第一产业、第二产业和第三产业。

新国家标准《国民经济行业分类》(GB/T 4754—2017)把所有产业分为20个门类、97个大类、300多个中类和很多小类。20个门类分别为：A 农、林、牧、渔业；B 采矿业；C 制造业；D 电力、热力、燃气及水生产和供应业；E 建筑业；F 批发和零售业；G 交通运输、仓储和邮政业；H 住宿和餐饮业；I 信息传输、软件和信息技术服务业；J 金融业；K 房地产业；L 租赁和商务服务业；M 科学研究和技术服务业；N 水利、环境和公共设施管理业；O 居民服务、修理和其他服务业；P 教育；Q 卫生和社会工作；R 文化、体育和娱乐业；S 公共管理、社会保障和社会组织；T 国际组织。

(三) 国际标准分类法

国际标准分类法是为统一世界各国国民经济统计口径，由权威部门制定和颁布的一种产业分类方法。联合国经济和社会事务统计局于1971年制定了一个《全部经济活动国际标准行业分类》，简称《国际标准行业分类》，2008年8月11日发布了最新的第四版。

《国际标准行业分类》也是依据三次产业分类法将所有产业分为三类：第一产业、第二产业和第三产业。

（四）关联方式分类法

关联方式分类法是指将具有某种相同或者相似关联方式的企业经济活动组成一个集合的分类方法。根据关联方式的不同又可以分为以下四种分类法：

1. 技术关联分类法

技术关联分类法是指按照一些比较密切的技术关联关系划分企业的经济活动。这一类产业的企业必须在产品的主要生产技术或制作工艺上具有相似的特点，如：制造业、建筑业、运输业等。

2. 原料关联分类法

原料关联分类法就是以具有相同或类似的原材料，性能相似的投入物或者相类似的活动对象为依据对企业经济活动进行分类的一种方法。具有相同原材料的产业：棉纺工业、化纤工业、钢铁业等。具有性能相似投入物的产业：电力、煤气、供水等。具有相类似的活动对象的产业：矿业、渔业、伐木业等。

3. 用途关联分类法

用途关联分类法是指将产品用途相似的企业的经济活动划分为一类的分类方法。这类产业的产品具有相同或相似的用途，如：造船业、汽车制造业、仪器工业、软饮料业、烟草业、制药业等。

4. 战略关联分类法

战略关联分类法是指按产业在一国产业政策中的不同战略地位划分的一种分类方法。依据不同的战略地位划分的产业主要为主导产业、先导产业、支柱产业等。

（1）主导产业。根据罗斯托的理论，主导产业应该同时具备以下三个特点：能够依靠科技进步或创新获得新的生产函数；能够形成持续高速的增长率；有较强的扩散效应，能有效地带动其他相关产业的发展。主导产业既对其他产业起着引导作用，又对国民经济起着支撑作用。

（2）先导产业。先导产业是指在国民经济中应当先行发展，以引导其他产业往某一战略目标方向发展的产业或者产业群。先导产业对其他产业具有引导作用，但未必对国民经济起着支撑作用。

（3）支柱产业。支柱产业是指产业规模在国民经济中占有较大的份额，并对国民经济起着支撑作用的产业或者产业群。支柱产业往往在国民经济中起支撑作用，但不一定起到引导作用。这类产业通常是由先导产业发展壮大而来，到达较大规模后成为支柱产业，或者先形成主导产业，后发展成为支柱产业。

（五）生产要素分类法

生产要素分类法是指按照劳动、资本、知识等生产要素的比重或对各生产要素的依赖程度进行分类的方法。根据不同的产业在生产过程中投入生产要素的不同比重和对资源的依赖程度的差异，可将产业划分为劳动密集型产业、资本密集型产业、知识密集型产业。

（1）劳动密集型产业是指主要在生产中依靠大量使用劳动力，而对技术和设备的依赖程度低的产业。劳动密集型产业衡量的标准是工资与设备折旧和研究开发支出相比在生产成本中所占比重较大，如农业、林业和纺织、服装、玩具、皮革、家具等制造业。

（2）资本密集型产业是指需要较多资本投入的行业或者部门。资本密集型产业的衡量标准是在单位产品成本中，资本成本与劳动成本相比所占比重较大，每个劳动者所占用的固定资本和流动资本金额较高，如冶金工业、石油工业、机械制造业等重工业。

（3）知识密集型产业是指在生产过程中，对技术和智力要素的依赖大大超过其他生产要素的产业。例如，电子计算机工业、飞机和宇宙航天工业、原子能工业、大规模和超大规模集成电路工业、高级医疗器械、电子乐器等高级工业均属知识密集型产业。

生产要素分类法能比较客观地反映一国的经济发展水平。随着一国经济发展，产业结构将由劳动密集型产业占主导地位向资本密集型产业占主导地位过渡，最后过渡到知识密集型产业占主导地位。一国的资本密集型产业和知识密集型产业占比越大，反映一国经济发展水平越高。

一国可以根据产业结构和产业结构变化的趋势制定相应的产业政策，有助于优化产业结构、促进经济发展，所以生产要素分类法也得到了广泛的应用。但是资源的密集程度是相对的，也是动态变化的，因此生产要素分类法的划分界限比较模糊，也比较容易受主观因素影响。

（六）生产结构分类法

生产结构分类法是指以研究再生产过程中的产业间关系和比例为目的进行产业分类的一种方法，主要包括两大部类分类法、农轻重产业分类法和霍夫曼分类法。

1. 两大部类分类法

社会的总生产分成两大部类：

（1）生产资料：具有必须进入或至少能够进入生产消费的形式的商品。

（2）消费资料：具有进入资本家阶级或工人阶级的个人消费的形式的商品。

2. 农轻重产业分类法

将经济活动中的物质生产部门分成农业、轻工业、重工业三大部门。

（1）农业包括种植业、畜牧业、林业和渔业等。

（2）轻工业包括纺织、服装、食品、饮料、印刷、家具、制革等工业部门。

（3）重工业包括冶炼、钢铁、煤炭、电力、石油、化工、机械等工业部门。

3. 霍夫曼分类法

德国经济学家霍夫曼在研究工业化发展阶段时将产业分为三类：

（1）消费资料产业，如食品工业、纺织工业、家具业等。

（2）资本资料产业，如化学工业、冶金及一般金属制品工业、一般机械工业等，原则是该类产业的产品用途有75%以上属于资本资料。

（3）其他产业，如橡胶工业、木材工业、造纸工业、印刷工业等。

霍夫曼根据霍夫曼比例（即消费资料工业净产值与资本资料工业净产值的比例）划分工业化的发展阶段。

霍夫曼分类法的缺点是他确定的75%的划分界限在实际工作中是难以划分和度量的,因而这一分类方法在特定条件下才有用。

(七) 产业发展阶段分类法

产业发展阶段分类法是指按照产业发展阶段进行产业分类的一种方法,常见产业有幼小产业、新兴产业、朝阳产业、衰退产业、夕阳产业、淘汰产业。

(1) 幼小产业是指发展初期因生产规模过小、成本过高、技术不成熟而不能享受规模经济的利益并缺乏国际竞争力的产业。

(2) 新兴产业是指随着科技的发展和生产力水平的提高,出现的已经度过了幼年生命危险期的新的细分产业。

(3) 朝阳产业是指新兴产业的进一步发展使其进入技术不断成熟、平均成本不断下降、产业规模不断扩大、市场需求不断增加的时期的产业。

(4) 衰退产业是指由于技术逐渐老化、需求逐渐萎缩、平均成本不断上升因而规模收益逐渐下降、产业规模逐渐缩小的产业。

(5) 夕阳产业是指衰退产业继续衰退下去,得不到政府的有关扶持,也没有某项技术的重大突破来改革原有的技术条件而即将退出市场的产业或产业群。

(6) 淘汰产业是指产业发展到一定时候,由于技术老化、需求萎缩、成本上升、长期亏损而不能适应市场的需要而退出市场的产业。

(八) 生产流程分类法

生产流程分类法是指根据生产流程的先后顺序划分产业的一种方法。这种划分法有两种情况:一种情况是相对于某一基准产业的工序位置来说的,在这种情况下,先选定某一基准产业,生产工序在基准产业之前的产业称为该基准产业的上游产业,生产工序在基准产业之后的产业称为该基准产业的下游产业,没有中游产业;另一种情况是没有基准产业作比较的更加模糊的习惯称法,在这种情况下,生产工序较为接近原材料的产业称为上游产业,生产工序较为接近最终产品的产业称为下游产业,生产工序处于两者之间的产业称为中游产业。

第三节 产业经济学研究内容

产业经济学主要研究的是产业内部各企业之间的相互作用关系的规律、产业本身的发展规律、产业与产业之间的互相联系的规律以及产业在空间区域中的分布规律等。

本书的内容框架如下:

(1) 产业结构,包括微观产业结构、产业关联。

(2) 产业组织,包括企业理论、SCP分析框架、策略性行为。

(3) 产业布局,包括产业布局理论、产业集群。

(4) 产业管理,包括政府规制与产业政策。

(5) 产业竞争力与产业安全,包括产业竞争力、产业安全。

(6) 产业实践,对农业、零售业、新能源产业、人工智能产业以及康养产业等产业进行分析。

一、产业结构

产业结构是指国民经济中产业与产业之间的数量关系结构及技术经济联系方式,即资源在各产业部门间的配置及变化问题。

产业结构理论主要研究产业结构的演变及其对经济发展的影响。它主要从经济发展的角度研究产业间的资源占有关系、产业结构的层次演化,为制定产业结构的规划与优化政策提供理论依据。其具体研究内容包括:

(1) 对影响和决定产业结构的因素的研究;

(2) 对产业结构演变规律的研究;

(3) 对产业结构优化的研究;

(4) 对主导产业的选择的研究;

(5) 对产业结构规划和产业结构政策的研究。

产业关联主要研究最终产品产业与生产这些最终产品的中间产业之间,以及中间产品产业之间的技术经济联系和数量结构联系,即产业之间的投入与产出关系,因此产业关联理论也被称为投入产出理论,是产业结构的主要表现特征之一。

投入产业分析法是由生于苏联的美国经济学家里昂惕夫提出来的产业结构理论,它更广泛细致地用精确的量化方法来研究产业之间质的联系和量的关系。其主要研究内容包括:

(1) 研究产业之间的中间投入和中间需求之间的关系;

(2) 研究各相关产业的关联关系;

(3) 研究产业的波及效果。

二、产业组织

产业组织是指生产具有密切替代关系产品的企业(即产业内企业)在同一市场上形成的各企业之间的相互作用关系结构,该结构决定了该产业内企业规模经济效益的实现与企业竞争活力的发挥之间的平衡。这种企业之间的市场关系主要包括:交易关系、行为关系、资源占用关系和利益关系。本部分主要讲解企业理论、SCP 分析框架、策略性行为等。

三、产业布局

产业布局是指一国或者地区的产业生产力在一定的范围内的空间分布和组合,是产业的空间结构,对该国家或地区经济优势的发挥及经济的发展速度产生重要影响。

产业布局理论主要研究一个国家或地区的产业布局对整个国民经济的影响,具体内容包括:

(1) 影响产业布局的因素;
(2) 产业布局与经济发展的关系;
(3) 产业布局的基本原则;
(4) 产业布局的基本原理;
(5) 产业布局的一般规律;
(6) 产业布局的指向性;
(7) 产业布局的政策。

产业集群是产业布局的一种表现形式,是指大量产业内或者产业间密切联系的企业和相关支撑机构在空间上集聚,并形成强劲持续竞争优势的现象。本部分主要讲解产业集群的形成原因,以及产业集群对产业发展的益处。

四、产业管理

(一) 政府规制

政府规制是指为了实现某些社会目标,政府依据法律法规以行政、法律、经济等手段限制、规范以及约束市场中的经济主体活动的行为,以确立市场竞争秩序,促进经济稳健发展。

(二) 产业政策

产业政策是一国或一个地区的政府为实现一定的经济目的或社会目的,应用产业经济的原理,以产业为对象所实施的能够影响产业发展进程的一整套政策的总称。产业政策是产业经济学的应用,也是产业经济学研究的目的。本书在分析产业结构、产业组织、产业布局、产业竞争力、产业安全部分中已经涉及产业政策,所以没有再单列章节介绍产业政策。

五、产业竞争力与产业安全

产业竞争力是指某国或某地区的某个特定产业相对于其他国家或地区同一产业在生产效率、满足市场需求、持续获利等多种方面所体现出来的竞争能力。本书重点介绍产业竞争力的理论以及评价方法,探讨提高产业国际竞争力的路径。

产业安全是指在市场开放条件下,一国对本国关系国民经济命脉的重要行业的调整权或控制权。在经济全球化迅速发展的今天,经济全球化在为一国带去发展机遇的同时,也为一国的经济发展带去了一定的挑战,尤其是一些跨国公司的发展,对一国的产业稳定造成了一定的冲击,对一国的产业安全造成了威胁。产业安全作为国家经济安全的重要组成部分,应当给予高度的关注。此外,产业安全理论突破了固有的产业经济学理论体系(产业组织理论、产业结构理论、产业布局理论以及产业政策理论),为产业经济学的发展注入了新鲜血液,成为产业经济学研究的新方向。

六、产业实践

产业实践部分是本书的特点。针对国内部分教材存在理论和实践脱节问题,本书尝试对大家关注的部分产业热点问题进行分析,以提高学生对产业的关注度。本书选择的内容包括芯片产业链安全问题、农业发展模式问题、新能源发展问题、人工智能发展问题以及康养产业发展问题,当然现实中的产业问题层出不穷,本书由于篇幅限制,不可能都涉及。

第四节　产业经济学研究方法

一、实证分析和规范分析相结合的方法

实证分析和规范分析是产业经济学基本的研究方法。实证分析主要研究经济现象"是什么",即对社会经济活动的实际运行状况进行描述、分析和解释,但不对运行效果进行好坏评价和判断,实证分析又分为理论分析和经验分析两部分。哈佛学派在产业组织的分析中偏重运用实证分析,例如贝恩调查美国制造业42个产业的市场集中度状况,分析了不同市场集中度的利润率差别,并进一步解释其中的原因,提出了"集中度－利润率"假说。规范分析主要研究经济活动"应该是怎样的",即以一定的经济价值为标准,对社会经济活动的运行过程和结果进行分析、评价、判断和推理,为促进经济迅速和健康发展找出更好的方法和措施。在实际进行产业经济学研究时,首先运用实证分析方法进行研究,再运用规范分析方法进行研究,将实证分析和规范分析相结合,发挥产业经济学揭示产业发展规律和促进经济发展的作用。

二、博弈论分析法

博弈论分析法于20世纪70年代被引入产业经济学,主要用于研究垄断竞争和寡头垄断状态下的市场行为。自纽曼和摩根斯坦于1944年出版《博弈论与经济行为》以来,博弈论分析法便开始广泛应用到经济学研究中来。20世纪70年代以后,产业经济学从重视市场结构研究转向重视企业行为研究,而博弈论分析尤其是非合作博弈理论,则恰恰是处理策略性行为问题的最佳方法,因而获得了广泛的运用。博弈论在寡占条件下对厂商行为的分析,为产业组织理论构造了大量经典的理论模型,如古诺的双寡头价格竞争模

型,伯特兰的双寡头数量竞争模型,豪泰林的空间竞争模型,斯塔克尔的领导者博弈模型,纳什的博弈均衡和斯切尔林的地区竞争模型等。博弈论分析使产业组织理论实现了向正统经济学的回归,并成为 20 世纪 70 年代中期以来经济学中最富生机的领域之一。

三、投入产出分析法

投入产出分析法是美国经济学家瓦西里·里昂惕夫于 20 世纪 30 年代在研究美国经济均衡、分析美国的经济结构时提出的,主要用于研究最终产品产业与生产这些最终产品的中间产业之间,以及中间产品产业之间的技术经济联系和数量结构联系。投入产出分析法在进行产业经济分析时,有几个鲜明的特点:

(1) 投入产出分析从国民经济是个有机整体的观点出发,综合研究各个具体产业部门间的数量关系(技术经济联系),既有综合指标,如社会总产品、中间产品、国民收入、积累基金等,又有按产业部门分解的指标,两者有机结合。

(2) 投入产出分析从生产消耗和分配两个方面来反映产品在产业部门之间的运动过程,也就是同时反映产品的价值形成过程和使用价值运动过程。

(3) 产业经济分析通过各种系数,如物资消耗系数、劳动消耗系数、生产基金占用系数、生产性积累占用系数等经济系数,一方面反映在一定技术水平和生产组织条件下,国民经济产业部门间的技术经济联系;另一方面用以测定和体现社会总产品与中间产品、社会总产品与最终产品之间的数量联系,既反映部门之间的直接联系,又反映部门之间的全部间接联系。

(4) 投入产出表是一个矩阵,由此建立的线性方程组可以由电子计算机进行运算,可以保证分析的准确和及时。

四、案例分析

案例分析在 20 世纪 50 年代,由哈佛学派首先引进产业经济学中。它是以实际中的经济现象作为案例,通过定性与定量相结合的分析来说明某一经济规律,特别适用于无法精确定量分析的复杂经济事例。梅森在哈佛大学创立的产业组织研究小组主要是运用案例研究方法研究产业组织理论,他们通过案例方式考察美国主要产业的市场结构情况,对这些产业的市场结构进行分析,从而研究市场结构对市场行为和市场绩效的影响。

五、计量经济分析

计量经济分析在 20 世纪 60 年代后,成为产业组织理论的主要研究方法。它主要通过定量化的统计指标或者数据进行回归分析,研究变量间的关系。例如,SCP 分析范式建立后,各国学者纷纷用本国的不同产业的实际数据,通过回归分析来解释各产业的平均利润率的差别,特别是在不同的市场结构状态下的利润率的差别。这一时期,随着计量经济学的发展、电子计算机的发展以及经济计量学软件的普及,利用"结构-绩效"模式进行横断面数据回归分析,一时成为产业组织问题研究的时尚。

六、实验研究法

2002年,普林斯顿大学教授卡尼曼(Kahneman)因为"将来自心理研究领域的综合洞察力应用在了经济学当中,尤其是在不确定情况下的人为判断和决策方面做出了突出贡献"摘得2002年度诺贝尔经济学奖的桂冠。卡尼曼等人开创了利用实验研究个体决策行为的先河。实验研究法,就是按照特定的研究目的和理论假设,人为地控制或者创设一定的条件,从而验证假设和探讨现象之间因果关系的一种科学研究方法。实验研究法具有以下几个特点:一是要以一定的理论假设为指导;二是要通过人为控制和操纵,创设一定研究情境;三是其目的在于揭示变量之间的因果关系;四是可以重复验证,其结论具有客观性。按场所的不同,可将实验划分为实验室实验和实地实验。

在产业经济学的发展过程中,逻辑推演和经验研究是相辅相成、互相促进的。产业经济学中的许多理论和规律都是从经验研究中得出的。产业组织理论的SCP范式、产业结构变动的若干规律等皆来自于经验研究。经验研究促使研究者去思考经验规律背后的因果关系,这又促进了理论模型研究的进一步发展,而对理论的检验必然会推动经验研究,同时也可以发现理论模型的漏洞和应用的界限,并从各种不同的理论模型中选出"最适合"的,经验研究中发现的新思想又成为逻辑推演的新起点。正是在这种相互影响和促进中,产业经济学得到了不断的发展。

案例分析

一、中国钢铁行业发展历程

中国钢铁工业半个多世纪的历史充满了沧桑、奋斗和辉煌的印记。从国家管理体制、企业经营体制、生产能力、产品结构等方面的变化来看,中国钢铁工业的发展历程大致可以分为四个阶段。

(一)起步阶段

1949—1957年是新中国钢铁工业的起步阶段。经过多年战乱的冲击,中国钢铁工业已是千疮百孔,百废待兴。因此,这个时期的主要任务就是恢复生产,重新建立起中国钢铁工业的生产体系。经过政府的接管、改造和扩建,到1952年年底,全国已有高炉34座、平炉26座,钢铁工业总产值达到了136 959.4万元,主要产品的产量也达到了历史最高。在1953年开始实施的"一五"计划期间,政府加大了对钢铁工业的投入,在苏联援助下兴建了鞍山、武汉、包头三大钢铁基地以及其他大中型钢铁企业,形成了所谓的"三大、五中、十八小"的产业格局。全国上下经过8年艰苦创业,中国钢铁工业迅速恢复和发展起来,"一五"计划结束时全行业产值达到了46.5亿元(按1952年不变价格计算),平均每年增长29.8%,生铁、钢、钢材的产量平均每年增长率分别达到了25.2%、31.7%、31%,生产企业的劳动生产率以平均每年11.1%的速度递增到了10 088元。

（二）动荡和调整阶段

1958年到1978年，中国钢铁工业经历了急于求成的"大跃进"、充满阵痛的治理和调整以及10年"文革"的冲击陷入谷底三个阶段，前后整整20年的时间。

1958—1960年期间，在"以钢为纲""赶英超美"的思想指导下，全民大炼钢铁。但由于高估了中国钢铁工业的整体实力，产量目标超出实际产能，全国各地不合规格的小高炉遍地开花，致使虚报产量，偷工减料，不合格产品屡见不鲜，最终造成了消费与积累比例失调，农轻重产业结构失调，造成了大量资源浪费，阻碍了经济的健康发展。1961年开始经过5年的调整，钢铁工业又回到了正常的发展轨道上来，1965年总产值达到106.7亿元（按1957年不变价格计算），产量达到1233万吨，产品质量和劳动生产率等指标都比"一五"期末有了很大提高，开创了钢铁工业发展的第二个黄金时期。尽管钢铁工业在发展过程中有着波动起伏，但总体趋势还是向上发展的。不过从1966年开始的"文化大革命"却使新中国还不成熟的钢铁工业出现了大幅度的倒退。大批领导遭到迫害，工厂生产秩序被破坏，整个钢铁工业几乎停滞，主要产品的产量和质量都出现严重的萎缩和下降。经过"文革"后期的有力整顿，钢铁工业终于还是逐渐恢复过来，但整整10年的耽搁，使得中国钢铁工业已远远落后于发达国家，也为后来的产业发展带来了沉重的负担。

（三）持续快速发展阶段

在1979—1999年的20年里，中国钢铁工业进入了一个快速发展的时期，体现了中国经济体制改革的成果和工业化道路的历程。政府职能从过去的微观管理向宏观管理转变，从为企业包办一切向调整产业结构转变。"价格双轨制"、"承包制"、建立现代企业制度等一系列改革措施的实行使钢铁企业成了市场的主体，推动钢铁工业整体上提高了水平。1996年我国钢产量突破1亿吨，从此跃居世界第一，同时也诞生了一批在国际上颇具竞争力的大型钢铁企业集团。1978年12月23日，宝钢一期工程开始动工，到1985年9月份如期投产。从产品的产量和质量，到生产工艺和技术含量等方面都达到了当时国内的领先水平，带动了其他钢铁企业的共同发展。中国钢铁工业开始了又一次辉煌。

（四）国际化发展阶段

进入21世纪后，在经济全球化、全球产业结构调整、国内全面建设小康社会的大背景下，中国钢铁工业迎来了一个发展的大好时机，同时也开始走向世界市场，国际影响力逐步提高。2003年中国钢铁工业的生铁、钢和钢材产品产量均突破2亿吨，创世界历史新高。中国钢产量占世界的比重达到了23.09%。同时中国钢铁工业开始从数量扩展逐渐转变为结构调整，正从一个钢铁大国开始走向钢铁强国，尤其是加入WTO后，钢铁工业的贸易政策发生了变化，中国的钢铁企业可以走向全球市场，获得了更大的生存空间，但在国内外两个市场中也面临着国外大型钢铁企业的激烈竞争。中国钢铁产品价格进一步放开，钢铁行业通过兼并重组不断发展壮大，如何调整产业结构、提高技术创新能力、提升国际竞争力成了中国钢铁工业新时期的主要任务，中国钢铁工业在各种机遇和挑战中将稳步前进。

二、中国钢铁企业的研发创新

一般认为，当一个企业的研发投入占其销售收入的比重低于1%时，企业将难以在市场竞争中生存；当占其销售收入的比重大于5%时,企业才具一定的市场竞争力。目前我国钢铁企业在此方面的统一比重在2%左右,与一些行业国际巨头相比,还有一定的差距。

钢铁行业的国际竞争环境日益纷杂,国内竞争市场日趋激烈。钢铁企业若要突出重围,永立行业潮头,必须要有强大的技术实力做后盾。国际上一些钢铁巨头,如安赛乐米塔尔、新日铁住金、浦项制铁、蒂森克虏伯等都非常重视企业技术创新能力的发展,采取了种种举措来确保企业研发体系的高效运行,推进企业技术创新战略的顺利实施。钢铁企业研发体系建设涉及的要素很多,不仅包括企业研发战略、研发体制的制定和实施,还包括企业研发机构的组织、运行和管理。

在我国钢铁行业中,宝钢是我国完全引进日本技术的钢铁企业,其自主创新过程也走过了"引进、吸收、再创新",经过几十年的发展,宝钢的技术创新能力已成为国内钢铁行业中的佼佼者,其企业的研发行为具有一定的代表性：

（1）经过近年的并购重组,宝钢形成了多研发中心的格局,宝钢研究院作为企业的综合技术中心,与各事业部、分公司研发机构间"合作创新+技术转移"的工作模式,对整个集团研发体系的高效运行起到了不容忽视的作用。

（2）宝钢研发工作以市场和用户为导向的特点也非常突出,这不仅表现为"技术创新需求表"这种动态创新收集的课题来源形式,还表现在研发服务与市场和用户的紧密联系上。

（3）宝钢在研发过程中已将新工艺、新产品的经济性分析作为一种常态工作模式,有效指导了新工艺、新产品的研发,提高了其市场竞争力。

问题讨论：

1. 按照产业的各种分类方法,钢铁产业属于什么类型产业？
2. 钢铁产业的并购重组,是否能够促进研发创新？为什么？

第二章 企业理论

对于企业的认识是掌握产业经济学的第一步,企业理论的发展过程从侧面印证了企业在历史长河中的成长轨迹。本章首先介绍西方有关的企业理论,从最初的劳动分工到现在依旧很常见的企业网络理论,以时间为维度逐个分析,然后对以日本为代表的东方企业理论进行介绍。

第一节 科斯之前的企业理论

一、亚当·斯密的企业理论

亚当·斯密在《国民财富的性质和原因的研究》一书中,将劳动分工、专业化和劳动生产力的增进联系起来,为企业理论提供了一个重要的研究视角。他指出,劳动分工可以实现专业化生产,提高劳动生产率,是生产力的主要来源。

家庭式作坊类似于市场组织,而手工工场的出现则代表着接近于现代制造企业组织的形成。为什么会出现手工工场呢?斯密的解释是"市场范围限制劳动分工",即"斯密定理"。他认为,劳动分工起源于人类的交换倾向,受交换能力、分工的程度限制。当市场范围的扩大使分工程度不断加深,个人的生产无法满足市场需要时,就出现了以专业化协作为特征的手工工场,这便是斯密对企业组织的解释。

但斯密定理造成了一个两难的困境:如果确实是市场范围限制了劳动分工,那么典型的产业结构一定是垄断;如果典型的产业结构是竞争,那么这一定理就是错误的。对此,施蒂格勒通过建立起一个产业生命周期理论对此进行了解释:一开始企业承担着各种各样的功能,随着产业的扩张,有些功能逐渐分立,发展成为新的产业;这些产业开始时可能具有一定的垄断性,但这种垄断会逐渐被进入者打破,发展成为竞争性的产业结构。这样,就解开了斯密定理的困境。斯密定理为我们研究企业提供了重要的线索,但是由于时代和社会发展程度的限制,斯密对企业的研究只能算是对企业"初级"形态的研究。

二、马克思的企业理论

马克思的企业理论主要围绕着"分工与协作""所有权与所有制"等内容展开。如果说斯密重点研究工场手工业内存在的分工，以及分工对于提高劳动者的熟练技能和判断力方面的积极作用，那么马克思则更关注分工的另一面——协作。许多人在同一生产过程中，或在不同但互相联系的生产过程中，有计划地一起协同劳动，这种劳动形式叫作协作。协作和分工是两个既彼此不同又相互联系的范畴。协作使劳动过程相互结合，而分工则使劳动过程相互独立；同时，为了提高生产力，协作要以分工为基础实现有计划的协同劳动，而分工则需要通过协作创造出一种超越个人劳动力的更高的劳动力。由于和同样数量的单个劳动相比，结合劳动具有更高的劳动力，因此，协作成为资本主义生产方式的基本形式。以分工为基础的协作，成为工场手工业的典型形态。资本主义的生产实际上就是资本雇佣劳动，并通过协作扩大生产规模的产物。马克思从协作入手研究工场手工业，直接把握住了总体劳动和单个劳动的区别，这种区别从现代的观点看，即企业与市场的区别。

马克思对所有制和所有权的分析包含了企业理论的重要内容。在马克思看来，所有制范畴包含了两层含义，一层含义是作为经济关系的所有制范畴，另外一层含义是作为法律关系的所有制范畴。前者通过一定生产方式下的生产、分配、交换、消费活动表现出来，体现了经济主体对客观生产条件的占有关系。后者表示占有主体对占有的对象所具有的一种任意支配的权利，体现了一种意志关系和法权关系。在马克思看来，一定的生产方式会产生一定的占有方式，经济上的占有关系产生以后，就会有法律上的所有权与之相适应。所有制范畴的两层含义之间具有内在的相互联系。一方面，所有制的性质和内容决定所有权的性质和内容。所有制关系的变动必然会反映到作为上层建筑的法律制度中来，使所有权的法律制度和所有权关系相适应。另一方面，所有权制度的变化又反过来为所有制关系的变化创造一定的条件。马克思并没有把所有权看作是单一的权利，而是将其看作一组权利的结合体，它概括和赋予了所有者所能够实际享有的占有、使用、收益和处分等权能。在自然经济状态下，占有权、使用权、收益权、处分权集中于同一主体，随着自然经济向商品经济的过渡，所有权的各项权能会发生不同程度的分离。这种分离的程度是与商品经济的发展水平密切相关的。在资本主义社会以前，由于商品经济发展水平的限制，分离的程度还比较低，只有所有者与所有权诸项权能的个别分离。例如，在封建社会，直接生产者不是所有者，而只是占有者，并且他的全部剩余劳动实际上依照法律都属于土地所有者。进入资本主义社会以后，随着生产社会化程度的提高和商品经济的发展，所有权的诸项权能有了更大程度的分离。这种分离大体上可以分为两种类型。第一种类型表现为资本的法律所有权与经济所有权分离，表现在股份制经济中，就是股东与公司法人的分权关系或委托代理关系。第二种类型表现为资本职能与管理、监督职能的分离。这里的所有权诸项权能的分离实际上是"管理劳动作为一种职能""同自有资本或借入资本的所有权相分离"。

马克思的企业理论深刻揭示了资本主义企业的内在规律。马克思的企业理论与西方经济学的企业理论相比，既有共同点，又有不同点。马克思对企业的研究是从劳资双方达成买卖协议进入生产过程开始的。在资本主义企业中，资本雇佣劳动，资本家为了攫取更多的剩余价值，不断采用新的生产方式以提高劳动生产率，协作成为资本主义生产方式的基本形式。在马克思的企业理论中，对分工与协作的研究占据了大量的篇幅，从中引出了集体生产力的概念,并认为劳动者的分工与协作促进了生产率的提高。

三、马歇尔的企业理论

马歇尔将斯密的劳动分工和专业化提高劳动生产率理论与组织相联系,从一个更为广阔的视角研究企业——不仅关注企业内部的分工与协作,而且关注企业外部的联系。马歇尔认为企业作为一个复杂的有机体,也不单是劳动者的组合,其内部环节的任何变动都可能引起组织的变化,同样,外部环境的变化也会引起企业组织的变化。因此,不仅要研究企业内部的分工与协作,还要研究企业之间的相互关系。企业之间也存在着"适者生存"法则,从组织分工和演进的角度对企业进行研究,是马歇尔企业理论的重要特征。

马歇尔认为每一特色的组织形式都有其优缺点,例如:大企业的优势在于专门机械的使用、专门技术和企业经营管理工作的细分,有利于技术创新、分工细化和专业化发展,便于形成规模经济和提高决策效率;小企业的优势则在于监督,具有责任明确、监督到位、内部管理程序简单等特点。但马歇尔认为最理想的组织是合作社,股东即雇员,具有强烈的工作动力,同时便于监督和合作。

关于企业内部的组织分工,马歇尔认为,一般的劳动和资本的增加能使组织得到改进,组织的改进反过来可以增大劳动和资本的使用效率,所以组织尤其是工业组织是决定报酬递增的主要力量。关于分工和外部环境的影响,马歇尔发展了内部经济和外部经济的概念。内部经济指的是单个企业内部的资源、组织、营运效率的经济。而对于由专门技能和专门机器带来的经济,有些并不取决于个别工厂的大小,我们则把这些有赖于工业一般发达的经济称为外部经济。内部经济依赖于各种组织和管理的安排,外部经济则可看作企业对外部环境的适应。

马歇尔对企业理论的研究深刻且宽泛,在现代企业理论的发展史上,马歇尔的研究可视为一个真正的开端。

四、奈特的企业理论

奈特在《风险、不确定性与利润》一书中对企业的存在及组织问题进行了研究。他认为,不确定性和错误预期的可能性导致了利润的产生。但不确定性区别于风险,不确定性是指知道未来可能发生的每一种状态,但并不确切知道每一种状态发生的概率值;风险则是指不仅知道未来可能发生的每一种状态,而且知道每一种状态对应的概率值。

奈特认为,企业规模扩张的动力是为了减少不确定性发生的可能。资本家通过借入资本或其他方式扩大决策范围,以增大正确和错误预测相互抵消的可能性,从而获得整体上的稳定。较高形式的组织相比于较低形式的组织经营范围更广,所以能减少不确定性的发生,从而降低资本风险。这也是合伙制企业取代个人制企业,并最终被公司制企业取代的原因,这一理论对于我们理解企业组织形式的演进有很大的帮助。

五、新古典企业理论

在过去大约一百年的时间里建立起来的新古典经济学,主要从技术的角度对企业进行研究。它把企业和消费者看作微观经济分析的基本单位,认为消费者的行为准则是在既定的收入和价格下追求效用最大化,企业则是在技术和市场的约束下追求利润最大化。因此,在新古典经济学中,消费者被理解为效用函数,企业被理解为生产函数。所谓生产函数是描述在生产技术状况给定的条件下,生产要素的投入量与产品的产出量之间的物质数量关系的函数式,一般记为

$$Q=f(x_1,\cdots,x_n)$$

其中,$x_1,\cdots,x_n$ 表示生产某种产品所需各种生产要素的投入量,Q 表示任一给定数量的各种生产要素投入品组合在既定生产技术条件下所能生产出来的该产品的产量。企业所要做的就是从这个公式所表达的均衡体系中得出最优均衡解或均衡条件。在完全理性和利润最大化的假设下,企业内部的运行被视为一个黑箱,企业唯一的功能是根据边际替代原则对生产要素进行最优组合,从而实现最大的产量或最低的生产成本。

新古典企业理论在一般意义上注重技术的作用,在特定意义上强调规模经济和范围经济作为企业规模的重要决定因素。在利润最大化和完全竞争的假定下,分析企业最优生产选择如何随着投入和产出价格的变动而变动,对于理解一个产业的整体行为,以及研究企业之间策略相互作用的结果都十分重要。但是,它解决企业的边界及决定问题并未令人满意,忽略了市场和企业的制度结构,新古典企业理论仅仅是一个完全竞争市场上的价格理论。后来的"科斯革命"使企业由一个生产函数演变为一组契约关系或利益分配机制,企业行为也不再被看作抽象的企业本身或所有者、经营者的行为选择,而是涉及契约关系各当事人协调责任权利关系的结果。

第二节 科斯及其之后的企业理论

一、科斯的企业理论

科斯将交易费用的概念引入经济分析,为西方微观经济学的发展开创了一个全新的领域。对于企业的基本特征是什么,企业在市场经济中存在的理由,以及为什么企业的边界不能扩大到整个经济等这些至关重要的问题,科斯都给出了解释:

第一,企业和市场都是资源的配置机制,它们执行着相同的职能,但是,企业不同于市场的地方在于企业是对市场价格机制的替代。在市场上,价格变动指挥生产,并通过市场交易来协调生产;在企业内部,企业家指挥生产,与市场交易有关的市场结构被企业家这种协调者所取代,二者是可以相互替代的协调生产的方式。在市场体系中,专业化的经济

活动由"看不见的手"协调，分散的资源由价格信号配置；在企业内部，专业化的经济活动由"看得见的手"协调，分散的资源由行政指令配置。企业实质上是一个小的统制经济，所以不应当被市场体系所排斥。

第二，市场机制和企业组织在协调生产时都是有成本的。科斯指出，企业组织存在的原因就是"利用价格机制是有成本的"。新古典经济学假设市场交换不存在交易摩擦，也就不存在交易成本，而事实并非如此。首先，发现相关价格即获得有关的市场信息是要支付一定费用的；其次，进行交易谈判，签订交易契约也会产生费用，以及利用价格机制的机会成本等都构成交易成本。

第三，某些交易在企业内部进行比通过市场花费的成本低。企业较稳定的长期契约可以降低重复交易发生的频率，减少不确定性，从而节约一部分交易成本；同时，企业家通过安排其雇用的劳动力等生产要素在最有价值的用途上运作，提高效率，以降低生产费用等。企业产生后，企业内部的组织协调取代了市场上价格机制对生产要素的调节，并且由此产生的费用比市场交易的成本低，这也是企业能够在市场经济中存在的原因。

第四，企业组织代替市场机制是由于交易成本的存在，而企业没有无限扩张成世界上只有一家巨型企业则是因为企业组织也是有成本的。当一个企业扩张到一定规模，企业再多组织一项经济活动，在企业内部通过科层组织进行所引起的成本与企业通过外部市场机制所引起的交易成本相等时，静态均衡就实现了，企业和市场的界限也由此划定。

科斯不仅利用交易费用的方法分析了企业的本质，而且分析了产权安排对于资源配置的影响，这就是科斯第一定理和第二定理。科斯第一定理指的是在没有交易费用的情况下，可交易权利的初始配置不会影响它的最终配置或社会福利。科斯第二定理是指当存在交易费用时，可交易权利的初始配置将影响权利的最终配置，也可能影响社会总体福利。所以，一个有效率的产权制度应该能够使产权关系明晰化。这样，当存在交易费用时，法定产权的明确界定就能提高资源的配置效率，实现外部效应的内部化，而不必抛弃市场机制或引入政府干预。

二、威廉姆森企业理论

区别于古典和新古典经济学的"经济人"行为假定，威廉姆森提出了"契约人"的概念。不同于"经济人"的理性行为，"契约人"的行为特征主要表现在两个方面：一是有限理性，二是机会主义。有限理性是指"主观上追求理性，但客观上只能有限地做到这一点"的行为特征。机会主义行为假定是由威廉姆森提出来的，是指人们以欺诈手段追求自身利益的行为倾向，包括投机取巧、见机行事、有意隐瞒、歪曲信息等。虽然鉴于上述假定，我们了解了选择治理结构或经济组织的必要性，但是什么样的交易应选择何种治理结构仍然是没有解决的问题。为此，威廉姆森提出了描述交易性质的三个维度：资产专用性、交易的不确定性和交易频率。资产专用性是指一项资产可调配用于其他用途的程度，或由他人使用而不损失资产价值的程度。交易的不确定性主要指由于代理人的机会主义行为所导致的对未来情况的不可预测，其意义在于使应变性的、连续的决策成为必要。交易频率即交易的频繁程度。每种治理结构的确立和运转都是有成本的，这些成本能多大程度被所带来的利益抵消,取决于这种治理结构中交易发生的频率。

威廉姆森根据两种交易频率类型和三种资产专用性程度,提出了六种交易类型和必须与之相匹配的各种治理结构,以使交易成本达到最小化。概括地说,不存在资产专用性的契约属古典契约,由市场来完成;资产专用性程度很高、交易频繁且不确定性很高的契约属于某种关系契约,由企业来完成;处于两者之间的属于新古典契约和另一种关系契约,通过除市场和科层之外的混合形式来完成,混合形式包括质押、互惠、特许权和管制等。

威廉姆森还用资产的专用性解释了企业纵向一体化现象。他将企业看作连续生产过程中不完全合约导致的纵向一体化实体,当合约不完全时,纵向一体化能消除或减少资产专用性所产生的机会主义问题,企业便产生了。

三、企业的团队生产理论

与科斯主义的企业理论有所不同,阿尔钦和德姆塞茨(1972)认为企业无非是一种特殊的契约安排,其本质特征并不是以命令或权威控制下的长期劳动雇佣契约关系,而是生产的团队性质和"中心签约人"(centralized contractual agent)的存在。生产的团队性质在生产活动中显而易见,主要表现为整个生产活动需要多个不同的生产要素的参与,并且这些要素属于不同的人所有,而且整个产出并不是各个要素贡献的简单相加。这就会造成"搭便车"行为,即团队成员因为将偷闲的成本转嫁给其他人,结果使团队生产的效率受到损害。克服此类问题的最好办法就是安排一个专职的检查团队成员投入于业绩的监督者,而且同时将剩余索取权交给他,这样的角色即"中心签约人",其拥有如下的权利:①享有剩余索取权;②观察投入品的行为;③与其他所有的投入品所有者签约;④可以改变其他人的团队成员资格;⑤出售那些用来定义企业所有权的权利。

四、新产权学派的企业理论

新产权学派对企业理论的贡献主要由格鲁斯曼和哈特(Grossman and Hart,1986)、哈特和穆尔(Hart and Moore,1990)以及哈特(1995)等人的重要工作构成,而它关于不完全契约理论的基础建基于哈特和穆尔(1999)、西格尔(Segal,1999)等人的重要工作。新产权学派对不完全契约的理解建立在早期交易费用经济学的工作上。但是,绝不能认为新产权学派就是交易费用经济学的数学形式。实际上,新产权学派的发展动力恰恰是它对交易费用经济学企业理论的不满。新产权学派批评到,为什么一个独立的企业主变成另一个企业的雇员之后,他的机会主义行为就会减少呢?或者说,一个独立的企业主与一个雇员之间究竟有什么本质的差别呢?此外,交易费用经济学也没有具体考察一体化的产权结构,如果两个企业都具有专用性资产,那么一体化后谁又该拥有企业的所有权呢?新产权学派认为,交易费用经济学出现上述缺陷的根本原因在于,它没有给出一个关于一体化的成本和收益的清晰解释,从而难以解释企业的规模问题。新产权学派把对资产的剩余控制权定义为企业的所有权,强调了剩余控制权对兼并方带来的收益和对被兼并方带来的成本,从而提出了一个关于企业一体化的理论。

新产权学派企业理论的基本逻辑可以概括如下:存在专用性投资的企业之间的契约是不完全的,这会影响各方的事前关系专用性投资,因此应该设计某种最佳产权结构来保证最大化的联合产出。最佳产权结构通常要求将企业的剩余控制权或所有权安排给投资重要的一方,或者投资是不可或缺的一方。新产权学派除了应用于企业的一体化理论之外,还广泛应用于融资契约、企业制度、政府采购与私有化、政治制度设计等方面。

五、企业能力理论

20世纪80年代,波特在《竞争战略》一书中分析了产业内部五种竞争力之间相互作用的状况,认为企业成功的关键在于产业的吸引力,通过构筑进入壁垒和改变市场结构获得竞争优势,并提出了基于不同产业吸引力的三大战略:成本领先、差别化和集中化战略。随着企业混合兼并的衰落,许多企业开始清理非核心业务,掀起归核化浪潮,也激起了学者对波特五种竞争模型的反思,并开始从企业内在条件(资源、能力和知识)是获得持续竞争优势的角度研究企业的成长和竞争行为,由此形成了企业能力理论。与新古典经济学和企业契约理论不同,企业能力理论认为企业本质上是一个生产性知识和能力的集合,而不是基于对交易费用的节约而存在,它强调从企业内部知识及能力创新积累的角度研究企业组织的内生成长问题。企业能力理论中包含几个重要的理论:

(1) 资源基础理论。该理论认为企业内部包含有形的和无形的资源,当这些资源在企业之间不可流动且难以复制时就具有了独特的能力,成为企业持久竞争优势的源泉。一个企业拥有了别人没有而又难以复制和替代的资源时,就具备了比其他企业更强的竞争优势。

(2) 核心能力理论。该理论认为企业本质上是能力的综合体,企业能力储备决定其经营范围,积累、保持和运用能力开拓市场才是企业长期竞争优势的决定因素。企业的核心能力应具备五个特点。①价值性。核心竞争能力必须对用户看重的价值起重要作用。②异质性。一项能力要成为核心能力必须为某公司所独有的、稀缺的,没有被当前和潜在的竞争对手所拥有。③不可模仿性。其他企业无法通过学习获得,不易为竞争对手所模仿。④难以替代性。不存在战略性等价物。⑤延展性。从总体来看,核心竞争能力能够以此为基础产生一系列其他产品和服务,能够在创新和多元化战略中实现范围经济。

(3) 知识基础理论。该理论从知识的角度分析了企业存在和产生的理由,将企业看作知识一体化的制度,认为企业的异质性来源于企业在生产过程中的知识积累和知识水平的差异,并指出是企业能力大小决定了企业的边界。该理论认为知识是企业理论的核心,企业本质上是一个获取、吸收、利用、共享、保持、转移和创造知识的学习性系统,是一种使知识一体化的制度。

六、企业间网络理论

自20世纪70年代末以来,越来越多的企业采用企业间协调的方式来组织交易和生产活动。这种企业间的协调方式既不同于企业的科层结构又与纯粹市场机制不同。我们在本书中一律使用企业间网络这个术语来形容企业间的这种协调方式。我们将企业间网络定义为由两个或两个以上独立的企业通过正式契约和隐含契约所构成的互相依赖、共担风险的长期合作的组织模式。

在上述定义中,"长期合作"意味着企业间网络的形成,而企业间网络的形成又促进了企业间的长期合作,这反过来又不断重新创造着企业间网络。从这个意义上来说,企业间网络是一个动态的组织过程而不是一个静态的实体。这里的长期性并不意味着企业之间的某个项目的合作可以一直持续下去。在现实中,某个企业与另一个企业之间为了共同的利益可能会就生产、营销、技术创新等一项或多项活动进行合作,当实现既定的目标后会结束该项目的合作。但是当有新的项目可以合作时,企业通常还会选择曾经合作过的企业间网络伙伴来进行合作。"独立的"意味着企业间网络的每个成员在法律上都是独立的法人。"互相依赖"意味着企业间网络中的成员的专业化分工程度都很高,它们通过企业间资源共享来实现外部规模经济,相互弥补资源的不足。而企业本身则通过专用性投资,专注于培育和发展自己的核心能力,以获得竞争优势。不过,互相依赖并不意味着企业间网络中的成员是完全平等的。在企业间网络中,有的企业拥有较多的稀缺资源,因而处于核心的地位,并能够对其他企业施加影响;而其他企业则常常围绕这些核心企业来确定自己的战略和行动,这些企业通常是通过核心企业来与企业间网络中的其他企业相联系的。"正式契约和隐含契约"表明企业间网络成员用来协调和保护合作关系的机制既有通过法律来保障的正式契约,也包括非正式的社会控制和协调机制,如声誉、社会惯例等。正式契约和隐含契约是互补的,正式契约的存在保障了隐含契约能够发挥作用,而隐含契约则补充了正式契约的不足。通过这两种契约形式,企业之间能够实现长期合作和风险共担。

企业间网络的核心在于合作,通过合作来取得双赢的局面。当然,这里的合作并不要求企业是完全利他的,相反,企业完全是从自利的角度来追求企业之间的合作的。而且在很多情况下,企业之间的合作并不排除企业之间的竞争,有些企业常在一种产品和服务上进行合作,而在其他产品上又开展激烈的竞争。例如,1991年,IBM 和苹果公司为了建立一种基于 IBM 的 PowerPC RISC 芯片的新型个人计算机标准而开展了合作。但是与此同时,它们在软件产品中的操作系统上又是竞争对手,两者的操作系统并不兼容。因此,企业间网络的形成并不排除竞争,甚至还会导致企业间竞争的加剧。

七、日本的企业理论

由于日本是东方最早进入工业化的国家,同时又是工商企业最发达的国家,因此,我们在这里主要介绍日本学者具有东方特色的企业理论。

日本一桥大学伊丹敬之认为,在日本企业经营实践的各种具体方法的背后,有一种潜在的、超越文化与国界的企业经营原理,他把此原理称为"人本主义"。人本主义是与资本主义相对的广义词,它体现于企业的经营方法之中。如果说资本主义是以钱为根本的话,人本主义则是以人为根本来组织经济和经营活动的。

日本企业主要具有以下三个方面的特点。

1. 家庭风格与超血缘意识共存

首先,企业内部实行温情主义的家长制管理。所谓温情主义主要表现在工资制度中的年功序列制,组织人事制度中的内部提拔制和终身雇用制,民主管理制度中的企业内部工会制以及各种福利待遇制度。其次,日本人不仅把企业看作是谋生场所,更重要的是把其当作一种生活共同体,从中寻求个人生存的价值,使得企业(集团)或成员之间具有一种超越一般职能组织的家庭式亲近感。

2. 企业目标与个人利益相融

首先,企业追求的是双重经营目标。一个目标是利润,表明企业是一个利益集团;另一个目标是企业的持续性,这表明企业同时又是一个共同体。其次,利益一体感使企业内部成员之间有着一种共同的纽带。

3. 儒家伦理与制度理性并用

企业经营者利用儒家文化的"和""忠""仁""信"等思想来强化企业的内部凝聚力和企业集团成员之间的信用感与协作精神;同时又利用正式规章制度的建设和完善,实现管理科学化,提高企业运作效率。

案例分析

一、华为股权激励成功的原因分析

在华为的股权结构中,华为老板任正非只占华为股份的1.42%,华为的员工持股98.58%。任正非有一票否决权。在华为(Huawei)深圳总部的一间密室里,有一个玻璃橱柜,里面放了10本蓝色的册子。这些册子有助于回答一个困扰美国政府的问题:谁是这家中国大型电信设备企业的真正所有者?这些厚达数厘米的册子里记录着约80 000名员工的姓名、身份证号码以及其他个人信息。华为表示,根据一项"员工股票期权计划",册中的员工持有公司约99%的股份。在参观华为深圳总部的过程中,英国《金融时报》记者在华为董事会首席秘书江西生的允许下,翻阅了这些簿册,以了解这些作为华为所有者的员工以及华为创始人任正非的持股情况。华为员工是通过"工会"持股的。记者在翻阅数千页的记录时发现,众数员工的持股量为数万股,而极少一部分人的持股量达到了数百万股。正是这样一家企业把15万员工捆绑在一条船上,同舟共济,迅速腾飞,创造出一家伟大的公司。

1. 华为股权激励演变过程

(1)早期,华为公司缺资金,员工缺投资渠道,对股权不了解,华为用实体股权激励获得内部融资,解决资金困难,以留住员工和激发动力。

(2)中期,员工对华为公司有一定信任,股权激励逐步由实体股转为虚拟股,公司扩大股权激励规模,帮助员工申请银行贷款,公司获得大额资金支持,员工获得丰厚收益,华

(3) 近期,公司资金充裕,逐步推出 TUP 计划,给员工分利,给公司留权,为未来发展留下空间。

华为是中国股权激励最典型的代表,任正非只占 1.42% 股份,没有机构投资者,其余 98.58% 的利益都与员工分享,但保留股东的控制权,在任正非的引领下,华为员工全情参与,公司实现 20 多年的高速发展。

2. 华为的股权激励成功原因

(1) 双向晋升通道保证员工的发展空间。

技术和管理属于两个领域,一个人往往不能同时成为管理和技术专业人才,但是两个职位工资待遇的差别,会直接影响科研技术人员的努力程度。为了解决这一困境,华为设计了任职资格双向晋升通道。

新员工首先从基层业务人员做起,然后上升为骨干,员工可以根据自己的喜好,选择管理人员或者技术专家作为自己未来的职业发展道路。在达到高级职称之前,基层管理者和核心骨干,中层管理者与专家的工资相同,同时两个职位之间还可以相互转换。而到了高级管理者和资深专家的职位时,管理者的职位和专家的职位不能改变,管理者的发展方向是职业经理人,而资深专家的职业是专业技术人员。

华为的任职双向通道考虑到员工个人的发展偏好,给予了员工更多的选择机会,同时将技术职能和管理职能平等考虑,帮助员工成长。除了任职资格双向晋升通道外,华为公司对新进员工都配备一位导师,在工作上和生活上给予关心和指导。当员工成为管理骨干时,还将配备一位有经验的导师给予指导。

华为完善的职业发展通道和为员工量身打造的导师制度能够有效地帮助员工成长,减少了优秀员工的离职率。

(2) 重视人力资本价值,稀释大股东比例。

股权激励并非万能,当股权激励的力度不够大时,股权激励的效果也相当有限。华为公司刚开始所进行的股权激励是偏向于核心的中高层技术和管理人员的,而随着公司规模的扩大,华为有意识地稀释大股东的股权,扩大员工的持股范围和持股比例,增加员工对公司的责任感。

华为对人力资本的尊重还体现在《华为基本法》中。该法指出:"我们认为,劳动、知识、企业家和资本创造了公司的全部价值";"我们是用转化为资本这种形式,使劳动、知识以及企业家的管理和风险的累积贡献得到体现和报偿";"利用股权的安排,形成公司的中坚力量和保持对公司的有效控制,使公司可持续成长"。这说明股权激励是员工利用人力资本参与分红的政策之一。

华为重视人力资本还体现在对研发的投资上。华为每年都将销售收入的 10% 投入到科研中,这高出国内高科技企业科研投资平均数的一倍多。在资源的分配上,华为认为管理的任务就是使最优秀的人拥有充分的职权和必要的资源去实现分派给他们的任务。

(3) 有差别的薪酬体系。

通过薪酬体系来达到激励的目的首先要设立有差别的薪酬体系。华为通过股权激励,不仅使华为成为大部分员工的公司,同时也拉开了员工工资收入水平的差距。随着近几年华为的发展,分红的比例有了大幅上升,分红对员工收入的影响因子达30%以上,这对员工而言很具有激励性。

股权激励除了需要薪酬结构有激励性,还需要绩效考察具有公平性。华为公司在对员工进行绩效考核上采取定期考察、实时更新员工工资的措施,员工不需要担心自己的努力没有被管理层发现,只要努力工作就行。华为的这种措施保证了科研人员比较单纯的竞争环境,有利于员工的发展。华为股权分配的依据是:可持续性贡献,突出才能、品德和所承担的风险。股权分配向核心层和中坚层倾斜,同时要求股权机构保持动态合理性。

在保持绩效考核合理性的同时,为了减少或防止办公室政治,华为公司在对领导的考察上也从三维角度进行,即领导个人业绩、上级领导的看法以及领导与同级和下级员工的关系。领导正式上任前要通过六个月的员工考核,业绩好只代表工资高,并不意味着会被提升。这样的领导晋升机制从道德角度和利益角度约束了领导的个人权利,更加体现了对下级员工意见的尊重。

(4) 未来可观的前景。

股权激励不是空谈股权,能在未来实现发展和进行分红是股权激励成功实施的关键。在行业内华为公司领先的行业地位和稳定的销售收入成为其内部股权激励实施的经济保证。

二、国有企业混合所有制改革案例分析

1984年10月,党的十二届三中全会将国有企业改革作为我国经济体制改革的重要任务;2013年,党的十八届三中全会提出积极发展混合所有制,认为国有资本、集体资本、非公有资本等交叉持股、相互融合的混合所有制经济,是基本经济制度的重要实现形式。混合所有制改革再次被提上日程,一方面意味着国有企业改革在过去三十年的发展中取得了一定的成效;另一方面说明,改革实践存在着一定的局限,改革的目的并没有彻底实现。

从历史来看,1978年至2013年,国有企业改革经历了"让利放权""制度创新""国资管理"三个阶段。每个阶段国家都针对不同的方面进行了调整,税制改革,制度创新,现代企业制度的建立,等等,每一步都推进了从计划走向市场的步伐。

截至2016年12月,我国国有企业资产总规模达到1 317 174.5亿元,同比上一年增长9.70%;负债总额870 377.3亿元,同比上一年增长10.00%;所有者权益为446 797.2亿元,同比上一年增长9.20%。截至2016年末,我国国有企业实现营业收入458 978亿元,同比上一年增长2.6%;利润总额23 157.8亿元,同比上一年增长1.70%。我国国有企业近几年的主要经济效益指标以及变动情况数据显示,目前,我国国有经济呈现出资产规模庞大且规模扩张迅速,但是运行效率低、盈利能力差、流动能力不足的特点。

问题讨论:

1. 通过分析华为,你认为作为民企老板,如何留住员工?如何激励员工?
2. 国有企业为什么要进行混合所有制改革?

第三章　产业结构演变

产业结构演变过程中是否有规律可循？国内外学者对此都做了哪些研究？产业结构变动受哪些因素的影响？本章主要对上述内容进行讲解。

第一节　产业结构与经济增长关系的争论

一、库兹涅茨的观点

库兹涅茨认为经济增长是一个总量过程，在结构变化与经济增长的关系中，首要的问题是经济总量的增长，只有总量的高速增长才能导致结构的快速演变。

消费者需求结构的变动直接拉动生产结构的转换，而消费者需求结构的变化是和经济总量的变化直接联系的。人均产值的增长率越高，消费者需求结构的改变也就越大。

我们可以得出这样的结论：经济总量的高增长率引起消费者需求结构的高变化率，消费者需求结构的高变化率又拉动了生产结构的高转换率。

二、罗斯托的观点

罗斯托则认为，现代经济增长本质上是一个部门的过程。他无意要否定总量的概念，而只是强调，部门分析是解释现代经济增长原因的关键。现代经济增长根植于现代技术所提供的生产函数的累计扩散之中，这些发生在技术和组织中的变化只能从部门角度加以研究。新技术的吸收本来就是一个部门的必备过程，引进新的重要技术或其他创新于某个部门之中，是一个与其他部门以及与整个的经济运转纵横交错的极其复杂的过程。在产业结构分析中，罗斯托还把经济部门分解为主导增长部门即主导部门、辅助增长部门和派生增长部门。罗斯托还提出主导产业扩散效应。

第二节 产业结构演变规律

一、产业结构的内涵

产业结构是指一个国家或地区在生产过程中的产业组成状况,也就是不同的资源在不同产业间的配置状况。它指的是产业之间的技术经济联系以及联系方式,既包括产业部门地位的变换更替规律,也包括部门之间的技术经济数量比例关系。我们可以从两方面考察这种产业间的联系与联系方式:一是从"量"的角度静态分析一定时期内产业间技术经济联系与联系方式的数量关系,二是从"质"的角度动态解释产业间技术经济联系与联系方式不断发展变化的趋势。产业结构演变与经济增长具有内在的联系。随着社会分工越来越细,产业部门越来越多,部门与部门之间的资本流动、劳动力流动、商品流动等联系也越来越复杂。这些生产要素在部门之间的流动会对经济增长带来什么影响,逐渐引起了学界的关注。

(一)产业结构理论的研究对象

产业结构理论以产业之间的技术经济联系及其联系方式为研究对象。这里的技术经济联系主要是指按照投入产出的技术矩阵关系划分的联系方式,如前向关联、后向关联等,它们的量度指标相应为前向关联系数、后向关联系数等。此外还有按照各种数量比例关系划分的联系方式,如资本占用关系、劳动力占用关系、产值比例关系、能耗比例关系、进出口比例关系等,它们的量度指标相应为资本结构指标、就业结构指标(劳动力结构指标)、产出结构指标、能耗结构指标、进出口结构指标等。

(二)产业结构理论的研究模式

产业结构可以理解为投入产出的转换器,产出对于投入的倍加数量,主要取决于产业结构这个转换器,假设一定时期内各种资源的投入量不变,那么产出量主要取决于结构水平。如果产业结构水平低,技术含量低、技术进步慢、效率低的产业比重大,则产出水平低;如果产业结构水平高,技术含量高、技术进步快、效率高的产业比重大,则产出水平高。如果产业结构僵化,产业结构转换缓慢甚至停止,大量的资本和劳动力的投入得不到优化配置,那么产业效率也不会发生大的变化;如果产业结构转化能力强,能够迅速压缩低效率产业的比重,提高高效率产业的比重,不断调整和改变各产业之间的生产能力配置构成,那么产业效率也会不断提高。一国(或地区)经济的兴衰和相对地位的变化,其中一个决定性的因素是产业结构的转换能力。转换能力越强,意味着低效产业的衰退周期越短,新兴产业成熟得越快,从而通过缩短转换周期而先行占据某一新兴产业的制高点,提高有限资源的利用效率,从而提高一国(或地区)的竞争力。根据这一推理,有学者提出了一种研究产业结构的新模式,尽管目前还不够成熟,但它为产业结构研究提供了一条新的思路。

1. 资源倾斜配置

资源倾斜配置是按照效率的要求对资产存量进行调整和增量倾斜,该过程在市场和政府双重作用下完成。

2. 经济不平衡增长

经济不平衡增长是指以追求资源配置效率最大化为目标的产业间非均衡增长,它要求打破区域内对产业结构完整性、独立性以及对再生产过程比例性的追求,打破区域内对生产结构与需求结构的对应和总量平衡,将比例性和平衡性建立在更大的地域空间范围之内,使某些产业高速增长,某些产业减速增长甚至退出。

3. 产业结构优化

产业结构优化是指高效率产业和高技术产业比重不断增大的量变过程。而产业结构升级是指具有更高技术含量和效率水平的主导产业(群)完全取代了原有主导产业(群)的质变过程。经济增长和效益水平的提高是产业结构调整的最终目的。以往的产业结构研究主要局限于产业结构优化与升级,而这一新的研究模式一方面强调了逻辑演进关系以及产业结构优化与升级在这一链条上的地位、作用,另一方面考虑了经济不平衡增长(即优势产业的高速增长,劣势产业的减速增长或负增长)对产业结构优化与升级产生的作用。

二、产业结构演变的一般趋势

随着科学技术和市场需求的不断提高,社会分工的深化和市场深度及广度的扩展,会促使产业间的增产出现发展不平衡的情况,这就会使产业间的数量比例、产业的地位以及产业间相互联系的方式也相应发生变化;产业结构的演进也会表现出一定的规律性,产业结构在产业高度方面由低级向高级转变,在产业结构横向联系上由简单化向复杂化演进,这两个方面的不断变动使得产业结构进入一个新的发展水平。产业结构演进的趋势发展主要体现在如下四个方面。

(一) 三次产业比重变动规律——"配第-克拉克定理"

英国古典经济学创始人威廉·配第指出,不同产业间相对收入差异会促使劳动力向高收入的产业转移,这种转移对经济发展有利。他初步揭示了工业和商业的比重会扩大的趋势,由于当时还没有三次产业的划分,因此没有明确提出三次产业比重变动规律。

英国经济学家和统计学家科林·克拉克继承了费歇尔关于产业划分的研究成果,搜集和整理了若干国家按照年代的推移,劳动力在第一、第二、第三产业之间移动的统计资料,得出了如下结论:随着经济的发展,人均国民收入的提高,劳动力首先由第一产业向第二产业移动;当人均国民收入水平进一步提高时,劳动力便向第三产业移动。劳动力在产业间的分布状况为:第一产业将减少,第二、第三产业将增加。劳动力转移的原因是由经济发展中各产业间出现收入(附加价值)的相对差异造成的。人们总是由低收入的产业向高收入的产业移动。这不仅可以从一个国家经济发展的时间序列分析中得到印证,而且还可以从处于不同发展水平上的国家在同一时点的横断面比较中得到类似的结论。人均国民收入水平越高的国家,农业劳动力在全部劳动力中所占的比重相对来说就越小,而第二、第三产业中劳动力所占的比重相对来说就越大;反之,人均国民收入水平越低的国家,农业劳动力所占比重相对越大,而第二、第三产业劳动力所占比重相对越小。

随着全社会人均国民收入水平的提高,就业人口首先由第一产业向第二产业转移;当人均国民收入水平有了进一步提高时,就业人口便大量向第三产业转移。人们称这种由人均收入变化引起产业结构变化的规律为配第-克拉克定律。配第-克拉克定理是对产业结构演化规律的经验性总结,三次产业比重变动存在客观必然性。

(二)主导产业转换规律

主导产业是在产业结构中处于主体地位,发挥引导和支撑作用的产业,即一个国家在一定时期内经济发展所依托的重点产业,在产业结构中占有很大比重,对整个经济发展和其他产业具有极大的引导和带动作用。主导产业具有生产率持续、增长迅速、市场扩张能力强、需求弹性高、市场潜力巨大、规模产出、能源资源利用率高、产业关联度高等特征。

经济发展的阶段性也决定了主导产业群的序列更替性,不同的经济发展阶段其主导产业也不同,特定时期的主导产业,是在具体条件下选择的结果。一旦条件变化,原有的主导产业群对经济的带动作用就会弱化、消失,进而被新的主导产业群所替代。从主导产业更替的序列性角度出发,可以把产业划分为新兴产业、成熟产业和衰退产业。

罗斯托曾把纺织工业称为"起飞"阶段的古典式的主导产业,钢铁、电力、煤炭、通用机械、化肥工业是成熟阶段的主导产业,汽车制造业是高额消费阶段的主导产业。从产业结构变迁的历史看,主导产业转换引致产业结构演进,存在着从以农业为主的结构开始,按顺序依次向以轻工业为主的结构、以基础工业作为重心的重工业为主的结构、以高加工度工业为重心的结构、以信息产业和知识产业为主的结构演进的规律性。不同发展阶段的主导产业群,既存在替代关系,又存在相互作用。不同阶段的主导产业群的选择不是随机的,前主导产业群为后主导产业群奠定了发展的基础。

研究主导产业转换规律性,是为了更好地选择主导产业,扶持主导产业的发展,从而实现产业结构的合理化和高度化,促进经济发展。选择主导产业的过程,实质上是一个根据本国经济发展的具体国情,对不同角度和不同层次的需要解决的经济问题,分轻重缓急的顺序做出取舍的过程。因而,主导产业的选择基准也就是如何确定倾斜式的产业发展战略。

产业结构变迁的规律还体现在产业按比例协调发展规律、生产要素密集型产业地位变动规律(产业结构由以劳动密集型产业为主向以资本密集型产业为主演进,再转向以技术和知识密集型产业为主,促进产业结构的高度化)等方面。产业结构由低级向高级的演进,是由三次产业比重变动规律、主导产业转换规律、产业结构高加工度化和技术集约化规律、生产要素密集型产业地位变动规律等共同作用的结果。

(三) 工业化过程中的重工业化——霍夫曼定理

工业化是人类社会经济发展的必然阶段。工业化的过程既是农业经济时代的产业结构向工业经济时代的产业结构演进的过程,也是工业内部结构演进的过程,在这一过程中存在重工业化的趋势。

在西方经济学家中,对工业化过程中的工业结构演变规律做了开拓性研究的是德国经济学家霍夫曼。1931年霍夫曼出版了《工业化的阶段和类型》一书,该书根据20个国家的经济资料数据,对制造业中消费资料工业和生产资料工业的比例关系进行了详细研究,发现在工业化过程中消费资料(消费品)工业的净产值和资本资料(资本品)工业的净产值之比是不断下降的。在工业化过程中,霍夫曼比例不断下降,被人们称为"霍夫曼定理"。

参照工业化过程中消费资料(消费品)工业的净产值和资本资料(资本品)工业的净产值之比的变化趋势,霍夫曼把工业化的过程分解为四个阶段:第一阶段,消费资料工业的生产在制造业中占有统治地位,资本资料工业的生产是不发达的,霍夫曼比例为5($\pm$1),为工业化的起步阶段;第二阶段,与消费资料工业相比,资本资料工业获得了较快的发展,但消费资料工业的规模仍然比资本资料工业的规模大,霍夫曼比例为2.5($\pm$1),为工业化有了相当发展的阶段;第三阶段,消费资料工业和资本资料工业的规模达到了大致相当的程度,霍夫曼比例为1,表明资本资料工业开始处于主体地位,是实现重工业化的重要标志;第四阶段,资本资料工业的规模大于消费资料工业的规模,霍夫曼比例小于1。霍夫曼关于工业化过程中工业结构演变的规律及其工业化阶段的理论,在其问世后的半个多世纪里,保持了较广泛的影响。

重工业化是工业结构演进中的一个阶段,无论是重工业还是轻工业,都会由以原材料为中心的结构向以加工、组装为中心的结构演进,即进入工业结构的"高加工度",它表明工业体系以生产初级产品为主向生产高级复杂、高附加值产品为主的阶段过渡,意味着工业结构日趋高级化。通过提高加工程度,人们能够更充分有效地利用劳动对象,生产出种类更多、功能更全、质量更好的产品,满足人们更高层次的、更为多元化的消费需求。随着经济发展和科技创新,工业结构进一步表现出"技术和知识集约化"趋势,它不仅体现为工业部门采用越来越先进的生产技术和工艺,传统产业高技术化,而且体现为以技术和知识密集为特征的尖端工业的兴起,如新材料工业、计算机工业和软件产业等。工业化以来,工业结构呈现出了"重工业化-高加工度化-技术和知识集约化"的变迁轨迹。

(四) 库兹涅茨提出的产业结构演变规律

20世纪40年代美国经济学家库兹涅茨在研究了各国经济增长的统计资料之后,归纳出了经济增长的数量特征是人口的高增长率和产量的高增长率,以及生产率的高增长率;结构特征是经济结构的转变(从第一产业转向第二产业,然后又转向第三产业);国际特征是经济增长在各国迅速扩散,以及各国增长的不平稳性,并把经济增长的原因归结为技术进步、制度变化和意识形态变化等。

库兹涅茨在继承克拉克研究成果的基础上,对产业结构的演变规律做了进一步探讨,阐明了劳动力和国民收入在产业间分布结构演变的一般趋势,从而在深化产业结构演变的诱因分析方面取得了突出成就,进一步完善了配第-克拉克定理。他从国民收入和劳动力在产业间的分布两个方面,对伴随经济发展的产业结构变化做了分析研究,收集和整理了20多个国家的庞大数据,把三次产业分别称为"农业部门""工业部门"和"服务部门"。根据对各产业中相对国民收入变化趋势所做的分析,他得出以下结论:

第一,第一产业的相对国民收入在大多数国家都低于1,而第二和第三产业的相对国民收入则大于1。并且从时间系列分析来看,农业相对国民收入下降的趋势说明,在劳动力相对比重和国民收入相对比重下降的情况下,国民收入相对比重下降的程度超过了劳动力相对比重下降的程度。因此,在大多数国家农业劳动力减少的趋势仍没有停止。农业劳动力相对比重的减少,农业实现的国民收入相对比重的减少,是任何国家在发展的一定阶段上的普遍现象。

第二,第二产业相对国民收入比重的上升是普遍现象。但劳动力相对比重的变化,由于不同的国家工业化的水平不同且存在差异,综合起来看是微增或没有大的变化。在一个国家的经济发展中,在国民收入特别是人均国民收入的增长方面,第二产业有较大贡献。

第三,第三产业的相对国民收入从时间系列分析来看,一般表现为下降趋势,但劳动力的相对比重几乎在所有国家都是上升的,这说明第三产业具有很强的吸纳劳动力的特性,但劳动生产率的提高并不快。在工业化国家中,第三产业的劳动力的相对比重和国民收入的相对比重都在50%以上。

三、产业结构效应

产业结构效应,是指产业结构变化对经济增长所产生的效果。也就是说,产业结构对经济增长发挥着一种特殊的作用,这种作用主要表现在以下两方面。

1. 产业关联效应

产业关联包括产业间的前向关联和后向关联。当供给部门与需求部门之间发生供需关系时,需求部门就是供给部门的前向关联产业,而供给部门则是需求部门的后向关联产业。根据这一定义,最终产品只有微弱的前向关联关系,而初级产品则只有很微弱的后向关联关系,中间产品比最终产品或初级产品具有更强、更广泛的前后向关联关系。

产业的关联效应就是指一个产业生产、技术等方面的变化通过前向关联关系和后向关联关系对其他产业产生的直接和间接影响。相应地,产业关联效应包括前向关联效应和后向关联效应两种。前向关联效应就是指一个产业在生产、产值、技术等方面的变化引起其前向关联部门在这些方面的变化,或导致新技术的出现、新产业部门的创建等。后向关联效应就是指一个产业在生产、产值、技术等方面的变化引起其后向关联部门在这些方面的变化。例如,由于该产业自身对投入品的需求增加或要求提高,使得提供这些投入品的供应部门发生扩大投资、提高产品质量、完善管理、加快技术进步等变化。

2. 主导产业扩散效应

主导产业扩散效应是指主导产业通过"不合比例增长"的作用对其他关联产业产生的

影响,具体表现在三个方面:回顾效应、旁侧效应和前向效应。

(1) 回顾效应。回顾效应是指主导产业增长对那些向自己供应投入品的产业产生的影响。主导产业或新兴产业在高速增长阶段中,会对原材料和机器设备等投入品产生新的投入要求,这些投入品反过来又会推动现代设计观念和方法的发展。

(2) 旁侧效应。旁侧效应是指主导产业的成长还会引起它周围地区在经济和社会等方面的一系列变化,这些变化趋向于在广泛的方面推进工业化进程。例如,棉纺织业革命改变了曼彻斯特、波士顿,汽车工业革命改变了底特律,并引起了老都市中心的改造和新城市中心的产生。在这里,旁侧效应以城市化发展初期的加速为标志,强化了关于生产过程的现代观念,这种影响远远超出了新活动本身和投入的直接影响。

(3) 前向效应。前向效应是指主导产业的成长诱导了新产业、新技术、新原料、新材料、新能源的出现,改善了供应产业所供应产品的质量。主导产业产生的这种刺激力,可以为更大范围的经济活动提供可能性,有时甚至为下一个重要的主导产业的出现打下基础。

第三节 影响产业结构的因素

决定和影响经济增长的因素都会在不同程度上对产业结构的变动产生直接的或间接的影响。研究与了解产业结构变动的影响因素可以让我们认识到产业结构的现状、产业结构变动的趋势和规律以及产业结构变动的内在原因,以此来制定相应的产业结构政策,调整产业结构,从而促进产业结构向合理化、高度化转变。

一、知识与技术进步

技术进步、知识创新与技术创新是经济增长的主要推动力,也是影响产业结构变动的主要方面,可以说没有技术创新,就没有产业结构的演变,没有产业结构的演变就不会带来经济的持久增长。

技术革命催生新产业。以技术革命为标志的工业革命,重新塑造了人类的生产生活方式,给社会带来广泛深远的影响。第一次技术革命的标志是纺织机器的发明和蒸汽机的广泛应用,机器生产代替了手工劳动为基础的工业手工业,技术进步打破传统农业低水平生产的路径,加速新产业部门诞生,产业打破以农业为主的结构,经济生产转向工业为主。第二次技术革命同样凸显新技术的重要性,特别是电力、内燃发动机、新材料与物质,以及通信技术的大力发展。产业不断分化,细分产业集中度不断提高,垄断产业不断涌现,制造业和服务业产值比重进一步加速。第三次工业革命主要是以信息和新能源技术创新为标志,云计算、3D打印、工业机器人、新能源等技术是第三次工业革命的核心内容,这一次的技术革命将使生命力超越传统经济组织局限,形成以新技术为动力的新型产业关系体系,产业空前与互联网和新能源技术融合,继续推动产业结构演进。

技术创新促进产业发展。科学技术要成为推动经济增长的主要力量,必须从知识形态转化为物质形态,从潜在的生产力转化为现实生产力,而这一转化正是在技术创新这一环节实现的。技术创新是一个不间断的过程,从动态角度看,技术创新过程是由科学研究形成新的发明,新产品开发、试制和生产,市场营销等环节构成的。技术创新是产业成长和发展的推动力量。技术创新促进产业发展的例子不胜枚举。就农业而言,现代农业与传统农业相比,其科技含量不可同日而语。现代农业科技在形成自己完整体系的同时,其他众多门类的自然科学与社会科学、技术科学与经济科学不断向农业科学渗透、交融,从而形成许多新的交叉点,拓宽了农业生产领域,推动现代农业持续发展。例如,温室栽培技术、滴水灌溉技术、品种改良技术等都极大地促进了农业生产的发展。再如,计算机工业的发展,不论是硬件技术还是软件技术创新,近二三十年来,都可以用突飞猛进来形容。科学技术方面的重大发展,对产业结构演进的促进作用日益加大。

二、国际贸易

国际贸易的发展和经济全球化的推进,促进了产业的国际转移。在封闭经济中,产业结构的调整和产业结构升级并不伴随着对外产业转移,而是在一国范围内由发达地区向欠发达地区转移。各国产业结构的演进都不是在封闭的环境下发生的,国际环境对于一国的产业结构形成和发展起到至关重要的作用,而国际环境对一国产业的影响主要集中于贸易领域。国际产业转移是开放经济的产物,也是国际竞争日趋激烈的必然结果。国际贸易理论发展经历了三个阶段:亚当·斯密绝对成本理论、李嘉图比较优势理论和赫克歇尔-俄林的资源禀赋理论。

(一) 绝对成本理论

这一理论是由亚当·斯密在其划时代的巨著《国富论》中提出的。其基本思想是贸易基于各国之间生产技术的绝对差别。一国之所以要进口别国的产品,是因为该国的生产技术处于绝对劣势,自己生产的成本太高,还不如从别国购买来得便宜;而一国之所以能向别国出口产品,是因为该国在这种产品的生产技术上拥有绝对优势,使本国生产的产品成本和价格更低。因而各国在生产技术上的绝对差异,进而造成的劳动生产率和生产成本上的绝对差异,是国际贸易和国际分工的基础。

绝对成本理论是建立在劳动价值论基础之上的,是从一个新的视角来研究国际贸易产生的原因,对社会经济现象的研究从流通领域转到生产领域,揭示了国际分工和专业化生产能使资源得到更有效的利用,从而提高劳动生产率的规律,并第一次论证了贸易是互利和双赢的。但该理论也存在明显的局限性,它不能解释国际贸易的全部,只能解释国际贸易的一种特殊情形。

(二) 比较优势理论

李嘉图"比较利益"核心思想是:尽管一国在两种产品的生产上都处于绝对劣势,但它可以选择两种产品中劣势相对较小的那种产品专业化生产并出口,同样能获致贸易得益。

也就是中国古训所云:"两利相权取其重,两弊相权取其轻。"这样贸易的可能性和范围得以大大拓展。李嘉图认为,一国应该完全专业化生产并出口那种它拥有比较优势的产品,不生产而进口那种它拥有比较劣势的产品。

比较优势理论具有合理的和科学的成分,比绝对成本理论更全面、更深刻地揭示了国际贸易的产生,进一步说明了对外贸易利益的来源。比较优势理论否定了重商主义关于对外贸易利益来源于流通领域的错误观点,从而奠定了资本主义自由竞争时期国际贸易理论的基础,深刻地阐明了自由贸易的好处,对于推动自由贸易政策的实施和世界贸易的自由化发展曾经起到过积极作用。

(三)资源禀赋理论

1919年,赫克歇尔发表了题为《国际贸易对收入分配的影响》的论文,对要素禀赋理论的核心思想,即要素禀赋差异是国际贸易比较优势形成的基本原因,做出了初步的分析。1933年,俄林出版了著名的《区域贸易与国际贸易》一书,书中对其老师的思想做了清晰而全面的解释,由于其贡献,俄林与詹姆斯·米德分享了1977年度的诺贝尔经济学奖。

资源禀赋理论的基本定理:一国出口本国供给要素丰裕的商品,而进口本国供给要素短缺的商品。简单地说,生产要素的丰裕程度决定一国的进出口贸易模式。国际贸易解决了生产要素在国家之间不能流动的问题,提高了各国的资源使用效率。

随着国际贸易理论的发展,研究认为在各国技术水平相当的情况下,国际贸易的发生取决于各国生产要素的禀赋,各国应该专门生产大量使用具有优势禀赋要素的商品。所以一国应依据本国的生产要素禀赋制定产业结构政策,因为生产要素禀赋决定了产业比较优势。充分利用相对充裕的生产要素就能增加本国优势和福利。

伴随国际贸易的发展以及全球产业链的延展,寻求优势产业成为发展中国家促进产业发展的重要环节。发展中国家要积极承接发达国家转移的产业,进而促进本国产业发展,赤松要提出的"雁阵理论"恰当诠释了产业转移和承接过程。所以,国际贸易因素对本国产业结构有着引导和推进功能。

三、资本投入因素

资本是生产和经济增长的重要因素禀赋。任何产业的形成和发展都离不开资本的投入。可以说,资本投入是影响产业结构最直接的因素。宏观经济学理论把资本和劳动力投入作为基本的生产要素,随着资本投入增加,产出也相应增加,不同产业的资本产出弹性不一样,所以投入相同的资本量会引起不同的产业产出,造成了产业结构的变化。从各国经济增长的角度来观察,资本往往成为发展中国家经济增长的重要瓶颈,高技术和高附加值的产业大多具有资本密集特点。霍夫曼说:"从一个社会整个产业生产结构来看,工业化的主要特征是资本品的相对增加以及消费品的相对减少。在这个意义下,工业化可以定位为生产的'资本化'(在一定生产过程中,扩大利用资本并加深利用资本)。"哪一个产业得到的投资多,哪一个产业就更容易获得较快发展。所以产业结构调整过程,一定要注重资本要素的调节。

四、劳动力因素

劳动力与资本一样是经济增长的重要因素禀赋。当一国具有丰富的劳动力,其劳动成本低廉时,企业倾向于采用多用劳动力、节约资本的技术,产业结构具有劳动密集程度高、资本劳动比较低的特点,因为这样的产业结构才能具有比较优势和竞争优势。在典型的二元经济发展阶段,一国劳动力从原来过剩向短缺转折之后,即跨越刘易斯拐点,生产要素的稀缺程度发生变化,相应的比较优势和竞争优势发生变化;相对于资本要素而言,劳动力价格提高之后,企业倾向于使用更加节约劳动的技术,这样决定产业结构为了获得竞争优势更趋于资本密集型,资本劳动比也就相应提高。企业是生产组织的最小单位,最先对生产要素相对价格变化做出反应,当企业主感受到招工难和劳动力成本上升时,他们总是会购买更多的机器,雇佣较少的工人。投资者也会对变化后的生产要素禀赋做出反应,开始投资于使用劳动力较少、资本更加密集的产业。

五、需求因素

需求是在某一时期内在每一种价格时消费者愿意并且能够购买的某种商品量或劳务,总需求是一定时期内一个经济中各部门所愿意支出的总量。社会生产的最终目的是满足人类各种需求。需求具有引导生产的作用,因而需求结构的变化会导致产业结构变动,对产业结构有序演进具有直接推动作用。凯恩斯理论提出之后,需求对经济增长的作用得到肯定,彻底打破之前经济学者信奉的萨伊定律"供给创造需求",人们对需求总量和需求结构影响一国经济增长、供给结构、产业结构的认识进一步深化。通常认为,需求结构的变动会导致产业结构的变动,而且两者有对应关系。由于产品间存在不同的需求收入弹性,随着居民收入的提高,消费者对产品的需求不一样,生产企业为满足需求,最终生产会随着消费者需求变化而变化,促成生产结构与需求结构对应起来。一国经济发展过程中农业产品往往比制造业产品有更低的需求收入弹性,这样随着国内消费者收入上升,制造业消费需求数量增加得更快,由于制造业部门"干中学"促进技术进步保证工业化得以实现,从而加速了一国产业结构演进。

六、制度因素

制度是约束人行为的一系列规则,不仅包括社会的经济规则,同样还包括社会政治规则。新制度经济学家诺思将制度定义为一个社会的博弈规则,或者更规范地说,是人们设计的、塑造人们互动关系的约束。在诺思看来,产业革命与主导产业的更替与其说是科技创新的结果,不如说是制度创新的结果。一方面,不同制度的安排使得资本、劳动力等生产要素在企业、产业和产业间的配置上存在差异,导致各产业生产不同,从而引起了产业结构变动。另一方面,科技创新需要制度激励,不同制度安排对科技创新的作用不同,好的制度安排激励研究人员不断创新，使得产业技术得到快速发展，从而提高生产效率，最终导致产业升级；坏的制度会抑制创新，从而使得产业若干年内发展缓慢，阻碍了产业升级。

 案例分析

基金投资与产业结构：国家集成电路基金

  国家集成电路产业投资基金是为促进集成电路产业发展设立的。2014年9月24日，一期，预计募集资金1300亿。2019年，二期，注册资金2000亿。基金由国开金融、中国烟草、亦庄国投、中国移动、上海国盛、中国电科、紫光通信、华芯投资等企业发起。基金重点投资集成电路芯片制造业，兼顾芯片设计、封装测试、设备和材料等产业，实施市场化运作、专业化管理。

  2015年2月13日，国家集成电路产业投资基金将向紫光集团旗下的芯片业务投资100亿元。这是该基金成立以来进行的首个大规模投资。紫光集团旗下的芯片业务主要是展讯通信以及锐迪科微电子两家公司，紫光集团通过收购这两家公司正式涉足集成电路产业。

  国家集成电路产业投资基金采取公司制形式，该基金按照风险投资的方式进行运作，会择机退出所投资的项目。

  问题讨论：
  1. 基金的投资是否会影响产业结构？
  2. 国家基金在选择投资标的时，应从哪些方面考察投资对象？

第四章　产业结构优化升级

产业结构优化是指通过产业调整,使各产业实现协调发展,并满足社会不断增长的需求的过程,它具有特定的含义和丰富的内容,是政府制定产业结构政策的目标。

产业结构优化是一个相对的概念,它不是指产业结构水平的绝对高低,而是在国民经济效益最优的目标下,根据本国的地理环境、资源条件、经济发展阶段、科学技术水平、人口规模、国际经济关系等特点,通过对产业结构的调整,使之达到与上述条件相适应的各产业协调发展的状况。

产业结构优化是一个动态的概念,不同的发展阶段赋予它不同的优化内容,主要内容包括产业结构的合理化和产业结构的高度化两个方面。产业结构合理化为产业结构高度化提供了基础,产业结构高度化则推动产业结构在更高层次上实现合理化。

第一节　产业结构合理化

一、产业结构合理化的含义

产业结构合理化,是指产业结构由不合理向合理发展的过程,即要求在一定的经济发展阶段,根据消费需求和资源条件,对初始不理想的产业结构进行有关变量的调整,理顺结构,使资源在产业间合理配置和有效利用。产业结构是否合理的关键在于产业之间内在的相互作用而产生的一种不同于各产业能力之和的整体能力。产业之间的相互作用关系越是协调,结构的整体运行质量越高,产业结构就越合理;反之,产业结构就越不合理。

二、产业结构合理化的标准

关于判断产业结构合理化的标准,目前常见的主要是从以下五个方面加以考察:①与"标准结构"的差异;②对市场需求的适应程度;③产业间的均衡比例关系;④对资源的合理使用;⑤可持续发展。

(一)与"标准结构"的差异

库兹涅茨和钱纳里等人,在产业结构理论的研究中,分别根据样本国家的实证数据,统计回归出产业结构的"标准发展模式"。这些"标准发展模式"是大多数国家产业结构演进轨迹的综合描述,反映了产业结构演进的某种规律。如果某一产业结构系统在其发展过程中与"标准结构"产生了一定的差距,就可认为该系统偏离了大多数国家发展的共同轨迹,违背了产业结构发展的规律,其内部的结构是不合理的;反之,如果这一个特定系统在发展到一定阶段时,其内部结构恰好与"标准结构"相符,就可以自然地认定这一系统与产业结构发展的共同规律是吻合的,因此其结构也是合理的。

虽然"标准结构"可以作为判断一个特定产业结构系统是否合理的参照系,但进一步的研究表明,各产业结构系统在其自身的发展中,由于所处时空环境的差异,各自都有自身发展的独特轨迹(如大国结构与小国结构的差异,工业先行国与工业后发国的差异),因此这一参照系的参照作用大打折扣,其至多只能给我们提供一种判断产业结构是否合理的粗略线索,而不能成为其判断的根据。

(二) 对市场需求的适应程度

在运用产业结构对市场需求结构的适应程度来检验某一产业结构系统是否合理时,应当注意的是:

(1) 由于市场需求的易变性和产出结构相对的滞后性及刚性等特点,一般地,产出结构并不能及时地和完全地适应市场的需求结构,两者之间会存在一定的偏差。

(2) 产出结构和市场需求结构间的偏差通常表现为两种形式,即总量偏差和结构偏差。当存在总量偏差时,也一定存在结构偏差。而当存在结构偏差时,则未必一定存在总量偏差。因而,结构偏差是总量偏差的必要但并非是充分条件。

(3) 产业结构对市场需求的适应一般可通过产品储备、生产能力储备和生产能力调整的方式给予调整和解决,但这三种调整方式在适应程度和适应时间上是不同的。

(三) 产业间的均衡比例关系

在特定的技术水平下,各产业结构的投入产出关系是一定的,也即由此表现出来的产业间的比例关系是一定的。因此,也可用产业间的比例关系来考察产业结构系统的合理性。合理的产业结构应当反映出产业间的均衡比例关系,即在一段时期内不存在长线产业,也不存在短线产业。

对于一个产业结构系统而言,存在众多的产业间比例关系,如三次产业间的比例关系、传统产业与新兴产业间的比例关系、中间产品与最终产品产业之间的比例关系等等。

在以产业间的均衡比例关系考察某一产业结构是否合理时,我们应当特别注意:

(1) 各产业间的比例关系并非始终不变的。随着产业结构的演进,必定有些产业发展得快些,有些产业发展得较慢,从而产业间的比例关系也就经常处于"均衡—不均衡—均衡"的运动之中。

(2) 当产业结构反映出存在较大"瓶颈"时,可以断定该产业结构系统是欠合理的。因为根据"水桶原理",该产业结构系统的最终产出取决于"瓶颈产业"的产出能力。而由于"瓶颈"的存在,制约了其他产业生产能力的充分发挥,使得该产业结构系统的资源没有得到最佳配置。

（3）产业间的均衡比例关系一般是通过对存量的调整和增量的投入来完成的。

（四）对资源的合理使用

产业结构系统作为资源转换器，其功能就是将所输入的各种生产要素，转化成适合市场需求的各种产出。由于资源的稀缺性，作为资源转换器的转换效率就显得相当重要。因此，可以合乎逻辑地将对资源的合理、高效使用作为判断产业结构合理的标准。对资源的合理使用，一般包括了两个方面的含义：一是提高资源的使用效率，二是充分利用各种资源。

对于一个系统而言，要素、结构和功能是其三个基本因素。一个特定的产业结构系统，其要素就是各个不同的产业。这些产业间的技术经济联系，便构成了系统的结构，特定的结构决定了系统特定的功能。由此可知，对于特定的产业结构系统，产业间的技术经济联系是影响系统功能和转换效率的重要因素。而技术经济联系，很大程度上取决于产业技术水平和技术进步。因而，产业技术水平和技术进步是决定产业结构系统资源使用效率的重要因素。

在产业结构的演进过程中，可获得资源的数量和质量是结构变动的基础。因此，合理的产业结构应当尽可能地通过多种渠道来获取各种资源。对于特定的产业结构系统而言，可利用的资源一般有两类获取渠道，即系统内部的资源和系统外部的资源。系统内部的资源具有较大的可控性，而系统外部的资源则具有外在的不可控性，需经过与系统的交换而获得。鉴于这两类资源的特点，一个合理的产业结构系统，应主要立足于系统内部的资源，同时不失时机地充分利用外部的资源。

（五）可持续发展

自从人类进入工业经济社会以来，经济总量飞速增加，社会财富也得到迅速积累。然而，这样的经济总量和社会财富增长是以自然资源的大量消耗和生态环境的严重破坏为代价的。随着社会的进步，人们已充分地认识到，人类赖以生存的地球资源正在日益枯竭，环境正在日益恶化。因此，一个合理的产业结构，还应满足可持续发展的要求。

所谓的"可持续发展"，是指"既满足当代人的需求，又不对后代人满足自身需求的能力构成危害的发展"。根据可持续发展的要求，合理的产业结构应当是：第一，强调了发展，满足当代人的基本需求是放在第一位的，这与主张实现经济零增长的罗马俱乐部的悲观论调有着根本的区别；第二，当前的发展必须考虑到后代人将来的发展需要，不能为了目前的过度需求而进行杀鸡取卵、竭泽而渔式的生产。

三、产业结构合理化的调整

（一）产业结构合理化调整的过程及其收益

从产业结构趋于合理化的调整过程来看，主要有如下两个过程：一是在部门行业之间不断进行调整、协调，使之趋于均衡的过程；二是这种均衡被打破的过程。除去特殊情况不论，均衡被打破的原因主要来自两个方面：一是需求和需求结构发生变化，产业结构随之发生调整;二是由于技术进步,某些产业供给能力发生变化,则产业结构需要做出调整以适应相对不变的需求和需求结构。

在短期内技术水平不发生重大变化的情况下,产业结构由不合理向合理转变的过程中,其边际收益是递减的。这是由于结构调整的过程也是结构扭曲程度不断缩小的过程。随着产业结构逐渐趋于协调,由于产业结构扭曲所造成的经济损失也逐渐减少,从而纠正这一扭曲所获得的收益也将越来越少。然而,将整个产业结构的变化和发展放在较长时间段内考察,可以看出,由于技术进步而一次次进行的结构调整,其边际收益并不表现出递减的规律。技术的进步使满足一定需求所需的劳动力和各种物质生产要素得到节约,生产效率成倍提高,促使人类生活不断达到更高水平。如果将由于技术进步造成的每一轮产业结构调整视为整体产业结构变化的"边际",那么边际收益并不是递减的。

(二) 产业结构合理化调整的机制和动力

产业结构之所以从不合理向合理化的方向发展,其动力是结构调整过程中收益的存在。但在不同的结构调整机制中,结构调整动力的表现形式是不同的。产业结构调整机制是一种根据现有产业结构状态,通过输入某种信号和能量,引起结构的变动,从而形成新的产业结构状态的作用过程。根据输入信号的性质和调整方式的类型,理论上可以把产业结构的调整机制分为市场机制和计划机制。

1. 产业结构调整的市场机制

市场机制调整产业结构在很大程度上是一种经济系统的自我调整过程,即经济主体在市场信号的引导下,通过生产资源的重组和在产业部门间的流动,使产业结构尽可能适应需求结构变动的过程。由于种种原因,需求结构发生了变化,从而破坏了原有的供需结构,使某些产品供给大于需求,而某些产品需求大于供给,从而引起这些产品的价格发生相应的波动。当价格波动幅度大到一定程度,即大到部门间生产资源转移的临界点(转移后收益=转移成本+机会成本)时,产品价格下降部门的资源就会转移到产品价格上涨的部门,直到形成供给结构和需求结构之间新的平衡点为止。在这一产业结构调整过程中,产业结构变动的信号就是市场价格,动力是无数分散的经济主体对增加利润和避免损失的追求。

2. 产业结构调整的计划机制

产业结构调整的计划机制是一种对经济系统的调控过程,即政府向经济系统输入某种信号,直接进行资源在产业间的配置,使产业结构得以变动的过程。政府部门根据现有产业结构的状况和对产业结构变动的预测,从经济发展的总体目标出发,通过纵向等级层次向经济主体发布指令,以调整产业部门间的供求关系。这些指令通常有两种类型:一类是直接对企业的生产数量加以要求;另一类是通过变动各部门的投资计划来调整资产增量在产业间的配置,从而变动产业结构。在这一产业结构调整过程中,结构变动的信号是政府的计划数量或指令,动力是政府对经济持续、稳定、协调增长的追求。

产业结构的市场调整机制和计划调整机制各有优点及局限性:市场调整机制比较准确、稳妥,又比较灵敏,但却是事后调节,成本较大,时滞较长;计划调整机制具有事前主动性,调整成本较小,却欠准确,市场摩擦较大。因此,单独使用其中一种调整方式,难以达到产业结构合理化的目的。只有把两者很好地结合起来,才能使产业结构向合理化的方向调整。目前,世界各国基本没有哪个国家采用单一的市场调整形式或计划调整形式,而是两种形式结合使用,只是侧重点有所不同而已。

四、产业结构合理化的度量

产业结构合理化指的是产业间的聚合质量,它一方面是产业之间协调程度的反映,另一方面还应当是资源有效利用程度的反映,也就是说它是要素投入结构和产出结构耦合程度的一种衡量。就这种耦合而言,研究者一般采用结构偏离度对产业结构合理化进行衡量,其公式为

$$E = \sum_{i=1}^{n} \left| \frac{Y_i/L_i}{Y/L} - 1 \right| = \sum_{i=1}^{n} \left| \frac{Y_i/Y}{L_i/L} - 1 \right|$$

式中,E 表示结构偏离度,Y 表示产值,L 表示就业,i 表示产业,n 表示产业部门数。根据古典经济学假设,经济最终处于均衡状态,各产业部门生产率水平相同。而由定义,Y/L 即表示生产率,因此当经济均衡时,$Y_i/L_i = Y/L$,从而 $E = 0$。同时,Y_i/Y 表示产出结构,L_i/L 表示就业结构,因此 E 同时也是产出结构和就业结构耦合性的反映。E 值越大,就表示经济越偏离均衡状态,产业结构越不合理。由于经济非均衡现象是一种常态,在发展中国家这种情形更为突出,从而 E 值是不可能为 0 的。但是,结构偏离度指标将各产业"一视同仁",忽视了各产业在经济体中的重要程度,同时绝对值的计算也为研究带来不便。为此,引入了泰尔指数。

泰尔指数又称泰尔熵,最早是由泰尔提出,一些学者将之用于地区收入差距问题的研究。泰尔指数是一个很好的度量产业结构合理化的指标。其计算公式如下:

$$\text{TL} = \sum_{i=1}^{n} \left(\frac{Y_i}{Y} \right) \ln \left(\frac{Y_i}{L_i} \Big/ \frac{Y}{L} \right)$$

同样地,如果经济处于均衡状态下,也有 TL＝0,而且该指数考虑了产业的相对重要性并避免了绝对值的计算,同时它还保留了结构偏离度的理论基础和经济含义,因此是一个产业结构合理化的更好度量。泰尔指数不为 0,表明产业结构偏离了均衡状态,产业结构不合理。

第二节 产业结构高度化

一、创新与产业结构的高度化

(一)产业结构高度化的含义

产业结构的高度化(也称高级化)是指产业结构随着需求结构的变化向更高一级演进

的过程,实际上是指随着产业结构的知识集约化和经济服务化,使得产业具有更高的附加价值。

产业结构高度化是一个相对概念,它是产业结构在需求拉动、科技推动、竞争促发等动因作用下的演进过程中,在一定的经济发展阶段,针对现有的社会生产力水平,尤其是科学技术发展水平而言的。产业结构高度化是一个永不停息的过程,它使产业结构作为资源转换器,在现有资源和技术条件下,通过自身不断高度化的构造,最充分地发挥其转换效力,使资源得到最有效的利用,达到满足需求的最高潜能。显然,产业结构高度化的实质就是随着科技发展和分工深化,产业结构不断向深加工度化、高附加值化发展,从而更充分、有效地利用资源,更好地满足社会发展需求的一种趋势。

产业结构的高度化经历了三个阶段:第一阶段是产业结构的重化工业化,是指在经济发展和工业化过程中,重化工业比重在轻重工业结构中不断增高的过程;第二阶段是高加工度化阶段,高加工度化一方面意味着加工组装工业的发展大大快于原材料工业发展的不断深化,另一方面意味着工业体系由生产初级产品为主阶段向生产高级复杂产品为主阶段过渡;第三阶段是知识技术高度密集化阶段,即在高加工率化过程中,各工业部门越来越多地采用高级技术,导致以知识技术密集为特征的尖端工业的兴起,这个阶段是国民经济发展的产业结构的成长开始突破工业社会的框架,实现向"后工业社会"的产业结构转变。

产业结构的高度化表现在以下四个方面:①高加工度化;②高附加值化;③技术集约;④工业结构软性化。

一个国家要获得较快的经济增长和较好的经济发展,使产业结构高度化,关键是要具有适宜的产业结构转换能力。一般而言,一个国家的产业结构转换能力,一方面取决于资源禀赋程度和现有的经济条件适宜与否,另一方面取决于是否适宜的产业政策,包括产业结构政策、产业规模政策、产业组织政策、产业技术政策、产业结构高级化政策等。此外,也取决于采用何种推动产业结构高度化的模式。

资源利用水平应随着经济技术的进步不断突破原有界限,从而不断推进产业结构中朝阳产业的成长。其标志是代表产业技术水平的高效率产业部门比重不断增长,经济系统内部显示出巨大的持续创新能力。产业结构的合理化与高度化有着密切的联系。产业结构的合理化为产业结构的高度化提供了基础,而高度化则推动产业结构在高层次上实现合理化。结构的合理化首先着眼于经济发展的近期利益,而高度化则更多地关注结构成长的未来,着眼于经济发展的长远利益。因此,在产业结构优化的全过程中,应把合理化与高度化问题有机结合起来,以产业结构合理化促进产业结构高度化,以产业结构高度化带动产业结构合理化。在产业结构合理化过程中实现产业结构高度化的发展,在产业结构高度化进程中实现产业结构合理化的调整。只有这样,才能实现产业结构优化。

(二) 产业结构高度化的动因

一般来说,当影响产业结构的因素互相作用趋于一致时,就会促进产业结构朝更高阶段发展,在这个发展过程中,"创新"起着主要推动作用。可以说,创新是产业结构高度化的根本动力。创新对产业结构升级的推动作用可以从以下两方面体现:

（1）创新可以引发资源向更高级的产业流动。如果创新带来的是新产品开发或原有产品的改善，由于新产品的需求弹性较大，其价格对成本的反应、需求对价格的反应都比较敏感，因而其产量的提高能获得高于一般产业平均水平的收益。此时，创新会吸引生产要素流入该产业，从而导致该产业的扩张，譬如 20 世纪 20 年代汽车工业的发展。如果创新仅仅导致了原有产品的生产效率提高，且这些产品的需求弹性较小，那么其产量的大幅度提高将大幅度降低该产品的价格，使其总收益水平下降。此时，创新将导致该产业收缩，尤其表现为从事该产业的劳动力数量的锐减，20 世纪 50 到 60 年代农业的创新就是如此。由此可见，不论哪一种方式，创新都将引起生产要素在产业部门之间的转移，导致不同部门的扩张或收缩，从而促进产业结构的有序发展。

（2）创新可以通过影响生产要素的相对收益来影响产业结构的变化。经济学家希克斯认为，创新会通过改变各种生产要素，尤其是劳动和资本的相对边际生产率，来改变其收益率之间的平衡。当然，一项创新有可能以相同的比例，同时提高劳动与资本的边际生产率。然而，这种情况是十分罕见的。更常见的是创新对它们的非平衡影响，即资本边际生产率的提高比劳动边际生产率的提高更快。在这种情况下，就会刺激生产要素之间的替代，即资本替代劳动或劳动替代资本。前者就是所谓的"劳动节约型创新"，后者就是所谓的"资本节约型创新"。显然，这种要素之间的替代会影响产业结构的变动。

二、产业结构高度化机制

产业结构的高度化是通过产业间优势地位的更迭来实现的，是各个产业变动的综合结果。从单个产业部门的变动来看，一般会经历一个"兴起－扩张－减速－收缩"的运动过程。产业的兴起，往往与新产品的开发相联系。随着新产品的优点逐渐被人们所认识，对它的需求将日益增大；同时创新又成功地大幅度降低了该产品的成本，使该产业迅速扩张，进入一个高速增长阶段。但是，当这种高速增长达到一定的临界点时，新的创新就很难再使产品成本下降，换言之，创新对于降低成本的潜力趋近枯竭，此时便会发生创新减缓，产业部门就会出现减速、收缩的趋势。可以说，任何一个产业部门的发展都与创新相联系，表现出扩张与收缩的规律性。由此，可以依据其距离创新起源的远近来确定各自不同的相对地位。

从任何一个时点看，一个国家(或地区)总是包含多种处于不同增长速度的产业，即低增长产业、高增长产业和潜在增长产业同时存在。一般高增长产业由于距离创新起源更近而处于相对优势地位，在总产值中占有较大的份额，并支撑着整个经济的增长。随着时间的推移，由于新的创新与创新的扩散，产业结构的变动呈现为高增长优势产业间的更迭。这是一个连续变动的过程，当原有高增长产业因创新减缓而减速，便会为新的高增长产业所取代。在随后递进的发展过程中，潜在的高增长产业又会转化为现实的高增长产业，以代替原来高增长产业的位置。因此，我们可以得出这样的结论：产业结构的变动是通过产业间优势地位的更迭实现的。

三、"标准结构"与产业结构高度化判断

既然产业结构的演进是有规律的,那么在对一个特定产业结构系统的高级化进行判别时,一种合乎逻辑的做法即是将其与所谓的"标准结构"进行比较。在利用"标准结构"对产业结构高度化进行实证研究中,库兹涅茨、钱纳里、赛尔奎因等人做出了巨大贡献,他们在一些著作中所统计归纳的"标准",经常被他人作为"尺子"来"丈量"一些特定的产业结构系统,所归纳总结的"标准结构"被称为是产业结构的"发展形势"。

产业结构的高级化有诸多方面的表征,如按郭克莎的理解,产业结构高级化可表现为四个方面的内容:①产值结构的高级化;②资产结构的高级化;③技术结构的高级化;④劳动力结构的高级化。尽管产业结构高级化有诸多方面的内容,但似乎在国内外对产业结构高级化研究的文献中,绝大多数是选用产值比例和劳动力比例来分析产业结构高级化的,并将其作为衡量高级化的指标。

(1)以产值结构为指标的"标准结构"。我们已经知道,可以通过产值结构来观察相应的产业结构。因此,通过产值结构来分析特定产业结构的高级化程度就十分自然了。自库兹涅茨起,从事产业经济学研究的经济学家就开始重视产值结构与产业结构高级化关系的研究。下表4-1就是赛尔奎因和钱纳里在分析产业结构高级化时所使用的以产值结构为指标的"标准结构",被称为赛尔奎因-钱纳里模式。

表 4-1 赛尔奎因-钱纳里模式(一)

产业结构	人均国内生产总值的基准水平(1980年)					
	300美元以下	300美元	500美元	1000美元	2000美元	4000美元
第一次产业(%)	46.3	36.0	30.4	26.7	21.8	18.6
第二次产业(%)	13.5	19.6	23.1	25.5	29.0	31.4
第三次产业(%)	40.1	44.4	46.5	47.8	49.2	50.0

资料来源:Syrquin and Chenery (1989),"Three Decades of Industrialization", *The World Bank Economic Reviews*, Vol. 3, pp152-153.

在利用产值结构对产业结构高级化程度进行分析时,必须注意所采用的价格体系,若价格体系中各产业产出的比价是合理的,则产值结构能准确地反映产出结构;而当比价不合理时,其所反映的产出结构是扭曲的,此时的产值结构不能准确地反映产出结构,从而在衡量产业结构高级化程度时也会导致误差。如我国在计划经济体制时期,实行的是工农业产品"剪刀差"的价格体系,在这样的背景下,产值结构不能反映真正的产出结构,导致了当时的产值结构中,工业产值比重较大的假象。

(2)以劳动力结构为指标的"标准结构"。在劳动力能够自由流动的商品社会,人们为了获得更多的收入,一般会趋向于收入较高的产业。劳动力在不同产业间的分布,就形成了劳动力结构。劳动力结构较产值结构对人们更为直观和更易于观察,因而最早考察产业结构演变规律的不是产值结构而是劳动力结构。下表4-2是以劳动力结构为指标的赛尔奎因-钱纳里模式。

表 4-2　赛尔奎因-钱纳里模式(二)

产业结构	人均国内生产总值的基准水平(1980 年)					
	300 美元以下	300 美元	500 美元	1000 美元	2000 美元	4000 美元
第一次产业(%)	81.0	74.9	65.1	51.7	38.1	24.2
第二次产业(%)	7.0	9.0	13.2	19.2	25.6	32.6
第三次产业(%)	12.0	15.9	21.7	29.1	36.3	43.2

资料来源:Syrquin and Chenery(1989),"Three Decades of Industrialization",*The World Bank Economic Reviews*,Vol.3,pp152-153.

通过劳动力结构来观察产业结构,也有一些理论方面的问题值得注意:①劳动力作为产业结构系统的投入,只是诸多投入要素之一。在社会生产中,劳动力要素必须和其他投入相结合才能发挥作用。因此,从理论上讲,仅从劳动力要素一个方面来观察产业结构继而衡量其高级化有失全面性。②不同的劳动力具有相当的异质性。马克思曾指出人类的劳动存在着简单劳动和复杂劳动之别,而不同质的劳动力在生产活动中所发挥的作用是不同的。但简单劳动和复杂劳动之间的换算问题在实践中一直没有很好地解决,因此仅用劳动力人数结构(目前的"标准结构"都是采用"劳动力人数"基本指标)来反映劳动力结构也就存在着一定缺陷。③劳动力要素的市场流动问题也是在选用劳动力结构指标时应当考虑的。如果劳动力要素不能自由流动,则一个产业对劳动力的雇用不能真实反映该产业对劳动力要素的需求,从而所观察的产业结构在劳动力结构上所表现出的也就是一种被扭曲的假象。

四、相似比较与产业结构的高级化判断

如果将利用"标准结构"对一国产业结构高级化进行判别比喻为用一把尺子来丈量一个人的身高,那么所谓的相似比较判别就是两个人站在一起,以其中的一个为参照系,对另一个人的身高做出判断。这样的判断,有时比用尺子丈量身高更形象和生动。在对一个产业结构系统的高级化进行衡量时也同样如此,以另一个产业结构系统为参照系来评价和判别,有时更为直观和更能说明问题。

相似比较的关键是构造一个关系式,将被判别产业结构系统与作为参照系的产业结构系统联系起来,并且这个关系式能反映出两者之间的相似程度。为讨论问题的方便起见,我们先规定如下一些记号。记被判别的产业结构系统为 A,作为参照系的产业结构系统为 B,u 为产业 i 在整个产业结构系统中的比例。自然,u_{A_i} 和 u_{B_i} 分别表了产业 i 在产业结构系统 A 和产业结构系统 B 中的比例,并且有:

$$\sum_i^n u_i = 1$$

显然,也应当有 $\sum_i^n u_{A_i} = 1$ 和 $\sum_i^n u_{B_i} = 1$。我们在一些产业经济学教材和著作中常见的相似比较公式为

$$r_{AB} = \sum_i^n u_{A_i} u_{B_i} / \left[\left(\sum_i^n u_{A_i}^2 \right) \left(\sum_i^n u_{B_i}^2 \right) \right]^{1/2}$$

龚仰军和应勤俭曾利用此方法,就我国和日本(为参照系)的产业结构高级化程度进行比较。比较的结构如表4-3所示:

表4-3 中日产业结构相似性比较

中国		日本的比较年份					
		1920年	1930年	1940年	1950年	1960年	1970年
1990年	产值结构相似系数		0.8828	0.9829	0.9685	0.9429	0.9092
1994年			0.8742	0.9718	0.9486	0.9419	0.9380
1990年	劳动力结构相似系数	0.9945	0.9757	0.9595	0.9731	0.8552	0.6847
1994年		0.9996	0.9919	0.9829	0.9912	0.9041	0.7547

资料来源:龚仰军,应勤俭.产业结构与产业政策[M].上海:立信会计出版社,1999,第142页.

五、产业结构高级化的衡量

产业结构高级化实际上是产业结构升级的一种衡量,一般文献根据克拉克定律采用非农业产值比重作为产业结构升级的度量。虽然说经济非农产值比重的增加是一个很重要的规律,但是20世纪70年代之后信息技术革命对主要工业化国家的产业结构产生了极大的冲击,出现了"经济服务化"的趋势,而这种传统的度量方式没有办法反映出经济结构的这种动向。在信息化推动下的经济结构的服务化是产业结构升级的一种重要特征,鉴于在"经济服务化"过程中的一个典型事实是第三产业的增长率要快于第二产业的增长率,采用第三产业产值与第二产业产值之比(即TS)作为产业结构高级化的度量。这一度量能够清楚地反映出经济结构的服务化倾向,明确地昭示产业结构是否朝着"服务化"的方向发展,因此它是一个更好的度量。如果TS值处于上升状态,就意味着经济在向服务化的方向推进,产业结构在升级。

案例分析

河南省产业结构分析

（一）河南省三次产业产值分析

表 4-4 河南省三次产业产值结构

年份	生产总值(%)	第一产业比重(%)	第二产业比重(%)			第三产业比重(%)
			总值	工业	建筑业	
1978	100.0	39.8	42.6	36.3	6.3	17.6
1979	100.0	40.7	42.3	36.1	6.2	17.0
1980	100.0	40.7	41.2	35.1	6.1	18.1
1981	100.0	42.5	38.3	33.1	5.2	19.2
1982	100.0	41.1	39.0	33.6	5.4	19.9
1983	100.0	43.7	35.5	30.6	4.9	20.8
1984	100.0	42.0	36.8	31.5	5.3	21.2
1985	100.0	38.4	37.6	31.9	5.7	24.0
1986	100.0	35.6	40.2	34.7	5.5	24.2
1987	100.0	36.1	37.8	32.1	5.7	26.1
1988	100.0	32.1	40.0	34.5	5.5	27.9
1989	100.0	34.1	37.3	33.1	4.2	28.6
1990	100.0	34.9	35.5	30.9	4.6	29.6
1991	100.0	32.0	37.1	32.1	5.0	30.9
1992	100.0	27.7	42.6	37.6	5.0	29.7
1993	100.0	24.7	46.0	40.8	5.2	29.3
1994	100.0	24.6	47.8	42.8	5.0	27.6
1995	100.0	25.5	46.7	42.1	4.6	27.8
1996	100.0	25.8	46.2	41.2	5.0	28.0
1997	100.0	24.9	46.1	40.6	5.5	29.0
1998	100.0	24.9	45.0	39.3	5.7	30.1
1999	100.0	24.9	43.8	38.3	5.5	31.3
2000	100.0	23.0	45.4	39.6	5.8	31.6

续表

年份	生产总值(%)	第一产业比重(%)	第二产业比重(%)			第三产业比重(%)
			总值	工业	建筑业	
2001	100.0	22.3	45.4	39.5	5.9	32.3
2002	100.0	21.3	45.9	40.0	5.9	32.8
2003	100.0	17.5	48.2	41.9	6.3	34.3
2004	100.0	19.3	48.9	42.6	6.3	31.8
2005	100.0	17.9	52.1	46.3	5.8	30.0
2006	100.0	16.4	53.8	48.3	5.5	29.8

注：数据来自《河南省统计年鉴(2007)》，中国统计出版社。按当年价格计算。

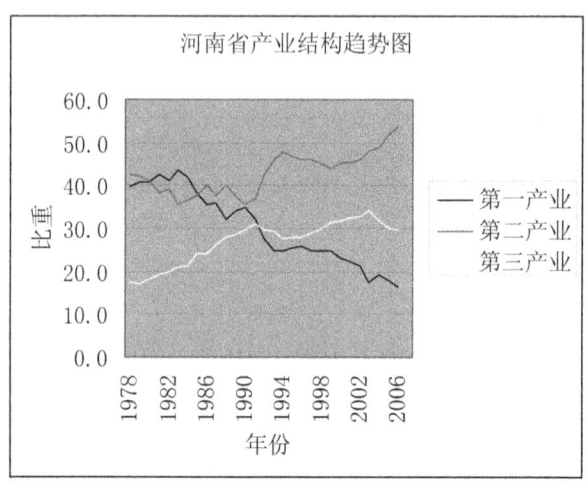

图 4-1　河南省产业结构趋势图

改革开放以来河南省产业结构变化主要呈现出如下一些特征：

(1) 三次产业产值占 GDP 比重的序列结构由 1978 年的"二、一、三"演变为 2006 年的"二、三、一"；

(2) 第一产业产值所占比重大体呈现先升后降的态势；

(3) 第二产业产值所占比重虽由 1978 年的 42.6% 上升到 2006 年的 53.8%，增长了 11.2 百分点，但期间存在较大的波动；

(4) 第三产业整体呈稳步上升的走向。

总之，这种第一产业产值占 GDP 的比重下降，第二、三产业产值比重上升的变化趋势是符合产业结构演变的一般规律的。库兹涅茨通过对几十个国家的产业结构变动的实证研究发现：随着经济发展，第一产业实现的国民收入或国内生产总值在整个国民收入中的比重处在不断下降的过程之中，而第二和第三产业的比重是略有上升。可见库兹涅茨产业结构演变规律不仅对于国家，而且在区域层面也是适用的。但是，这个比例结构是否符合标准需要我们通过与标准结构的比较来研究。

（二）与标准结构的比较

河南省2006年的人均国民生产总值为13 313.4元，根据2006年12月31日人民币对美元汇率中间价1∶7.8087折算，相当于1704.9美元，与标准结构（表4-1）中2000美元相接近，比较结果如表4-5所示。

表4-5　与标准结构比较

	第一产业	第二产业	第三产业
标准结构（%）	21.8	29.0	49.2
河南省（%）	16.4	53.8	29.8
差距（百分点）	−5.4	24.8	−19.4

（1）第一产业比例稍低，河南省虽然是农业大省，但是农业大而不强，农产品批量小、标准化水平低、商品率低，不适应市场经济的要求。

（2）第二产业结构不合理，产业结构演进的一般规律是向高加工度化方向发展，即加工工业的比重应随着产业的发展而不断上升，河南省显然与此相悖逆。

（3）第三产业比例明显偏低，河南省的第三产业的发展还比较滞后，需要在新的调整阶段大力加强。

（三）与广东省的产值结构和劳动力结构的比较

表4-6　广东省产值结构和劳动力结构

年份	第一产业		第二产业		第三产业	
	产值结构（%）	劳动力结构（%）	产值结构（%）	劳动力结构（%）	产值结构（%）	劳动力结构（%）
1980	33.2	70.68	41.1	17.1	25.7	12.2
1985	29.8	60.3	39.8	22.5	30.4	17.2
1990	24.7	52.97	39.5	27.21	35.8	19.82
1995	14.6	37.5	48.9	28.6	36.5	33.9
2000	9.2	41.1	46.5	26.2	44.3	32.7
2005	6.4	32.9	50.7	30.7	42.9	36.4

注：数据来自《广东省统计年鉴（2007）》，中国统计出版社。按当年价格计算。

表4-7　河南省2006年产值结构和劳动力结构

年份	第一产业		第二产业		第三产业	
	产值结构（%）	劳动力结构（%）	产值结构（%）	劳动力结构（%）	产值结构（%）	劳动力结构（%）
2006	16.4	53.3	53.8	23.6	29.8	23.0

注：数据来自《河南省统计年鉴（2007）》，中国统计出版社。按当年价格计算。

相似系数公式：

$$S_{AB} = \sum_{i}^{n} X_{A_i} X_{B_i} / \left[\left(\sum_{i}^{n} X_{A_i}^{2} \right) \left(\sum_{i}^{n} X_{B_i}^{2} \right) \right]^{\frac{1}{2}}$$

其中，A是河南的产值结构或就业结构；B是广州的产值结构或就业结构；X_{A_i}代表产业

i 在 A 中的比重；X_{B_i} 表示产业 i 在 B 中的比重。

将表 4-6 和 4-7 中广东省各年的产值结构和劳动力结构与河南省 2006 年的产值结构和劳动力结构代入上述公式计算得出：

表 4-8　河南省 2006 年与广东省各年的相似系数

相似系数	1980 年	1985 年	1990 年	1995 年	2000 年	2005 年
产值结构相似系数(%)	94.1659	95.3221	96.1843	99.1071	96.1998	96.8002
劳动力结构相似系数(%)	96.3382	99.1831	99.7045	94.8835	96.82	92.4

河南省 2006 年的产值结构与广东省 1995 年的相似系数最高，而劳动力结构却只相当于广东省 1990 年的水平，说明河南省的产值结构和劳动力结构存在着很大的不匹配。

这是否是制约河南省经济发展的因素？下面我们就从历年来河南省的就业结构和产业结构的发展情况来探究一下上述两种结构的差距究竟对经济的发展有着什么样的影响。

(1) 20 世纪 90 年代以前河南省的就业结构和产业结构。

20 世纪 90 年代以前，第一产业就业人口占河南省总就业人口年平均为 82.7%，而其产值所占比重年平均为 44.8%，二者相差 37.9 百分点，这表明在河南省经济结构中存在着二元经济结构，即低效率的第一产业和相对高效率的第二、第三产业。

表 4-9　20 世纪 90 年代以前河南省各产业 GDP 比重和就业比重

年份	第一产业		第二产业		第三产业	
	GDP 比重(%)	就业比重(%)	GDP 比重(%)	就业比重(%)	GDP 比重(%)	就业比重(%)
1952	62.2	89.8	22.8	4.4	15.0	5.8
1957	46.2	86.2	34.4	6.1	19.4	7.7
1962	39.5	84.0	32.7	4.1	27.8	11.9
1965	47.0	82.7	20.3	4.2	22.7	13.1
1970	45.8	82.1	37.1	6.0	17.1	11.9
1975	43.6	84.8	30.4	8.6	17.0	6.7
1978	39.8	80.6	42.6	10.5	17.6	8.9
1980	40.7	81.2	41.2	10.4	18.1	8.4
1985	38.4	73.0	37.6	14.9	24.0	12.1

注：数据来自《河南省统计年鉴(2007)》，中国统计出版社。按当年价格计算。

(2) 20 世纪 90 年代以后河南省的就业结构和产业结构。

进入 20 世纪 90 年代以后，第一产业作为河南省主要吸纳就业产业的地位没有发生大的变化，但其就业量占总就业量比重下降的速度开始加快。第二产业所占就业比重变化不太规则，从总体上看有一定的增加，但增加速度比 20 世纪 90 年代以前更加缓慢。第三产业的产值比重的变化滞后于就业比重的变化，表明河南省第三产业在整个国民经济中的地位虽然有所上升，但其效率却有所下降。

表4-10　20世纪90年代以后河南省各产业GDP比重和就业比重

年份	第一产业		第二产业		第三产业	
	GDP比重(%)	就业比重(%)	GDP比重(%)	就业比重(%)	GDP比重(%)	就业比重(%)
1990	34.9	69.3	35.5	16.4	29.6	14.2
1991	32.0	69.3	37.1	16.3	30.9	14.4
1992	27.7	68.2	42.6	16.7	29.7	15.1
1993	24.7	64.4	48.2	19.4	27.2	16.2
1994	24.6	62.4	47.3	20.6	27.2	17.0
1995	25.4	62.4	47.3	20.6	27.3	17.0
1996	25.6	60.8	47.0	21.3	27.4	17.9
1997	24.7	60.4	47.1	21.0	28.2	18.7
1998	24.6	58.9	46.2	19.2	29.2	21.8
1999	24.5	63.5	45.3	17.5	30.2	19.0
2000	22.6	64.0	47.0	17.5	30.4	18.5
2001	21.9	63.0	47.1	18.1	31.0	18.9
2002	20.9	61.5	47.8	18.4	31.3	20.0
2003	17.5	60.2	48.2	19.6	34.3	20.2
2004	19.3	58.1	48.9	20.4	31.8	21.5
2005	17.9	55.4	52.1	22.1	30.0	22.5
2006	16.4	53.3	53.8	23.6	29.8	23.0

注：数据来自《河南省统计年鉴(2007)》，中国统计出版社。按当年价格计算。

从以上对产业结构和就业结构的对比中我们可以看出，第一、第三产业的效率都在下降，第二产业虽有所上升，但与广东省还是有一定的差距，所以一定要提高各个产业的效率，才能加速河南省整体的经济发展。

思考问题：

如果河南产业结构需要调整的话，你认为如何调整？

第五章　产业关联

产业是按照某个标准人为地对国民经济划分的结果，而国民经济本身是一个有机整体，其在运转过程中，各组成部分有机协作、密切相连，这就意味着作为国民经济组成部分的各产业间也必然是密切关联。国民经济复杂性的很大一部分体现于其组成部分的各产业之间存在着直接或间接的关联性，很难找到一个独立于国民经济体系的产业，正是各产业之间复杂的关联性导致了简单的微观加总并不等于宏观整体。这种关联性强化了产业之间的协同性，有助于提升社会生产率和加快生产技术的进步，这在微观中体现出来就是边际生产率递减规律。搞清楚产业之间的关联性，就如搞清楚人体各器官之间的相互协作关系，有助于对国民经济解剖分析和问题分析，找出阻碍国民经济健康发展的症结所在，提出相应的产业政策和经济发展策略。在这一章中，首先介绍产业关联的相关概念，然后介绍分析产业关联的主要工具——投入产出表，接下来介绍投入产出理论的最新进展，最后对产业关联分析的应用进行介绍。

第一节　产业关联理论渊源及理论基础

一、产业关联理论渊源

（一）产业关联理论的萌芽时期

社会生产是一个大体系，在这一大体系之下蕴含了各个产业部门，这些产业部门相对于整个经济体系而言发挥着不同的职能，各司其能从而推动整个经济体系的发展和国民财富的创造，因而每一个产业部门只是社会生产的不同分工而已，这一产业划分早就在中国古典文献中有所反映。比如在中国古代公元前645年，管子就将从事社会生产的劳动力划分为士、农、工、商四民，并且他们之间是有联系的；手工业为农业和商业提供生产工具，商业则为农业和手工业产品的流通提供了可能。再比如司马迁在《史记·货殖列传》中将整个经济体系划分为农、虞、工、商四部门，提出"物贱之征贵，贵之征贱"的需求规律，即价格低时供给减少，从而是价格上涨的征兆；价格过高时供给过多，又是价格下跌的征兆。产业之间的关联性决定了产业之间的价值比例关系，产业之间的这一关系就通过市场价格这一纽带得到体现。管仲和司马迁都强调工、商业的重要性，这在中国古代只能是一个特例，中国封建王朝更普遍的认识是"重农抑商"，认为农业生产和商业活动之间存在一定的关系，这种产业之间关联的纽带是劳动力，当更多的人从事商业活动时，农业生产便会受到抑制，从而不利于国民财富的创造，因而中国历朝历代都特别强调农业生产，认为农业是本，商业是末，从而形成了"耕读持家"的儒家文化传统。

虽然中国古代有着丰富的经济思想，但缺乏这些思想进一步发展的土壤，经济学理论体系的形成是以资本主义生产方式和商品经济繁荣为背景的，中国缺少的正是这一背景，追寻产业关联理论的形成应将眼光转移到早期资本主义发源地的西方社会。产业关联反映的是社会生产过程中各部门间物资的生产、流通及剩余价值的形成过程，而这一过程基本上是古典政治经济学研究的核心内容之一。比如古典经济学先驱代表人物威廉·配第就把生产看作是一个循环流，认为不同经济部门之间在生产中存在着相互联系；法国重农学派的代表人物魁奈将生产循环流及"经济剩余"的概念在1758年发表的《经济表》中首次以图的形式表现出来；生产的循环过程及剩余价值概念在其后的亚当·斯密、李嘉图及马克思论著中都有所体现，特别是马克思的再生产理论及剩余价值学说，将这一理论发展到了极致，他将社会生产划分为生产资料生产部门和消费资料生产部门，两部门间相互提供的物资资料必须保持均衡的比例关系，否则社会再生产无法进行下去，社会生产过程中的社会财富的增殖过程就是剩余价值的形成过程。

(二) 产业关联理论的形成时期

产业关联理论更常用的称呼是投入产出理论，侧重于分析产业之间的中间产品投入产出数量关系，这种数量关系是最常见的物化劳动投入方式，确定了商品间劳动价值时间比例关系，是确定商品市场价格的基本要素，同时市场价格也必须能够反映这种关系。1936年，里昂惕夫《美国经济制度中投入产出数量关系》的发表标志着产业关联理论的形成。这篇标志性论文的副标题是"均衡理论的经验运用"，表明该文分析的理论基础是瓦尔拉斯的一般均衡理论，该理论本质上是寻求一组价格满足所有市场均达到均衡状态。里昂惕夫的投入产出表也是一个均衡表，它所表现的就是市场运行的一个结果，这个结果既体现了要素市场的均衡，也体现了产品市场的均衡。另外，投入产出表也是一个总产出等于总投入的均衡表，这一点与凯恩斯的国民收入理论非常接近，只不过国民收入理论没有考虑到中间投入品和各个产业部门。

(三) 产业关联理论的发展

1. 由静态向动态发展

早期模型是静态的，其数学方法只涉及线性代数，不能解决动态问题。早在1948年，戴维·哈京斯就提出了以微分方程组的形式表达的动态投入产出模型，在此基础上，1953年里昂惕夫出版了《美国经济结构研究》一书，采用微分方程组的形式讨论了投入产出动态模型，把最终需求和中间需求一样作为内生变量来处理。但微分形式反映的是连续的时间进程，在实际经济活动中有许多变量是离散的，因而用离散变量来反映经济过程的差分方程有了实践依据。1970年，里昂惕夫发表了《动态求逆》的著名论文，研究了以差分方程组的形式表达的动态模型，实现了直接消耗系数矩阵和投资系数矩阵的动态化。随后原联邦德国学者彼得·卡尔门巴克(Peter Kalmbach)和奥地利学者亨兹·D.库尔茨(Heinz D. Kurz)提出了变系数动态投入产出模型,以及芬兰学者阿哈马瓦若(Pirkko Aufin Ahmavarra)研究的包括人力资本的动态投入产出模型。

2. 产业关联理论的模型向最优化发展

线性规划产生后,使原本不具有"最优"思想的投入产出理论向优化方向发展。日本学者筑井甚吉就建立了将动态投入产出模型和动态线性规划连接的应用模型。而多夫曼(R. Dorfman)、萨缪尔森(Samuelson)和索洛(R. M. Solow)结合线性规划对投入产出结构进行动态分析,提出了所谓大道定理。此外,西方经济学家还建立了CGE(computable general equilibrium),运用一般均衡理论的基本思想,引入投入产出表,使其成为"可计算"模型。该模型由两部分组成,一部分是用投入产出和线性规划相结合建立的生产供给模型,另一部分是用需求函数建立的最终需求模型。

[扩展阅读]

华西里·里昂惕夫于1906年夏天生于彼得堡,1921年考入了彼得堡大学,专修社会学,1925年取得了社会学硕士学位,这时,他年方19岁,毕业后被校方留任为助教。苏维埃政权建立起来的时候,急需恢复和发展经济。里昂惕夫的父亲参加了编制1923—1924年苏联国民经济平衡表的工作,社会与家庭各方面的影响和时代的需要,使这位还在攻读硕士学位的年轻人对经济学问题产生了浓厚的兴趣,开始这方面的探索。他一边担负繁重的教学工作,一边阅读有关经济学理论的书籍。他于1927年来到马克思的故乡德国,进入柏林大学博士研究生班继续深造,1928年取得了柏林大学的博士学位。里昂惕夫在青年时期的研究工作就开始涉及投入产出分析法的内容。早在1925年,当他还在柏林大学读书时,曾在德国出版的《世界经济》杂志上发表了《俄国经济平衡——一个方法论的研究》的短文,第一次阐述了他的投入产出思想。1930年,他移居美国后,正式从事投入产出方法的研究。

半个世纪以来,里昂惕夫的工作大体经过了三个阶段。

第一阶段,是20世纪三四十年代。这期间,他的工作重点是编制美国的投入产出表,并建立投入产出分析法的理论体系。

第二阶段,是20世纪五六十年代,里昂惕夫把投入产出分析看作是经济分析的一个全能工具。所以,他在解决了一国国民经济投入产出表的编制问题后,便进一步探索运用这一方法深入研究不同局部或个别环节的途径。1966年,里昂惕夫将自己的理论系统整理后,出版了《投入-产出经济学论文集》一书。这部书是一个重要的总结。同年,他又出版了《经济学论文集:理论和理论的形成》一书。1967年,里昂惕夫被纽约大学授予终身教授职衔。1968年,法国全国退伍军人协会授予他名誉会员的称号。同年,他又被聘为法国工业委员会通讯员。

第三阶段,20世纪70年代以后,里昂惕夫的学说有了更大的发展。据1979年联合国统计,世界上已有89个国家和地区广泛采用这一理论。

1987年,里昂惕夫随美国总统尼克松来华访问。他很欣赏中国的以计划经济为主、市场调节为辅的经济体制,回国后发表了《社会主义在中国行得通》的评论文章,高度地评价了新中国成立以来的经济恢复和发展。这篇评论轰动了西方世界,对西方国家了解中国起到了积极作用。

里昂惕夫因发展了投入产出分析方法及这种方法在经济领域产生的重大作用,而备受西方经济学家所推崇。里昂惕夫的投入产出分析法,已被世界广泛采用。据西方报刊报道,1979年运用投入产出理论编制和发表投入产出表的国家已有80多个,联合国社会经济部门建议会员国把投入产出分析方法作为国民经济核算体系的一个组成部分。

20世纪五六十年代,里昂惕夫将投入产出方法娴熟地运用于经济学的许多学科,取得了一个又一个成就。投入产出方法得到了社会的承认,许多学术机构、政府部门、学者开始使用投入产出方法,编制投入产出表。1974年,联合国委托里昂惕夫建立全球性投入模型,以研究20世纪最后20多年中世界经济可能发生的变化与国际社会能够采取的方案。《世界经济的未来》一书便是里昂惕夫进行此项研究的一个成果。

里昂惕夫力图利用投入产出分析来帮助实现联合国的国际发展战略和建立国际经济新秩序,调整不平等和不公正的国际经济关系,缩小发达国家和发展中国家之间的差距,保证稳定地促进现代和未来的社会经济发展,并帮助联合国的会员国制定减轻贫困和失业的措施,同时,又保持甚至改善全球环境免受污染,达到既定经济目标。

由于里昂惕夫发展了投入产出分析方法在经济领域产生的重大作用,1973年被授予诺贝尔经济学奖。

(资料来源于网络)

二、对产业关联的理解

社会生产不是凭空进行的,而是各种生产要素、原材料的有机结合,这些生产要素、原材料除劳动力外,更多的是来源广泛的各种物资设备的投入,这里面包含了各种物化的技术投入。比如房地产行业,除了需要建筑工人、技术员及管理人员外,还需要土地、木料、水泥、钢铁、砖瓦、机器设备及水电等物资设备的投入,其中土地是一种基本的生产要素,属于自然资源,很难将其划归于某一个行业。除土地之外,房地产业生产需要建筑业、钢铁业、农林业、工业制造业等行业向其提供原材料,这样房地产业就通过原料需求关系与这些产业发生了联系。其中钢铁业除向房地产业提供原料之外,同时也向农业生产、各种工业制造业及服务业提供钢材原料,这样钢铁行业就通过提供原材料的方式与千行百业发生了联系。以上两个例子所代表的产业之间的关联方式在社会经济生产中是普遍存在的,其中通过需求原材料的方式与其他行业发生的关联称为该行业与其他行业是后向关联的;通过向其他行业提供原材料而与其他行业发生的关联称为前向关联。这里的前、后分别指需求方和供给方,正如部队里面的前线和后勤一样。前例中,房地产业通过需求与其他各方发生的联系,房地产业就是需求方,是前方,与其他各业发生的联系就是向后联系,故而是后向关联;钢铁行业通过提供原材料与其他行业发生联系,钢铁行业是供给方,是后方,与其他产业联系就是向前联系,故而是前向关联。社会生产中各个产业之间正是通过前向或后向的联系发生着千丝万缕的联系,这种产业关联的本质就是各个产业之间客观存在的供给与需求关系,这种物质产品供给、需求的数量与质量取决于生产技术条件,同时各种生产技术条件也正是通过这种物质投入而反映出来的。

三、产业关联的纽带及关联方式

1. 产业关联的纽带

任何有关联的事物之间必然存在着发生关联的纽带,离开了这一纽带,事物之间的联系也就不存在了。从前面的分析可知,产业关联的本质是产业之间对产品、劳务的需求与供给关系,所以产品和劳务是产业关联的基本纽带。但产业之间这种产品或劳务的需求、供给关系并不是被动的,而是依据本部门生产技术特征对所需求的产品和劳务提出一定技术上的标准,只有这样才能保证生产出来的产品满足一定的质量和技术特性,因此,生产技术也是产业之间关联的纽带之一,当然这种关联纽带是以产品和劳务为基础的。生产技术这种关联纽带决定了产业之间对产品、劳务需求质量和数量提出了要求,一般而言,越高的生产技术所要求投入的生产要素质量标准也越高,并且单位产品所需要投入的生产要素数量也越少。生产技术也决定了产业之间的依赖度,比如轿车行业对汽油行业依赖度很高,但随着绿色环保观念深入人心和石油价格的飞涨,小排量汽车越来越受到消费者追捧,并且随着技术的发展,越来越多的环保能源正在逐渐代替石油(比如各种生物燃料),这就是技术导致了轿车行业对石油行业依赖度的降低。产业之间对产品和劳务的供给、需求关系不是无偿的,前面提到的新能源替代石油的一个很重要的原因是石油价格越来越高,比如越来越多的小轿车(特别是出租车)改装成天然气驱动,主要是因为天然气比石油要便宜,这表明产品相对价格决定了产业之间对产品、劳务的需求数量,某产业相对价格越高,其他产业对该产业产品的需求也就越少,越有动力去寻找各种替代产品,从这个角度讲,产品价格决定了产业之间的关联方式。此外,一个行业的快速发展也能够带动相关产业的发展,即对一个产业加大劳动力和资源投入的同时,与此相关的其他产业也会得到快速发展,而与此无关的另外一些产业可能会因为缺乏资本和劳动力的投入而逐渐衰落,产业之间的这种关系是由劳动力和资本的投入决定的,因而劳动力和资本也是产业关联的两个纽带。

2. 产业之间的关联方式

根据产业之间产品和劳务的需求供给关系,可将产业之间的关联方式划分为前向关联和后向关联。通过向其他产业提供中间产品而与其他产业发生联系的方式称为前向关联,就如后勤向前线输送物资设备一样;反之,通过向其他产业需求中间产品而与其他产业发生的关系称为后向关联。

根据产业间技术工艺的方向和特点,可以将产业之间的关联方式划分为单向关联和多向循环关联。前者指从起初产业开始,中间产品朝着一个方向流动,其后的产业不再向前方产业提供中间产品,比如棉花→棉纱→棉布→服装,这四种产业的关联方式就是单向的,只有后面的产业会对前面的产业提出中间产品需求,前面的产业对其后的产业没有中间产品需求。多向循环关联指产业之间存在着相互的中间产品需求关系,比如煤炭↔钢铁↔机械设备。

根据产业间的依赖程度,可以将产业之间的关联方式划分为直接联系和间接联系。前者指两个产业部门之间存在着直接的提供产品、技术的联系;后者指两个产业部门本身不发生直接的生产技术联系,而是通过其他一些产业部门的中介才有联系。

第二节 产业关联的分析工具:投入产出表

产业关联理论又称投入产出理论,里昂惕夫是该理论的主要开拓者,其创立的投入产出分析方法有效地揭示了产业之间的技术经济联系的量化关系。其中,投入指生产要素的投入,或一件产成品的价值构成,比如一台笔记本的投入包括各种原材料、劳动、技术、管理费用、固定资产折旧等;产出指生产出来的商品,具体指各产业产品的最终流向,比如有多少成为其他产业的中间投入品进行再加工生产,又有多少成为最终商品被使用。以上这种产业间的投入产出关系就可以通过里昂惕夫的投入产出表简明地表述。

一、投入产出表的结构

(一) 实物型投入产出表

投入产出表具体可分为实物型和价值型两种。正如它们的名称,价值型就是在实物型的基础上考虑到实物的价格,计量单位为元;而实物型则不考虑价格,表现的完全是实物的量化,计量单位根据不同行业而发生变化,比如农产品可用千克、吨,电力行业可用千瓦,棉布可用匹等衡量。一个简化的实物型投入产出表可见表 5-1。

表 5-1 实物型投入产出表

投入		中间产品					最终产品				总产品
		1	2	3	⋯	n	小计	资本	消费	出口	小计	
物质消耗	1	X_{11}	X_{12}	X_{13}	⋯	X_{1n}	$\sum_{i=1}^{n} X_{1i}$	Y_{1k}	Y_{1c}	Y_{1e}	Y_1	X_1
	2	X_{21}	X_{22}	X_{23}	⋯	X_{2n}	$\sum_{i=1}^{n} X_{2i}$	Y_{2k}	Y_{2c}	Y_{2e}	Y_2	X_2
	3	X_{31}	X_{32}	X_{33}	⋯	X_{3n}	$\sum_{i=1}^{n} X_{3i}$	Y_{3k}	Y_{3c}	Y_{3e}	Y_3	X_3
	⋮	⋮	⋮	⋮	⋮	⋮	⋮	⋮	⋮	⋮	⋮	⋮
	n	X_{n1}	X_{n2}	X_{n3}	⋯	X_{nn}	$\sum_{i=1}^{n} X_{ni}$	Y_{nk}	Y_{nc}	Y_{ne}	Y_n	X_n

实物型投入产出表大体上可以分为两部分:中间产品和最终产品。中间产品部分的 X_{ij} 站在不同的角度看有不同的含义,如果站在行的角度,则表示第 i 产业向第 j 产业提供了 X_{ij} 单位的中间产品;而如果站在列的角度,则表示第 j 产业在生产过程中消耗第 i

产业 X_{ij} 单位的中间产品。X_{ij} 中的 i 和 j 一般表示第 i 行和第 j 列,其中 $i,j=1,2,\cdots,n$,即中间产品部分的 n 行 n 列分别对应于 n 个产业。其中,行表现了该产业产品的最终流向,比如从行看第 2 产业,则表明第 2 产业的总产出是 X_2,其中向第 $1,2,3,\cdots,n$ 产业分别提供原材料为 $X_{21},X_{22},X_{23},\cdots,X_{2n}$,并且有 Y_{2k},Y_{2c},Y_{2e} 单位产品分别被消费者储蓄、消费或出口;中间产品部分的列表现的是对应产业在生产过程中从其他各产业购买的中间投入品数量,比如第 2 列表明第 2 产业在生产过程中分别从第 $1,2,3,\cdots,n$ 产业购买中间产品数量分别为 $X_{12},X_{22},X_{32},\cdots,X_{n2}$。

$$X_m = \sum_{j=1}^{n} X_{mj} + Y_m, m=1,2,\cdots,n \tag{5-1}$$

其中 $Y_m = \sum_{l=k}^{e} Y_{ml}, l=k,c,e$。 $\tag{5-2}$

(二) 价值型投入产出表

与实物型投入产出表相比,除产品计量单位不同外,最重要的是价值型投入产出表可以完整地表现总产出价值的构成部分,包括劳动报酬、利润等以实物难以衡量的部分。表 5-2 是价值型投入产出表的简化。

表 5-2 价值型投入产出表

投入		中间产品					最终产品				总产品
		1	2	3	$\cdots$	n	小计	资本	消费	出口	小计	
物质消耗	1	X_{11}	X_{12}	X_{13}	$\cdots$	X_{1n}	$\sum_{i=1}^{n} X_{1i}$	Y_{1k}	Y_{1c}	Y_{1e}	Y_1	X_1
	2	X_{21}	X_{22}	X_{23}	$\cdots$	X_{2n}	$\sum_{i=1}^{n} X_{2i}$	Y_{2k}	Y_{2c}	Y_{2e}	Y_2	X_2
	3	X_{31}	X_{32}	X_{33}	$\cdots$	X_{3n}	$\sum_{i=1}^{n} X_{3i}$	Y_{3k}	Y_{3c}	Y_{3e}	Y_3	X_3
	$\vdots$	$\vdots$	$\vdots$	$\vdots$		$\vdots$	$\vdots$	$\vdots$	$\vdots$	$\vdots$	$\vdots$	$\vdots$
	n	X_{n1}	X_{n2}	X_{n3}	$\cdots$	X_{nn}	$\sum_{i=1}^{n} X_{ni}$	Y_{nk}	Y_{nc}	Y_{ne}	Y_n	X_n
毛附加值	折旧	D_1	D_2	D_3	$\cdots$	D_n						
	劳动报酬	V_1	V_2	V_3	$\cdots$	V_n						
	社会纯收入	M_1	M_2	M_3	$\cdots$	M_n						
总产值		X_1	X_2	X_3	$\cdots$	X_n						

表 5-2 与表 5-1 相比,最明显的地方是多了毛附加值部分,表 5-1 之所以没有这一部分是因为这一部门很难用实物来衡量,无论是折旧、劳动报酬或社会纯收入,必须用价值量来衡量;此外,这一部分的值来源于总产值与物质消耗之差,在实物型投入产出表中,所消耗的各个产业的物质均有不同的计量单位,所以所消耗的这些物质也是不能够相加求和的,当然也就无法求出具体的毛附加值。

价值型投入产出表的读法与实物型比较近似,站在行的角度同样有"总产品=中间产品+最终产品",公式(5-1)、(5-2)在这里同样适用,只是公式中的计量单位在这里要换算成元。与实物型相比,价值型投入产出表的各列表现的是各个产业的价值构成,即总产值=中间投入品的物质消耗+毛附加值,即

$$X_m = \sum_{i=1}^{n} X_{im} + D_m + V_m + M_m, m=1,2,3,\cdots,n \quad (5\text{-}3)$$

在具体编制价值型投入产出表时,可以根据具体标准来划分具体产业,比如根据我国产业划分标准可以划分为42个产业,毛附加值部分的社会纯收入还可以划分为营业盈余和生产税净额两部分;最终产品的资本还可具体划分为固定资本形成和存货,消费可以划分为居民消费和政府消费。在表5-2中没有考虑进口部分,如果有进口,则进口产品既可能用于中间产品,也可用于最终消费,要从这两部分中除去进口部分才是国内总产品,即可将公式(5-1)改写为(其中 Y_{mo} 为第 m 产业的进口额):

$$X_m = \sum_{j=1}^{n} X_{mj} + Y_m - Y_{mo}, m=1,2,3,\cdots,n \quad (5\text{-}4)$$

投入产出表纵向关系反映了社会生产技术条件,这种生产技术条件决定了既定产出水平下的要素投入数量,从而决定了横向的产品分配关系。比如表5-2中,X_{21} 横向看是2产业向1产业提供的产品数量,之所以提供这个数量是因为1产业在生产中需要这么多2产业的原材料投入,而这又是由1产业生产技术条件所决定的,这就意味着生产技术条件决定了产品分配关系,即投入产出表中纵向的关系是最为基本的关系。

二、投入产出表的编制与转换

(一) 投入产出表的编制

1. 产业部门的划分

编制投入产出表首要问题是划分产业部门,产业划分可粗可细,粗的可按三大产业划分,细则可划分至单类产品,但产业划分越细,对分类的数据资料的收集、整理和加工的工作量会越来越大,并且编制出来的表格空值率会很高,即表格利用率低,此外,相关的矩阵运算量会很大。但如果产业部门划分过粗,可能难以实现具体的分析目标,比如要通过对投入产出表的分析制定相应的国民经济计划,如果按照三大产业划分,则很难制定出详细的国民经济计划。总之,在划分产业部门时,首先要考虑分析的目标,在能够实现目标的前提下越粗越好,这样能够简化分析和计算。

理论上在对产业部门划分时有三个标准:产品的经济用途相同,产品的消耗结构一致,产品的生产工艺类似。如果能够同时满足这三个标准,就可以认为产业的划分比较纯,纯到了具体的产品部门。这样做的好处就是可以确保直接消耗系数计算的准确性和稳定性,保证投入产出表的数据能正确体现部门之间的生产技术联系,但在实际应用中会遇到很多麻烦,因为很多产业难以同时满足以上三个标准,如果真这样去做,只有把产业划分得非常细才可以实现。对于一般的国民经济研究,没有必要重新编制投入产出表,可以参考国家统计局编制的投入产出表,它是按照国家标准来划分产业部门的。如果有必

要编制新的投入产出表,大量的经验表明,价值形态的投入产出表一般为 100 个部门左右,实物型投入产出表一般为 200 个部门左右是较为合适的。

2. 数据收集、整理与加工

编制投入产出表最困难的事情就是获取有效、准确的数据资料,由于投入产出表是一个均衡表,即可以按照列的方向(即根据各部门或企业的成本、财务资料)去收集和填写数据,也可以按行的方向去做(即根据各部门的产品分配和流通统计数据)。当然如果能够从两个方向同时进行,则可便于相互核对,经过调整后获得准确性更高的数据。在实践过程中,经常遇到的情况是产品的分配和流通渠道往往缺乏统计数据,比如煤炭企业很难统计出哪批产品被其他企业作为中间投入品,哪些产品被用于最终消费;相反,一般各种统计核算制度却为从投入方向即按成本结构搜集基础资料提供了可能,这些基础资料经过调整是可以适应投入产出表要求的,这里的调整主要指按照纯部门的标准去调整数据,即把属于非本部门的数据从该部门或企业的总产值和各种物资消耗总量中剔除,并加到相应的部门或企业的总产值和物资消耗总量中去,还要加上其他部门或企业的数据中属于本部门的部分。

3. 产品计价

价值型投入产出表本质上是实物型投入产出表中的产品与相应的价格相乘的结果[①],这里的主要问题是同一件商品可能存在出厂价和零售价两个价格,用哪一个价格比较合适呢?与出厂价或生产者价格相比,零售价或消费者价格包含了流通过程中的价值形成,因而也更能够全面反映现实国民经济的周转,但会造成与流动部门的重复计算,并且运输距离也会导致消费者价格的不一致,这都会造成直接消耗系数的不真实和不稳定;虽然生产者价格可以消除以上缺陷,但由于企业财务成本核算中用的全是消费者价格,最终产品也是按照消费者价格计算,与出厂价相关的数据资料不容易获得。在实际编制投入产出表时,可以根据实际情况决定选择采用哪种价格,在条件允许时,应尽量采用生产者价格来计算,或者是分别计算两种不同的价格,以便比较。

(二) 投入产出表的转换

在实际工作中,有时候需要将较细的产业部门投入产出表转换为较粗的产业部门投入产出表,比如国家统计局只给出了 42 部门的投入产出表,如果研究对象只是三大产业,则需要对投入产出表进行转换。具体转换过程中要遵循以下两个步骤:

(1) 确定产业归类。将转换对象中的细化产业按照转换目标确定的产业重新归类,比如如果将 42 产业规划为三大产业,则 1 产业为农业,2~26 产业为工业,其余 16 个产业为服务业。

(2) 数据汇总。横向填表的情况下,假定目标表格为 k 个产业,对象表格为 n 个细化

[①] 这种说法只是便于理解。实践中实物表是按产品来编制的,往往把企业生产中自用的产品都计入产品总量;价值表是按部门来编制的,企业总产值一般扣除了在企业内自用产品的价值。因此,价值表与实物表由于计算口径不同而难以建立起有机的联系。

表格,假定目标表格的第 $R(R=1,2,\cdots,k)$ 个产业包含 $N_R(N_1+N_2+\cdots+N_k=n)$ 个对象表格中的产业,为简化分析,假定待归类的细化产业同一类是相邻的,则目标表格中的 X_{ij} 应等于对象表格中从 X_{uv} 到 X_{fg} 矩阵中全部数据的加总,其中 $u=N_1+N_2+\cdots+N_{i-1}$, $v=N_1+N_2+\cdots+N_{j-1}$, $f=N_1+N_2+\cdots+N_i$, $g=N_1+N_2+\cdots+N_j$。X_i 应等于对象表格中从 X_u 到 X_f 矩阵中全部数据的加总,对于最终产品换算遵循同一个规律即可。表 5-3 即是从 2007 年投入产出表换算而成。

表 5-3　2007 年三大产业投入产出表

单位:万元

投入	第一产业	第二产业	第三产业	最终产品	总产出
第一产业	68 771 565.47	249 167 665.5	25 500 448.46	145 490 320.5	488 929 999.9
第二产业	102 596 499	3 647 832 322	482 134 744.6	1 543 244 915	5 775 808 480
第三产业	30 970 197.77	533 855 691.4	387 322 374.8	971 702 875.4	1 923 851 139
中间投入合计	202 338 262.2	4 430 855 679	894 957 567.9		
劳动者报酬	271 816 270	459 941 924.2	368 714 806.1		
生产税净额	478 020	270 102 902.8	114 606 309.9		
固定资产折旧	14 297 447.67	181 617 238.3	176 640 636.1		
营业盈余	0	433 290 736.3	368 931 819.4		
增加值合计	286 591 737.7	1 344 952 802	1 028 893 572		
总投入	488 929 999.9	5 775 808 480	1 923 851 139		

第三节　产业关联理论的应用

产业关联理论在实践中常用于分析产业之间的关联程度、产业之间的波及效果等方面,一个最典型的应用是美国发展经济学家赫希曼在《经济发展战略》一书中提出应将产业关联度作为选择主导产业的一个基准。产业关联度越强,该产业的发展对其相关产业的发展越有较大的促进作用。在进行区域经济主导产业研究时,主要是利用投入产出法中的影响力系数和感应度系数来衡量、分析和反映产业关联强度,确定地区主导产业。

一、产业关联效应分析

由前面的分析已经知道,根据产业之间中间投入品的供给、需求关系,可将产业之间的关联关系划分为前向关联和后向关联,对应的关联系数可定义为

$$R_{F(i)} = \sum_{j=1}^{n} \frac{X_{ij}}{X_i}, i=1,2,\cdots,n \quad (5-5)$$

$$R_{B(j)} = \sum_{i=1}^{n} \frac{X_{ij}}{X_j}, j=1,2,\cdots,n \quad (5-6)$$

其中 $R_{F(i)}$，$R_{B(j)}$ 分别表示第 i 产业的前向关联系数和第 j 产业的后向关联系数，比如表 5-3 中 2007 年第二产业的前向关联系数为第二产业向各产业提供原材料之和与第二产业总产出之比，即 (102 596 499＋3 647 832 322＋482 134 744.6)/5 775 808 480＝0.732 81。同理可以给出第二产业的后向关联系数为 (249 167 665.5＋3 647 832 322＋533 855 691.4)/5 775 808 480＝0.767 14。根据公式(5-5)和(5-6)可以计算出 2007 年 42 产业的前、后向关联系数，如表 5-4 所示。

表 5-4　2007 年 42 产业前、后向关联系数

产业部门	前向关联	后向关联
农、林、牧、渔业	0.702 431 185	0.413 838 918
煤炭开采和洗选业	0.997 286 622	0.540 800 102
石油和天然气开采业	1.590 304 391	0.402 550 735
金属矿采选业	1.621 174 224	0.648 169 458
非金属矿及其他矿采选业	1.044 180 711	0.607 788 834
食品制造及烟草加工业	0.527 949 98	0.756 440 358
纺织业	0.714 149 436	0.804 947 164
纺织、服装、鞋帽、皮革、羽绒及其制品业	0.359 665 109	0.776 930 997
木材加工及家具制造业	0.671 544 568	0.762 327 945
造纸、印刷及文教体育用品制造业	0.886 716 425	0.761 797 863
石油加工、炼焦及核燃料加工业	1.036 260 722	0.821 960 021
化学工业	0.993 045 754	0.796 883 826
非金属矿物制品业	0.961 671 268	0.725 292 553
金属冶炼及压延加工业	1.008 050 984	0.804 755 143
金属制品业	0.781 874 135	0.791 758 817
通用、专用设备制造业	0.636 463 493	0.769 109 551
交通运输设备制造业	0.564 223 459	0.805 227 964
电气、机械及器材制造业	0.634 507 985	0.829 578 842
通信设备、计算机及其他电子设备制造业	0.709 948 664	0.834 725 875
仪器仪表及文化办公用机械制造业	0.881 303 336	0.788 369 897
工艺品及其他制造业	0.409 871 305	0.750 498 418
废品废料	1.272 134 852	0.191 264 056
电力、热力的生产和供应业	0.962 873 034	0.720 197 697
燃气生产和供应业	0.657 573 957	0.799 651 655
水的生产和供应业	0.752 316 991	0.535 077 795

续表

产业部门	前向关联	后向关联
建筑业	0.031 886 174	0.768 605 712
交通运输及仓储业	0.772 081 252	0.538 663 446
邮政业	0.884 236 298	0.509 497 25
信息传输、计算机服务和软件业	0.549 937 768	0.399 736 624
批发和零售业	0.510 314 218	0.398 858 504
住宿和餐饮业	0.574 079 971	0.624 262 082
金融业	0.747 201 051	0.310 545 305
房地产业	0.249 005 385	0.166 189 5
租赁和商务服务业	0.778 648 917	0.676 909 852
研究与试验发展业	0.974 708 977	0.563 849 62
综合技术服务业	0.738 389 433	0.462 415 95
水利、环境和公共设施管理业	0.312 266 857	0.485 506 113
居民服务和其他服务业	0.495 476 549	0.541 075 555
教育	0.098 762 405	0.440 490 816
卫生、社会保障和社会福利业	0.095 319 269	0.656 809 737
文化、体育和娱乐业	0.524 988 297	0.570 066 806
公共管理和社会组织	0.008 557 339	0.450 913 937

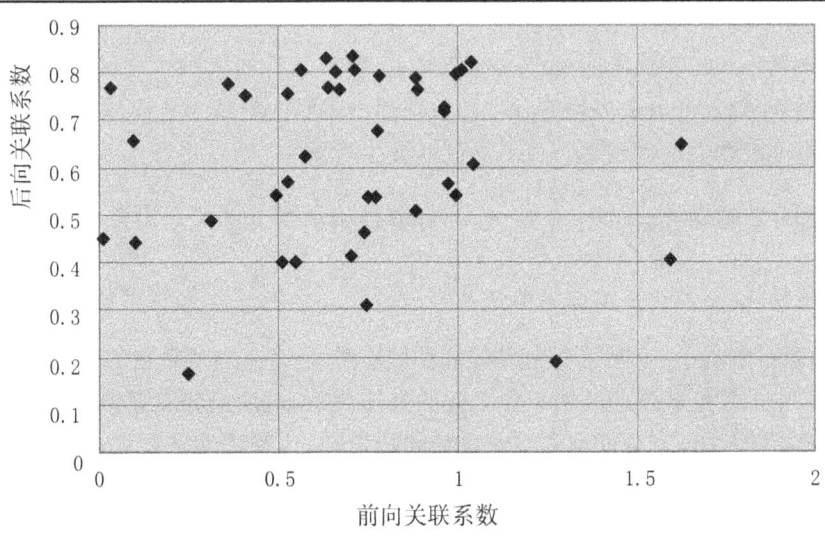

图 5-1 关联系数散点图

表 5-4 为根据国家统计局给出的 2007 年投入产出表计算的前、后向关联系数，表中部分产业的前向关联系数有大于 1 的情况出现，这主要是因为该产业有较多进口产品作

为中间投入及其他调整抵减项,导致该产业中间投入量大于该产业总产出的结果。前向关联系数表现的是该产业单位产出中用于国民经济再生产的比重,可以看作是其他产业对该产业的中间需求率,如果不考虑进口及其他调整项,则中间需求与最终需求有如下关系:最终需求=总产出-中间需求,两边同时除以总产出有:最终需求率=1-中间需求率。后向关联系数表现的是某产业单位产值中物质消耗所占的比重,又可称为中间投入率,由前面的分析已知:附加价值=总产值-中间投入,两边同时除以总产值可得:附加价值率=1-中间投入率。

钱纳里和渡边根据关联系数将产业划分为四个类型:第Ⅰ为类中间投入型基础产业,中间投入型表明前向关联系数大,基础型表明后向关联系数小,则该产业总体看来是前向关联系数大、后向关联系数小,该产业落在图5-1的右下方;第Ⅱ为类中间投入型制造产业,制造型表明该产业在生产过程中需要从国民经济中吸收较多的原料投入,即后向关联系数大,则该产业总体看来是前、后向关联系数都很大,该产业落在图5-1的右上方;第Ⅲ类为最终需求型制造产业,最终需求型表明该产业的大部分产出都流向了最终需求领域,即前向关联系数小,则该产业总体看来是前向关联系数小、后向关联系数大,该产业落在图5-1的左上方;第Ⅳ类为最终需求型基础产业,即该产业前、后向关联系数都比较小,落在图5-1的左下方。如果将0.5的关联系数作为分割点,则根据2007年的数据可以看出,我国多数产业属于第Ⅱ类中间投入型制造产业,这是由我国政府主导下的投资驱动型经济发展模式决定的。

二、产业波及效果分析

1. 消耗系数

竖向看投入产出表反映的是产业生产技术,即产出与要素投入之间的关系。在总产出给定条件下,投入产出表内生部分中的数据越小表明生产技术条件越高,相应地所带来的附加值部分的数值也就越高。为了衡量社会生产效率,可以将各产业产出水平固定在1,则内生部分数据变为$\frac{X_{ij}}{X_j}$,$i,j=1,\cdots,n$,该数据表示当j产业产出为1时,对i产业原材料的消耗量,这一消耗量被称为消耗系数,表示为$a_{ij}=\frac{X_{ij}}{X_j}$。消耗系数反映社会生产技术水平,消耗系数越小,表明社会生产技术水平越高,社会生产所带来的附加值也就越高。投入产出表中的数据表现的是两产业之间的直接关系,对应的消耗系数被称为直接消耗系数。除直接消耗外,产业间也存在着各种间接消耗,比如建房需要耗电,这个可以看作是建房对电的直接消耗,同时建房也会通过其他材料间接消耗电,比如建房需要水泥,而水泥在生产过程中耗电,这样建房就通过水泥间接地消耗电量。假定用j产业表示建房产业,i产业表示电能产业,k产业表示水泥产业,a_{kj}表示单位建房对水泥的消耗量,b_{ik}表示单位水泥产量对电的完全消耗,则单位建房对电的间接消耗为$a_{kj}b_{ik}$,k不仅可以是水泥,还可以是钢筋、地板、木材等各个产业,这样单位建房通过各个产业间接消耗的总电

量为 $\sum_k a_{kj}b_{ik}$,则建房对电的完全消耗包括直接消耗和间接消耗,即 $b_{ij}=a_{ij}+\sum_k a_{kj}b_{ik}$。用矩阵表示这 n^2 个等式为 $\boldsymbol{B}=\boldsymbol{A}+\boldsymbol{BA}$,对这一矩阵整理可得 $\boldsymbol{B}=(\boldsymbol{I}-\boldsymbol{A})^{-1}-\boldsymbol{I}$,其中 $\boldsymbol{B}=(b_{ij})$,$\boldsymbol{A}=(a_{ij})$,分别表示完全消耗和直接消耗矩阵。

2. 影响力和感应度分析

产业关联意指某产业在生产过程中要从国民经济的其他多个产业购买原材料,同时该产业的产出品也向国民经济其他产业提供中间投入品,这就意味着该产业的生产会对国民经济的其他产业产品产生需求,从而诱导这些产业增加产出;这些产业中任一产业增加的产出同样也会对整个国民经济产生需求,从而诱导国民经济增加产出。这样,由于某一产业的生产,带动了相关产业产出的增加,相关产业产出的增加又带动了相关产业的相关产业产出增加,就如向湖中投一石块,涟漪会波及整个湖面,这种现象就是波及效应。

分析产业波及效应可从两个方面综合分析:产业之间的相互影响及产业最终需求项目诱导的产出额。产业之间的相互影响包括两个方面:一方面为某产业生产由于物质消耗而对其他产业产生的影响,这种对其他产业产生的影响称为该产业的影响力;另一个方面是由其他各个产业的生产对该产业中间投入需求产生的影响,这种其他各产业给该产业带来的影响称为该产业的感应度。可用影响力系数和感应度系数分别衡量产业间相互影响的两个方面。

国民经济发展的根本动力是最终需求包括投资、消费及出口的增加,投入产出表中,最终需求项目体现在产品分配中:$X_i=\sum_{j=1}^n X_{ij}+Y_i$,$i=1,2,\cdots,n$,这其中原材料投入 X_{ij} 由社会生产技术条件决定,即由消耗系数决定,为了反映这一关系,将 X_{ij} 替换为 $a_{ij}X_j$,即分配方程变为 $X_i=\sum_{j=1}^n a_{ij}X_j+Y_i$,可写作如下方程组:

$$\begin{cases} a_{11}X_1+a_{12}X_2+\cdots+a_{1n}X_n+Y_1=X_1 \\ a_{21}X_1+a_{22}X_2+\cdots+a_{2n}X_n+Y_2=X_2 \\ \cdots\cdots \\ a_{n1}X_1+a_{n2}X_2+\cdots+a_{nn}X_n+Y_n=X_n \end{cases} \quad (5\text{-}7)$$

令 $\boldsymbol{A}=(a_{ij})$,$i,j=1,2,\cdots,n$,$\boldsymbol{X}=(X_1,X_2,\cdots,X_n)^{\mathrm{T}}$,$\boldsymbol{Y}=(Y_1,Y_2,\cdots,Y_n)^{\mathrm{T}}$,则方程组(5-7)可以写成如下矩阵形式:

$$\boldsymbol{AX}+\boldsymbol{Y}=\boldsymbol{X} \quad (5\text{-}8)$$

公式(5-8)可以换算成如下形式:

$$\boldsymbol{X}=(\boldsymbol{I}-\boldsymbol{A})^{-1}\boldsymbol{Y} \quad (5\text{-}9)$$

公式(5-9)表现的是最终需求带动的国民经济生产,最终需求增加一个单位会带动 $(\boldsymbol{I}-\boldsymbol{A})^{-1}$ 单位国民经济增加,$(\boldsymbol{I}-\boldsymbol{A})^{-1}$ 就如凯恩斯均衡方程中的乘数效应,单位的最终需求变动通过乘数效应会导致国民收入的多倍增加,所以 $(\boldsymbol{I}-\boldsymbol{A})^{-1}$ 就相当于一个放大器。由于最终需求正是通过 $(\boldsymbol{I}-\boldsymbol{A})^{-1}$ 与国民经济建立起了联系,所以 $(\boldsymbol{I}-\boldsymbol{A})^{-1}$ 在分析中起到关键作用,由于它来自于里昂惕夫投入产出表,理论上把它称为里昂惕夫逆矩阵。公式(5-9)可以写成如下方程组形式(其中 $\tilde{a}_{ij}$,$i,j=1,2,\cdots,n$ 为逆矩阵中的元素):

$$\begin{cases} \tilde{a}_{11}Y_1+\tilde{a}_{12}Y_2+\cdots+\tilde{a}_{1n}Y_n=X_1 \\ \tilde{a}_{21}Y_1+\tilde{a}_{22}Y_2+\cdots+\tilde{a}_{2n}Y_n=X_2 \\ \cdots\cdots \\ \tilde{a}_{n1}Y_1+\tilde{a}_{n2}Y_2+\cdots+\tilde{a}_{nn}Y_n=X_n \end{cases} \quad (5\text{-}10)$$

由方程组(5-10)可知,当第 i 产业最终需求变化一个单位时,即 $Y_i=1,Y_j=0,j=1,2,\cdots,n,j\neq i$,可导致整个国民经济变化 $\sum_{m=1}^{n}X_m=\sum_{m=1}^{n}\tilde{a}_{mi}$,即对其他各个行业带来的影响之和。这种影响是大或小要通过与其他行业变化一个单位带来的影响相比较才可知。为了衡量这种影响力的大小,可把该行业对国民经济的影响与所有行业变化一个单位对国民经济影响的平均值相比,所有行业变化一个单位,即 $Y_j=1,j=1,2,\cdots,n$,对国民经济的影响为 $\sum_{i=1}^{n}\sum_{j=1}^{n}\tilde{a}_{ij}$,则它们的比值为 $\dfrac{\sum_{m=1}^{n}\tilde{a}_{mi}}{\dfrac{1}{n}\sum_{i=1}^{n}\sum_{j=1}^{n}\tilde{a}_{ij}}$,这一比值便是第 i 产业的影响力系数。当所有产业的最终需求都变化一个单位时,即 $Y_j=1,j=1,2,\cdots,n$,第 i 产业受到的影响可由方程组(5-10)得到: $X_i=\sum_{j=1}^{n}\tilde{a}_{ij}$,这种受到其他产业需求的影响称为该产业对其他产业的感应,这种感应程度的大小也要通过与其他产业的感应比较才能得出。当所有产业的最终需求都变化一个单位时,所有产业的感应平均值可表示为 $\dfrac{1}{n}\sum_{i=1}^{n}X_i=\dfrac{1}{n}\sum_{i=1}^{n}\sum_{j=1}^{n}\tilde{a}_{ij}$,则第 i 产业感应强度可用比值 $\dfrac{\sum_{j=1}^{n}\tilde{a}_{ij}}{\dfrac{1}{n}\sum_{i=1}^{n}\sum_{j=1}^{n}\tilde{a}_{ij}}$ 表示。即第 k 产业的影响力系数(u)和感应度系数(v)可分别表示为

$$u=\frac{\sum_{i=1}^{n}a_{ik}}{\dfrac{1}{n}\sum_{k=1}^{n}\sum_{i=1}^{n}a_{ki}},\quad v=\frac{\sum_{j=1}^{n}a_{kj}}{\dfrac{1}{n}\sum_{k=1}^{n}\sum_{j=1}^{n}a_{kj}} \quad (5\text{-}11)$$

3. 生产诱发额与产业依赖度

生产是为了满足需求,没有需求生产也就没有存在的意义,从这一角度理解,生产是由需求诱发出来的,故而将生产看作是需求的诱发额。需求具体又可以分为投资、出口和消费三个项目,这三个需求项目分部诱发出来的产量就是总的生产诱发额。公式(5-9)中的最终需求可以分解为投资、消费和出口,这样公式(5-9)可以写作:

$$\boldsymbol{X}=(\boldsymbol{I}-\boldsymbol{A})^{-1}\boldsymbol{Y}^k+(\boldsymbol{I}-\boldsymbol{A})^{-1}\boldsymbol{Y}^c+(\boldsymbol{I}-\boldsymbol{A})^{-1}\boldsymbol{Y}^e \quad (5\text{-}12)$$

其中等式右边三项分别为各产业的投资、消费和出口需求的生产诱发额,令它们分别为 $\boldsymbol{X}^s,s=k,c,e$,则对应的诱发系数可以表示为

$$W_i^s = \frac{X_i^s}{\sum_{j=1}^{n} Y_j^s}, i=1,2,\cdots,n; s=k,c,e \tag{5-13}$$

式中，W_i^s 表示第 i 产业第 s 项最终需求的生产诱发系数；Y_j^s 表示第 j 产业第 s 项的最终需求额。

由公式(5-12)可知，第 i 产业总产出是 $\sum X_i^s, s=k,c,e$，即该产业的总产出取决于最终需求各项目对该产业的生产诱发额，哪种生产诱发额更大，则该产业对该最终需求项目也就更依赖，这种依赖程度可由如下公式表达：

$$Z_i^s = \frac{X_i^s}{\sum_{s=k}^{e} X_i^s}, i=1,2,\cdots,n \tag{5-14}$$

式中，Z_i^s 表示第 i 产业对第 s 项最终需求依赖系数。

【附：产业效应计算】

下面通过表 5-5 的数据来演示产业效应分析(不考虑进口及调整项的影响)，为了分析生产诱发情况，将最终需求分解为三部分。

表 5-5 2007 年三大产业的最终需求项目

单位：万元

	消费	资本	出口
第一产业	114 976 728.7	20 416 357.92	10 097 233.88
第二产业	395 491 877.3	1 016 447 965	131 305 072.7
第三产业	806 966 764.4	72 329 891.86	92 406 219.14
合计	1 317 435 370	1 109 194 215	233 808 525.7

1. 首先求出消耗系数矩阵 A

	第一产业	第二产业	第三产业
第一产业	0.140 657 283	0.043 139 877	0.013 254 897
第二产业	0.209 838 83	0.631 570 859	0.250 609 174
第三产业	0.063 342 805	0.092 429 604	0.201 326 582

2. 求出 $(I-A)$ 的逆矩阵

	第一产业	第二产业	第三产业
第一产业	1.207 645 732	0.158 945 161	0.069 916 356
第二产业	0.817 302 08	3.053 716 466	0.971 764 677
第三产业	0.190 363 887	0.366 009 222	1.370 082 562

3. 求影响力系数和感应度系数

	第一产业	第二产业	第三产业
影响力系数	0.809 912 345	1.308 352 995	0.881 734 66
感应度系数	0.525 183 411	1.770 509 277	0.704 307 313

4. 生产诱发额,即第2步的逆矩阵与分解后的最终需求矩阵相乘

单位:万元

	消费	资本	出口	合计
第一产业	258 132 851.4	191 272 255.2	39 524 893.42	488 930 000.1
第二产业	2 085 872 575	3 190 917 854	499 018 052.7	5 775 808 482
第三产业	1 272 252 184	475 013 790.1	176 585 165.8	1 923 851 140

5. 生产诱发额系数,即拿第4步生产诱发额除以表5-5中各需求项目的合计

	消费	资本	出口
第一产业	0.195 935 875	0.172 442 529	0.169 048 127
第二产业	1.583 282 658	2.876 789 125	2.134 302 208
第三产业	0.965 703 679	0.428 251 233	0.755 255 46

6. 依赖度系数,即拿第4步生产诱发额除以该表中对应产业诱发额的合计

	消费	资本	出口
第一产业	0.527 954 618	0.391 205 807	0.080 839 575
第二产业	0.361 139 498	0.552 462 545	0.086 397 957
第三产业	0.661 304 899	0.246 907 768	0.091 787 333

第六章 产业组织理论

第一节 产业组织理论的产生和发展

一、产业组织理论的思想渊源

产业组织是指生产具有密切替代关系产品的企业(即产业内企业)在同一市场上形成的各企业之间的相互作用关系结构,该结构决定了该产业内企业规模经济效益的实现与企业竞争活力的发挥之间的平衡,这种企业之间的市场关系主要包括:交易关系、行为关系、资源占用关系和利益关系。

产业组织的思想渊源可追溯到亚当·斯密对市场竞争机制的论述。亚当·斯密在《国民财富的性质和原因的研究》中论述:市场个体为了自己的利益,通过"看不见的手"的作用,总能促使市场价格和成本趋向一致,创造出一个最优的经济社会,其中"看不见的手"是指由竞争机制自发决定的价格体系。

通过"看不见的手"的作用,社会中各种资源会自动从资源分配过多、价格下跌的产业向资源分配过少、价格上涨的产业转移;同时,又不断地从经营效率低下的企业转向经营效率较高的企业;这样就能够自动地实现资源在产业间和产业内企业间的合理分配,实现资源的最优配置和社会福利的最大化。因此,只要市场接近于完全竞争状态,由市场供需形成的均衡价格就能够自然而然地实现资源的最优配置和社会福利的最大化。完全竞争状态是市场充分竞争的状态,它有如下四个特征:市场上有大量的买者和卖者,产品同质,市场可以自由进入,买者和卖者都能获得完全信息。

二、产业组织理论的产生

(一)"马歇尔冲突"

最早提出产业组织概念的是英国新古典经济学家马歇尔,他在与其夫人合著的《产业经济学》一书中,第一次将产业内部结构定义为产业组织。其后,马歇尔于1890年在《经济学原理》中将萨伊的生产三要素(劳动、土地和资本)扩展为生产四要素,增加了"组织"

这一第四生产要素,他认为大规模生产能够带来规模收益递增,这种规模经济的收益是与工业组织相关的。

20世纪初,随着企业的规模不断扩大,发达资本主义国家开始出现垄断、寡头垄断支配市场的现象,垄断与竞争的关系逐渐引起经济学家的关注。以英国剑桥大学斯拉法为代表的经济学家以收益递增规律与完全竞争前提相矛盾为突破口,引发了一场有关"马歇尔冲突"的理论争论。"马歇尔冲突"是指自由竞争会导致生产规模扩大,形成规模经济,提高产品的市场占有率,又不可避免地造成市场垄断,而垄断发展到一定程度又必然阻止自由竞争,扼杀经济活力,造成资源的不合理配置,即产业内企业的规模经济效应与企业之间的充分竞争的冲突。"马歇尔冲突"的实质是垄断与竞争、规模经济与竞争活力之间的矛盾问题。面对这一矛盾,马歇尔试图用任何企业的发展都经历的"生成一发展一衰退"过程来说明垄断是不会无限蔓延的,规模经济和竞争是可以获得某种均衡的。

(二) 不完全竞争

1933年,美国哈佛大学教授张伯伦在其出版的《垄断竞争理论》一书中和英国剑桥大学教授乔安·罗宾逊夫人在其出版的《不完全竞争经济学》一书中,同时提出了垄断竞争理论。垄断竞争理论否定了以往要么竞争,要么垄断的极端和对立的观点,并认为现实经济是不同程度的垄断和不同程度的竞争相互交织并存的。张伯伦和罗宾逊夫人根据垄断和竞争的程度将市场结构划分为多种类型,并分析了不同市场结构对竞争后果的影响,这为后来"市场结构—市场行为—市场绩效"的产业组织理论分析框架(即产业组织理论的SCP分析框架)的形成奠定了基础。

三、产业组织理论的形成——产业组织理论的哈佛学派

1940年,克拉克提出了"有效竞争理论"。有效竞争是指既有利于维护竞争又有利于发挥规模经济作用的竞争格局。有效竞争理论认为政府的公共政策将成为协调两者关系的主要方法和手段,但是克拉克并没有提出有效竞争的评估标准和实现条件。

梅森在1939年出版的《大企业的生产价格政策》中将有效竞争的评估标准分成两大类:一类是能够维护有效竞争的市场结构标准,另一类是从市场绩效判断有效竞争的市场绩效标准。这就是有效竞争标准的二分法。

继梅森的研究之后,一些经济学家将有效竞争的标准扩展为三分法:市场结构标准、市场行为标准和市场绩效标准。①市场结构标准——以市场份额认定企业在市场上的支配地位。集中度不太高,市场进入容易,没有极端的产品差别化。②市场行为标准——根据企业的市场行为认定企业是否垄断。对于价格没有共谋,对于产品没有共谋,对竞争者没有压制政策。③市场绩效标准——根据企业在市场上的盈利程度判断该企业是否垄断。存在不断改进产品和生产过程的压力,随成本大幅下降价格能向下调整,企业与产业处于适宜规模,销售费用在总费用中的比重不存在过高现象,不存在长期的过剩生产能力。

1959年,梅森的弟子威乔·贝恩出版了第一部系统论述产业组织理论的教科书——

《产业组织》,被认为是主流产业组织理论体系(即哈佛学派产业组织理论体系)形成的标志。书中提出了市场结构(S)、市场行为(C)和市场绩效(P)三个基本范畴,构成了产业组织理论的 SCP 分析框架,标志着比较完整的产业组织理论体系的形成。SCP 分析框架奠定了产业组织理论体系的基础,以后各派产业组织理论的发展都是建立在对 SCP 模式的继承或批判的基础之上。由于这些研究主要是以哈佛大学为中心展开的,因此又被称为产业组织理论的哈佛学派。

哈佛学派的 SCP 分析框架在研究方式上注重实证研究,并突出市场结构的重要性,认为产业结构决定产业行为,产业行为决定产业绩效。因此,要想获得理想的市场绩效,主要应通过相应的产业组织政策来维护有效竞争的市场结构。哈佛学派主张对经济中的寡头垄断和垄断产业采取企业分割、禁止兼并等直接作用于市场结构的规制政策。

四、产业组织理论的发展

(一) 产业组织理论的芝加哥学派

产业组织理论的芝加哥学派是在 20 世纪 60 年代后期对哈佛学派的批判中崛起的,主要的代表人物有施蒂格勒、德姆塞茨、布罗兹恩、艾德曼和哈伯格。芝加哥学派在理论上继承了传统的自由主义经济思想和社会达尔文主义,信奉自由市场经济中竞争机制的作用,相信市场力量的自我调节能力,相信优胜劣汰的过程,坚持认为产业组织及公共政策问题仍然应该通过价格理论的视角来研究。1969 年,施蒂格勒的《产业组织》一书问世,标志着芝加哥学派产业组织理论的成熟。

以施蒂格勒为代表的芝加哥学派认为,即使市场中存在着某些垄断势力,只要不存在政府的进入规制,长期的竞争均衡在现实中是能够成立的。施蒂格勒将进入壁垒定义为新企业比老企业多承担的成本,并认为只有政府进入规制是真正的进入壁垒。因此,在不存在政府进入规制的情况下,市场中的在位企业都面临着潜在进入企业的竞争压力。如果一个产业持续出现高利润率,这完全可能是该产业中的企业提高效率和不断创新的结果,而不是哈佛学派认为的该产业存在垄断因素的结果。因为不是建立在高效率和创新基础上的高利润率市场,潜在进入企业都会大量进入,从而使利润率降至平均利润率水平。正是因为产业内的企业提高了生产效率或者进行了创新,才能不断扩大市场份额,最终导致市场集中度提高。因此,芝加哥学派认为是市场绩效或者市场行为决定市场结构,而不是哈佛学派认为的市场结构决定市场行为进而决定市场绩效。德姆塞茨等人通过大量的实证研究,批判了哈佛学派的"集中度—利润率"假说,指出高集中度产业中的高利润率与其说是资源配置非效率的指标,倒不如说是生产效率的结果。集中度与利润率的正相关反映了高集中度产业内主要大企业的高效率与低成本。

芝加哥学派在理论上继承了传统的自由主义经济思想,认为只有自由市场竞争机制才能提高产业的效率,保证消费者福利最大化。芝加哥学派反对政府对市场结构的干预,甚至认为只要市场绩效是良好的,政府规制就没有必要;并且主张放松对市场行为的管制,反托拉斯政策的重点应该是对企业市场行为的控制,主要是对卡特尔组织内企业间的价格协调行为和市场分配行为进行控制,因为这些市场行为限制了市场效率的提高。

(二) 产业组织理论的可竞争市场理论

美、英等主要西方发达国家自 20 世纪 70 年代陷于经济"滞胀",由此引发了理论界对凯恩斯主义的全面反思。可竞争市场理论(theory of contestable markets)是鲍莫尔、帕恩查和韦利格等人在这一背景下提出来的,1982 年出版的《可竞争市场与产业结构理论》标志着该理论的形成。该理论认为在完全竞争的市场结构以外,良好的市场绩效仍然是可以实现的;在不存在特别的市场进出成本,保持市场可自由进入的条件下,潜在进入企业的竞争压力会迫使任何市场结构条件下的企业采取竞争行为。因此,包括寡头和垄断在内的不完全竞争的市场结构仍然是可以和效率并存的。

可竞争市场理论是以沉没成本(sunk cost)和完全竞争市场等概念为中心推导有效的产业组织的基本态势及形成过程。沉没成本是指企业进入市场所投入的资本,在企业退出该市场时不能回收的部分。沉没成本的大小决定了企业退出市场的难易程度,从而影响企业的进入决策。沉没成本越高,潜在进入企业进入市场的压力越大,在位企业的竞争压力就越小;相反,沉没成本越低,潜在进入企业进入市场的压力就越小,在位企业的竞争压力就越大。完全竞争市场是指企业退出市场时不存在沉没成本,从而使得企业进入和退出市场比较自由。在完全可竞争市场中,沉没成本为零,潜在进入者为追求利润迅速进入任何一个具有高额利润的产业,并在现存企业做出反应之前,不用耗费特别成本,迅速退出市场。这种进入形式被称为"打了就跑"(hit-and-run entry)策略。

在完全可竞争市场上,无论是寡占市场还是垄断市场的在位企业,都存在这种潜在进入企业迅速进入和退出的压力,这种进入和退出行为可以重复多次,直至该市场的利润为零。因此,这种竞争压力迫使任何市场结构下的在位企业不能维持超额的垄断利润,从而实现与完全竞争市场相同的最优资源配置。

按照可竞争市场理论,自由放任的经济政策比政府的规制政策更为有效。在鲍莫尔等人看来,政府的竞争政策应注重降低沉没成本,保证市场存在充分的潜在竞争压力。因此,他们主张要积极排除人为的进入和退出壁垒,并研究能够减少沉没成本的新技术。

(三) 新奥地利学派

新奥地利学派是在 20 世纪 70 年代由米塞斯(L. Mises)和哈耶克(F. A. Hayek)等人提出的经济思想的基础上形成的产业经济学流派。该学派继承和发展了由门格尔(Carl Menger)、庞巴维克(Eugen von Bohm-Bawerk)创始的奥地利经济学派的传统思想和方法。新奥地利学派完全否认新古典主义关于市场运行的完全竞争理论,重视均衡实现的市场竞争分析过程,从信息的不完全性、人的有限理智和环境的不确定性出发来理解市场。

新奥地利学派主张自由放任的经济政策,反对哈佛学派的反垄断政策。该学派的学者们反对政府对市场的干预,认为政府的知识和信息也是不完全的,政府的干预反而会扭曲市场的调整过程,最终损害经济绩效。

新奥地利学派认为经济学属于社会科学,重视人类行为的研究。该学派极力否定作为经济分析工具的现代数学方法和经济计量技术,而是致力于个人行为的逻辑分析。

新奥地利学派把市场看作是分散的知识、信息的发现和利用过程,特别强调企业家及其创业精神在这一过程中的重要作用,重视经济现象背后的道德和文化基础。但他们所鼓吹的极端自由主义的政策主张在经济生活中是不现实的,因此,新奥地利学派的产业组织理论对产业经济学的影响更多是在思想理念方面。

(四) 新产业组织理论

20世纪70年代开始,产业组织研究进入了"理论期",理论模型取代统计分析占据了主导地位,形成了以突出理论研究为特征的所谓"新产业组织理论"。与传统的产业组织理论相比,新产业组织理论在研究方法和理论范式上都有所创新。在市场结构和行为关系上,新产业组织理论重视对市场行为的研究,特别是企业策略性行为及其对未来市场结构的影响,考察机构和行为间的"逆向因果关系",即由"结构主义"转向"行为主义";在不完全竞争市场(特别是寡占和垄断市场)上,由于企业间、现有企业和潜在进入企业间在市场决策和行为方面存在着相互依赖关系,博弈论便天然地成为分析垄断和寡占市场下企业行为的强有力工具,从而形成了统一的理论研究方法;随着博弈论特别是动态博弈和不完全信息博弈的发展,对市场行为的分析突破了新古典经济理论的完全信息假设和静态的分析范式,重点研究不完全信息下的企业行为及企业间的动态竞争关系。

新产业组织理论运用博弈论的方法扩展了由古诺(A. Cournot,1838)、伯川德(J. Bertrand,1883)、斯塔科尔伯格(H. Stackelberg,1934)等人建立的寡占厂商理论和由豪泰林(H. Hotelling,1929)、张伯伦等人提出的产品差异理论,但它的研究重点是企业的策略性行为。策略性行为是指一家企业为提高其利润所采取的旨在影响市场环境的所有行为。市场环境包括:市场中现有的和潜在的竞争对手数量、行业的生产技术、竞争对手进入该行业的成本和速度、市场的需求等。市场环境不再是外生的,企业不是被动地对既定的市场环境做出反应,而是通过对价格、产品、产能和企业边界的调整以及研发和创新等策略去改变市场环境,影响竞争对手的预期,从而排斥竞争对手,阻止或延缓新企业进入市场,保护自己的市场权力和垄断利润。

20世纪80年代以来,科斯和威廉姆斯等人以交易费用理论为基础,运用交易费用理论、委托-代理理论、激励理论等深入分析了企业内部组织结构和治理结构,提出了一系列新的理论和主张,以解决现代企业代理人的无效率问题,形成了较为完整的企业理论。

在20世纪七八十年代,产业组织学逐步实现理论化的同时,经验性的研究相对落后,到80年代后期,研究者们认识到了这两者之间的不平衡,出现了"经验研究的复兴"。因为"只有经验性研究才能揭示什么样的理论模型是'空盒子',什么样的理论具广泛的适用性"。新的经验研究包括计量经济学分析、案例研究和实验经济学三个方面。

20世纪90年代,新产业组织理论对美国等发达国家的反垄断政策也产生了一定的影响,反垄断的重心从反垄断结构逐渐转向了反垄断行为,大企业的策略行为开始受到反垄断当局的认真对待,新产业组织理论的分析和概念在为数不少的案例以及政策条文的修订中得到了反垄断行政机构或法院的采用,美国的反垄断政策也从前一段时间的过于宽松逐步转向温和地干预。

第二节 SCP 分析框架

SCP 分析框架是由美国哈佛大学产业经济学权威乔·贝恩、谢勒等人于 20 世纪 30 年代建立的以市场结构（structure）、市场行为（conduct）、市场绩效（performance）为基本范式的产业组织分析的模型，又称哈佛学派的产业组织理论。SCP 分析框架下的产业组织理论主要由市场结构、市场行为、市场绩效和产业组织政策四部分构成，并认为产业结构决定产业行为，产业行为决定产业绩效。因此，要想获得理想的市场绩效，主要应通过相应的产业组织政策来改变不合理的市场结构。

一、市场结构

市场结构是指产业内企业间垄断与竞争关系的特征。市场结构根据市场垄断和竞争的程度可以分为完全竞争、完全垄断、寡头垄断和垄断竞争四种基本类型。决定市场结构类型的主要因素是市场集中度、产品差异性和进入壁垒。

市场集中度是用来衡量特定产业中企业的数目和相对规模（即市场占有率或者市场份额）的指标；它集中体现了市场的竞争和垄断程度，是决定市场结构最基本、最重要的因素；衡量市场集中度的主要指标有行业集中度（CR_n）、洛仑兹曲线及基尼系数、赫芬达尔-赫希曼指数（HHI）和熵指数（EI）。产品差异性是指产业内竞争性企业生产的产品存在差异，具有不完全替代性；产品差异性的衡量指标主要有需求的交叉弹性和广告密度。进入壁垒是指阻止企业进入某一产业的不利因素；进入壁垒可以从规模经济性与市场总规模的比例、进入时的最低必要资本量、产业和企业的专业特许数量、绝对费用、阻止进入的价格指标等方面衡量；结构性进入壁垒的构成因素有绝对成本优势、规模经济、产品差异性、必要资本量和政策法律制度。

在 SCP 分析框架中，对作为市场结构指标之一的集中度和作为市场绩效标准之一的利润率之间的关系的研究处于重要的核心位置。贝恩 1951 年调查了美国制造业的 42 个产业，将它们分成两组，一组 $CRs_1>70\%$，一组 $CRs_2<70\%$。调查结果显示，不同集中度的产业群之间存在着很大的利润率差异，前者平均利润率为 11.8%，后者为 7.5%。因此，有效的产业组织政策首先应该着眼于形成和维护有效竞争的市场结构，主张对经济生活中的垄断和寡占采取规制或分割政策。

二、市场行为

市场行为是指在一定的市场结构下，企业为实现其利润最大化或者提高市场占有率的目标而采取的战略性行为。市场行为受制于市场结构，同时又反作用于市场结构，并直接影响市场绩效。产业组织理论主要研究企业在寡头垄断市场结构下的市场行为。市行为分为两大类:市场竞争行为和市场协调行为。市场竞争行为可分为定价行为、广告行为和兼并行为,市场协调行为可以分为价格协调行为和非价格协调行为。

三、市场绩效

市场绩效反映了在特定的市场结构和市场行为条件下的市场运行效果。具体而言,市场绩效是指在一定的市场结构中,各个企业的市场行为所形成的价格、产量、成本、利润、产品质量和品种以及技术进步等方面的最终经济成果。衡量市场绩效的常用指标有利润率指标、勒纳指数、贝恩指数和托宾 q 值。市场绩效评价标准还包括产业的资源配置效率、规模结构效率和技术进步。

四、市场结构、市场行为和市场绩效的关系

市场结构、市场行为、市场绩效(SCP 框架)是产业组织理论的三大主题。如果说市场结构是经济运行的环境,市场行为是经济运行的方式,那么市场绩效就是经济运行的效果。在短期内,市场结构是既定的要素,市场结构从根本上制约市场行为,市场行为又直接决定了市场绩效。在一个较长的时期内,市场结构仍然制约着市场行为,市场行为决定着市场绩效,但市场结构也会发生变化,这种变化正是市场行为长期作用的结果,同时市场绩效也会直接引起市场结构发生变化。因此,在长期内,市场结构、市场行为和市场绩效之间是双向的因果关系。

在 SCP 分析框架下,产业结构决定产业行为,产业行为决定产业绩效。因此,要想获得理想的市场绩效,主要应通过相应的产业组织政策来改变不合理的市场结构,并且认为市场中企业数量的多寡是相对效率的改善程度的判定标准,随着企业数的增加,完全竞争市场的接近,市场能够实现较为理想的资源配置效率。

SCP 分析框架将产业结构作为产业组织理论的分析重点,并认为不合理的市场结构将会降低资源配置的效率。"集中度-利润率"假说表明:在具有寡占或垄断的市场结构的产业中,企业间会存在共谋、协调行为,从而产生超额垄断利润,偏离完全竞争的最佳资源配置效率。因此,必须对具有不合理市场结构的产业采取企业分割、禁止兼并等直接作用于市场结构的政策,以恢复和维护有效竞争的市场秩序,从而实现资源的最优配置。

第三节 市场结构

一、市场结构的基本类型

市场结构是指产业内企业间垄断与竞争关系的特征。市场结构根据市场垄断和竞争的

程度可以分为完全竞争市场、完全垄断市场、寡头垄断市场、垄断竞争市场四种基本类型。

(一) 完全竞争的市场结构

完全竞争市场是指竞争充分,没有垄断因素的市场。其市场结构的特点是:

(1) 市场集中度很低。市场上有大量的买者和卖者,每个买者和卖者对市场的供给和需求占市场总量的比例很小,对市场价格没有显著影响。

(2) 产品同质。产业内各企业提供的产品都一样,产品具有完全的替代性。

(3) 不存在任何进入与退出的壁垒。新企业进入市场和原企业退出市场都完全自由。

(4) 市场信息完全。所有买者和卖者都掌握着与交易有关的全部信息。

(二) 完全垄断的市场结构

完全垄断市场是指完全垄断,没有竞争因素的市场。其市场结构的特点是:

(1) 市场集中度很高。市场上只有一个厂商生产这种产品,厂商控制着产业中全部的市场供给,并决定市场的价格。

(2) 没有替代产品。市场上只有一家厂商生产这种产品,没有相似的产品。

(3) 进入壁垒非常高。新企业进入市场非常难。

(三) 寡头垄断的市场结构

寡头垄断市场是指介于完全竞争和完全垄断之间,以垄断因素为主,又具有竞争因素的市场。其主要特点是:

(1) 市场集中度较高。产业内厂商数目很少,它们控制着产业中大部分产品的市场供给,常常通过合谋控制市场价格。

(2) 产品基本同质或差异较大。产品基本同质的市场称为"纯粹垄断",例如钢铁、水泥产业;产品存在较大差异的市场称为产别"寡头垄断",例如汽车、香烟产业。

(3) 进入和退出壁垒较高。新企业进入市场和原企业退出市场较难。

(四) 垄断竞争的市场结构

垄断竞争市场是介于完全竞争和完全垄断之间,以完全竞争为主,又具有垄断因素的市场。其主要特点是:

(1) 市场集中度较低。产业内厂商数目较多,每个厂商的市场供给占市场总量的比例较低。

(2) 产品同类但有差异。产业内不同企业生产的产品有差别,但有很强的替代性。

(3) 进入和退出壁垒较低。新企业进入市场和原企业退出市场较为自由。

二、决定市场结构的主要因素

决定市场结构的因素有很多,主要有市场集中度、产品差异性、进入壁垒。

(一) 市场集中度

1. 市场集中度及其对市场结构的影响

市场集中是指少数几个大企业的市场占有率较高。市场集中度就是用来衡量市场集中程度的指标,具体而言是指用来衡量特定产业中企业的数目和相对规模(即市场占有率或者市场份额)的指标。它集中体现了市场的竞争和垄断程度,是决定市场结构最基本、最重要的因素。一般情况下,市场集中度越高,市场结构越接近完全垄断市场;市场集中度越低,市场结构越接近完全竞争市场。

2. 市场集中度的衡量指标

衡量市场集中度的主要指标有:行业集中度(CR_n)、洛仑兹曲线及基尼系数、赫芬达尔-赫希曼指数(HHI)和熵指数(EI)。

(1) 行业集中度(concentration ratio)。

行业集中度是指行业内规模最大的前 n 位企业的有关数值 X(可以是产值、产量、销售额、销售量、职工人数、资产总额等)占整个行业的份额。它反映了特定行业中企业数目和相对规模的分布状况,是最常用的绝对集中度的衡量指标。其计算公式为

$$CR_n = \frac{\sum_{i=1}^{n} X_i}{\sum_{i=1}^{N} X_i}$$

其中:CR_n 表示行业中规模最大的前 n 位企业的行业集中度;n 表示行业内规模最大的企业数;N 表示行业内企业的总数量;X_i 表示第 i 个企业的产值、产量、销售额、销售量、职工人数、资产总额等。

X 可以是产值、产量、销售额、销售量、职工人数、资产总额等,需要根据不同行业或者同一行业在不同时期的特点来选择。例如,对于资本密集型产业,使用资产总额计算行业集中度就不具有比较意义;对于劳动密集型产业,使用职工人数计算行业集中度也不具有比较意义。

行业集中度简单易行,是最常用的计算指标,然而它也有以下不足:第一,行业集中度只反映了行业中规模较大的企业的总体规模,忽略了其他规模较小的企业的规模分布;第二,行业集中度不能反映规模较大企业间的相对情况;第三,行业集中度难以反映市场份额和产品差异性的变化情况。

(2) 洛仑兹曲线(Lorenz curve)与基尼系数(Gini coefficient)。

a. 洛仑兹曲线。洛仑兹曲线表明市场中由小企业到大企业的数量累计百分比与其相对应的市场占有率之间的关系。它主要反映了行业内企业规模分布状况,是一种相对集中度的衡量指标。

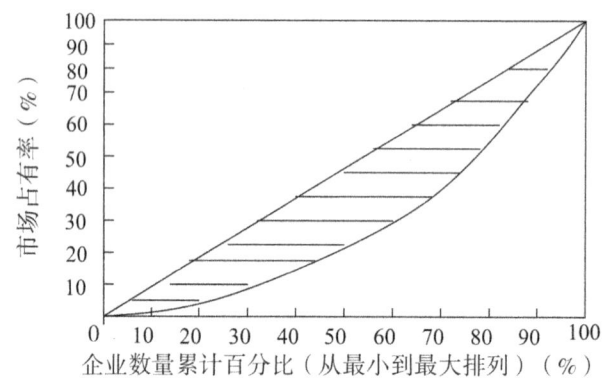

图 6-1 洛伦兹曲线

图 6-1 中横坐标表示按规模从小到大企业数量的累计百分比,纵坐标表示企业的累计市场占有率,即企业销售额的累计百分比。洛伦兹曲线表示每一企业数量累计百分比下的市场占有率状况,它反映了行业内全部企业的市场规模分布状况。若行业内所有企业的规模都相等,那么洛伦兹曲线与图中的对角线重合;若企业的规模不完全相同,洛伦兹曲线就是对角线下方的一条曲线。一般情况下,洛伦兹曲线偏离对角线程度越大,表明企业的规模分布越不均匀,即市场集中度越高。

洛伦兹曲线的不足之处:当行业中只有几个规模相同的企业时,洛伦兹曲线与对角线重合,但我们知道这种寡头垄断的市场集中度较高,洛伦兹曲线不能反映这种情况下的集中度和市场结构。

b. 基尼系数。基尼系数建立在洛伦兹曲线的基础上,等于对角线与洛伦兹曲线之间的面积(图 6-1 中阴影部分的面积)与以均等分布线为斜边、以横轴和纵轴为直角边构成的三角形面积之比。它主要是反映企业的规模分布状况,也是一种相对集中度的衡量指标。其用公式表示为

基尼系数=对角线与洛伦兹曲线之间的面积/均等分布线以下的三角形面积

基尼系数的取值范围是[0,1]。当基尼系数取 0 时,表明洛伦兹曲线与对角线重合,所有企业的规模相等,市场集中度较低;当基尼系数趋近于 1 时,表明企业的规模分布非常不均等,市场集中度较高。

基尼系数的不足之处:一方面是不能够反映行业中只有几个规模相同企业的寡头垄断市场结构;另一方面,由于两条不同的洛伦兹曲线所围成的面积可能相等,一个基尼系数数值不能够代表多种企业的规模分布情况,也就是说基尼系数不能够唯一说明一个行业中企业的规模分布状况。

(3) 赫芬达尔-赫希曼指数(Herfindahl-Hirschman index)。

赫芬达尔-赫希曼指数是某个行业中所有企业的市场占有率的平方和。用公式表示为

$$\mathrm{HHI} = \sum_{i=1}^{n}(X_i/X)^2 = \sum_{i=1}^{n}S_i^2$$

其中,X 表示行业的总规模,X_i 表示行业中第 i 位企业的规模,S_i 表示行业中第 i 位企业的市场占有率,n 表示行业内的企业总数。

赫芬达尔-赫希曼指数的数值越大,表明市场集中度越高。当赫芬达尔-赫希曼指数取 1 时,表明市场是完全垄断市场;当赫芬达尔-赫希曼指数趋近于 0 时,表明市场存在许多厂商,且规模都相当,市场集中度低。

赫芬达尔-赫希曼指数的优点是:第一,赫芬达尔-赫希曼指数包含了所有厂商的规模信息,能够补充行业集中度指数不能反映规模较大企业间相对情况的不足;第二,赫芬达尔-赫希曼指数能够反映厂商之间规模的细微差距。对于两个拥有相同数量厂商的市场,厂商间的市场份额差距越大,HHI 的值就越大,表明市场集中度越高,并且由于平方和计算的放大性,赫芬达尔-赫希曼指数对市场规模最大的前几个厂商的市场份额变化特别敏感。赫芬达尔-赫希曼指数的不足之处在于难以收集到市场上所有厂商的市场份额信息。

(4) 熵指数(Entropy index)。

熵指数的定义公式为

$$\mathrm{EI} = \sum_{i=1}^{n} S_i \log(1/S_i)$$

其中,S_i 表示行业中第 i 个厂商的市场占有率,n 表示行业内的企业数。

熵指数与赫芬达尔-赫希曼指数的相同点在于两个指标都是市场份额之和,并且都能够反映行业中所有厂商的规模状态。不同点在于这两个指数给各个厂商的市场份额的权数不同,赫芬达尔-赫希曼指数的权数是市场份额,熵指数的权数是市场份额的对数;两者都对大企业分配较重的权数,但重要程度不同。

3. 影响市场集中度的因素

(1) 规模经济。规模经济是指在一定的产量范围内,企业生产的平均成本随着产量的增加而递减。企业为实现利润最大化,必然会扩大生产规模至最小有效规模经济的产量上,以获取规模经济的效益,这就导致市场集中度的提高。当然,规模经济对市场集中度的影响,一方面取决于最优规模经济的产量和产业的规模,另一方面取决于产业内最佳规模的平均成本水平与非最佳规模平均成本水平的差距。

(2) 产品差异性。产业内市场占有率较大的企业可以通过产品差异化,增加产品的差异性,扩大原有的市场份额,从而提高市场集中度。产业内市场占有率较小的企业也可以通过产品的差异化,增加产品差异性,扩大市场占有率,从而降低市场集中度。

(3) 进入壁垒。产业的进入壁垒越高,那么该产业内的市场竞争程度就越低,垄断因素越高,因此,市场集中度就越高;相反,产业的进入壁垒越低,那么该产业内的市场竞争程度就越高,垄断因素越低,因此,市场集中度就越低。

(4) 相关经济政策。为防止垄断因素对资源配置的低效率的影响,增强企业间的竞争活力,许多国家通过制定反垄断法、反托拉斯法等反垄断政策限制超过一定规模的企业进行兼并,以降低市场集中度;同时,许多国家为提高本国的国际竞争力,会放宽大企业间的兼并政策,鼓励大企业扩大规模,从而提高了市场集中度。

(二) 产品差异性

1. 产品差异性及其对市场结构的影响

产品差异性是指产业内竞争性企业生产的产品存在差异,具有不完全替代性。产品差异化使产品存在差异性,引发消费者对产品独特性的偏好,从而影响消费者的选择。

产品差异性主要是从影响市场集中度和形成市场进入壁垒两个方面对市场结构产生影响。

(1) 影响市场集中度。产业内市场占有率较大的企业通过产品差异化,增加产品的差异性,扩大原有的市场份额,提高市场集中度,影响市场结构。产业内市场占有率较小的企业也可以通过产品的差异化,增加产品差异性,扩大市场占有率,降低市场集中度,从而改变市场结构。

(2) 形成市场进入壁垒。产品差异性可以影响消费者偏好,并培养消费者对产品的忠诚度,这就对潜在进入企业构成一定的进入壁垒,进而影响市场结构。因为潜在进入企业要想进入该产业,就必须通过产品差异化寻找新的目标客户或者改变原有的消费者偏好,这无疑加大了潜在进入企业进入市场的难度,形成进入壁垒,影响市场结构。

2. 产品差异性的主要衡量指标

(1) 需求的交叉弹性。较大的产品差异性说明产品的替代性较小,相反,较小的产品差异性说明产品的替代性较大,微观经济学用需求的交叉弹性表示产品的替代性,因此,可以用需求的交叉弹性表示产品的差异性。

需求的交叉弹性的定义公式是:

$$\theta_{ij} = \frac{\mathrm{d}q_i/q_i}{\mathrm{d}p_j/p_j}$$

其中:θ_{ij} 表示 i 产品需求量对 j 产品价格的交叉弹性;$\frac{\mathrm{d}q_i}{q_i}$ 表示 i 产品的需求变化率;$\frac{\mathrm{d}p_j}{p_j}$ 表示 j 产品的价格变化率。

对于同一市场上的 i 产品和 j 产品而言,当 j 产品的市场价格发生变化,i 产品的价格不变时,i 的需求量有较大变化,即需求的交叉弹性 θ_{ij} 较大,这说明 i 产品与 j 产品有较大的替代性,即两种产品的差异性程度不大;反之,则说明两种产品的差异性程度比较大。由于计算需求的交叉弹性的数据收集比较难,因此在实际中运用很有限。

(2) 广告密度。广告是企业用来传递产品差异信息的最重要和最常用的手段,因此可以用广告费用的绝对额和广告密度两项指标来衡量产品的差异化程度。

广告密度的定义公式是:

$$广告密度 = AD/SL$$

其中:AD 表示产品广告费用的绝对金额;SL 表示产品销售额。

日本经济学家植草益通过对日本 31 个产业在 1997 年的广告费用的绝对额和广告密度的实证研究,对产品差异化程度做了如下分类:

① AD/SL≥3.5%或 AD≥20 亿日元,为产品差异化程度很高的产业;

② 0≤AD/SL<3.5%或 10 亿日元≤AD<20 亿日元,为产品差异化程度高的产业;

③ AD/SL<1%或 AD<10 亿日元,为产品差异化程度中等的产业。

由于广告对产品的差异化程度影响较大,并且广告活动的数据比较容易收集,因此,在实际运用中,主要是通过广告费用和广告密度来分析产品差异化程度。

3. 不同产业市场的产品差异性程度

日本学者植草益把产业分成消费品产业和工业品产业,并对不同类型产业的差异性程度进行了分析。消费品是指主要用于消费者消费的产品,包括耐用消费品和非耐用消费品;工业品是指主要用于企业生产的产品,包括中间品和投资品。

(1) 消费品产业。

a. 耐用消费品产业。耐用消费品是指使用寿命较长,可以多次使用的消费品,如汽车。同类耐用消费品在物理特性方面差异很大,而消费者又不具备鉴别产品物理特性差异的知识和条件,因此,广告对产品差异性的影响非常大。并且,除了部分低价产品外,产品差异性程度处于中等水平到高水平之间。

b. 非耐用消费品产业。非耐用消费品是指消费者消耗较快,需要不断重复购买的消费品,如食品。同类非耐用消费品在加工工艺、加工深度等方面有一定的差异,除一部分加工深度较低的产品外,多数产品的差异性程度在中等水平和高水平之间,尤其是价格较高的消费品,其产品差异性程度更高。广告对非耐用消费品的产品差异性影响非常重要。一般情况下,非耐用消费品的产品差异性程度高于耐用消费品。

(2) 工业品产业。

a. 中间品产业。中间产品一般指一次性转移到产品中的工业消耗品和原材料等。中间品通常都是标准化的,物理特性差异较小,并且购买企业往往具备鉴别产品物理特性差异的专业知识和测试手段,广告对产品差异性的影响不大,因此,中间品产业的差异化程度都比较小。

b. 投资品产业。投资品一般指生产设备和装置。投资品本身比较复杂,产品的物理特性差异比较大,往往是根据客户的需求定制,并且客户对产品性能、使用等信息知识服务和售后维修服务比较重视,所以,广告对产品差异化有一定的影响,但相对于消费品,其作用较小,因此,投资品产业的产品差异性程度为中等水平。一般情况下,投资品产业的产品差异性程度高于中间品产业。

从总体上看,工业品产业的产品差异化程度要比消费品产业低很多。

4. 产品差异化策略

产品差异化的策略有很多,主要有以下四个方面:

(1) 产品主体差异化。产品包括核心产品(例如产品基本用途)、中间产品(例如产品品牌)和延伸产品(例如产品售后服务)三个层次。一般同类竞争性企业生产的产品的核心产品基本是一样的,企业往往通过中间产品和延伸产品来实现产品的差异化。中间产品通常的产品差异化策略是品牌差异化,延伸产品通常的产品差异化策略是服务差异化。

(2) 价格差异化。价格差异化是指企业通过制定高于或者低于同类竞争性产品的价格,形成产品差异。企业将价格制定在高于同类竞争性产品的价格水平上,传递给客户的信息是该企业产品的质量优于其他同类产品,以吸引高收入水平的消费者;企业将价格制定在低于同类竞争性产品的价格水平上,传递给客户的信息是本企业的产品与同类产品的质量差别不大,但价格更低,以吸引中低收入水平的消费者。

(3) 渠道差异化。渠道差异化是指企业根据产品的特性选择不同的分销渠道塑造产品差异化。分销渠道一端连接生产,另一端连接消费,是产品的流通过程,影响消费者对产品的认知途径;并且不同分销渠道有着不同的流通服务,也影响消费者对产品的偏好。比如,有的企业选择通过中间商销售产品,有的企业选择建立直营店销售产品,有的企业则选择在网络销售产品等,企业根据产品的特性选择不同分销渠道,形成产品渠道的差异化。

(4) 促销差异化。促销差异化就是企业通过选择不同促销策略传递产品和企业的各种信息,吸引或说服消费者购买其产品。常用的促销手段有广告、人员推销、网络营销、营业推广和公共关系。企业往往根据市场和产品等因素选择一种或多种促销手段,其中,广告是用来传递和形成产品差异的最常用和最主要的手段,让客户感知该企业产品与同类竞争性产品的不同,影响消费者的选择。

(三) 进入壁垒

1. 进入壁垒及其对市场结构的影响

贝恩认为进入壁垒是和潜在的进入者相比,市场中现有企业所享有的优势。这些优势是通过现有企业可以持久地维持高于竞争水平的价格而没有导致新企业的进入反映出来的。进入壁垒一方面反映了市场内在位企业优势的大小,另一方面反映了新进入企业或者潜在进入企业所面临的市场进入障碍的大小。一般情况下,市场进入壁垒越高,市场结构越接近完全垄断市场;市场进入壁垒越低,市场结构越接近完全竞争市场。

进入壁垒分为两类。一类是策略性进入壁垒,即在位企业为保持市场份额,获得垄断利润,有意识地通过一系列的策略行为构筑起防止潜在进入者进入的壁垒。策略性进入壁垒强调了在位企业的主动性。另一类是结构性进入壁垒,即由产品技术特点、资源供给条件、社会法律制度、政府行为以及消费者偏好等企业自身无法支配的、外生的因素所形成的壁垒。结构性进入壁垒强调了限制进入的外生性。

2. 市场进入壁垒程度的度量

(1) 描述性指标。进入市场的描述性指标主要有绝对费用、经济规模与市场总规模的比例、产品差异化程度指标、必要资本量、产业和企业专利特许数量、交易和批准等制度规定。

例如,日本学者植草益提出的用规模市场比重即经济规模与市场总规模的百分比测量进入壁垒的高低[1]:

$$规模市场比重(d) = (经济规模/市场总规模) \times 100\%$$

当 $10\% < d < 25\%$ 时,该产业为高度经济规模障碍;

当 $5\% < d < 9\%$ 时,该产业为较高经济规模障碍;

当 $d < 5\%$ 时,该产业为中等或者较低经济规模障碍。

(2) 阻止进入价格指标。最高阻止进入价格是指能阻止潜在企业进入的最高价格。当价格在完全垄断下利润最大化的价格水平时,若潜在企业不能进入,说明这个产业的市

---

[1] 植草益.产业组织论.北京:中国人民大学出版社,1988.

场进入壁垒很高;如果价格在略高于完全竞争条件下的价格水平时,能够有效地阻止潜在企业的进入,说明这个产业的市场进入壁垒很低。

3. 结构性进入壁垒的构成因素

在 SCP 分析框架下的进入壁垒侧重于限制进入的外生性因素,因此这里主要分析结构性进入壁垒的五个主要构成因素:绝对成本优势、规模经济、产品差异性、必要资本量和政策法律制度。

(1) 绝对成本优势。绝对成本优势是指在任何产量水平下,在位企业的平均成本都低于潜在进入企业的平均成本。潜在进入企业的平均生产成本高于在位企业,具有绝对成本劣势,处于竞争劣势,这就阻碍了潜在进入企业进入市场,因此在位企业的绝对成本优势构成潜在进入企业的进入壁垒。

在位企业具有绝对成本优势的原因主要有:第一,在位企业拥有优异的独一无二的生产技术;第二,在位企业掌握着低成本的优质资源;第三,在位企业控制了销售渠道;第四,在位企业优先获得了经营管理能力和专业人才。

(2) 规模经济。规模经济是指在一定的产量范围内,企业的平均生产成本随着产量的增加而递减的规律。企业只有在达到一定产量的情况下,才能够获得规模经济的全部效益。假定在位企业的生产已经在最小有效规模经济的产量上,如果潜在进入企业以低于最小有效规模经济的产量进入市场,那么潜在进入企业的生产成本必然高于在位企业,处于竞争劣势,这就阻碍了潜在进入企业的进入;如果潜在进入企业以最小最优规模经济的产量进入市场,必然引起产量增加,价格下降,一旦价格低于平均生产成本,就会带来经济损失。因此,规模经济是构成进入壁垒的因素之一。

(3) 产品差异性。在位企业通过各种产品差异化策略形成了消费者对该企业产品的偏好,只需要较少的成本就可以维持消费者对该产品的忠诚度。而新进入企业要么寻找新的客户群,要么以更低的价格争取原有的老客户,无论哪种方式,都会增加企业的进入成本,并且这种成本越大,说明企业产品差异性构成的进入壁垒就越高。

(4) 必要资本量。必要资本量是指潜在进入企业进入市场所必须投入的资本量。必要资本量越大,企业筹资难度越大,进入市场也就越不容易,因此,必要资本量越大,进入壁垒越高。通常,资本密集型产业所需要的必要资本量较大,进入壁垒较高。

(5) 政策法律制度。政府的一些政策法规也是构成进入壁垒的一个重要方面。例如,政府为避免某些行业过度竞争采取的许可证制度,政府为促进技术创新实施的专利和知识产权保护制度,还有政府的差别性税收政策等都限制了企业的自由进入,构成进入壁垒。

第四节　市场行为

市场行为是指在一定的市场结构下,企业以实现其利润最大化或者提高市场占有率为目标而采取的战略性行为。市场行为分为两大类:市场竞争行为和市场协调行为。市场竞争行为又可分为定价行为、广告行为和兼并行为,市场协调行为可以分为价格协调行为和非价格协调行为。

一、市场竞争行为

(一) 定价行为

1. 掠夺性定价

掠夺性定价又称为"驱逐对手定价",是指掠夺企业为了把竞争对手驱逐出市场或者遏制潜在进入企业进入市场,制定的低于竞争对手平均生产成本价格的价格策略。

掠夺性定价是企业以长期利润最大化为目标的策略性定价行为。企业将价格制定到低于竞争对手平均生产成本的水平上,是为了将竞争对手驱逐出市场或者遏制潜在进入企业进入市场,在这个阶段,掠夺企业的利润也会减少,甚至是要承担亏损的;但在对手退出市场以后,掠夺企业获得机会凭借其垄断地位,通过缩减供给量、提高市场价格,以获取高额的垄断利润;并且从长期看,企业降价后获得的垄断利润是大于其降价期间的利润损失的。

在现实经济中,掠夺性定价并不经常发生,因为企业必须要有充分的把握能够将竞争对手驱逐出市场,并在长期内获利,而且在降价期间,掠夺企业也要承担利润损失。因此,企业通常更愿意通过兼并来消灭竞争对手,因为兼并不仅能够避免恶性竞争引起的风险,以及降价带来的短期利润损失,还能够增强企业的垄断势力。

2. 限制性定价

限制性定价又称为"阻止进入定价",是指寡头垄断市场上的在位企业将价格定在能够获得利润,但又不至于引起潜在进入企业进入市场的水平上。

限制性定价与掠夺性定价的相同点是,两者都是企业追求长期利润最大化的行为策略。它们的不同点有两个:首先,掠夺性定价的主要目的是驱逐在位的竞争对手,或是教训不合作的竞争对手,而限制性定价的主要目的是遏制潜在进入企业进入市场;其次,掠夺性定价企业在短期内会有利润损失,而限制性定价在短期内仍然可以获得利润。

在现实经济中,企业通常的做法是在新产品刚推出时,制定一个较高的价格,然后随着技术扩散的进度,实施相应的限制性定价策略,逐渐将价格降低至竞争性价格水平,这样做能够使企业的长期利润最大化。

影响限制性定价的主要因素是进入壁垒。市场进入壁垒越高,阻止进入的价格也越高。因为进入壁垒高,潜在进入企业进入市场的难度大,在位企业可将阻止进入的价格制定得高一些。如果进入壁垒低,潜在进入企业进入市场相对比较容易,要有效地遏制潜在进入企业进入市场,必须按照平均利润或者更低的利润定价。例如,在经济规模是主要的进入壁垒时,在位企业制定遏制潜在进入企业进入的策略是:第一,将价格制定在低于或者等于非规模经济条件下生产的平均成本水平上,让不能在规模经济条件下生产的潜在进入企业无利可图,无法进入市场;第二,适当增加产量,减少潜在进入企业在进入市场后的市场份额,使其由于市场份额不足无法进行规模生产,生产成本上升,无利可图,就不会进入市场。

(二) 广告行为

1. 广告的信息内容

广告最直接的作用就是信息披露,广告既能够直接传递产品性质的信息,促进产品的销售,也能够提高企业和品牌的知名度,间接促进产品的销售。

广告的信息内容取决于消费者在购买之前是否能够识别产品的质量及相关属性。根据消费者在购买之前是否能够识别产品的质量及相关属性,将产品分为先验品和后验品。先验品也称作搜寻品,是指消费者在购买前能够通过视觉或触觉识别质量及相关属性的产品,如家具、服装;后验品又称经验品,是指消费者必须在消费产品之后才能识别质量及相关属性的产品,如加工食品、软件设计和心理治疗。对于搜寻品,广告往往传递一些产品性质的直接信息,比如实物图像或者真实的文字描述。对于经验品,广告不向消费者介绍产品,而是强调产品企业的名称或者品牌名称,以提升企业或者品牌形象和知名度。研究发现,经验品所做的广告远远多于搜寻品。

2. 广告对市场结构的影响

广告行为对市场结构的影响表现在市场集中度、产品差异性和进入壁垒三个方面。

(1) 市场集中度。成功的广告会为企业带来更多的消费者,增加企业的市场份额;失败的广告会使顾客失去顾客,甚至不得不退出市场。因此,广告行为促进市场集中度的提高。

(2) 产品差异性。一方面,广告是企业向消费者传递产品差异性的重要手段,它影响消费者对产品差异性的识别。另一方面,广告本身也可以被看成是构成产品差异性的一个部分,在产品同质的情况下,不同的广告能够使消费者对产品有不同的感知,认为该产品与其他同类竞争性产品存在差异。因此,广告影响产品差异性。

(3) 进入壁垒。企业通过大量的广告,能够影响消费者的主观偏好,提高消费者对产品的忠诚度,这就对潜在进入企业构成进入壁垒。因为潜在进入企业进入市场,必须通过更多的广告改变原有消费者的偏好,这就增加了潜在进入企业的成本。因此,在位企业的广告行为在一定程度上提高了进入壁垒。

3. 广告在不同产业市场上的作用

(1) 非耐用消费品行业。在非耐用消费品行业,广告对消费者主观偏好的影响很大,有利于形成产品差异。因此,市场上生产非耐用消费品的企业往往通过大量的广告来影响消费者的选择。

(2) 耐用消费品行业。耐用消费品的产品差异性主要体现在产品的性能、质量和销售服务水平上,并且耐用消费品支出占消费者收入的比例较大,多数消费者在购买时非常谨慎,因此,耐用消费品受广告活动的影响程度相对非耐用消费品小一些。在耐用消费品市场上,生产企业往往把广告费用占总销售费用的比例控制在较小的范围内,而把绝大多数的销售费用用于销售组织的建立和完善。

(3) 工业品行业。工业品相对比较标准化,或者是根据客户的需求定制,购买企业往往具备鉴别产品物理特性差异的专业知识和测试手段,因此,工业品受广告的影响很小。在工业品行业市场上,企业投入的广告费用很少,主要是做企业和品牌宣传广告,而把大量的销售费用用于人员推销。

(三) 兼并行为

企业兼并行为是指两个或两个以上的企业通过订立契约结合成一个企业的组织调整行为。企业兼并的特点是:企业兼并是产权关系的转移;企业兼并将多个法人变成一个法人;企业兼并将多家企业的业务集中到合并后的新企业中。

企业兼并有横向兼并、纵向兼并和混合兼并三种类型。

(1) 横向兼并。横向兼并又称水平兼并,是指生产或经营相同或者相似产品的企业间的兼并。例如,两个钢铁厂之间的兼并就是一种横向兼并。

(2) 纵向兼并。纵向兼并又称垂直兼并,是指在生产工艺或经销上有前后关联关系或者买卖关系的企业间的兼并。例如,生产电脑企业与生产电脑配件企业间的兼并就是一种纵向兼并。

(3) 混合兼并。混合兼并又称复合兼并,是指生产不同种类产品并且生产工艺或经销上没有前后关联关系或者买卖关系的企业间的兼并,其中参与并购的企业既不属于同一行业,又没有纵向关系。例如,生产服装企业与房地产企业间的兼并就是一种混合兼并。

1. 兼并对市场结构的影响

企业兼并对市场结构的影响主要体现在以下两方面:

(1) 提高市场集中度。横向兼并增加了兼并后企业的市场份额,增强了企业的垄断势力,提高了市场集中度。兼并后企业不仅在卖方市场形成垄断势力,还凭借其垄断势力获取垄断利润,在原料供给方面形成买方垄断势力,挤压供应方的利润。

(2) 形成进入壁垒。纵向兼并企业的生产过程高度一体化,潜在进入企业要想进入市场就必须在多个生产阶段进入,否则就难以与一体化企业相竞争,但是这对潜在的进入企业的资本量要求较高。因此,纵向兼并促进进入壁垒的形成。

2. 企业兼并的动机

(1) 横向兼并的动机。

a. 实现规模经济。横向兼并扩大了企业的生产规模,降低了企业平均生产成本。横向兼并的规模经济主要表现在三个方面:第一,由于生产规模扩大,设备专业化、生产自动化和连续生产的水平提高,从而能够降低平均生产成本;第二,兼并后企业生产规模扩大,需要更多的原材料,可以获得供应商更多的折扣,减少了生产成本;第三,横向并购企业生产的不同产品属于同行业或者相似度很高,联合生产能够产生协同效应。

b. 获得垄断利润。企业通过横向兼并消灭竞争对手,增加了企业的市场份额,提高了市场集中度,增强了企业的垄断势力,并利用其垄断地位获得垄断利润。

(2) 纵向兼并的动机。

a. 降低交易费用。一方面，企业通过纵向兼并，可以降低搜集有关产品供应、需求和价格等市场信息的成本，节约交易费用；另一方面，纵向兼并将企业通过合约进行外部监督的机制转变成通过行政命令进行内部调控的机制，能够降低企业的监督调控成本，节约交易费用。

b. 稳定经营环境。纵向兼并能够在市场波动的情况下，保证企业原材料的供应和产品的销路，为企业提供一个较稳定的经营环境。尽管这里对供应与需求的保证不能完全防止市场波动对企业的冲击，但会减少市场不确定性对企业的影响。

c. 获得垄断利润。纵向兼并使企业的生产过程高度一体化，对潜在进入企业构成进入壁垒，增强了在位企业的垄断势力，使得在位企业利用其垄断地位获取高额的垄断利润。

（3）混合兼并的动机。

a. 分散经营风险。投资于单个产业的企业容易受市场波动的影响，经营风险较大。企业通过混合兼并，将其业务分散到不相关的产业中，进行多样化经营，可以熨平市场波动，降低经营风险。

b. 提高技术利用率。企业为保持其市场地位或者获得垄断利润，必然设置专利阻止其他企业使用公司技术。一种技术用于一种产品的生产，会造成资源的浪费。混合兼并的企业通过多样化经营，可以将一种技术运用于该公司内多种产品的生产，从而提高技术的利用率。

c. 经营者追求自身目标最大化。

经营者不是企业的所有者，他们的目标可能不是真正打算提高企业效率或增加企业利润，而是为了他们可以拥有更大的威望、更多的控制权和更好的福利。企业通过兼并，能够扩大经营范围，增加经营者的威望、控制权和福利。因此，经营者追求实现自身目标最大化也是混合兼并的一种动机。

二、市场协调行为

市场协调行为是指同一个产业内的企业为了某些共同的目标而采取相互协调的市场行为。市场协调行为分为价格协调行为和非价格协调行为。价格协调行为是指产业内企业为获取最大利润对价格进行协调的行为。非价格协调行为以产品共谋为主。这里主要对价格协调行为进行分析。最基本的价格协调行为是卡特尔和价格领导制。

（一）卡特尔

在寡头垄断市场上，企业的利润不仅取决于其自身的决策和行为，还受到竞争对手决策和行为的影响。这种相互依赖的关系使得追求利润最大化的企业认识到它们可以通过结成同盟来避免恶性竞争，这种同盟被称为卡特尔。

在边际成本等于边际收益的最优垄断产量下，卡特尔整体的利润最大。但是卡特尔通常不稳定，因为对于个别卡特尔成员来说，当一个成员增加产量，其他成员的产量不变时，由于增加产量的收益全部由该成员取得，而增产导致价格下降的收益损失却由全体成员分担,如果没有成文契约的约定或者严格的惩罚监督机制来监督成员,那么每个成员都有背弃合约的动力,每个成员都会偷偷进行超量生产,这样卡特尔就会崩溃,失去垄断市场的作用。卡特尔在许多国家都是非法的,只能利用不成文的契约来约束和监督成员,并且如果成员较多的话,监督成本较大,卡特尔就更不稳定了。

(二) 价格领导制

价格领导制是指产业内某些企业率先制定或者改变价格,其他同类竞争性企业跟随采取相应的行动。价格领导制有以下三种模式。

1. 主导企业价格领导制

这种定价模式适用于市场集中度较高的产业。主导企业通常具有较大的市场份额(通常是50%~95%),拥有雄厚的资本实力和较强的创新能力,因此可以根据企业的情况率先制定或者改变价格;而其他小企业因为市场份额较小、实力薄弱,若不跟随,很可能由于涨价失去市场份额,或者由于价格过低而无利可图,因此也不得不采取跟随定价战略。

2. 串谋价格领导制

这种定价模式适用于市场集中度在中等以上的产业。规模较大的寡头企业的市场份额在20%~30%,寡头企业之间的成本基本一样,容易达成一致的价格水平,从而率先制定或者改变价格,并得到其他小企业的跟随。

3. 晴雨表式价格领导制

这种定价模式适用于市场集中度较低的产业。价格领导企业是对市场变动较为敏感的企业,因此领导型企业率先改变价格,并且价格领导企业也经常变动。由于企业间实力相差不大,行动很难协调,其他企业并不总是紧跟在价格领导企业之后。

(三) 市场结构与价格协调行为

市场结构对企业之间的价格协调行为有很大程度的影响。一般而言,市场集中度越高,该市场上企业之间的价格协调就越容易;市场集中度越低,该市场上企业之间的价格协调就越难。因为企业数量越多,企业间进行价格协调的摩擦越多,因此,价格协调的难度越大。另外,产品差异性小的产业容易进行价格协调,产品差异性大的产业进行价格协调的难度大。原因有三点:首先,若不同企业的产品之间存在较大的差异,企业间的依存度减弱,独立性增强,价格协调就会更加困难;其次,如果产品的差异性主要是由地理差别和消费习惯造成的,那么企业间的协调难度更大;最后,由于产品的差异程度大,企业的生产成本也会不一样,因此价格协调很难达成一致。

第五节 市场绩效

市场绩效是指在特定的市场结构和市场行为条件下的市场运行成果。具体而言,市场绩效是指在一定的市场结构中,各个企业的市场行为所形成的价格、产量、成本、利润、产品质量和品种以及技术进步等方面的最终经济成果。

一、衡量市场绩效的指标

衡量市场绩效的主要指标是:利润率指标、勒纳指数、贝恩指数和托宾 q 值。

(一) 利润率(收益率)指标

在完全竞争的市场结构中,所有的企业都只能获得正常的利润,并且不同产业的利润水平趋向一致,资源配置达到最优。因此,我们可以将产业间是否达到平均利润率作为衡量社会资源配置是否达到最优的指标。

利润率指标的公式是:

$$R = (\pi - T)/E$$

其中:R 指税后资本收益率,π 指税前利润,T 指税收总额,E 指自有资本。

利润率越高,市场越偏离完全竞争的市场结构,资源配置的效率越低。

许多学者对不同产业的长期利润率同决定市场结构的要素(如市场集中度)进行相关关系分析,但这些研究都不能充分地证实市场集中度和产业长期利润率之间的正相关关系。主要原因有两点:第一,不同行业、不同企业计算利润的方法和口径可能不一致,这些基础数据的偏差可能会对结论产生很大的影响;第二,导致产业利润率偏高的因素有很多,不仅仅有垄断的市场结构,还有比如进行风险性投资获得的风险利润,由不可预期的市场需求带来的额外利润,由技术创新获得创新利润等。

(二) 勒纳指数(Lerner index)

勒纳指数是价格与边际成本的偏离率,其公式是:

$$L = (P - MC)/P$$

其中:L 表示勒纳指数,P 表示价格,MC 表示边际成本。

在完全竞争的条件下,价格等于边际成本,勒纳指数等于 0;在完全垄断的条件下,价格远高于边际成本,勒纳指数趋近于 1。因此,勒纳指数的数值范围是 0 到 1,并且勒纳指数的数值越大,市场就越偏离完全竞争的市场结构。

在现实的计算中,由于边际成本的数据很难获得,通常使用平均成本代替边际成本,难免使结论失真。并且,勒纳指数不能反映企业采取掠夺性定价行为和限制性定价行为的情况;在这两种情况下,勒纳指数趋近于 0,但是不能据此得出该市场是接近完全竞争市场结构的结论。

(三) 贝恩指数(Bain index)

某一产业如果持续存在超额利润,一般就表明该产业存在垄断势力,贝恩指数表示的是产业的超额利润。贝恩指数的公式是:

$$B=[(R-C-D)-iV]/V$$

其中:B 表示贝恩指数,R 表示总收益,C 表示当期总成本,D 表示折旧,i 表示正常投资收益率,V 表示投资总额。

贝恩指数越大,说明该产业超额利润越高,垄断势力越强,市场就越偏离完全竞争的市场结构。

与勒纳指数相比,贝恩指数所要求的基础数据比较容易获得,但是与利润率指标一样,不能够完全说明贝恩指数越大,垄断势力越强,因为导致产业高利润的因素不仅仅有垄断的市场结构;并且在存在垄断势力的情况下,贝恩指数不一定表现得很高,比如,垄断企业在采取掠夺性定价行为和限制性定价行为的情况下,贝恩指数就很低。

(四) 托宾 q 值(Tobin's q)

托宾 q 值等于企业的市场价值与资产重置成本的比率,其中,市场价值用企业已公开发行出售的股票和债券的市场价值来衡量,资产重置成本是指企业重新取得与其所拥有的某项资产相同或与其功能相当的资产需要支付的市场价值。托宾 q 值用公式表示为

$$q=(R_1+R_2)/Q$$

其中:q 表示托宾指数,R_1 表示股票的市场价值,R_2 表示债券的市场价值,Q 表示资产重置成本。

当 $q>1$ 时,即企业的市场价值大于企业的资产重置成本,说明企业获得垄断利润,且 q 越大,企业获得的垄断利润越大,市场结构就越偏离完全竞争市场。

企业的资产重置成本包括企业的无形资产,而企业的无形资产难以准确地计量,从而导致托宾 q 值不能准确地计量,因此,托宾 q 值在现实中运用较少。

二、市场绩效的综合评价

(一) 资源配置效率

1. 配置效率

前面我们提到过,在完全竞争的市场结构中,所有的企业都只能获得正常的利润,并且不同产业的利润水平趋向一致,资源配置达到最优。利润率越高,说明市场越偏离完全竞争的市场结构,资源配置的效率越低;利润率越低,说明市场越接近完全竞争的市场结构,资源配置的效率越高。因此,在产业组织理论中,通常将利润率作为衡量资源配置效率的直接指标。

福利经济学第一定理表明,完全竞争市场的一般均衡达到帕累托最优,即完全竞争的

市场结构能够达到资源配置的最优状态。这也说明,市场结构越接近于完全竞争市场,竞争越充分,资源配置的效率越高;相反,市场结构越接近于垄断市场,竞争越不充分,资源配置的效率越低。

2. 内部效率——X 非效率

X 非效率是美国哈佛大学教授莱宾斯坦首先提出的,他认为,垄断企业在没有市场竞争机制约束的状况下,就会放松内部管理和技术创新,从而导致生产和经营低效率,因为这种类型的低效率的性质尚不明确,因此称为 X 非效率。

垄断企业内部普遍存在 X 非效率的主要原因是:

(1) 企业内不同集团的利益目标不一致。当企业处于垄断地位时,就没有了外部的竞争约束,企业内部的行为目标就会分化,企业内部各个集团都会追求自身利益的最大化,企业的效率就会下降。并且垄断企业的经营者在关心企业利润以外,对影响自身福利、名誉和地位的企业规模更加重视,这就可能导致企业的经营者不以企业的效率为中心,而致力于追求企业规模的扩大。

(2) 企业组织层次增加。企业规模扩大导致企业内部组织层次增加,信息沟通的速度和质量下降,从而使企业的经营管理成本上升、效率下降。

(3) 缺乏成本最小化的动机。垄断企业在没有外部竞争压力的条件下,会缺乏成本最小化的动机,对内部管理成本和技术创新缺乏重视,从而容易导致生产和经营效率低下。

(二) 技术进步

技术进步是提高企业和产业生产经营效率的源泉,并渗透于市场结构以及市场行为的各个方面,最终通过经济增长体现出来。因此,产业技术进步也是衡量市场绩效的重要指标。

1. 市场结构与技术进步

一般认为,在寡头垄断市场结构下,产品的创新较为迅速。因为,一方面,寡头企业不断地受到市场上其他小企业和潜在进入企业的威胁,需要不断地创新以稳定自己的垄断地位;另一方面,寡头垄断企业为击败竞争对手,提高市场份额,巩固垄断地位,获取垄断利润,将更有动力进行技术创新。当然,如果寡头垄断企业已经处于市场的支配地位,或者寡头企业的数目较少(容易达成合谋),那么寡头企业进行技术创新的动力就大为减少。因此,在寡头垄断的市场结构中,企业数量较多有利于加快产业技术创新;市场份额较大的寡头企业是技术创新的引领者,市场份额较小的企业可能是产业技术创新的推动者。总而言之,松散的寡头垄断比紧密的寡头垄断更有利于推动技术进步。

2. 新技术在产业市场上的扩散

产业内的技术扩散分为三个阶段:扩散初期、扩散中期和扩散晚期。

(1) 扩散初期。多数企业无法确定技术创新的价值,不愿意承担技术创新的风险,采取观望的态度,因此,在这一阶段技术扩散的速度缓慢。

(2) 扩散中期。新技术为某些企业创造出更大的收益,其他企业为分享技术创新收益,加紧模仿的速度,因此,在这一阶段技术扩散速度加快。

(3) 扩散晚期。没有采用新技术的企业越来越少,剩下这些企业通常缺乏引进新技术的实力,因此,在这一阶段技术扩散的速度放缓。

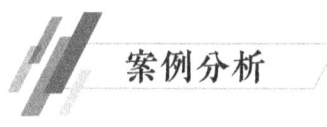
案例分析

中国汽车产业的市场结构分析

1. 中国汽车产业市场集中程度及市场结构判断

改革开放以来,尤其是1998年以来,中国的汽车业发展很快。到2008年,全国汽车工业企业数2629个,尽管企业数仅比1998年增加了8.37%,但10 000人及以上的企业数为45个,比1998年增加了2倍;2008年职工人数为209.4万人,尽管人数仅比1998年增加了6.67%,但工程技术人员增加了50.30%,2008年工程技术人员占职工总数比例达12.1%,比1998年增加了3.5百分点;2008年汽车产业工业增加值比1998年增加了5.21倍,而利润增加了14.96倍(中国汽车技究中心 等,1999,2009)。中国汽车产业规模的扩大促使市场结构发生变化,而市场结构的变化又进一步导致市场绩效的变化。

若根据贝恩对市场结构类型划分的标准(见表6-1),则1998—2000年的中国汽车市场属竞争型结构,2001年属低集中寡占型市场结构,而2002—2008年属中下集中寡占型市场结构,见表6-2。寡占型市场结构上的企业易于实现生产过程的专业化分工和协作,易于采用大型专用设备进行批量生产,在采购、销售、运输等方面具有明显的规模效应,可节省交易费用,降低生产成本,提高市场绩效。贝恩(Bain,1959)利用美国制造业数据实证发现,CR_8(最大8家企业的市场集中度)大于70%的21个产业平均利润率为11.8%,而CR_8小于70%的21个产业平均利润率为7.5%。中国汽车市场结构从竞争型转向了中下集中寡占型,但与汽车产业发达的国家相比,如日本的CR_3为80%,美国为90%,法国和意大利基本是100%(沈松东 等,2009),中国市场集中度偏低,有待进一步提高。

表6-1 贝恩对产业垄断和竞争类型的划分

类型	前4位企业市场占有率(CR_4)	前8位企业市场占有率(CR_8)
极高寡占型	75%≤CR_4	—
高度集中寡占型	65%≤CR_4<75%	85%≤CR_8
中上集中寡占型	50%≤CR_4<65%	75%≤CR_8<85%
中下集中寡占型	35%≤CR_4<50%	45%≤CR_8<75%
低集中寡占型	30%≤CR_4<35%	40%≤CR_8<45%
竞争型	CR_4<30%	CR_8<40%

表 6-2　1998－2008 年中国汽车工业 CR_4 和 CR_8

年份	工业总产值		年末资产		销售收入		利税总额	
	CR_4(%)	CR_8(%)	CR_4(%)	CR_8(%)	CR_4(%)	CR_8(%)	CR_4(%)	CR_8(%)
1998	26.82	37.37	21.60	32.76	26.82	36.07	35.17	50.66
1999	27.05	37.82	28.13	37.76	28.91	35.30	35.70	48.41
2000	26.74	35.88	24.91	34.21	29.11	38.18	40.99	56.92
2001	29.55	38.71	23.67	32.30	30.63	40.31	45.07	58.45
2002	40.10	46.24	33.23	40.13	39.17	45.65	55.23	61.36
2003	44.47	51.73	37.92	44.62	43.84	51.11	54.55	62.41
2004	41.94	51.36	37.78	45.39	40.58	50.52	58.45	67.70
2005	38.76	46.89	37.58	44.17	38.42	47.16	51.53	61.20
2006	36.71	44.67	37.01	44.04	36.97	45.89	46.85	56.75
2007	39.67	50.93	37.16	47.37	38.49	50.38	55.37	66.01
2008	39.42	50.47	38.73	46.62	39.77	51.38	62.09	73.59

2. 引致汽车产业市场绩效提升的因素

从中国汽车产业发展的实践来看，引致中国汽车产业市场绩效提升的途径较多，主要可归纳为三大类。第一类是企业规模，企业生产规模达到一定程度可以引致规模报酬递增，规模经济水平则因企业生产规模的大小而引致规模报酬递增水平和程度的差异。一般而言，行业的最低经济规模越大，新厂商进入的成本性壁垒越高，则集中度越高。自 1998 年以来，中国汽车产业的规模不断提高，这对汽车产业集中度的提高、市场结构的优化、规模报酬增加具有明显的促进作用。平均每家汽车企业资产合计，1998 年为 2.08 亿元，2008 年增加到 5.75 亿元。第二类是企业的技术投入，包括人力投入和研发经费投入。规模扩大需要较大的技术支撑。工程技术人员由 1998 年的 16.9 万人增加到 2008 年的 25.4 万人，研发费用支出由 1998 年的 38.20 亿元增加到 2008 年的 388.7 亿元。第三类是汽车行业的开放程度，这包括对外贸易和利用外资。国外市场需求量越大，出口规模越大，企业的成长空间越大，越有利于企业积累丰富的资源和能力，越容易形成规模较大的企业；外商直接投资的进入，带来了汽车产业所需要的资本和技术，增强了汽车产业的生产能力，势必会对中国汽车产业市场结构产生影响。出口交货值由 1998 年的 52.62 亿元增加到 2008 年的 1810.13 亿元，三资企业资产合计由 1998 年的 1062.47 亿元增加到 2008 年的 3618.24 亿元，外资资产占比由 21.06% 提高到 23.95%，三资企业的汽车增加值占全国汽车增加值的比例由 1998 年的 27.32% 提高到 2008 年的 32.95%。可见，汽车企业规模越大，市场绩效越好；而较好的市场绩效又促使企业规模扩大，两者实现了良性循环。

案例整理自:李晓钟,张小蒂. 中国汽车产业市场结构与市场绩效研究. 中国工业经济,2011,3(3).

问题与思考:
1. 你认为市场集中度与利润率之间是否存在关联?
2. 你对中国汽车产业集中度有何观点?

第七章 产业组织模型

寡头市场被认为是一种较为普遍的市场结构,它介于完全竞争和完全垄断之间,由少数几家厂商控制整个市场的产品生产和销售。寡头垄断市场与垄断竞争市场最主要的区别在于寡头市场上的厂商之间相互依存、相互影响较大,且每个厂商的产量都在全行业的产量中占较大比重,从而导致每个厂商产量和价格的变动都会对其他厂商甚至整个行业产量和价格的变动产生很大影响。因此,每个厂商在采取决策之前,首先推测出或者了解竞争对手会对自己所要采取的行为做出什么样的反应是十分必要的。也正是因为寡头市场上厂商们的相互依存程度较高,使得寡头理论相比其他理论较为复杂,所能建立的寡头厂商模型也多种多样。本章重点介绍寡头市场上比较重要的四个模型:古诺模型、伯川德模型、斯坦尔博格模型和浩特林模型。

第一节 古诺模型

古诺模型(又称古诺双寡头模型或者双寡头模型)的名称来源于法国经济学家古诺(Antoine Augustin Cournot),他于 1838 年在《关于财富理论的数学原理的研究》一书中提出一种用于非合作寡头垄断分析的模型,即今人所谓的古诺模型。古诺模型是一个只有两个寡头厂商的静态竞争模型,主要用以分析厂商间同时产量博弈,如果是先后决定产量,则属于是动态博弈,需要使用其他模型。理论上该模型可用于垄断竞争,但其主要的应用领域还是寡头垄断,因此该模型也被看作是寡头垄断模型。

在古诺模型里,每个企业都希望最大化自己的利润,但是产品的定价权又是由市场决定的,单纯地提升产量会造成产品价格的下降而损害自身的利润,因此两个企业就必须合理地制定自己的生产策略,厂商通过控制自己的产量来使自己的利润最大化,每个厂商的各自产量加总就形成市场上提供的总产量,需求量等于供给量,进而通过需求曲线影响了市场价格。这里需要假设市场上只有两个厂商,两个生产者的产品完全相同;需求曲线为线性,且双方对需求状况了如指掌;每一方都根据对方的行动来做出自己的决策,并都通过调整产量来实现最大利润,即天真的跟随者。

我们根据一个例子对古诺模型做出分析。现假定寡头市场上只有两个厂商,分别是厂商 A 和厂商 B,市场的总产量为 $Q=q_A+q_B$,其中 q_A 是厂商 A 的产量,q_B 是厂商 B 的产量,P 为该市场上商品的价格,且该市场的反需求函数为

$$P=a-bQ=a-b(q_A+q_B) \tag{7-1}$$

同时，假定两个厂商的边际成本均为 c，因此厂商 A 的生产成本为 $C_A=cq_A$，厂商 B 的生产成本为 $C_B=cq_B$，则厂商 A 和厂商 B 的利润分别为

$$\pi_A = Pq_A - C_A = [a - b(q_A + q_B)]q_A - cq_A \tag{7-2}$$

$$\pi_B = Pq_B - C_B = [a - b(q_A + q_B)]q_B - cq_B \tag{7-3}$$

根据寡头市场上利润最大化的条件，将利润函数(7-2)和(7-3)分别对 q_A 和 q_B 求一阶偏导数，可以得到以下两个式子：

$$a - 2bq_A - bq_B - c = 0 \tag{7-4}$$

$$a - 2bq_B - bq_A - c = 0 \tag{7-5}$$

分别对这两个式子变形，可以进一步得出：

厂商 A 的产量 $q_A = (a-c)/2b - q_B/2$ (7-6)

厂商 B 的产量 $q_B = (a-c)/2b - q_A/2$ (7-7)

将厂商 A 和厂商 B 的反应函数(7-6)和(7-7)联立可以解出 A,B 两个厂商的均衡产量：$q_A = q_B = (a-c)/3b$，该行业的总产量为 $Q = q_A + q_B = 2(a-c)/3b$，厂商 A 和厂商 B 的利润为 $\pi_A = \pi_B = (a-c)^2/9b$。将 q_A 和 q_B 代入到反需求函数(7-1)中，可得到该市场上商品的均衡价格 $P = (a+2c)/3$。如图 7-1 所示，图中横坐标表示厂商 A 的产量，纵坐标表示厂商 B 的产量。由于市场需求函数是线性的，所以厂商 A 和厂商 B 的反应函数也是线性的。图中两个反应函数的交点 E 即为该古诺模型的纳什均衡解。

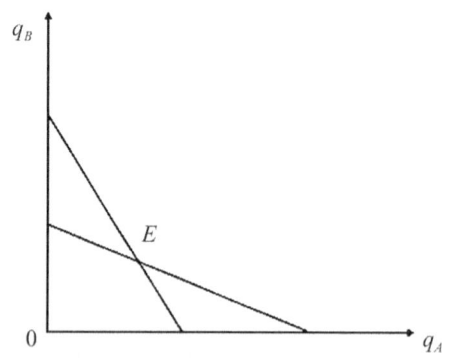

图 7-1 古诺模型和反应函数

根据以上结果，又有新的问题产生了：这个均衡结果到底有没有使厂商 A 和厂商 B 实现自身利益的最大化呢？我们可以这样来考虑这个问题。当厂商 A 和厂商 B 联合起来成为一个垄断者一样在该寡头市场上行动，以总体利益最大化为目标来考虑均衡产量和均衡价格，会是什么样的结果呢？市场上的总利润为 $\pi = PQ - C = (a-bQ)Q - cQ$，对 π 关于 Q 求一阶偏导数并使结果等于 0，可以得到利润最大化时的总产量为 $Q = (a-c)/2b$，此时最大利润为 $\pi = (a-c)^2/8b$。可以看出，该结果与厂商 A 和厂商 B 只追求自身利益最大化时的均衡结果相比，该寡头市场上的总产量减少，总利润却增加。这也意味着如果两个寡头厂商选择联合起来共同决定产量，那么生产效率会更高，厂商 A 和厂商 B 只需生产少于只考虑自身利润最大化时产量的商品，就可以分得比二者不合作时更高的利润。不过从实际情况考虑，虽然厂商 A 和厂商 B 都清楚地知道这种合作行为会使自身得到好处，但是如果不存在外在的强制力，这种合作是不可能自动实现的，因为任何一个

理性的参与人都会积极地通过提高产量来增加自己的收益。所以,尽管双方都知道合作的好处,但最终都不得不接受不合作的结果,这里体现了集体非理性。但这个不合作的结果对整个社会来说是有效率的,因为其增加了产量,降低了价格。

古诺模型的结论可以推广到多个寡头厂商的情况。比如市场中有 n 个寡头垄断厂商开展古诺产量竞争,这就意味着这 n 个厂商同时确定产量,每个厂商在确定自身产量时并没有看到其他厂商的产量水平。对于第 $i(i=1,2,\cdots,n)$ 个厂商而言,确定自身产量 q_i 以实现最大化利润函数 $\pi_i = \pi_i(q_i, q_{-i})$,在给定利润函数存在最大值的情况下,可由 $\frac{\partial \pi_i}{\partial q_i}=0$ 得到该厂商的最佳反应函数 $q_i = R_i(q_{-i})$。含有 n 个变量的 n 个最佳反应方程形成的方程组决定了该问题的均衡解 $q^* = (q_1^*, q_2^*, \cdots, q_n^*)$。该解具备如下两个典型特征:其一,满足所有厂商的最佳反应方程,因此实现了所有厂商的利润最大化,即 $\pi_i(q_i^*, q_{-i}^*) \geqslant \pi_i(q_i, q_{-i}^*)$;其二,$q^*$ 中每一个值都是同时被决定的,不存在前后的序贯关系。第一个特征表明,在给定的其他厂商产量保持最佳水平不变的情况下,任何一个厂商对该解的偏离只会使该厂商的利润降低,从而没有厂商愿意偏离这一均衡解。

例:市场中有 n 家寡头垄断厂商生产一种同质商品,假定生产边际成本为 0,市场需求函数为 $p = \alpha - \beta Q$,其中 $Q = q_1 + q_2 + \cdots + q_n$,各厂商在市场中进行产量竞争,则达到纳什均衡时的产量是多少?

由 MR=MC 可得:
$$\alpha - 2\beta q_i - \beta Q_{-i} = 0$$
第 i 厂商对其他厂商的最佳反应为
$$q_i = \frac{1}{2\beta}(\alpha - \beta Q_{-i}) \tag{7-8}$$

由对称性可假定 $q_1 = q_2 = \cdots = q_n$,从而得出 $q_i = \frac{\alpha}{(n+1)\beta}$。

随着 n 的增加,每家厂商的市场份额逐渐降低,当 $n \to \infty$ 时市场产量 $Q = \frac{n\alpha}{(n+1)\beta}$,趋向于实现完全竞争状态,单个厂商的市场份额可忽略不计。

古诺模型认可的产量取决于市场结构,随着市场结构由垄断趋向于完全竞争,单个厂商的产量逐渐递减。

虽然寡头模型可以分析任何市场结构下的厂商产量,但其主要用途还是分析非合作的寡头垄断竞争市场。在寡头垄断市场中,n 的数目一般很小,比如 $n=2$,市场中只有两个寡头垄断厂商 i,j,假定这两个厂商生产同质商品且同时选择产量,每个厂商所选择的产量水平都要实现利润函数 $\Pi^i(q_i, q_j) = P(q_i + q_j)q_i - C_i(q_i)$ 的最大化。假定利润函数对产量是严格凹的,则
$$\Pi_i^i(q_i, q_j) = P(q_i + q_j) - C_i{'}(q_i) + P'(q_i + q_j)q_i = 0 \tag{7-9}$$

一阶条件等式中的 $P(q_i + q_j) - C'(q_i)$ 为产出增加一个单位带来的利润量,$P' q_i$ 为边际产出对边际内产出利润量的影响。企业 i 仅考虑了增加产出对自己的不利影响,而没有考虑其对竞争对手的不利影响,正是这一负的外部性,相对于行业垄断而言,每家厂

商都提供了较高的产出水平,因此寡头垄断下的行业产出水平要高于垄断下的行业产出。

对上述一阶条件进行处理可得

$$\frac{P-C_i'}{p}=-\frac{P'(q_i+q_j)q_i}{P}=-\frac{q_i}{Q}\times\frac{1}{\dfrac{P}{Q}\dfrac{\mathrm{d}Q}{\mathrm{d}P(Q)}}=\frac{d_i}{|\varepsilon|}>0 \qquad (7\text{-}10)$$

与垄断下的勒纳指数不同,寡头垄断下的勒纳指数除与市场需求弹性呈反比外,还与每个厂商的市场份额呈正比,这就意味着某个厂商的市场份额越大,该厂商就可以利用市场垄断势力索取较高的百分溢价比。$d_i=1$ 表明市场中只有一个厂商,市场结构是完全垄断,对应的勒纳指数便只与市场需求弹性有关了;当 $d_i\to 0$ 时,价格等于边际成本,这正是完全竞争下的均衡条件。

第二节　伯川德模型

厂商的产量竞争受生产能力的限制,即使在生产能力范围内,产量的调整也会受到生产周期的限制,因此产量的竞争更加注重长期的生产能力竞争过程,在市场上随时可进行的是价格竞争,假定厂商进行价格竞争更贴近实际,为此,法国经济学家约瑟夫·伯川德(Joseph Bertrand)在1838年的一篇论文中对古诺的产量竞争思想进行了批判,认为分析寡头垄断应该将价格而不是产量作为决策变量,并提出了用于分析寡头垄断价格竞争的模型。

产量和价格是厂商决策的两个基本变量,在市场出清的前提下,这两个变量又通过市场需求函数建立了某种关系。在其他条件给定的情况下,虽然二者之间存在着某种确定的关系,但相对于产量而言,价格是一个更容易调整的变量,所以厂商之间的价格竞争是一个更加短期的行为。相对来说,产量竞争即厂商在生产规模上的投资竞争更像是一个长期行为,正是基于这样一个角度,虽然市场需求和价格在需求函数中是一个问题的两个方面,但理论上并不认为产量竞争和价格竞争是同一个问题,因此用来分析这两种竞争模式的古诺模型和伯川德模型才有了同时存在的必要性,并且两种模型给出了不同的均衡结果。这两个模型主要分析厂商间的同时决策行为,属于是完全信息下的静态博弈模型。

该模型假定两个生产同质商品的寡头垄断厂商在市场中同时决定产品价格,寡头厂商之间也没有正式或非正式的串谋行为。根据模型的假定,A,B 两个企业的产品之间有很强的替代性(完全可替代,即价格不同时,价格较高的会完全销不出去),所以消费者的选择就是价格较低的企业的产品;如果 A,B 的价格相等,则两个企业平分需求。由于生产的是同质商品,因此,两个企业会竞相削价以争取更多的顾客,谁的价格低谁就将赢得整个市场,而谁的价格高谁就将失去整个市场,寡头之间会相互削价,直至价格等于各自的边际成本为止,此时达到均衡,即伯川德均衡。如果在均衡处两厂商能够赚取超额利润,则其中一个厂商只要稍微降价便可以得到全部市场,从而得到更大利润,因此对称厂商在均衡点处不可能获得超额利润,当然也不至于变动成本得不到全部弥补,否则的话退出市场是更好的选择。据此可知,在均衡点处应该有 $p_1=p_2=\cdots=p_n=mc$,寡头的长期经济利润为0。伯川德价格竞争的结果等同完全竞争,这显然不符合实际,这种理论与实践中的差异被称为伯川德悖论。

伯川德悖论的产生源于它的三个基本假设:产品同质、一次性接触和无限的生产能力。打破三个基本假设中的任何一个就可以破解该悖论。在产品差异条件下,每个厂商都可以利用产品差异形成一定的市场垄断地位,从而索取高于边际成本的价格;如果将价格竞争放置于无限期的动态博弈中,高于边际成本的均衡解便得以成立,因为每个厂商在降低价格时必然要考虑到对方的随后反应,一期背离带来的利润增加如果小于随后各期的利润损失,最好的选择就是保持当前的均衡结果;在限制生产能力前提下,一个索取低价的厂商的最大市场份额受限于其生产能力,当生产能力难以满足市场需求时,剩余的市场需求便由高价厂商提供。如果企业的生产能力是有限的,它就无法供应整个市场,价格也不会降到边际成本的水平上。如果将市场竞争看作两个阶段,第一阶段厂商设置生产能力,第二阶段在市场上展开价格竞争。比如两厂商生产同质商品,市场需求 $p=10-Q$,每个厂商的边际生产成本 $c=1$。由逆向归纳法,首先确定第二阶段价格对产量的最佳反应,该最佳反应由市场需求而定,给定第一阶段的产量水平,第二阶段的价格水平便是 $p=10-\bar{q}_1-\bar{q}_2$。给定这一价格对产量的反应函数,代入利润函数求第一阶段的生产能力,其结果恰好就是古诺模型的均衡结果。

伯川德模型假设价格为策略性变量更为现实,但是它所推导出的结果却过于极端,由于与现实不甚相符而遭到了很多学者的批评。这是我们为什么将其称为伯川德悖论的主要原因。因此,学者们在研究市场中企业的竞争行为时,更多的是采用古诺模型,即用产量作为企业竞争的决策变量。

第三节 斯坦尔博格模型

在古诺模型和伯川德模型里,竞争厂商在市场上的地位是平等的,因而它们的行为是相似的。而且,它们的决策是同时的,当厂商 A 在做决策时,它并不知道厂商 B 的决策,它们都属于静态竞争。但事实上,在有些市场,竞争厂商之间的地位并不是对称的,市场地位的不对称引起了决策次序的不对称,通常小企业先观察到大企业的行为,再决定自己的对策,这样的竞争属于动态竞争。在动态竞争中由于信息不对称的问题,后行动者可以得到更多的有利信息来帮助自己做出决策,这是后行动者的有利条件,因为其可以帮助减少决策中的不确定风险,这也就是所谓的后动优势或者后发制人。德国经济学家斯坦尔博格(H. von Stackelberg)在20世纪30年代(1934年)提出一种产量领导模型,该模型反映了企业间不对称的竞争,是一种产量领先策略。

斯坦尔博格的寡头理论,提出了将寡头厂商的角色定位为"领导者"与"追随者"的分析范式。一般来说,古诺模型中互为追随者的两个厂商势均力敌。而斯坦尔博格的寡头厂商模型中,一个是实力雄厚的领导者,一个是实力相对较弱的追随者。该模型的基本假定条件是,在一个寡头行业中有两个厂商,它们生产相同的产品,每个厂商的决策变量都是产量,即每个厂商都会选择自己的最优产量来实现利润最大化。其中一个寡头厂商是处于支配地位的领导者,另一个是寡头厂商的追随者。

斯坦尔博格模型是一个产量领导模型,厂商之间存在着行动次序的区别。产量的决定依据以下次序:领导性厂商决定一个产量,跟随厂商可以观察到这个产量,然后根据领导性厂商的产量来决定它自己的产量。需要注意的是,领导性厂商在决定自己的产量的时候,充分了解跟随厂商会如何行动,这意味着领导性厂商可以知道跟随厂商的反应函数。因此,领导性厂商自然会预期到自己决定的产量对跟随厂商的影响。正是在考虑到这种影响的情况下,领导性厂商所决定的产量将是一个以跟随厂商的反应函数为约束的利润最大化产量。在斯坦尔博格模型中,领导性厂商的决策不再需要自己的反应函数。

下面用一个具体的例子来分析斯坦尔博格的均衡解。

现有两个寡头厂商:厂商 A 和厂商 B,厂商 A 是领导性厂商,厂商 B 是跟随厂商,厂商 A 首先选择自己的产量 q_A,厂商 B 观察到厂商 A 的产量为 q_A 之后选择自己的产量 q_B,整个市场的反需求函数为整个市场的价格反需求函数,设为 $P=a-bQ$,其中 $Q=q_A+q_B$;两厂商固定成本为0,边际成本为 c,则厂商 A 的成本为 $C_A=cq_A$,厂商 B 的成本为 $C_B=cq_B$,厂商 A 和厂商 B 的利润函数分别为

$$\pi_A = Pq_A - C_A = [a-b(q_A+q_B)]q_A - cq_A \tag{7-11}$$

$$\pi_B = Pq_B - C_B = [a-b(q_A+q_B)]q_B - cq_B \tag{7-12}$$

作为跟随者的厂商 B,在观察到厂商 A 的产量为 q_A 之后,为使自己的利润最大化需要做出选择。将厂商 B 的收益函数(7-12)对 q_B 求一阶偏导数并使其等于0,可以得到:

$$q_B = (a-c-bq_A)/2b \tag{7-13}$$

将厂商 B 的反应函数(7-13)代入到厂商 A 的收益函数(7-11)中去可以得到:

$$\pi_A = q_A(a-c-bq_A)/2 \tag{7-14}$$

同样地,为了使自身利益最大化,将厂商 A 的收益函数(7-14)对 q_A 求一阶偏导数并使其等于0,可以得到 $q_A=(a-c)/2b$,则 $q_B=(a-c)/4b$。分别代入各自的收益函数得 $\pi_A=(a-c)^2/8b$,$\pi_B=(a-c)^2/16b$。出现这样的结果正是由于两个厂商所拥有的信息不对称,厂商 A 具有先动优势,掌握了厂商 B 的理性心理,因此选择了比厂商 B 多的产量,从而获得了比厂商 B 更多的利润。这个模型也说明了在动态竞争中,拥有信息优势的一方反而有可能处于竞争劣势中,但这一情况的发生必须存在一个前提条件,即竞争双方是完全理性的。

第一节的分析得出,古诺均衡时厂商 A 的产量为 $q_A=(a-c)/4b$,利润为 $\pi_A=(a-c)^2/8b$;厂商 B 的产量为 $q_B=(a-c)/4b$,利润为 $\pi_B=(a-c)^2/8b$。将斯坦尔博格模型的均衡解与古诺模型的均衡解相比较,我们发现斯坦尔博格的均衡总产量大于古诺均衡总产量,而产业总利润小于古诺均衡的产业总利润。不过这里厂商 A 的产量和利润都大于其在古诺均衡中的产量和利润,而厂商 B 无论是产量和利润都比在古诺均衡中少多了。这当然是由于该模型中两企业所处地位不同的结果,厂商 A 具有先行的主动,它把握住厂商 B 的理性心理,从而选择较大的产量获得了优势。这就是所谓的"先动优势"。

至此,我们已经介绍了三个寡头竞争模型:古诺模型、伯川德模型和斯坦尔博格模型。这三个模型的共同点是都具有非合作寡占的性质,但它们对于厂商是进行产量竞争还是

价格竞争,以及是同时选择产量还是有顺序地选择产量,具有不同的假定,由此导致对于均衡的产出、价格、利润等都做出了不同的预测。行业中厂商数目越多,古诺均衡与斯坦尔博格均衡越接近于社会最优或竞争均衡。但同质产品的伯川德均衡不受行业中厂商数目的影响,只要该行业中至少包括两家生产能力不受限制的厂商,伯川德寡占均衡就与社会最优相同。但如果存在产品差别化,伯川德均衡将有别于竞争均衡,行业中厂商的数目将影响价格。

第四节 浩特林模型

在古诺模型和伯川德模型中,都有一个共同的假设,那就是市场上的产品都是同质的,或者具有很强的替代性。但在实际情况中,各个厂商总会通过各种方法生产自己的产品,让顾客能够把它同其他竞争性企业提供的同类产品有效地区别开来,即产品差异化,从而达到使企业在市场竞争中占据有利地位的目的。这也就意味着即使是在生产同一种产品的市场上,也不会有两个厂商生产的产品具有很强的替代性。产品差异化不仅会降低市场需求的价格弹性,还能够减弱价格竞争的强度。

1929 年美国经济学家哈罗德·浩特林(Harold Hotelling)提出了浩特林模型,把产品差异划分为空间中直线段上的不同点,从而使产品差异具有可检验的经验含义。该模型是完全信息静态博弈的一种,它开启了空间位置竞争理论的先河,空间位置竞争的核心问题即为运输成本。

在浩特林模型中,消费者认为每家厂家的产品在地理或产品特征空间中具有一个特殊的位置,不同位置上的消费者需要支付不同的运输成本,他们关心的是运输成本之和,而不仅仅是价格。两种产品在地理或产品特征中越接近,就越是好的替代品。消费者在地理或产品特征空间中与卖方越远,则其购买的成本就越高。

现在假设有一个长度为 1 的线性城市,消费者均匀地分布在 $[0,1]$ 区间内,分布密度为 1。假定有两个商店,分别位于城市的两端,商店 1 在 $x=0$ 处,商店 2 在 $x=1$ 处,如图 7-2 所示。我们需要做出以下假设:

(1) 两商店出售物质性能完全相同的产品;
(2) 决策变量为价格;
(3) 消费者具有单位需求,即要么消费 1 个单位,要么不消费;
(4) 每个商店提供单位产品的边际成本和单位成本固定不变,且保持相等,单位成本均为 c;
(5) 消费者购买商品的运输成本与离商店的距离成正比,单位距离的运输成本为 t。

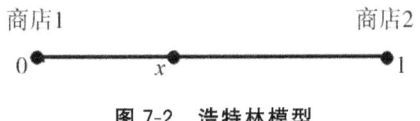

图 7-2 浩特林模型

这样，一个住在 x 处的消费者如果去商店 1 采购要花费 tx 的运输成本；如果去商店 2 采购，要花费 $t(1-x)$ 的成本。

我们考虑两商店之间的价格竞争博弈，假定两商店同时选择自己的销售价格，假定该城市区域内的每一个消费者都要购买这样 1 个单位的产品。显然这个博弈的两个参与人为商店 1 和商店 2，其各自的可选择策略为各自的价格 p_1, p_2。设 $D_i(p_1, p_2)$（其中 $i=1,2$）是对两个商店的需求，则两参与人的得益分别为

$$u_1 = D_1(p_1, p_2) \cdot (p_1 - c)$$
$$u_2 = D_2(p_1, p_2) \cdot (p_2 - c)$$

为了得到两商店的需求函数，我们考虑如果有一个在特定的 x 点处的消费者，对其来说到商店 1 与到商店 2 购物是无差别的，即该消费者到商店 1 的旅行成本加上商店 1 的产品价格与到商店 2 的旅行成本加上商店 2 的产品价格是相同的，即该 x 点应满足：

$$p_1 + t \cdot x = p_2 + t \cdot (1-x) \tag{7-15}$$

显然住在 x 点左边的居民都将到商店 1 购物。由于居民分布密度为 1，每个消费者都消费 1 个单位产品，所以商店 1 的消费函数 $D_1 = x \cdot 1 \cdot 1 = x$。同样道理，住在 x 点右边的居民都将到商店 2 购买，商店 2 的需求函数 $D_2 = 1 - x$。x 满足(7-15)式，所以从(7-15)式可求得 x，从而得到 D_1, D_2 如下：

$$D_1(p_1, p_2) = (p_2 - p_1 + t)/2t \tag{7-16}$$
$$D_2(p_1, p_2) = (p_1 - p_2 + t)/2t \tag{7-17}$$

所以商店 1 与商店 2 的收益函数分别是：

$$u_1(p_1, p_2) = (p_1 - c) \cdot D_1 = (p_1 - c)(p_2 - p_1 + t)/2t \tag{7-18}$$
$$u_2(p_1, p_2) = (p_2 - c) \cdot D_2 = (p_2 - c)(p_1 - p_2 + t)/2t \tag{7-19}$$

我们同样用反应函数求该博弈的均衡。对于商店 1，将收益函数 u_1 对产品价格 p_1 求一阶偏导数并使之等于 0，得：

$$\frac{\partial u_1}{\partial p_1} = p_2 + c + t - 2p_1 = 0 \tag{7-20}$$

同理，对于商店 2 得：

$$\frac{\partial u_2}{\partial p_2} = p_1 + c + t - 2p_2 = 0 \tag{7-21}$$

于是可以得到均衡解为 $p_1 = p_2 = c + t, u_1 = u_2 = t/2$。

这里我们将消费者的位置差异解释为产品差异，这个差异进一步可解释为消费者购买产品的旅行成本。旅行成本越高，产品的差异就越大，均衡价格从而均衡利润也就越高。

浩特林模型是个抽象的例子，但在实际应用中有很强的实用性。它假设的是一段市场的两个企业的竞争情况，而在某一产品市场，往往是很多家企业展开激烈的竞争，均衡结果很难是所有企业都在一个地理或产品特征空间的点上。实际情形是，在地理或产品特征空间中，厂商或产品往往只与邻近它们的厂商或产品展开直接竞争。其中，在各自的地理或者产品特征空间都有对应的市场力量，这些市场力量的形成来自于不同消费者的偏好选择。而采取差异化战略，就如同是根据消费者的偏好选择，在浩特林线段上寻找空白点，或者说竞争难度低的点。

第八章 产业布局

第一节 产业布局研究内容

一、产业布局的内涵

产业布局是将资源在不同的产业、不同的地域之间进行配置的过程。产业布局的目标是实现资源在空间上的最优配置。由于资源具有一定的稀缺性,所以如何有效地配置资源成为人类面临的最基本的问题。

产业布局是多种因素综合影响的产物。现代区位理论对产业布局的区位选择提出了三个标准:市场份额最大、成本最低和聚集效益。现代产业布局实质上是成本均衡问题,因为无论是古典的区位理论还是现代区位理论,距离以及由距离所造成的运输费用成本,始终是布局问题的关键所在,这在一定程度上影响了产业的布局。产业布局是关系区域经济、社会与环境可持续发展的关键问题,现实中具体区位的选择是将上述三个方面标准与区域总体发展的要求结合,综合考虑区域发展的经济、社会和生态目标,做出产业布局的最终选择,也只有这样才能使产业布局的结果利于社会、经济、环境的可持续发展,实现各种效益的最大化。

二、产业布局的研究内容

(一) 产业布局的层次

产业布局的层次是指不同区域的产业布局具有不同的规律和特征,产业布局不仅要研究全国性的产业布局,还要研究地区性的产业布局,以及产业布局在全球范围内的特殊表现,即国际分工和国际产业转移。

(二) 产业布局的机制

影响产业布局和分布的因素有很多,这些因素之间相互作用、相互制约的内在机理即产业布局机制。产业布局机制总体上可以分为两大类:产业布局的计划机制,产业布局的市场机制。

（三）产业布局政策

产业布局政策是指政府机构根据产业的经济技术特性、国情、国力状况和各类地区的综合条件,对若干重要产业的空间分布进行科学引导和合理调整的意图及其相关政策措施。对于一个国家和地区,如何进行产业的空间布局是需要充分科学论证的。

第二节 产业布局的理论

一、杜能农业区位论

杜能,法国经济学家,于1826年撰写了著名的《孤立国同农业和国民经济的关系》,提出了著名的孤立国同农业圈层理论。他认为,在农业布局上起决定作用的是级差地租,并不是哪个地方适合种什么就种什么。特定农场距离城市的远近,亦即集中化程度与中心城市的距离成反比,为此,他设计了著名的"杜能圈",将孤立国划分成6个围绕城市中心呈向心环带的农业圈。

尽管杜能的理论没有研究其他产业的布局,也忽视了农业生产的自然条件,但他的农业区位理论给许多工业区位理论的研究者带来深刻的启发,杜能也因第一个研究区位问题,被誉为产业布局学的鼻祖。

（一）理论前提

(1) 肥沃的平原中央只有一个城市。
(2) 不存在通航的河流与运河,马车是唯一的交通工具。
(3) 土质条件一样,任何地点都可以耕作(其他自然条件也是匀质的)。
(4) 距城市50英里之外是荒野,与其他地区隔绝。
(5) 人工产品供应仅来源于中央城市,而城市的食物供给则仅来源于周围平原。
(6) 矿山和食盐坑都在城市附近。
(7) 运费是运量和距离的函数,且由生产者承担。

此外,追求利益最大化也是其重要的前提条件。

（二）地租形成机制

根据前述各种假设,以及运费与距离及重量成比例,运费率因作物不同而不同,农产品的生产活动是追求地租收入最大的合理活动等前提条件,杜能给出的一般地租收入公式如下:

$$R = PQ - CQ - KtQ = (P - C - Kt)Q$$

式中：R——地租收入；P——农产品的市场价格；C——农产品的生产费；Q——农产品的生产量（等同于销售量）；K——距城市（市场）的距离；t——农产品的运费率。

两点结论：

在"杜能条件下"，同一产品的地租只与 Kt（运费）有关；运费不能无限制增加，否则要改变经营方式（R 不能为负值）。

二、韦伯工业区位理论

韦伯（Alfred Weber，1868—1958）是德国经济学家，为区位论的研究做出了开拓性的贡献。他于1909年出版了《工业区位论：区位的纯粹理论》一书，从而创立了工业区位论。他又于1914年发表《工业区位理论：区位的一般理论及资本主义的理论》，对工业区位问题和资本主义国家人口集聚进行了综合分析。韦伯提出工业区位论的时代，是德国在产业革命之后，近代工业有了较快发展，从而伴随着大规模人口的地域间移动，尤其是产业与人口向大城市集中的现象极为显著的时代。

（一）理论的主要前提条件

韦伯工业区位论是建立在以下三个基本假定条件基础上的：

(1) 已知原料供给地的地理分布。

(2) 已知产品的消费地与规模。

(3) 劳动力存在于多数的已知地点，不能移动；各地的劳动成本是固定的，在这种劳动花费水平下可以得到劳动力的无限供应。

（二）理论的构建步骤

在上述假定条件下，韦伯分三个阶段逐步构建其区位论：

(1) 由运费指向形成地理空间中的基本工业区位格局。

(2) 劳动力成本指向可以使运费指向所决定的基本工业区位格局发生第一次偏移。

(3) 集聚指向可以使运费指向与劳动费指向所决定的基本工业区位格局再次偏移。

注意集聚指向论的两个概念：

集聚因子：指一定量的生产集中在特定场所带来的生产或销售成本降低，如政策优惠、近市场地。集聚因子的两种作用形态：规模经济和外部经济。前者是大规模生产带来的成本降低，后者是多企业分工协作和共用基础设施带来的成本降低。

分散因子：分散因子是集聚的反作用力，是随着消除集中而带来的生产成本降低，如地价高涨、生态成本增加。分散因子的作用是集聚结果所产生的，可以说是集聚的反作用。其作用主要是消除由于集聚带来的地价上升造成的一般间接费、原料保管费和劳动费的上升。

三、运输区位论学派

运输区位论学派十分重视运输因素。胡佛提出运输成本由两部分构成：一是线路运营费用，二是站场费用。前者是距离的函数，后者在大多数情况下是常数。此项研究奠定了运输区位论的理论基础。

胡佛根据运输本身的经济特点指出：

第一，若企业用一种原料生产一种产品，在一个市场出售，且在原料与市场之间有直达运输线，则企业布局在交通线的起点或终点最佳，因为在中间设厂将增加站场费用。这就是胡佛的"终点区位优于中间区位理论"。他认为这是大城市工业集中的重要原因之一。

第二，如果原料地和市场之间无直达运输线，原料又是地方失重原料，则港口或其他转运点是最小运输成本区位。

运输区位论的建立对区位论的发展起到了很大的促进作用。仅仅用运费来说明产业布局的指向，存在很多问题。运输区位论建立以后，引出了人们对市场区位论的研究，加速了古典区位论向现代区位论的转化。

四、市场学派理论

成本最低并不是意味着利润最大化，市场因素对产品价格发挥着越来越重要的影响，产业布局必须充分考虑市场因素，尽量将企业布局在利润最大区位。瓦尔特·克里斯塔勒(Walter Christaller)创立了"中心地理论"，他认为高效的组织物质生产和流通的空间结构，必然是以城市这一大市场为中心，并由相应的多数市场构成相应的网络体系。

五、成本-市场学派理论

成本-市场学派理论是在前两种理论的基础上形成的。俄林的一般区位理论认为：运输方便的区域经济能够吸引到大量的资本和劳动力，使得人力、物力聚集，并能成为重要市场，因此可专门生产面向市场、规模经济优势明显、难以运输的产品，而运输条件不好、不方便的地方则应专门生产便于运输、小规模生产可以获利润的产品。

弗农在俄林理论的基础上提出了产品生命周期理论，他认为：

(1) 处于创新期的产业属于技术密集型产业，一般会布局在科研信息发达、科技实力雄厚、市场信息集中、高技术人才较多、配套设施齐全、销售渠道畅通的发达城市。

(2) 处于成熟期的产业会出现波浪扩展效应，由集中分布开始向周边地区进行扩散，因为生产定型化使技术发生了普及，同时大城市的成本费用一般比较高。

(3) 衰退期的产业转变为劳动密集型，产品需求已趋于饱和，技术呈现定型化，生产发展的潜力很小，于是开始从科技发达的地区向落后地区转移。

六、行为学派

行为学派的主要思想是把人的主观态度和由其决定的人的行为当作影响产业布局的重要因素。这一学派重视心理文化、消费者偏好等因素对产业空间活动的影响，主张寻求最满意的区位而非最佳的区位。

七、增长极理论

在一国经济发展和增长过程中，由于某些主导部门或者有极具创新力的企业在特定区域或者城市聚集，从而形成一种资本和技术高度集中，使得这一区域的经济比周边的地区发展得更快，并且有显著经济效益的经济发展机制。由于其对邻近地区经济发展同时有着强大的辐射作用，因此被称为"增长极"。增长极具有两种效应：极化效应和扩散效应。极化效应即增长极对周边地区的资源、劳动力、资金和技术产生了巨大的吸引力，从而产生了聚集效应，使得增长极的人口规模和经济实力迅速加大。扩散效应即增长极的劳动力、技术和资金等经济因素在发展的过程中向外围扩散并带动周围地区的发展。借鉴增长极理论，后起国家在进行产业布局时，首先可通过政府政策、计划和重点吸引投资的形式，选择特定地区和城市形成增长极，然后凭借市场机制的引导，使增长极充分发挥经济辐射的作用，并从其邻近地区开始逐步带动增长极以外地区经济的共同发展，进而促进整个经济的发展。

八、点轴理论

从区域经济发展的空间过程看，区域经济是由"点""轴"形成的网络体系。"点"是指主导产业或者具有增长潜力的中心地域，"轴"是指将中心地域联系起来的基础设施带。随着经济的快速发展，工业点的不断增多，点与点之间经济联系日益密切，建设各种形成交通线路的轴线成为必然。轴线一经形成，对人口、资金和产业就具有极大的吸引力，吸引企业和人口向轴线两侧聚集，并产生新的经济增长点，从而由点到轴，由轴到面，最终促进整个区域经济的快速发展。

第三节 产业布局指向及合理性评价

一、产业布局指向的内涵

产业布局指向给出了一个产业区位选择的趋向，地区对产业的吸引，是将产业引到一个具体的地点。有些地区发展生产的条件比较优越,资源集中,环境容量大,供电、供水及交通等基础设施均较好,这样的地区,可能对多种产业的布局来说,都是理想的地点。但是更多的情况是,一个地区的布局条件具有某些有利方面,但也存在一些不利的或限制性因素。有些地区,限制性条件可能成为主要的制约因素。

二、产业布局指向的类型

(1)能源指向。这类部门包括:火电站,铝、镁、铜等有色金属冶炼,电冶合金,稀有金属生产,合成橡胶以及石油化工等。另外,重型机械制造、水泥、玻璃、造纸业等在有些情况下也属于燃料、动力指向型产业。在这类部门中,燃料、动力的耗费在生产成本中占有很高的比重,一般在35%~60%。能源的供应量、价格和潜在的保证程度是决定布局的重要因素。

(2)原料地指向。这类部门包括:采掘工业部门,原料用量大或可运性小的部门,如原料开采、化纤、人造树脂、塑料、水力发电、钢铁、建材、森林工业、机械制造(部分),以及轻纺工业的制糖、罐头、肉类加工、水产加工和茶业、棉花、毛皮等的粗加工业。原料地指向型产业大多是物耗高的产业部门,一般要考虑资源的数量、质量和开采的年限,还要考虑运输的能力等。

(3)消费地指向:主要包括为当地消费服务的部门,以及产品易腐变质、不耐用、不易储存的部门,如重型机械、大型机械和特种机械的制造,建筑构件制造,面包、糖果以及各类副食品生产部门。布局的要点是考虑产品本身的特性、产品就近销售的比重,以及消费地所能够提供的产业间的协作规模。

(4)劳动力指向。在这一类部门中,劳动力费用的支出在产品成本构成中占有很大的比重,超过其他费用项目的支出,如仪器制造、纺织、缝纫、制鞋、制药、塑料制品以及工艺美术品等。劳动密集型产业的布局,往往考虑地区劳动力的供应情况。

(5)交通运输枢纽指向。由于交通运输枢纽兼有原、燃料地和消费地指向的优点,因此,对布局条件要求不甚严格的部门,其布局指向将移向交通运输枢纽。另外,产品耐运性较强、运费在产品成本中所占比重很高的部门,也属于此列。

(6)高科技指向。高新技术产业如电子计算机、生物工程、航天工业、机器人工业、新材料、新能源等,要求运用最先进的科技成果、研发能力强、设备先进、劳动力素质高,多布局在科研单位和大学聚集区附近,如日本的筑波、我国的中关村等。

三、产业布局合理性评价

产业的合理布局应该包括企业选择地点的最优、产业地区选择的最优、地区产业聚集规模的最优。那么,如何对产业布局的合理性进行评价呢?

第一,从经济效益方面进行评价。市场经济条件下,每一个企业都是独立的经济人,追逐利润是其天生的本性,一个企业之所以布局在这里而不是别的地方,就是因为它能在这里获取最大的利润。

第二,地区产业结构是否最优。区域产业结构是全国经济空间布局在特定区域的组合的结果,产业结构包括主导产业、辅助产业和基础产业的功能结构,还包括第一产业、第二产业、第三产业之间的产值结构。产业结构的优劣决定该地区经济发展的速度。知识经济条件下,一方面第三产业空前发展,另一方面高新技术产业通常为主导产业。

第三,社会效益是否最大。从这方面评价产业布局的效益,主要指对地区发展所做的贡献,产业布局在特定地区,对于该企业来说,经济效益并不是唯一的,但是,能为该地区提供税收、安置就业、提高该地区的人均国民收入等等都很重要。另一方面,有的企业布局在特定地区,产生很大的环境污染,那么,虽然它能产生很大的经济效益,也不能考虑。实现产业的合理布局,既是企业的自主选择,也是政府部门的规划决策。在中国特色社会主义市场经济条件下,主要通过区域产业政策来调整。

第四节 产业布局的实践

一、1949－1979 年中国产业布局

产业布局的主体是中央政府,地方政府和企业层面只是贯彻落实中央的产业布局意图,产业布局体制是高度集中的计划经济体制,产业布局所形成的企业是国有企业。

产业布局的目标是建立初步的、比较完善的社会主义工业体系,产业布局的内容和重点是重化工项目、关系国内民生的轻纺工业、铁路和大中型农田水利设施。

产业布局主要坚持了以下四条原则:

(1) 均衡布局原则。针对旧中国畸形集中于东部沿海少数大城市的状况,新中国成立后,产业布局在全国范围内,按东北区、华北区、华东区、华南区、西南区和西北区六大区域均衡布局。

(2) "三接近"原则。产业布局尽可能接近原材料产地、燃料产地和消费地,如河南省省会郑州市建立了纺织工业,就是临近棉花产地和消费地。

(3) 国防安全原则。重大和关键性产业项目要考虑国防安全,"三线"建设项目中的 45 个基地建设是这一原则的集中体现。

(4) "全国一盘棋"原则。全国产业布局既考虑效率又兼顾公平,在少数民族地区和中小城市适当发展了一批国有小企业,其目的是巩固民族团结,缩小城乡差别。

二、1979 年以来中国产业布局原则转变

1. 国家产业布局原则的转变

国家的产业布局原则由"均衡布局"和注重"国防安全"原则向"效率优先、兼顾公平"原则转变,产业布局的重点也发生了巨大变化。国家不再向一般性竞争领域投资,主要投

资于产业发展的基础设施,如高速公路、铁路、机场、港口、通信、电力、能源和生态环境等方面,以及关系国计民生的重大项目和领域。地方政府成为重要的产业布局主体,产业布局的重点主要是地方基础设施和体现地方优势的产业项目。布局原则主要是市场导向,发挥地方优势。

2. 产业布局特征从均衡向不均衡转变

改革开放以来中国产业布局表现出不平衡的基本特征:在空间分布上,工业主要布局在东部沿海地区,东部沿海的产业布局高度集中于长江三角洲和珠江三角洲及环渤海湾地区,东部沿海地区的高新技术产业和新的经济增长点主要布局在国家政策扶持的高新技术工业园区。自1979年以来,国务院先后批准了54个国家高新技术工业园区,其中东部沿海地区29个,中部14个,西部11个。

案例分析

郑州航空港经济综合实验区

郑州航空港经济综合实验区是由国务院批准设立的航空经济先行区,规划面积415平方公里,规划人口260万人,定位于国际航空物流中心、以航空经济为引领的现代产业基地、内陆地区对外开放重要门户、现代航空都市、中原经济区核心增长极,是一个拥有航空、高铁、地铁、城铁、普铁、高速公路与快速路等多种交通方式的立体综合交通枢纽,是中国内陆首个人民币创新试点、三个引智试验区之一、全国十七个河南唯一一个区域性双创示范基地、河南体制机制创新示范区,被列为郑州国家中心城市建设的"引领"、河南"三区一群"国家战略首位、河南最大的开放品牌、带动河南融入全球经济循环的战略平台。2019年,实现地区生产总值980.8亿元。

思考问题:

郑州航空港能否成为河南经济的增长极?

第九章 产业集群

产业为什么喜欢集聚？集聚给企业带来哪些益处？产业集聚受哪些因素影响？这是本章要讲解的主要内容。

第一节 产业集群理论研究

一、产业集群理论

（一）新产业区理论

对新产业区的研究始于20世纪70年代初对意大利东北部和中部地区中小企业集群发展的研究。通过仔细分析新产业集群和传统产业集群的区别，提出了"柔性专业化"的概念。这种产业集群的竞争力更注重强调企业之间的交往、合作与信赖。意大利的社会学者马格那斯科1977年首次对意大利东北部地区产业集群发展的特点进行了总结并提出了新产业区的概念。皮埃尔和赛伯1984年对新产业区的现象进行进一步探讨，并提出了弹性专精的概念。根植性、创新性、社会文化性、机构稠密性是新产业区位理论中的最重要的概念。

（二）新经济地理学

以美国经济学家克鲁格曼（Krugman）为代表的新经济地理学，以规模报酬递增、不完全竞争的市场结构作为前提条件，把这一假设条件引入了经济分析中。新经济地理学认为，人们的多样化偏好和生产的收益递增性是产业集聚的两大源泉。克鲁格曼还实证考察了规模报酬递增对制造业空间聚集的作用机理，提出产品替代弹性、制造业支出份额、运输成本这三大因素是决定制造业地域空间聚集的关键影响因素。在产业集群的发展过程中，一旦形成路径依赖性，企业就倾向于一直沿袭下去。从外部经济作用于产业空间集聚这个反面来看，克鲁格曼强调集群外部经济。

（三）国家竞争优势

迈克尔·波特从经济竞争优势的角度出发研究了产业集群的经济现象。他对加拿大、德国、意大利、日本、美国等国的产业集群现象进行了系统的分析,从企业竞争优势的角度对这种现象做出了理论解释,同时用"钻石模型"对产业集群进行了分析。波特指出:一个国家的综合竞争力取决于这个国家的产业竞争力,这种竞争力来源于国内企业之间的密切合作,而不是国内竞争,它是通过一个高度的本土化过程而创造和发展起来的。因此在国内建立"本垒"很关键,这个"本垒"就是波特著名的"钻石"系统,也称为"钻石"模型。"钻石"的四个基本构成要素是需求状况,生产要素条件,支持性产业及相关产业,企业的战略、结构和竞争。这四个因素组成了一个国家的竞争环境,使得企业之间产生竞争力。

二、国内产业集群理论

我国学者对产业集群以及区域创新体系的研究始于20世纪90年代,2000年以后开始了大量的研究。他们将西方的产业区、新产业区、产业集群理论引入国内,从不同类型的案例分析中挖掘出具有中国区域特色的理论内涵,对于国内产业集群的发展具有重大的指导意义。

北京大学王缉慈是中国较早关注产业集群现象的学者,从1993年开始对产业集群和新产业区位理论进行研究,其在《现代工业地理学》中介绍了新产业区的概念,在其2001年出版的《创新的空间:企业集群和区域发展》一书中详细地研究了产业集群及其竞争优势的相关问题,认为产业集群形成发展的原因是地理上临近和社会根植性两个因素共同作用的结果,并以区域创新网络的角度深度探讨了新产业区的发展机制,以柔性专业化为特征的产业集群很有可能在我国东部沿海地区出现,以适应消费者对不同产品的设计需求。李小建(1997)针对新产业区概念的国际争论,提出了以形成时间、规模、部门结构、根植性和联系程度作为研究产业区的定性和定量指标。叶建亮(2001)认为产业集群之所以出现就是因为知识溢出效应,它对集群的规模和组织内企业的数量都产生了一定的影响,知识溢出还会导致集群内部生产同类产品的企业进行恶性竞争。梁琦(2004)认为除了要素禀赋以外,产业集聚受七大因素的影响:运输成本、地方需求、规模经济、产品差别化、外在性(劳动力市场共享、知识溢出)、市场关联和贸易成本。朱涛(2006)从模块化角度对产业集群进行研究,认为产业集群内的企业结构日益呈现模块化的特征。集群产业的模块化结构有利于降低企业资产专用性风险,克服交易中的机会主义和信息不对称性以及减少环境的不确定性。实证分析表明:集群产业的模块化有助于提高企业的市场、技术适应力以及产业的R&D效率。袁其刚等人(2006)指出,产业集群具有降低交易成本的外部经济性、加速创新等正方面的经济效应,同时也具有一定的负面经济效应,如内部僵化效应、拥挤效应、锁定效应和外部不经济效应。

综合来说,国内外学者对企业集群的研究主要从经济学、经济地理学、管理学等角度重点分析了企业集群的形成与演进的方向,在集群与技术创新、集群与产业升级等方面进行了研究。

第二节 产业集群的含义、分类及特点

一、产业集群的含义

产业集群(industrial cluster)这一概念最早是由美国战略管理学家迈克尔·波特教授在其著作《国际竞争优势》中正式提出的。他认为,所谓产业集群,是指在特定的领域中,一群在地理上集中而且具有关联性的企业、专业化供应商,以及相关的机构(如大学、产业协会、智囊团、制定机构、职业培训机构和贸易联盟等)构成的产业空间组织。波特提出的产业集群的概念是最具代表性、最完善,也是被多数学者所接受的。

尽管不同的学者对产业集群的定义各不相同,从区域、产业、企业等不同的角度形成对集群理论和概念的界定,并由此衍生出一系列与产业集群相关的概念,如产业集群、创新集群、企业集群、区域集群等,但集中起来主要的内涵都涵盖以下内容:①产业集群是建立在专业程度较高的分工基础之上的;②产业集群的形成依赖于社会根植性;③产业集群能够实现知识和技术资源的充分流动;④产业集群是源于外部规模经济所带来的降低成本的益处。

由于产业集群延伸的地域范围差别较大,因此不同学者在研究产业集群时,实际上是使用了不同层面上的产业集群的概念,本文做出概括如表9-1所示。

表9-1 不同层面的产业集群及其分析重点

分析层面	集群概念	分析重点
宏观	产业关联的经济组织和结构,其至是国家或地区经济发展的模式	国家或区域要素条件;需求状况;产业链、产业关联与产业支持;市场结构与竞争
中观	某产业以及支持和相关产业在特定区域聚集成长的产业空间组织	产业内企业间的联系(包括知识溢出,产业联系,基础设施和品牌等);企业之间的分工、合作和竞争;区域产业竞争优势的培育
微观	生产相同产品而且具有正式和非正式互补联系的大批企业的地理空间聚集体	某些供应链特征;相同生产企业之间的联系;战略性业务发展;协同创新等

二、产业集群的分类

目前,全球对产业集群的研究表现出前所未有的高度关注,学者们出于不同的研究视角与目的,根据不同的类型标准,从不同的维度对产业集群进行了划分,其中每种类型都具有其独特的特点和发展轨迹,最具代表性的分类有以下几种:

(一) 根据集群的产业性质划分

根据产业集群的性质划分,可以把产业集群分为三种类型:

1. 传统产业集群

它以传统的劳动密集型的工业部门为主,如纺织、服装、家具、五金制品等行业,大量的中小企业相互聚集形成有机联系的市场空间组织网络群体,这种产业集群内专业化程度较高,劳动分工较细,企业规模不大。典型的例子有:意大利的艾米利亚-罗马格纳地区的特色产业区,中国海宁的皮革产业集群。

2. 高科技产业集群

它主要依托当地著名的大学和科研机构,发展高新技术产业集群,具有强烈的创新精神,如美国硅谷,波士顿128公路,印度的班加罗尔,法国的索菲亚,日本筑波科技城,中国台湾的新竹等高新技术产业集群。这些集群引领世界高新技术的创新潮流,越发显示其强劲的竞争力。

3. 资本与一般技术相结合的产业集群

资本与一般技术相结合的产业集群,如德国南部的巴登-符腾堡地区的产业集群。

(二) 依据产业集群发展的驱动力和生成机制划分

按照产业集群发展的驱动力和生成机制划分,可以将产业集群分原生型、嵌入型、衍生型三种集群。原生型产业集群是指主要由区域内部的资源、市场、技术并结合当地要素禀赋和文化积淀发展而成的。它以专业化分工为特色,以产品专业化为依托,最终形成专业化的生产和服务,具有强大发展潜力。嵌入型产业集群则是依靠区域外部力量形成的,凭借地缘优势、国家政策的倾斜以及比较低的土地劳动成本,通过吸引外资和引进先进的高新技术而形成外向型发展模式的产业集群,在我国东部沿海地区较为多见。衍生型产业集群是依靠就近的国际国内市场和技术人才储备,并在政府相关政策的主导扶持下而逐渐形成的产业集群,如中关村科技园区和苏州工业园区中的一些产业集群。

(三) 依据产业集群的内在关系划分

依据产业集群的内在关系,产业集群可以分为有组织的产业集群、非正式的产业集群和创新型产业集群。有组织的产业集群中企业规模较大,企业创新的意识较强,但是用于创新的投入和成果都比较少,企业的知识水平一般。非正式的产业集群内企业的规模较小,创新能力较低,企业之间几乎不进行交流,企业之间的信任程度不高。创新型产业集群具有良好的创新意识和创新氛围,致力于研发高新技术,不断提高企业的创新能力,企业之间具有较好的信任和协作,相关法律法规较完善,知识技术等资源流动频繁。

(四) 依据国家干预程度和依托资源特色划分

根据国家干预程度和依托资源特色划分,产业集群可以分为市场主导型、政府依托型、完全计划型。其中市场主导型是指产业集群的发展以市场机制为主,无论是依靠中小企业的数量积累还是大企业的外部经济效应,最终都形成了自由的发展趋势,如美国的硅谷,北欧一些国家的产业集群。政府依托型产业集群是指由政府负责制定相关的优惠政策,以政府作为先行导向,发展最初阶段由政府牵头,产业的生产发展靠政策扶持和政府的出资融资进行,在发展到一定阶段后,政府逐渐退出直接的干预,转为服务职能,市场成为集群发展的主导。计划型产业集群是我国社会政治体制下的一种较为特殊的产物,它是指改革开放前我国大型国有企业的产业集群及现行的各种高新技术开发区和工业园区。这种产业集群的发展代表着国家政府的主导意识,其区域范围以大区域产业规划为依照,整个发展过程无不体现国家属性和社会政治意图。

除此之外,国外学者在研究产业集群的时候还采用了不同的分类方法,如在 Jorg Meyer-Stamer(1998)就把发展中国家的产业集群划分为三类,其特点如表9-2所示。

表 9-2 产业集群的分类

	主要特征	主要优点	主要弱点	典型发展轨迹	政策干预
意大利式产业集群	中小企业数量多;专业性强,地方竞争较激烈;有合作网络,基于信任关系	产品质量好;柔性专业化;创新潜力大	对经济环境和技术突变适应能力较弱	衰退、停滞;内部劳动分工的变迁;轮轴式结构的出现;活动外包现象出现	集体行动作为区域优势;公共部门和私营部门合营
卫星式产业集群	基于低价的劳动成本的中小企业居多;依赖外部企业	技能、隐形知识;成本优势	销售和投入对外部参与者依赖性强,有限的技能影响竞争优势	停滞;前向和后向工序的整合向客户提供全套产品和服务	中小企业的升级典范
轮轴式产业集群	大规模地方企业,中小企业;等级制度分明	成本优势;柔性生产;大企业带动作用	集群依靠少数大企业的绩效	衰退、停滞;升级内部出现分工变化	大企业和中小企业支持机构的合作,增强了中小企业的实力

此外,还有很多种区分标准可以对产业集群进行分类,如根据产业集群内企业的关联方式进行划分,即按照企业生产是平等的竞争性或者是产业链上下游合作性,分为水平型产业集群和垂直型产业集群。对于产业集群还有多种分类方法,本文不再逐一介绍。

三、产业集群的特点

不同学者在不同阶段对于产业集群特性研究的提法和称谓是不同的,如在新产业区概念时期的提法——弹性专精;在战略管理视角时期的提法——竞争优势;在创新学习视角时期的提法——集体学习;被大家普遍认为是产业集群的关键性的特点——根植性和地方网络。基于以上观点,本文总结出产业集群的以下几条普遍的特性:

(一)地域集中性

产业集群最明显的外在特点即地域集中性,产业集群最初研究的前提就是产业在地理位置上的集聚,企业和相关机构在地理位置上的聚集是产生经济效应的基础,集群内的企业和各机构法人之间发生着频繁的经济、社会联系。

(二) 分工协作性

在一个产业集群内部包括原材料产品供应商、产品销售商、提供相关服务的部门和机构、提供筹融资的金融机构、中介机构和政府机构等。这些部门之间通过密切配合,以完成研发、采购、生产、销售、物流及售后等方面的分工协作形成较高的集体效率。

(三) 地方根植性

根植性的概念来源于社会学,含义为经济行为深深地嵌入一定的社会关系中。在产业集群内,企业之间具有相同或相似的社会制度和文化背景,如共同的语言、背景知识、道德规范、风俗习惯、价值标准等,这就一定程度上避免了与陌生人交易的成本,为正常交易提供了便利。地方根植性可以增强区域的凝聚力和归属感,使已有的企业深深扎根在当地社区,保证本区域经济的持续发展。产业集群绩效的大小也很大程度上取决于地方根植性。

(四) 协同竞争性

竞争在企业集群之间普遍存在,竞争可使企业加快创新,保持强劲的发展势头,在激烈的市场竞争中逐渐发展壮大,同时,激烈的竞争本质上又是企业之间广泛的协同关系,即竞争对手不是简单的敌人,而是共同发展的协作伙伴,最终的目的是达到共同发展。

(五) 非正式的网络性

产业集群中企业之间的关系并不是通过建立契约实现的,而是建立在非正式的人际关系、信用机制和社会根植性的基础之上,在自愿的基础上,集群之间相互结网,长此以往,就会形成共同的价值观、习惯、规范、人际关系。和正式的契约形式相比,集群经济网络是无形的、非正式的,没有形式上的约束力,但却具有很大的凝聚力和网络效率,其来源是区域根植性。

(六) 自组织性

这种特征来源于外部经济的正反馈机制。在企业聚集的过程中会产生网络外部效应。在企业网络的正效应情况下,会不断增强网络外部正效应,形成正向的、良性的循环机制,对产业集群的发展起到促进作用。如果企业集聚形成的是外部经济的负效应,更多企业的加入只会意味着外部负效用的加大,使得集群的发展陷入恶性循环,走向衰亡。

(七) 柔性专精

产业集群内单个企业的生产是专业化的并集中于有限的产品和工艺过程,专业化分工是与生产技术的可分性、垂直分离的生产组织方式紧密相连的,产业集群内的中小企业协同合作并竞争,而区域作为一个统一体,其生产是多样化和灵活的。

第三节 集群产业的模块化

产业集群是产业集聚的空间组织形式,大量事实表明:国内外著名的产业集群,其核心结构日益呈现模块化的特征,市场总是选择有效率的组织形式。那么,为什么其结构呈现模块化特征? 集群产业模块化对提升产业核心竞争力有何影响?

一、模块化相关理论

模块化是一种产业内专业化分工的组织形式。最早系统研究模块化理论的是哈佛大学商学院前副院长鲍德温(Baldwin)和现任院长克拉克(Clark),他们以电脑产业为研究对象,1997 年联名在《哈佛商业评论》上发表了"模块化管理"的论文,2000 年又合作出版了《设计规则:模块化的力量》。他们指出,模块化对产业结构调整具有革命性意义。从 20 世纪 90 年代中后期开始,日本学者国领、池田和青木昌彦等以互联网产业和汽车工业为研究对象,独立地发展了模块化理论,系统论述了它对产业结构的意义。在日本模块化理论已被作为分析信息产业革命对产业结构产生影响的一个关键因素。许多学者认为,建立在信息化基础上的产业模块化是日本企业国际竞争力的重要因素。我国学者朱瑞博对价值模块的虚拟再整合以及模块化抗产业集群内生性风险的机理进行了分析;童时中认为模块化具有巨大的技术、经济价值,是科技成果产业化的有效途径;钱平凡、黄川川认为模块化是解决复杂系统的有效方法。

那么,模块化的内涵是什么呢? 模块化是一个将系统进行分解和整合的动态过程,是组织设计复杂的产品或服务的有效战略之一。模块化包含两个层面:一是"模块分解化",二是"模块集中化"。"模块分解化"是指把一个复杂的系统或过程按照一定的联系规则分解为可独立设计的半自律性子系统的行为;"模块集中化"是指按照某种联系规则将可进行独立设计的子系统(模块)统一起来,构成更加复杂的系统的行为。模块化系统有两套规则:"看得见的规则"和"看不见的规则"。"看得见的规则"影响下一步设计的决策,最好在开始设计阶段就能确定,而且要向参加设计者广泛宣传。"看不见的规则"是一个仅限于模块之内,对其他模块的设计没有影响的决策。这种模块内的决策,可以被代替或事后再选择,也没有必要和该设计队伍成员以外的人商量。

二、集群产业模块化结构:基本模式及其适用范围

根据集群企业之间的信息联系特征,可以将企业之间的关系分为层级分解、信息共享和信息包裹三种基本模式。

1. *层级分解模式*

层级分解模式是指舵手企业事先规定了模块之间的金字塔型的联系规则的模式,即

舵手企业负责设计联系规则和确定任务目标,各技术团队企业在既定规则下,负责处理各自活动所必需的个别信息,上级企业制定规则,下级企业无权改变。层级分解模式适合技术产品开发环境高度不确定、需要特殊个人技能的场合,如生物技术的科研开发。

2. 信息共享模式

信息共享模式是指模块规则在信息交流的过程中不断修改,达到信息的同化,就像日本的汽车产业中核心制造商与零部件供应商之间的关系。日本的汽车产业核心竞争力来源于核心企业与重要零部件的供应商之间在图纸设计上的模块化。它不同于美国的汽车工业里常见的把图纸交给后者去加工制造,日本的汽车企业尤其是丰田公司在确定了一般共识和界面之后,放手让后者去设计图纸,由前者确认。这充分调动了供应商的设计积极性,也使生产系统的各个模块的设计能够同时进行,大幅度缩短了改进车型的周期。信息共享模式适合技术互补性较强和每个设计单元需要专用性技能的场合,如汽车产品零部件的设计与研制。

3. 信息包裹模式

信息包裹模式是指同一任务由多个企业进行研发,但所采用的技术路径不尽相同,两个任务单元以及同一任务单元的各企业对各自的活动严格保密和相互"隐蔽";有多个舵手企业,舵手企业的角色就是协调各任务单元的信息同化,并在任务单元付出开发努力之后选择最佳的模块产品组合,任务单元为被选中而付出开发努力,就如硅谷的模式。信息包裹模式适合设计单元相互独立,两者环境的统计相关性较弱、互补性弱的场合,如硅谷的电脑产业。

三、集群产业的模块化:基于交易成本的理论

1. 有助于减少环境的不确定性,改变小数目条件,增加交易的次数

模块化企业的集群具有外部经济性,可以增加交易频率和降低区位成本,使交易的空间范围和交易对象相对稳定;同时数目众多的企业地理接近,增加了市场参与的角色,大量专业化企业集聚在一地不仅通过专业化分工提高劳动生产率,而且创造了一个较大的市场需求空间,对分工更细、专业化更强的产品和服务的潜在需求量也相应增加。

2. 有利于克服交易中的机会主义和提高信息的对称性

所谓机会主义是指欺骗性的追求自利的行为,比如说谎、偷盗和欺骗。信息的不对称性又进一步加剧了机会主义行为的发生。模块化企业集聚在一起,降低了信息不对称性,企业的机会主义行为容易被察觉;任何企业的机会主义行为一旦被发现,集群企业就会通过断绝交往对其惩罚,因此集群起到一种监督和治理作用。模块化的集群产业根植于地方社会网络,有助于形成共同的价值观念和产业文化,有利于促进企业间的合作与信任,节省企业搜寻市场信息的成本。

3. 有助于化解产业集群的资产专用性风险

产业的专业化分工提高了企业的生产效率,但同时也提高了企业的资产专用性投资,

增加了企业的资产专用性风险。威廉姆森认为资产专用性是指"为支持某项特殊交易而进行的耐久性投资",资产专用性有四种类型,分别是:地点专用性、实物资产专用性、人力资本专用性和专项资产。企业一旦进行专用性资产投资,如果初始交易失败,该资产很难再移作他用。随着资产专用性的增强,资产所有者就有可能受到对方的要挟。这必然造成了违约风险的加大,交易费用的提高。因此,这种情况的交易,双方关系的持久性是有价值的。而模块化结构的产业集群形成了交易各方持久的交易关系,其专用性投资对其他产业或集群外部产业而言资产专用性特别强,但对模块化的产业集群内部的大量企业来说其资产专用性就大大降低了,因此,集群产业的模块化能够在一定程度上化解专业化分工所导致的资产专用性风险。

第四节 产业集群的影响因素

一、产业集群的影响因素

产业集群的形成不是一种偶然现象,而是企业为实现自身利益最大化的目标而进行的一种区位选择,企业的区位选择行为主要受政府、技术进步、生产要素、市场等因素的影响。

(一)政府对产业集群的影响

对于政府应该在经济活动中起到怎样的作用,理论界争论不断,经济学家还在继续争论,但一个不可争议的事实是政府在经济生活中发挥着不可或缺的作用。从现有的产业集群形成的案例看,无论是欧、美、日等发达国家,还是发展中国家,在其产业集群的发展过程中,政府都起到积极的作用。一般而言,在市场经济中,政府主要通过其财政政策、公共物品的供给价格以及对市场环境的维护来影响产业集群的形成。

政府的财政政策对产业集群形成的影响主要通过对聚集区域内企业的收入或成本的影响来实现。所谓财政政策,是指政府根据既定目标通过财政收入和支出的变化,以影响宏观经济活动水平的经济政策。财政收入来自两大类:税收、公债。财政支出项目主要有三类:一类是购买产品和劳务的支出,包括国防、专项补贴等;一类是社会福利支出,包括社会保险、社会救济等;第三类是政府的直接投资。政府运用财政政策是多种手段的结合体,其中,税收政策对企业的影响最为明显,政府对企业征税的数目直接影响到企业的生产成本,因为企业是将税收作为生产成本的一部分来进行经营的。只要政府减免的税收大于其他成本的增量,企业在这一区域聚集就有利可图,在利益的驱使下,企业将会在这里集聚,形成产业集群。政府的投资补贴、直接投资、专项补贴等财政政策对产业集群的形成也具有重要的影响。政府增加各种投资或补贴,将减少企业在这一区域的投资风险和投资成本,使企业集聚在此。

政府在水、电、厂房用地等公共物品的供给价格上对企业的成本、盈利能力乃至其区位选择有重要影响。良好的公共物品供给制度是促进产业集群形成的一项重要措施。良好的公共物品价格会提高集群内企业的经济效益，而且在客观上增加集聚区域对外企业的吸引力。相反，如果政府实施高的公共物品价格，那么，集群内企业的经营成本将升高，企业的盈利能力将下降，不利于企业在这一区域集聚。

最后，政府对公正、公平、诚信的市场环境的维护，对产业集群的形成有十分重要的影响。如果没有一个公正、公平、诚信的市场环境，企业将无法有效地合作，集群内部网络无法建立，产业集群也无法形成。相反如果政府为企业提供一个公正、公平、诚信的市场环境，将减少企业合作的交易成本，提高企业的盈利能力，从而有助于企业在特定区域内集聚，加速产业集聚的形成。

政府对产业集群的形成的影响是一把"双刃剑"：如果政府的政策行为使企业在集聚时有利可图，那将对产业集群的形成带来积极影响；但是，如果政府行为忽略企业利益，从而使企业在集聚时发生盈亏，则对产业集群的形成带来消极影响。

（二）技术进步对产业集群的影响

首先，技术进步就是指对原有的技术进行升级或创新，开发出新的技术，代替原有的技术。对企业而言，技术进步不仅可以增加企业产品的功能，提高企业产品的质量，企业的总收入将增加，除此之外，还可以增加企业的盈利空间。从现在的激烈的市场竞争可看出，技术进步已经成为影响企业生存发展的重要因素之一。一般而言，企业要想获取技术进步，有三条途径：一是企业进行自主研发，即企业投入人力、物力、财力进行技术开发，获取新技术；二是向其他企业购买；三是向其他企业学习新技术。企业进行技术开发需要很高的投入，而且企业进行技术开发的投入属于沉没成本，这是一种高风险的行为。沉没成本是指过去已经发生无法挽回的费用开支，由于其不可恢复性，对现在的设备更新决策或将来的设备更新行为不会产生实质影响，分析时应不予考虑，也不参与经济计算。由于技术开发的高投入和高风险性，造成了企业对研究成果进行保密，使技术表现出不完全流动的特性，这将导致另一个后果是：很多企业放弃了自主开发，转而采用第二种途径，向其他企业购买新技术。然而，在当前这种激烈的市场竞争中，企业一般不愿意出售新技术，即使有的企业愿意，价格也会非常高，而且其出售的技术水平常常不及它自己的高。当企业进行自主研发或购买新技术面临困难时，许多企业选择了第三条途径：向其他企业学习新技术。如果企业单独分布，它是很难学到其他企业进行技术保密的新技术的。但是，如果企业选择进入产业集群，那该企业与其他企业会在同一个区域聚集，雇员们可能共同参加一个俱乐部，企业职工可以进行频繁的交往和流动，这种非正式的交流使集群内企业的技术知识、管理经验、供求信息等在集群内扩散。

技术进步具有渐进性和突变性的特点。技术进步的渐进性体现在：技术进步是一个由低到高、由简单到复杂的循序渐进的过程，在具体的某段时间内，技术进步的步伐不是那么明显，所有的企业均在这个约束条件下进行区位选择。但是技术进步又具有突变性的特点，它使企业的生产经营活动呈现截然不同的时代性。不同时代由于技术水平的不同造成了企业的区位偏好出现较大的差异，从而使不同时代的企业的区位选择行为出现了较大差异。如果以交通、通信技术的进步来看,在交通运输不发达的时代,单位距离的运输成本高,企业的区位选择考虑的首要因素是:位于资源所在地、交通要塞或销售市场,以降低运输成本。然而,随着交通运输技术的发展,运输费用不断降低。目前,单位距离的运输成本很低,企业也不再把运费作为区位选择的首要因素。而通信技术的进步可以使企业能够在更广泛的地域收集产品的供求信息、原材料等信息,形成产业集群。跨国公司全球布置其生产基地就是随着交通、通信技术的进步而出现的一个例子。另外,技术进步也将对区位本身所蕴含的承载能力产生影响。当技术水平一定时,受到资源等要素的限制,任何一个区位所具有的集聚容量都是有限的。但是,随着技术的进步,区域的最大承载能力将不断扩大。技术水平的进步将不断提高区位的集聚,容易为产业集聚的存在提供更有效的区位环境,从而对产业集群的形成产生积极的影响。

(三)生产要素对产业集群形成的影响

任何一个企业进行生产经营活动都需要基本的生产要素:劳动力、资本、土地等,它们对企业的生产经营有着重要的影响,是企业进行区位选择时重点考虑的因素。劳动力包括体力劳动者和脑力劳动者,劳动力对产业集群的影响主要表现在其招聘成本和使用成本上。劳动力招聘成本是指企业从搜寻开始,直到招聘到自己所需的劳动力所支付的成本总额,包括招聘活动的费用和面试费用,如果企业招不到某类劳动力,可以认为企业这类劳动力的招聘成本趋于无限大。劳动力的使用成本是指企业雇佣劳动力必须为其支付的工资及其福利的总额。当一个地区劳动力的招聘成本和使用成本较低时,它将有利于降低在此聚集的企业的劳动力成本,增加企业的盈利空间,从而吸引区外企业迁入到该区域,形成产业集群。

(四)市场对产业集群形成的影响

产业集群是企业在特定的约束条件下所能做出的理性选择的结果,因而,作为约束条件之一的市场发生变化必然影响企业的生存和发展,从而影响产业集群的形成。市场对产业集群的影响主要表现在市场容量、产品交易市场的规模以及产品市场和生产资料市场到企业聚集区域的距离三个方面。

市场容量是指市场对某种产品的需求量与供给量平衡时的数量,其规模大小与顾客的购买力、顾客数量紧密相关。市场容量的大小决定了企业的数量和规模,是产业集群发展的前提和基础。

区域内产品交易市场的规模及其与企业聚集区域的距离对产业集群的形成也有重要影响。区域内产品交易市场的规模越大,其辐射能力越强,就越容易形成远近闻名的品牌,吸引全国甚至全世界的经销商来购买,从而使产品的市场需求量增加。同时,产品交易市场离产业集群越近,产品运费越低,这将减少企业成本,增加盈利空间,使得企业在这一区域聚集有利可图,从而推动产业集群的形成。

生产资料市场到企业聚集区的距离越近,企业聚集后,其生产资料的运输成本就越低,且运输时间更短,有利于降低企业的总成本,增加企业的盈利空间,促使更多的企业向该聚集区聚集,形成产业集群,反之亦然。

二、其他因素对产业集群形成的影响

(一) 相关支撑性机构对产业集群形成的影响

相对于传统的高度垂直一体化企业组织而言,集群内企业主要是通过外包化和组装化生产采购体系来实现专业化生产。企业的内部管理就要变得相对简单,而与外部供应商和销售商之间的协调则成为重要的经营管理环节,这就不仅需要具有实力的当地供应商和具有竞争力的相关产业,而且企业与企业之间的协调、企业与外部的协调也显得十分重要,这就使得相关的支持性服务也更为重要。这些专业化的服务包括:金融服务类行业,如银行、投资公司、各种基金机构等,这些服务机构为集群内企业提供高效的金融服务;中介服务类行业,如会计事务所、律师事务所、咨询公司、人才服务机构、教育培训机构;商业及生活服务类行业、行业协会,为企业提供各类服务,加强企业之间的联合与协调企业之间的行动;企业创业服务中心,为企业集群内处于种子和创新阶段的企业提供诸如企业计划、企业模式、营销策划等服务。因此,相关及支撑性机构的诞生和发展,将促进产业集群的形成。

(二) 运输成本对产业集群形成的影响

企业生产经营活动中,其所需的原材料、零部件都要从外面运回,而企业的产品也要运出,运出运入的总支出就构成了企业的运输成本。运输成本是企业总成本的一个重要部分,因此,它对企业的盈利有重要影响,从而影响到企业的区位选择,进而影响到产业集群的形成。下面,我们分析不同时期的运输成本对产业集群形成的影响。在20世纪以前,由于交通工具落后、路况差、运输效率低下,单位距离的运输费用很高,运输成本成为企业区位选择时考虑的首要因素。所以,当时企业一般倾向于选择聚集在原料产地、市场集散地或交通要塞,以降低运输成本。因此,高运输成本促使企业聚集在特定的区域,形成产业集群。

随着社会的发展和科技的进步,交通工具越来越先进,路况越来越好,现在,不仅有高等级公路,高速公路也得到了迅速的发展。另外,电子计算机的广泛应用和通信技术的迅速发展,使运输效率大大提高了。这一切使单位距离的运输费用不断降低。单位距离的运输成本的降低,使生产要素和产品流通范围扩大;在交通高度发达的今天,企业的区位选择不再局限于原材料地、市场集散地或交通要塞,而是可以分布于更广泛的地域。企业能够在某一地区安排和组织其产品的生产,而在其他地区销售这些产品,从而在生产地区形成产业集群。因此,单位距离的运输成本的降低,将有利于在更多的地区形成产业集群。

(三) 地区的社会文化对产业集群形成的影响

在市场经济中,由于市场需求的不确定性、机会主义和信息不对称等因素的存在,企业集群网络单独依靠产业联系以及分工与专业化生产等经济因素,将难以建立长期相对稳定的合作关系,而地区的社会文化将有利于集群内企业之间形成长期相对稳定的相互信赖与合作关系。这是因为:地处同一区域的企业将产生一种区域认同感,这种认同感源于企业对本地文化的尊重和协调,是企业在文化上的一种归属,在一定程度上表现为企业主之间的私人友谊,这种友谊将使企业主倾向于选择本地企业作为合作伙伴,并与它们建立长期稳定的相互信赖与合作关系。企业间这种稳定的相互信赖与合作关系,不仅有利于减少契约的搜寻、谈判与履行成本,使交易费用降低,而且有利于市场、技术的信息在集群内的集中与传播更加迅速,使企业间的溢出效应十分显著,从而使企业聚集在该地区有利可图,在利益的驱使下,企业将不断在该区域聚集,逐步形成产业集群。因此,地区的社会文化将有利于产业集群的形成。

案例分析

硅谷(Silicon Valley)的产业集群

硅谷——世界上最大的微电子产业基地,集中分布着8000多家电子科技公司和软件公司,年产值高达3000多亿美元。目前全美前500家高科技公司中有61家在硅谷,全球100大电脑公司中有1/5来自硅谷。当今世界上许多著名的高新技术公司总部都坐落在硅谷,如:全球IT领导厂商惠普(HP)、世界上最大的互联网设备制造公司思科(CISCO)、微电子领域的霸主英特尔(INTEL)等等。

1. 美国硅谷成功的经验

(1) 以斯坦福大学为首的科研院所和硅谷聚积的大量技术精英是硅谷成功的前提。

(2) 硅谷有自由创新和创业的制度环境。

(3) 硅谷有不断促进创新和创业的风险投资市场。风险投资在现代经济发展中起了举足轻重的作用。它通过加速科技成果向生产力的转化,推动了高科技企业从小到大、从弱到强的长足发展,进而带动了整个经济的蓬勃和兴旺。

(4) NASTAQ为硅谷技术产品提供了良好的定价机制与风险资本的退出机制。

(5) 硅谷有完善的市场机制,以及高效而高度专业化的技术市场服务体系。

2. 硅谷方程的风险体系

创业者+风险投资家+投资银行+纳斯达克交易所+企业上市+投资者购买股票。在硅谷,每位创业的科技人员都有一个理想:用他的技术去改变世界,风险投资、资本市场、企业上市这些机制,使得很多人能够很快圆了创业梦。风险投资是硅谷科技创新和产业化的前提,在硅谷发展中有重要作用。正因为硅谷有了世界上最完备的风险投资机制,有上千家风险投资公司和2000多家中介服务机构,有斯坦福大学为首的科研院所与充裕的风险资本的结合,才造就了今天硅谷发展的辉煌。

思考问题:

1. 你认为硅谷哪些成功经验值得借鉴?
2. 谈谈你知道的产业集群,该集群发展过程中有哪些经验和教训。

第十章　政府规制

第一节　政府规制的含义及分类

一、政府规制的含义及特点

政府规制是指为了实现某些社会目标,政府依据法律法规以行政、法律、经济等手段限制、规范以及约束市场中的经济主体活动的行为,以确立市场竞争秩序,促进经济稳健发展。它是政府对市场失灵的反应,主要作用是修复市场失灵、消除外部性、优化资源配置、提高市场经济效率、改善社会福利。现代市场经济政府规制的主要特点有：
（1）规制的主体是政府。
（2）规制的客体是市场经济活动的经济主体,主要是企业,也包括消费者。
（3）规制对市场交易机制有着直接的影响。
（4）规制的执行是有成本的。

二、政府规制分类

在市场经济条件下,规制是国家干预经济政策的重要组成部分,是政府为实现某种公共政策目标的主要手段。政府对微观经济主体进行规范与制约,主要通过规制部门对特定产业和微观经济活动主体进入退出市场、商品价格、涉及环境、生命财产安全、健康的投资行为进行监督来实现。政府规制的制度和方法,主要包括禁止特定行为和对营业活动进行限制的资格认定制度、检查鉴定制度、信息公开制度、收费补偿制度等。

根据政府规制政策的目标和手段,政府规制可以分为直接规制和间接规制两类。

直接规制,以防止发生与自然垄断、信息不对称、外部不经济、在社会经济中不期望出现的市场结果为目的,依据政府认可和许可的法律手段直接干预市场主体活动。直接规制由政府行政部门实施。直接规制又可以分为经济规制和社会规制。

间接规制,主要以发挥市场机制职能从而建立完善的制度为目的,不直接介入经济主体的决策而仅制约那些阻碍市场机制发挥职能的行为决策。

依据政府对微观经济干预政策性质不同,将政府规制分为三类：一是经济规制,二是社会规制,三是行政规制。

(一) 经济规制

经济规制也称经济管制,是指在自然垄断和严重信息不对称等特征的行业,利用政府机关的法律权限,通过许可和认可等手段,对企业的进入和退出、既定数量产品和服务价格、质量、投资、财务会计等有关行为进行规制。它的主要目的是防止资源配置低效率和确保使用者的公平。经济规制的主要方式有:

1. 价格规制

政府对特定产业的竞争主体在一定时期内的价格规定,主要是对关系到国计民生的产品或服务确定最高限价,对过度竞争产品或服务规定最低保护价。

2. 厂商数量规制

在政府规定的价格水平上,规定企业等市场主体提供产品和服务的数量,以免造成大量资源浪费。这一规制可以通过发放许可证、实行审批或是制定较高的进入标准来实现。

3. 产量规制

产量规制是对企业产量进行规制,产量高低直接影响着产品的价格,进而关系到生产者与消费者的利益,通过规制可以限制或鼓励企业生产。

4. 质量规制

政府结合价格规制、进入规制等手段,通过对公共服务规定标准质量,促使特定产业主体改进服务质量,从而增进公共利益。对产品的质量进行规制的成本相对其他较高,主要包括监督成本、检查成本,而且企业和规制者之间存在信息不对称,规制者或者第三方难以评判产品质量水平,因此在实践中较少采用这种方式。

对于经济规制的内容,不同学者有不同的阐述。如施蒂格勒、斯蒂格利茨等提出的经济规制的内容,所涉及的经济领域较为宽泛;如萨缪尔森、植草益等提出的经济规制的内容,所涉及的领域相对窄些。施蒂格勒认为,经济规制是国家强制权力的应用,主要针对被国家规制的行业,如汽车运输、国内航空邮件运输、储蓄和信贷公司、互助基金、石油进口限额等。斯蒂格利茨认为,政府应该对所有自然垄断行业包括国家让私人部门经营的自然垄断行业进行经济规制。萨缪尔森认为,政府规制的内容是针对公共事业(包括电话、电力、天然气供水等)和具有垄断性或结构性竞争的产业(金融、运输、电台、电视台等)进行规制。

对于一个市场经济国家来说,经济规制是必不可少的,它与政府宏观调控组成政府干预经济的"两只看得见的手"。在发达国家,对政府经济规制理论和实践的探索起步早,规制政策相对完善。在发展中国家,政府经济规制正逐步建立并日渐趋于完善。随着国际经济社会的变化,各国政府规制政策也在不断地演进和发展。

(二) 社会规制

社会规制的领域较宽泛,是政府对市场主体的社会行为进行规范和管理,主要涉及产品的生产、消费和交易过程中的安全、健康、卫生、环保等方面,目的是协调社会成员的利益,提高市场效率,增进社会福利,维护社会的公平和稳定。社会规制往往不针对某个产业或企业的特定行为,而对准的主要是所有产业和企业的具体的行为,因此具有一定的普遍性。

从本质上讲,社会规制是以增进社会福利为目的的。主要表现在:

第一,培育发展竞争性市场,规范市场秩序。通过制定法律法规规范市场秩序,《反不正当竞争法》等法律法规可以抑制垄断,减少不正当竞争,促进公平竞争,给市场主体营造良好的市场环境,提高市场竞争的效率。第二,缓解信息不对称,保护消费者的利益。政府主要通过明确规定消费品质量和技术标准、企业提供属实的产品信息、广告真实可靠等方式保护消费者利益。第三,协调社会成员的利益。政府可以通过政府行为,调节社会成员的收入水平,缓解收入差距过大,防止两极分化;也可制定最低工资制度来保障劳动者利益,完善社会保障体系保障低收入阶层的基本生活,以维护社会公平和社会稳定。第四,保护生态环境。政府制定环境保护准则,实行环境保护政策,以排污收费和污染权交易等政策治理污染,维持生态平衡,促进经济长期可持续发展。第五,维护民族经济利益。鼓励本国企业生产商品销往国外市场或进行海外投资,保护国内产业免受外国市场的冲击,促进本国产业的发展。

社会规制与经济规制的主要区别:

1. 规制的目的不同

经济规制是为了纠正信息不对称、垄断等引起的市场失灵,以及实现资源有效配置和市场公平竞争。社会规制是为了政府社会职能的实现,主要为维护社会利益,确保国民的生活质量和公民的基本权利,确保社会公平。

2. 规制的对象不同

经济规制的对象是市场主体,主要针对特殊产业(如垄断行业和金融业等)的行为,是政府对行业、产业的定向规制。而社会规制则表现为非定向的、普适性规制,任何一个企业的行为只要不利于个人或社会的安全或是损害生态环境就要受到社会规制。

3. 规制的领域不同

经济规制的领域主要集中在经济方面,政府通过确定产品价格、控制企业利润、决定市场进入或退出以及特殊资源的使用条件等,来对市场进行管制。而社会规制的范围相对较宽泛,主要集中于社会活动,如控制生产过程中对生态造成的污染,规定工人工作环境的健康标准,保护消费者的基本权益。

4. 规制的手段不同

经济规制以经济手段为主,如价格规制、数量规制等。而社会规制主要以设立标准技术和行政手段为主。

(三) 行政规制

行政规制,又称行政管制,是根据法律法规对规制的制定者和执行者进行的监督和管理,为了使规制机构能够有效地进行规制活动,且规制者能够公平、公正、有效、透明地为公众服务,规范规制者行为,减少寻租行为,提高社会资源的配置效率。

行政规制是对经济规制和社会规制的规制政策制定者和执行者的规制。任何规制政策的实施都与政策制定者的动机和行为有关,规制者之间的相互关系和其制约活动的相互作用直接影响着经济规制和社会规制机构的组织效能和政策效能。为了纠正市场失灵,提高市场经济规制和社会规制的预期目标,政府需要加强对规制者的规制。行政规制的主要手段包括行政手段、经济手段、法律手段。行政手段是行政规制主体对客体实施规制的过程中,为了实现行政规制目的而使用的行政命令和指示、行政规章制度和条例等行政措施。经济手段是行政规制主体根据经济规律的要求,通过某种经济措施对规制部门进行监督和管理的手段。法律手段是指行政规制主体依据法律法规,通过法律途径对行政规制客体进行管理和监督。

第二节　现代规制理论

随着现代科学技术和经济全球化的发展,近年来,政府规制活动出现了新的变化,政府规制理论也有了新的发展,比如说社会规制领域不断扩大,政府规制方法更具市场原则等。

一、放松规制理论

放松规制是指对原有的规制和政策的放宽或是取消,目的是引入竞争机制、减少规制成本、促进企业提高效率、改进服务。通过放松机制,企业在制定价格和选择产品上有更多的自主权。20世纪70年代后,以美国、日本、英国等为代表,部分国家对电信、运输、金融、能源等许多产业实行了放松规制。到了80年代末,不仅发达国家实行了放松规制,发展中国家也试图通过放松规制来改进效率。支持放松规制政策的理论主要有可竞争市场理论、政府规制失灵理论和X非效率理论。

(一) 可竞争市场理论

可竞争市场理论又叫可竞争性理论,是对完全竞争理论的扩展,在一定的假设条件下,可竞争市场理论认为:若不存在沉没成本,企业就能够迅速进入该行业,也就是说企业进入和退出市场必须是无障碍的,在位企业由于担心局外竞争者的进入会对其产生威胁,迫使其维持反映生产成本的价格和高效率生产,进而实现社会福利的最大化和企业获得平均利润。规制机构所要做的主要是创造可竞争的市场环境,简化政府规制,取消某些行业的进入管制,增强市场的可竞争性,提高市场效率,改善社会福利,以获得规模经济性和范围经济性。在可竞争市场理论的影响下,以美国为代表的西方国家纷纷放松了对民航业的经济规制,在1989年美国全面解除了对民航业的经济规制,而只保留了少量的社会性规制。实施放松规制以后,与之前同期相比,价格有所下降,旅客数量增加,民航业的运输能力有所提高,航空公司更为有效地利用自己的网络,从而提高了生产效率。

(二) 政府规制失灵理论

政府规制失灵是指政府在推行公共规制政策时,经济效率不能被改善或规制实施后的经济效率低于未实施规制前的效率的现象。政府规制的目的是纠正市场失灵,由于经济和政治因素的存在,如规制成本日渐上升、个人私利、信息不对称等都会导致政府规制的失灵。经济方面,主要是由于信息不完全导致的政府行为的有限理性。一方面规制者不能够充分了解被规制企业的真实信息,且规制者不一定积极地去获得相关信息,甚至会和被规制者合谋;另一方面,在没有利益驱使的情况下,企业也不可能将真实的信息告知政府,甚至可能提供虚假信息。

政治方面,现实中政府是由具体的人和机构组成的,他们的目标并不一定总是与社会公共利益相一致,当两者发生冲突时很有可能出现政府官员为追求自身利益而做出有害公共利益的决策;规制可能会引起再分配上的不公平和"寻租"的产生,这会导致规制的实际效果与社会公共目标产生偏差,政府的监督机制不够完善以及缺乏完善的、透明的规制程序。

(三) X 非效率理论

X 非效率是指垄断企业的组织内部存在着资源配置的非效率状态。这一概念最早由哈佛大学的莱本斯坦提出的,他认为缺乏竞争压力的垄断企业不但会产生市场配置低效率,而且会产生另外一种低效率,即垄断企业存在着超额的单位生产成本。因为这种类型的低效率的性质当时不明了,所以称为 X 非效率。

该理论研究的是一种与组织或动机有关的效率,在客观生产条件既定的情况下,由于组织或个人的原因使得厂商组织中存在尚未利用的机会而导致 X 非效率的存在,而这种非市场配置的 X 非效率既不属配置原因,又不能归于动机的或技术的原因。弗朗茨在其著作《X 效率:理论、证据和应用》一书中对 X 非效率理论做出了全面阐述。

二、激励性规制理论

激励性规制理论,是 20 世纪 90 年代以后在西方兴起的一种新的规制理论,它是为了解决由于规制双方信息不对称而导致的低效率问题,主要通过设计合理的制度来克服传统政府规制中的缺陷,给予被规制企业以激励,促使其提高内部效率、降低成本,提高企业资源配置率。日本著名的规制经济学家植草益认为,所谓激励性规制,就是在保持原有规制结构的条件下,激励受规制企业提高内部效率,也就是给予受规制企业以竞争压力和提高生产或经营效率的正面诱因。激励性规制的主要类型有:

(一) 价格上限规制

价格上限规制,是指以合同的形式约束企业所生产的产品或服务价格,使之不能超过一定上限的规制。价格上限规制使得被规制者享有一定的自由定价的权利,所谓自由,即不超过所限定的平均价格上限。该规制有利于被规制者更好地考虑成本,制定最优价格,促进竞争,进而提高效率。因此,价格上限规制是目前应用最为广泛、效果最为明显的一种激励性规制。

(二) 特许投标规制和区域竞争机制

特许投标规制和区域竞争机制两者都是以间接的方式引入竞争,从而提高内部效率的激励性规制。特许投标规制,是运用市场竞争机制有效的方法,指规制者通过竞标的方式将垄断经营权在一定时期内赋予能以最低价格提供服务的企业,并将其作为对企业低成本、高效率经营的一种奖励。如果运用得当,它能够取得比直接管制更好的效果,一方面可以保证一定的规模经济,另一方面又可以间接引入竞争实现帕累托改进,既可以通过竞争提高经济效益,又减轻了管制者的负担。区域竞争机制,指通过将受规制的全国垄断企业分为几个地区性企业,使特定地区的企业努力提高自身效益的一种规制方式。由于地区间存在差异较大,在确保及时获取有效运营成本的基础上确定具体的规制价格,促进地区间企业开展间接竞争方面仍然是比较困难的。

(三) 延期偿付规制和利润分享规制

延期偿付规制和利润分享规制都是在生产者和消费者之间追求公平分配的激励性规制。延期偿付规制是指允许消费者消费产品或是服务一定时期,之后再付费的规制方式。利润分享规制是让消费者直接分享公共事业超额利润或分担亏损,可以采取购买后退款或为将来购买提供价格折扣等形式。这两种规制方式都可以通过刺激消费扩大消费量,还可以促进被规制者提高效率,以充分发挥规模效益,从而降低经营成本。

(四) 联合回报率规制

联合回报率规制是以投资回报率为基础的一种规制方式,规制者在具体考察影响价格变动的各种因素的条件下,根据被规制者提出的要求提高投资回报率的申请,对企业提出的投资回报率水平做必要调整,最终确定一定的投资回报率范围。规制者则可以在这一范围内根据企业目标确定回报率大小。

第三节 自然垄断行业的规制分析

随着我国市场经济建设的进一步深入,自然垄断行业的改革也提上了日程,本节以部分国家规制改革为例,对自然垄断规制理论演进和国内外规制改革实践过程进行了分析。通过对中西方政府规制若干差异的探讨,结合中国现实的特殊性,选择符合我国国情的改革策略,进一步推动中国政府规制改革。

自然垄断产业是指其主要业务具有一定规模经济效益、需要大规模固定资本投资、自然垄断产业边际成本不断下降且具有一定网络效益的产业,如铁路、电力、电信、自来水、城市燃气、广播、邮政等,一般称为公用事业或基础设施产业。由于信息通信技术的飞速发展和市场的迅速扩大,电信业成为各国政府对自然垄断产业进行市场化改革的先锋。

一、自然垄断产业规制改革——经济发达国家的实践与经验

作为政府经济管理方式的重要组成部分,政府规制是弥补市场缺陷的重要治理工具,是建立和完善市场竞争秩序的主要手段,规制改革也自然成为转变政府职能的重要途径。

(一) 美国政府经济规制改革

美国的政府经济规制大体可分为四个时期。第一时期,从19世纪80年代到20世纪初,主要集中在具有自然垄断性质的铁路、电力、煤气、电话等产业领域。第二时期,是20世纪30年代到40年代,以大危机为背景建立的规制领域,主要是以银行、证券、广播、卡车、输送管道、海运、航空、电力等结构性竞争产业为主要对象。第三时期,是20世纪50年代以后,主要以能源、天然气、输油管道、石油价格等为对象的规制。第四时期,是从20世纪70年代后半期开始,美国许多产业都放松了经济规制。美国放松规制的内容及成果有以下方面。

1. 航空业

1978年,美国通过了《航空规制放松法案》,该法决定撤销民用航空局,从而多数限制条件被取消或者变得宽松,在继续保持联邦航空局的安全管理的前提下,取消了航线认可、认可运费等,通过这些措施,航空公司可以自主地加入航线,自由地确定运费,自主地提供新服务等。通过放松规制,美国航空价格水平有所下降,航空公司的效率因此提高,资源得到了充分利用。

2. 内陆运输业

在铁路方面,运费的设定、企业合作以及路线变动的规制有了弹性,全面取消了州际商业委员会的运费规制,使得部分铁路运费由最高价规制改为实现了自由化。1980年通过的《汽车运输法》使得卡车业大幅度放松了进入规制和价格规制,并废除了反托拉斯法适用除外的制度,企业在运费方面也有一定的提高或降低运费的自由。在公共汽车行业,公共汽车规制修改方法放松了市场准入规制和收费规制。

3. 银行业

20世纪80年代后,美国取消了存款利率的规制,并对办理同样存款业务的所有金融机构的准备金率实现均等化,同时放宽了筹措资金幅度的限制。此外,还放松银行业的地理限制以及准许商业银行进入证券市场等。

放松规制有利也有弊,政府规制也不是尽善尽美的。在航空、证券、电信、铁路与货运业等方面,收费幅度大幅度下降,同时银行的存款利率上升。由于削减劳动力、抑制工资上升而提高了内部效率,企业效率也有了很大改善,企业行政经费有所降低,随着投资多元化的发展,资源得到进一步的利用。服务质量方面,如航空业也存在着一些问题,主要表现在出售超额定员机票、乘客少时不起飞、机内服务差等问题。

从美国经济性规制可以看出,在自然垄断性行业引入竞争机制是十分重要的。从总

体上看,传统观念认为自然垄断行业已不再被认为具有垄断特性,如电信、交通运输业。某些自然垄断产业的发展以及所带动的相关产业的发展,使得自然垄断产业本身也发生了某种变化,传统的自然垄断行业的垄断地位不断受到挑战。自然垄断行业因为垄断而造成的公众对其服务不满的状况,受到越来越多的指责,再加上经营效果不善给政府带来的财政包袱,政府开始重新审视这些行业。经过深思熟虑后,政府开始对某些行业进行改革,考虑在传统的自然垄断行业引入竞争机制。在引入竞争政策的案例中,电信行业最为典型。美国的邮政服务虽然一级邮件业务是垄断的,但二级邮件、三级邮件和快递服务是开放竞争的。可以预期,技术革新会使更多的自然垄断行业充满竞争。

(二)日本和英国规制改革

20 世纪下半叶,尤其是在 70 年代后,以美国、日本、英国等国家为中心,对电信、运输、金融、能源等许多产业领域都实行了放松规制。深刻变化的背后有着世界经济、社会和理论思潮变化的广阔背景。规制理论的发展也为美国、英国、日本和韩国等国家政府规制改革提供了理论的支持和指导。

1. 日本放松规制的内容及成果

20 世纪 80 年代后半期,随着世界经济全球化与一体化,以及日本经济的日渐成熟,日本面临着放松机制的机遇与挑战。日本政府成立临时行政调查会推行行政改革,改革涉及新政组织的撤销与合并、公营公司的民营化、养老金制度的改革等。首先,在电信产业,临时行政调查会建议在日本电信电话公营化时引入竞争机制;其次,建议对银行、财产保险、运货、石油业、酒精销售及蚕丝、缫丝业采取放松规制措施;最后,建议放松有关检查审核制度、基准认证制度、资格审定制度等社会性规制。政府采纳了这些建议,对 254 个项目实施了放松规制措施。

日本放松规制的成果在电信业中表现得较为明显,主要是价格有所下降,收费有所降低,电信企业还实行夜间和星期天、节假日减费制度,费用体系结构多样化。服务质量也有所改善,如在电话服务、信息处理服务、通信处理服务、广播节目通信服务等各项服务领域,已能提供多种多样的新服务。企业效率提高,如日本电信电话公社和国际电信、电话股份公司遭受竞争威胁,从而采取了经营和效率化的对策,切实提高了企业经营效率。在电信行业,更新了设备,扩大了投资,带动了关联产业的连锁效应,刺激了经济增长。

2. 英国放松规制的内容及成果

自 20 世纪 80 年代起,英国开始对自然垄断性产业的政府规制进行改革,出台了相关法律为自然垄断性产业政府规制体制改革和实行政府规制提供了依据。在立法的同时,依法确立了相应的政府规制执法机构,各个执法机构依法履行规制职能。英国还十分重视对政府规制的社会监督,力求公平、公正、公开。

英国放松规制改革也取得了相当显著的成果。以电信业为例,截止到 1996 年,英国已经有 150 多家企业取得了从事通信行业的许可证,整个电信产业的各个领域都在不同程度上发挥了市场竞争机制的作用。目前,英国电信产业已成为世界上最开放、竞争度最高的电信产业之一。

英国在放松规制的过程中也存在着一些问题。首先，政府不重视微观规制，规制建设比较落后。其次，政府规制权力过分集中，规制活动的成效很大程度上取决于个人的能力及风格。最后，政府规制政策存在不确定性。

二、现阶段我国自然垄断产业的特征

在我国电力、铁路、电信、民航等自然垄断产业中，普遍夹杂着浓厚的行业垄断色彩，"政企合一"是最直接的表现形式。现阶段我国自然垄断产业的垄断类型是：自然垄断加行业垄断。由于有行业垄断的保护，自然垄断产业内部一些已不具备自然垄断特征的环节，仍然被看作自然垄断、限制竞争、实行独家经营，从而引发了严重的低效率和限制有效竞争的问题。我国现阶段自然垄断产业的主要特征有：

（一）行政性垄断特征明显，行政效率低下

我国的自然垄断产业是由政府在计划经济体制下投资建立和发展起来的，拥有国家行政力量的支持和保护，属于典型的行政性垄断。政府建立企业并指派企业的负责人，运转资金由政府拨给，产品、劳务的价格由政府制定，盈亏由政府承担，不存在什么经营风险，因而作为规制者的主管部门或地方政府与国有企业之间政企不分，甚至政企一体化现象十分严重，使得行政效率低下。

（二）自然垄断产业的经营主体经营效率低下

我国自然垄断行业的企业产权结构单一、国有产权流动困难，已经成为要素重组、资产流动的"瓶颈"，从而影响了国民经济的运行效率和人民的生活质量。企业的董事长、经理等都由政府直接派遣，对上级行政人员负责，企业的激励机制和约束机制弱化。企业缺乏竞争者就缺乏降低生产成本、提高效率以及创新的动力，会影响企业的长远发展。

（三）缺少透明和全面的规制法律框架

目前我国规范自然垄断产业行为的法律主要有两类：一类是规范一般市场竞争行为的法律，如《反不正当竞争法》；另一类是特定领域的产业法，如《铁路法》《电力法》等法律。《反不正当竞争法》对自然垄断产业有关的规定过于简单粗糙，不能满足建立与维护自由、公平、有效竞争秩序的需要。而现行《铁路法》《电力法》等产业法大多制定于规制改革以前，其指导思想往往是为了保证国家基础设施的安全，而不是为了规制市场行为。

（四）我国自然垄断行业独占国内市场份额，缺乏国际竞争力

我国自然垄断行业在国内受到行政力量的保护处于"强者"地位，行业内没有提高效率的动力，行业外也没有竞争对手以及潜在的威胁与压力。在竞争激烈的国际市场上，传统的经营方式使自然垄断企业面临严峻的挑战，尤其在加入WTO以后，国外公司大量进驻我国，我国企业由于缺乏技术创新和品牌创新意识，跟不上时代发展的潮流，产品质量、服务等各方面均落后于国外同行企业，遭受排挤，处于"弱者"地位。

中国政府规制理论和政策的研究起步较晚,规制体系不够完善,在市场经济中遇见的诸多问题,还需要政府规制加以解决。

培育市场经济需要强化政府规制。目前,中国还处于培育市场经济阶段,政府规制法律体系不健全,政府规制制度并不完善。需要加强政府规制,不断地纠正现阶段市场经济的缺陷,才能建成成熟的现代市场经济体制。

建立管理市场经济的制度需要强化政府规制。中国管理微观经济和市场主体的制度缺失,在旧的制度被废弃了后,适应市场的新的政府管理微观经济、规范市场主体行为的制度和方法没有及时确立。应加强政府规制,通过不断地弥补政府管理市场经济漏洞和缝隙,建立健全的微观经济和市场主体制度。

建立市场经济秩序需要加强政府规制。必须加强中国政府规制,才能有效地规范市场主体行为,建立经济秩序,最终形成公平、公正、有序竞争的市场。

提高市场效率需要加强政府规制。我国现阶段市场经济法律体系不健全,管理市场主体的制度不完善,社会信用体系不健全,简化政府规制,或放松对微观经济活动的监督和管理,会加剧市场经济秩序混乱,提高市场交易成本,延缓市场经济发展。因此,为了培育市场和提高市场效率,需要加强政府规制。

案例分析

欧盟对微软捆绑销售的规制

微软违反《反垄断法》第二部分,即微软将它自己的互联网浏览器,捆绑到它已经具有市场支配地位的个人电脑操作系统 Windows 上去,这种做法对其他互联网浏览器公司造成了打击,构成不正当竞争。

网景公司 Netscape 先行占领市场,微软公司奋起直追,开 Internet Explorer(简称 IE),对 Netscape 网景公司造成了重大打击。

欧盟控告微软在自己的操作系统上,免费捆绑媒体播放器。2008 年,欧盟的法院驳回微软上诉,罚微软 14 亿美元。

市场监管总局对阿里巴巴集团垄断的规制

2021 年 4 月 10 日,市场监管总局发布了阿里巴巴集团反垄断调查的《行政处罚决定书》。市监总局在决定书中认定,阿里巴巴集团违反了《中华人民共和国反垄断法》第十七条第一款第(四)项规定。该项规定禁止具有市场支配地位的经营者没有正当理由,对交易相对人进行排他性限制。根据《反垄断法》第四十七条、第四十九条规定,市监总局责令阿里巴巴集团停止违法行为,并处以人民币 182.28 亿元(约美金 28 亿元)罚款,相当于阿里巴巴集团 2019 自然年度中国境内销售额人民币 4557.12 亿元(约美金 696 亿元)的 4%。同时,市监总局向阿里巴巴集团发出《行政指导书》,要求阿里巴巴集团在严格落实平台企业主体责任、加强内控合规管理、维护公平竞争、保护平台内商家和消费者合法权益等方面进行全面整改,并连续叁年向市监总局提交自查合规报告。

中国银保监会对中国银行的"原油宝"案的规制

美国东部时间2020年4月20日,美国WTI原油期货5月合约到期日,收盘出现罕见暴跌,跌出史上第一个负数结算价—37.63美元。受其影响,中行"原油宝"美国原油5月合约发生"穿仓":投资人不仅血本无归,并且还倒欠银行1~2倍的钱。此后,大量投资者纷纷维权,向中国银行讨要说法。据报道,中国银行"原油宝"有6万余客户,此次穿仓事件造成的总体损失规模不低于90亿元。

4月21日,是美国原油5月份合约的最后交易日,交易商需要在这个日期前,将手头持仓的多头合约进行卖出平仓,并且是不计成本地卖出,因为如果不这样做,意味着将收到原油现货,而届时将会耗费巨大的交易成本来接货。(由于疫情期间的原油市场需求量太小,而运输、仓储等成本又过高,所以会不计成本地卖出。)

多头互相踩踏,空头推波助澜,越下跌,就越是被迫平仓,被迫平仓又找不到对手盘,所以油价跌成了"负值"。

这就是期货交易中的"穿仓"。"穿仓"就是指客户不仅将开仓前账户上的保证金全部亏掉,而且还倒欠期货公司的钱。随后中国银行发出通知,要求投资者补充这部分穿仓亏损。这意味着,这批中国银行"原油宝"的做多客户将承担这次"负油价"的全部损失。

银保监会:以事实为依据,以法律为准绳,对中国银行及其分支机构合计罚款5050万元;对中国银行全球市场部两任总经理均给予警告并处罚款50万元,对中国银行全球市场部相关副总经理及资深交易员等两人均给予警告并处罚款40万元。

思考问题:
1. 为什么捆绑销售、排他性交易会导致不正当竞争?
2. 你如果是银行总经理,从"原油宝"案中吸取到什么教训?

第十一章 产业竞争力

第一节 产业竞争力的内涵

产业竞争力实质上是产业的比较生产力。比较生产力,是一个企业(行业,甚至整个工业)能够以比竞争对手更有效的方式持续生产出来消费(包括生产性消费)者所愿意接受的产品,并由此而获得满意的经济收益的综合能力。具体来说,比较生产力是与竞争对手相比的生产力。在市场竞争中,生产力的高低,只有与竞争对手相比才有意义,因此,比较生产力是一个相对的概念。比较生产力是以一定的技术条件和管理水平为基础,最终的实现形式是企业产品(包括与之相联系的服务)。比较生产力是种综合性的供给能力,不仅表现在生产环节,而且还体现在产前产后的各个环节之中。检测比较生产力高低的最终指标是其所生产出的产品能否在市场上得到实现,即被消费者接受,并使生产者获得满意的经济收益。

就概念而言,比较生产力与一般所说的生产力并没有实质的不同,但却进一步强调了与竞争对手相对的比较意义。因此,同类产品的生产效率是生产力的表现,所以,比较生产力不仅具有一般的效率含义,而且包含着竞争对手之间相对立的策略含义。

产业竞争力主要存在两层含义:一种是指把一国产业作为一个整体并与其他国家相比,其所具有的国际竞争能力;另一种是指一个国家的特定产业在国际竞争中所具有的竞争能力。在本章,产业竞争力的定义为:在国际自由贸易条件之下,一国产业依据其相对于其他国家来说所具有的更高的生产能力以及生产效率,并向国际市场提供满足需求的更多产品,可以得到持续获得盈利的能力。

第二节 波特的产业竞争力模型

一、产业竞争力的钻石模型

产业比较优势转化为竞争优势的过程,需要现代化的基础设施、高素质的人力资源、相关的支持性产业、有效竞争的市场结构、科技创新能力、增长的国内需求条件等一系列的条件。迈克尔·波特认为，各个产业对其经营环境都有不同的要求，相同的国内环境有时会特别有利于某些产业的发展，造成这些产业的繁荣，同时也会特别阻碍另一些产业的发展，使其变得相对落后。为了给产业竞争优势提供一个比较完整的解释，波特提出了一个"关键因素图"（如图 11-1 所示）。

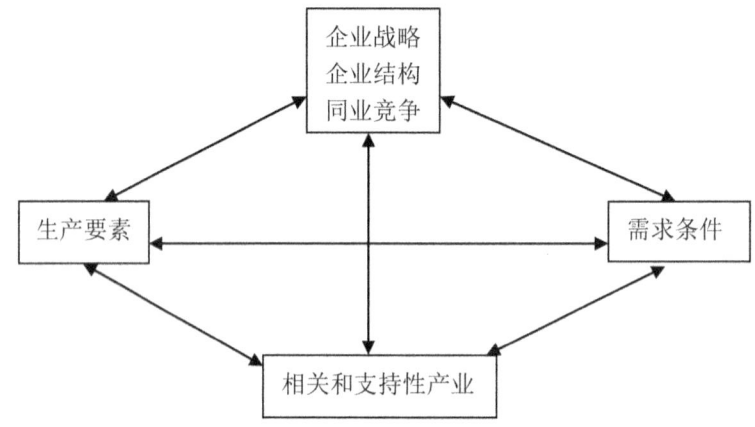

图 11-1　产业竞争优势的"钻石体系"

波特的基本观点是，国内经济环境对产业竞争优势有很大的影响，其中影响最大、最直接的因素是：需求条件、生产要素、相关和支持性产业及企业战略、结构和同业竞争等四方面。这四个因素对本国产业竞争优势的培育可能会加快，也可能会造成产业发展停滞不前。在一个国家的诸多产业中，最有可能在国际竞争中取得成果的都是在这四个关键因素中居于特别有利地位的那些产业。因此，这四个关键因素是一个国家产业竞争优势最重要的源泉，被称为影响产业竞争优势的"钻石体系"。

第一个关键因素是需求条件，是国内市场对某一类产品或服务的需求。波特认为，国内市场的大小及性质不但影响生产的规模和效率，更重要的意义在于它是产业发展的动力，会刺激本国企业对产品或服务的改进和创新。本国市场要促进产业竞争优势的形成，就必须细分市场的需求结构，要善于满足要求比较苛刻的客户需求，要能够预测需求走向。

第二个关键因素是生产要素，是生产某种产品所需要的各种资源投入，其中包括：天然资源、知识资源、人力资源、资本资源以及基础设施。生产要素又可进一步分为两类：初级生产要素（basic factor）和高级生产要素（advanced factor）。初级生产要素是指一国先天拥有或用不太大代价就可得到的要素，比如天然资源、地理位置、非熟练或半熟练劳动力、融资、气候等；高级生产要素是指只有通过长期投资或培育才能创造出来的生产要素，比如现代化的通信基础设施、大学和研究机构、高质量人力资源等。随着世界产业结构的不断升级，初级生产要素的重要性正逐渐下降，而高级生产要素的获得和培育对于国际竞争的作用日渐增加。

第三个关键因素是相关和支持性产业，是与某个产业相关联的上游产业或互补性产业。支持性产业主要是指那些能够提供原材料、零部件、机械设备等的上游产业，且能为下游产业快速有效地适应市场的需求变动、降低成本、提高竞争优势而创造条件。相关产业是指由于共用某些技术、共享类似的营销渠道或服务而联系在一起或具有互补性的产业，这些产业可以进行合作、信息分享，甚至在电脑、设备和应用软件等方面达到互补，形成相关产业在流程、销售、市场、技术或服务上的优势竞争。

第四个关键因素是企业的战略、结构和竞争对手，是企业如何在一个特定的国家环境中创立、组织、管理公司，以及竞争对手实力如何。对于不同的国家，即便是相同产业的公司在目标、策略及组织形式等方面的构建也会大相径庭。产业竞争优势是各种差异条件的最佳组合。某一产业的公司在公司目标、策略及组织形式等方面的选择如果与该国产业竞争优势资源恰好相符，那么该产业的竞争优势将可充分地展现出来。一个国家内部市场的竞争结构同样也会对产业竞争优势产生重大的影响，国内竞争的激烈程度对于创造和保持竞争优势十分重要。波特认为，除了以上四种主要的影响因素外，还有两个重要的变量可能对产业竞争优势产生重要影响，即机遇和政府（见图11-2）。机遇是指那些超出企业控制范围的突发事件，是不可控因素，如技术的重大创新、战争、石油危机等。机遇可以打破当时的竞争环境、竞争秩序，创造出"竞争断层"。虽然断层使原有产业的竞争地位丧失，但也提供了一些新的机会。政府通过在补贴、生产标准、竞争条例、资本市场等方面的政策来直接影响企业、产业的竞争优势。曾经 Q. 约翰逊对亚洲新兴工业国或地区（亚洲四小龙）的经济成就进行了分析，之后他也指出：为了经济的发展，一个具有发展导向的集权的"硬的"政府是必要的，因为它不仅为投资提供了稳定的环境，而且为政策的有效贯彻提供了所需的机构。但机遇和政府对竞争优势的影响并不是决定性的。同样的机遇会给不同的企业造成不同的影响，能否利用以及如何利用机遇还主要取决于四种基本因素。政府对产业竞争优势的作用主要体现在对四个关键要素的引导和促进上。

依照比较优势和竞争优势的产业扩张，要求产业的发展要以比较优势为基础，但应当以培育和提升产业竞争优势作为更重要的一点。

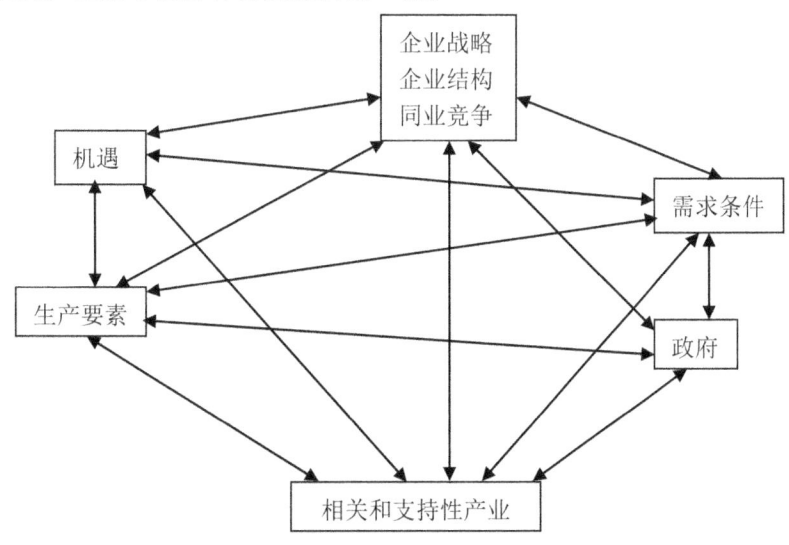

图 11-2　产业竞争优势的影响因素

中国产业应当在世界产业体系中找到自己的位置并不断增强自身的竞争力。制度变革是产业竞争力提高的重要条件,但产业竞争力并不会因制度的变革而自动地强大起来。在世界经济一体化的今天,按照波特教授的看法:一个国家产业的竞争力应当与该国的要素禀赋、相关产业支持、市场结构形态、需求条件等相关联,一个国家的产业竞争力也就是一个国家的竞争力。这个观点虽然有道理,但不够全面。由于世界经济一体化,一个国家的产业竞争力从本源上来看应该是内生的,但还取决于该国产业参与世界产业体系的程度以及在其中的位置。波特教授对竞争力的内生性变量的把握是浅层次的。产业竞争力的本源性变量应该是产业知识吸收与创新能力。我们看到有这样的案例:即便它的要素禀赋、相关产业支持、市场结构形态、需求条件不一定很符合波特教授的要求,但它的产业却仍有相当大的竞争力,如日本、韩国等。

二、产业竞争力的新钻石模型

在波特教授"钻石结构"的基础之上做出一些修改(见图 11-3),称为"新钻石模型"。

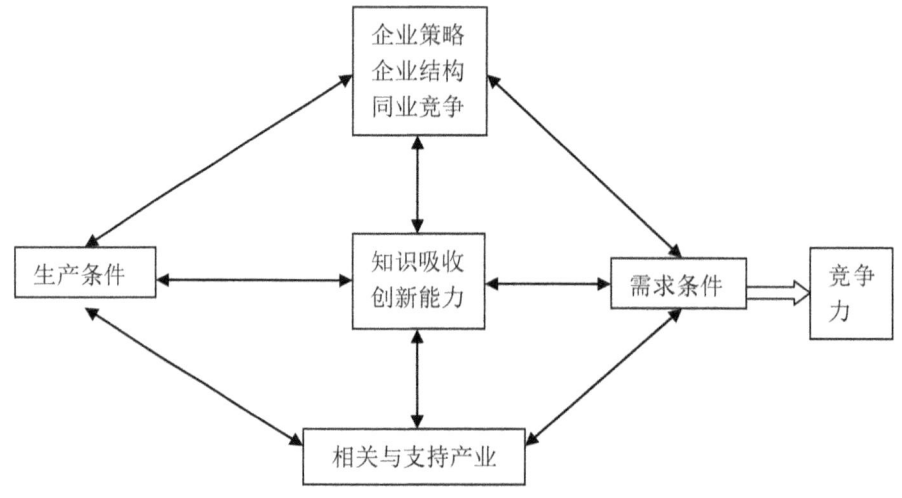

图 11-3 产业竞争的"新钻石模型"

钻石体系加了个核心,有了这个核心才可能真正发展出产业的持续竞争力。因此,不管是现在还是未来,中国产业发展应当首先培养自己的知识吸收及创新能力,其次要在更大程度上参与国际产业的分工体系,并在产业链中谋求更好的位置,进而在全球经济中持续发展本国的产业竞争力。

(一)鼓励企业走自主创新道路

1. 将出口补贴政策逐渐转变为研发投资补贴

当前出台的出口补贴政策,导致相当一部分企业局限于技术含量低、投入少、进入门槛低的产业,这些企业总是占用大量出口配额,造成环境污染,但并不能真正赚取利润,它们的生存仅仅是为了获得出口补贴。因此,将出口补贴政策转变为研发投资补贴将有利于企业的产品结构、产业结构逐渐向科技含量高、自主创新能力强、国际竞争力高的方向转变,同时并不需要政府额外承担财政负担。虽然牵扯到的税收制度变更不一定是由区政府决定,但这一方面的努力是值得的。提高自主创新能力是我国在当前和今后很长一段时间的一项重要任务,并将持续下去。

2. 增加政府在支持产业与企业技术开发等方面的直接投资

由主要支持公共科研项目的投资转变为通过多种形式向企业的研发提供投资。可以采用的形式一般包括:利率补贴、贷款、贷款担保、参股、拨款等。同时改变以所有制类型为依托的资源分配方式,建立竞争性效率导向的资源分配体制,使创新资源逐渐向高效率的企业流动。

3. 激励高新技术企业的加速折旧

当前折旧制度落后,折旧率比较低,导致了企业设备落后,工艺陈旧,产品创新和工艺创新不能达到产业发展的需求。加速折旧表面上会因多提取折旧导致成本增加,但实际上相当于企业从政府获得一笔优惠的无息贷款。最近两年,北京市规定针对高新技术企业研制开发新技术、新产品、新工艺,在当年所发生的各项费用及为此所购置的单台价值不足 10 万元的试制用关键设备、测试仪器的费用,可一次性或分次摊入成本,对购买国内外先进技术、专利所发生的费用,经有关税务部门批准,可在两年内摊销完毕。

4. 科技创新活动的税收优惠政策

对新产品和研究开发支出实施减免税的优惠政策。具体的实施方案包含"所得税减免"和"应税收入抵扣"。例如,在高新技术成果转变中做出重大贡献的专业技术人员和管理人员,政府授予其荣誉称号并给予奖励,所获得奖金免征个人所得税;高新技术企业当年发生的技术开发费比上年实际增长在 10% 以上的,当年经有关主管税务机关批准,可按技术开发费实际发生额的 50% 抵消当年应纳税的所得额

5. 运用政府的直接采购政策,为新产品提供销售市场,扶持新产品的发展

通过预算控制、招投标等形式,凡是纳入浦东新区预算管理的机关、事业单位及社会团体,对于同类产品,应优先采购转化高新技术成果的产品。此外,政府采购对资助对象往往有特定的要求,中小企业相对而言较难获得这方面的资助。因此,需要通过其他辅助政策,比如创新基金,增加中小企业同样获得资助的机会。

(二) 优化生产要素的结构和水平

在现代国际竞争中高级生产要素的地位和作用越发重要,包括科技知识、经济信息、高级专业人才、基础设施等,因此"政府最传统、最重要的角色就是创造和提高生产要素"。由于生产要素的标准越来越高级化、专业化,一国长期的竞争优势并不是取决于现在的生产要素,关键是要看"是否有一套能持续提升生产要素的机制"。政府提升生产要素结构和水平的作用,具体体现在以下几点。一是要重视教育和训练。强化教育和培训机构是优化并提高产业竞争优势最具有远见、最可行的手段。二是要提高研究和开发能力。波特认为,政府在科技创新方面要起着引导及带动的作用,要在政府资金的支持下形成以高等院校为主、专业科研院所为辅的研究开发机制,鼓励企业研究开发,把研究开发与产业竞争优势相互协调起来,促进技术商品化和技术扩散。三是要发展现代化的、高级的基础

设施,包括一些先进的交通运输、后勤补给和电信设施等。四是要培养信息整合能力。政府要扮演好收集和传播信息的角色,建立完善的产业发展信息网。

(三) 创造良好的市场竞争环境

目前我国的市场竞争秩序仍然比较紊乱,过度竞争、行业性的垄断、社会信用体系不完善问题仍然未能完美地解决。这些问题不同程度上影响着产业竞争力。因此,需要政府创造条件良好的市场竞争环境,使市场竞争既保持着新鲜的活力,又能发挥规模经济性。政府在创造市场竞争环境上,一方面要加紧对行业性垄断产业的改革和重组,使自然垄断业务与竞争性业务相分离,加强对自然垄断的规制,进一步扩大竞争性业务的市场准入;另一方面要加强建立健全市场公平交易法、反垄断法、行业守则和行规,整顿市场秩序,打破地方保护主义,保障社会信用体系。

(四) 扩大国内需求

国内市场需求对培养产业竞争优势有着重要影响。一方面,本国企业在把握国内市场机遇、满足国内需求和创造竞争优势等方面,要比国外企业更加容易,也比国外市场容易,有利于本国企业的优势成长;另一方面,国内市场需求的成长和规模的扩大,会激励企业扩大投资、引进先进技术、更新陈旧设备。相反,若国内市场需求缓慢,则会使企业的投资和设备更新缓慢,不利于企业成长。同时,如果国内市场规模不足,成长慢,则会刺激本国产业对国外市场过度的依赖,容易受国际市场波动和保护主义的不利影响。当然,这并不是说,开拓国际市场不重要。相反,国际市场是国内市场的延伸与开拓,有利于产业竞争力的进一步提高。但是,满足国内市场的需求是开拓国际市场的基础,是产业竞争力的基本动力源泉。因此,对在计划经济时代形成的局限特定产品消费的政策要进行废除,创造良好的消费市场环境,为产业竞争力创造宽松的市场环境。

(五) 致力于制度创新

依托比较优势和竞争优势的产业竞争力,实质上是社会资源的流动与重新组合。因此,完善的市场机制是产业竞争力发展所面临的最重要的制度条件。当前,继续调整所有制结构仍是一个很重要的问题,既坚持以公有制为主体,又积极鼓励和引导个体、私营等非公有制经济的健康发展,为产业竞争力的发展创造一个充满活力的微观基础。一方面,要依照"有进有退""有所为,有所不为"的方针,持续推进国有经济布局的战略性调整,不断缩小国有经济战线;另一方面,要分清楚限制非国有经济发展的政策性限制,扩大非国有经济的市场准入制度,为产业竞争力创造更灵活的微观机制。

第三节 产业竞争力的测算方法

一、产业竞争力的评价原则

产业竞争力的影响因素具有广泛性、系统性,产业竞争力评价本身具有目的性、实用性等特征,它们共同决定了在产业竞争力评价指标体系构建及评价过程中应当遵循以下三点原则。

(一) 科学性

在产业竞争力评价中,科学性这一原则主要体现在对产业竞争力概念认知的正确性、评价指标体系构建的合理性、评价方法的逻辑严密性和数据分析的准确性等方面。

(二) 可行性

可行性原则主要是指指标体系的构建要尽量建立在波特"钻石理论"基础之上,又要考虑产业竞争力指标体系的数据必须有可靠的收集渠道,同时指标体系要简繁适当,计算、评价方法简便、明确、易于操作等。

(三) 过程指标和状态指标相结合

过程指标指那些反映产业竞争力提高过程中的指标,而状态指标是指那些反映产业竞争能力或竞争结果如何的指标。由于产业竞争力具有十分明显的动态性,仅仅从静态角度对其进行考察是不全面的。在评价产业竞争力时,不仅要有反映当前产业竞争力状态的静态指标,还要有能反映产业竞争力变化趋势的动态指标。

二、产业竞争力指标体系的构成

产业竞争力指标体系的构成主要包括产业竞争力的显示性指标和产业竞争力的分析性指标两部分。

(一) 产业竞争力的显示性指标

一国产业的生存空间可用该产业所拥有的国内市场份额与国际市场份额之和来表示。而特定产业良好生存空间的经营和维护主要是依据该产业强大的竞争力。显示性指标具体通过以下几点来显现。

1. 市场占有率

市场占有率是评价产业竞争力最常用、最具说服力的指标体系之一,既可以用来分析一国某产业产品在国际或者国内市场上的市场占有率,也可以用来分析一国某企业产品在国际或者国内市场上的市场占有率。就产业国际竞争力而言,通常分析该国该产业产品销售额在该国该类产品总销售额中所占的比重,以及该国该产品出口额在全世界该类产品销售额中所占的比重,从中得出初步的结论。

2. 产业国内市场份额

该指标反映的是国内产业在国内市场上的生存空间,其份额越大,表示其在国内市场上的生存空间越广。它主要是用国内产业在国内市场的销售额占国内市场全部销售额的比重来衡量。

3. 产业国际市场份额

该指标反映的是国内产业在国际出口市场上的生存空间,其份额越大,表示其在国际市场上的生存空间越广。它主要是用国内产业的出口额占世界市场出口总额的比重来衡量。

4. 相对市场绩效指数

产业市场绩效是指产业市场地位的集中体现,是总体地体现产业竞争力的一个指标。该指标反映的是产业生存空间的长期变化趋势,主要是用国内市场相对绩效指数和国际市场相对绩效指数来衡量的。国内市场相对绩效指数主要用该产业的国内市场份额占国内各产业市场平均份额的比重来衡量。国际市场相对绩效指数是用该产业产品出口在国际上该产业产品出口中的份额占该国所有产业产品的出口在国际总出口中的份额的比率来衡量。

5. 贸易竞争指数

贸易竞争指数主要是通过对一国某类产品进出口额的计算,表示这个国家是某类产品的净出口国,以及净进口和净出口的相对规模。若贸易竞争指数为正,则表示该国这类产品的生产效率高于国际水平,对世界市场来说,该国是这类产品的净供应国,该国具有较强的出口竞争力。若贸易竞争指数为负,则表示该国这类产品的生产效率低于国际水平,其出口竞争能力比较弱。若贸易竞争指数为零,则表明该国这类产品的生产效率与国际水平持平,其进出口属于国际进行的品种交换。

6. 产业集中度

产业集中度主要从产业的内部组织来反映产业的生存空间。如果产业集中度有较大的提高,即便从总体上来看产业国内市场份额没有变化或略有下降,那么产业的生存空间状况仍然得到了改善。产业内单个企业的市场份额提高了,导致其创新和发展的能力也获得相应的提高,它主要是用产业内最大几家企业的销售额占产业总销售额的比重来衡量。

7. 产业国内竞争度

这是表示产业生存空间长期变化趋势的一种指标。激烈的国内竞争会促使产业内企业努力进行改进和创新,更重要的是,还会迫使国内企业尽力拓展海外市场。因此,产业国内竞争度较高将有利于产业拓展其生存空间。它主要是用有相当竞争能力的产业内企业的数量多寡来衡量。

8. 产业研究开发费用

技术进步和创新在国际竞争中的作用日渐突出,因而产业的研发费用支出表示着产业未来国际竞争力的强弱。它主要是用产业研究开发费用的绝对值或者是产业国际的横向比较来衡量的。产业研究开发费用较高,则表明产业的国际竞争力较强。

(二) 产业竞争力的分析性指标

产业竞争力的显示性指标反映的主要是具体时点某一产业国际竞争力的现实水平,相比而言,产业竞争力的分析性指标反映的主要是该产业之所以会呈现出这种水平的背景及原因。

1. 资源

资源主要包括劳动力、资本和自然资源等。资源禀赋指的是某一地区所拥有资源的相对份额。在不同地区其资源禀赋也并不一样,这种差异就是产生比较优势的基础。一般情况下资源禀赋对农副产品加工业与矿产品加工业等方面的竞争力影响比较大。

2. 区位因素

区位因素主要包括产业所在地的位置、交通和通信等状况。随着经济全球化进程的不断加快,生产要素的空间流动范围也在不断加大,区位因素主要是通过影响生产要素的流动成本来影响产业竞争力。

3. 经济政策

对于强调政府调控的国家,经济政策也会对其产业发展的基本格局产生重要的影响,并为产业发展提供相应的竞争环境。不同的政策环境会对产业生产要素中人的行为产生不同的影响,并进一步影响产业竞争力。

4. 产业投入

从产业投入的资本、劳动等要素的数量与质量等方面考察产业的竞争力,可采用产业人均装备率、产业固定资产投资力度、产业的企业平均规模以及产业工程技术人员相对比重等指标。

5. 产业技术水平

对于考察产业的竞争力而言,除去已入选的主要作为投入等方面指标的产业工程技术人员相对比重外,还可以采用产业的固定资产新度系数以及产业的技术进步指数指标。

6. 产业的可持续发展能力

从产业发展、资源利用、环境保护三者关系角度来考察产业的竞争力,可采用的指标主要有产业的能源消耗强度指数、产业"三废"综合利用产品产值率指数、产业单位产出"三废"排放指数等。

除此之外,产业组织效率、合作的效率、学习与创新能力等都可以是增强产业竞争力的关键因素。

第四节　提高产业竞争力的途径

产业竞争力的各类因素并不能自发地形成产业竞争力,需要通过一系列的过程才能使它们转变为产业竞争力。产业竞争力主要是在企业生产经营动态过程中形成与发展的。波特教授经过对多个国家的产业的国际竞争力进行研究表明,一国的特定产业是否具有国际竞争力主要取决于生产要素、需求条件、政府行为等六个因素,而这六个因素又构成了著名的产业国际竞争力"国家菱图"(又叫"国家钻石")。结合区域经济发展理论,提高区域产业竞争力的原理和策略途径主要有以下几点。

一、调整优化产业结构

关于经济发展与增长最直接、最有决定意义的是产业结构的优化与升级。良好的产业结构是经济增长与经济可持续发展的必要条件,产业结构状况对于产业竞争力水平的发展具有重要的意义。根据库兹涅茨的研究结果和"配第-克拉克定理",我们发现产业结构越是优化,资源的配置就越向高级产业转移,同时原有产业的资源使用效率就越高,那么区域整体产业竞争力的水平越高。在现有的资源禀赋条件基础之上建立地区的产业优势,并且通过产业结构的不断优化逐渐来实现。相反,不合理的产业结构不仅不利于产业优势的发挥,而且还会制约地区经济的发展。

经济增长水平与产业结构水平的相关变动已经被大量理论和实践证明了,而实际上产业结构的变动反映了产业体系之中各产业间的竞争力以及地位的相对变动。

二、充分利用资源要素培育特色产业

从增长极理论可以看出,增长并非是同时出现在所有地方,它总是以不同的强度先出现于一些增长点或增长极上,然后再通过不同的渠道向周围扩散,并进一步对整个经济产生不同的影响。依据这一观点,在地理或抽象的空间方面,那些有创新能力的增长性公司及厂商组成了推进型企业发展的核心。一个落后地区能否迅速发展起来的关键在于是否具有一个区域增长极,而组成这种区域增长极的核心就是要具有一批规模强大、增长迅速、关联度较高、创新和控制能力较强的推进型产业和企业。因此,以竞争力的角度来看,产业竞争力的大小将主要取决于是否具有区域增长极,而区域增长极主要取决于其周围环境、推进型产业和增长传递机制这三方面的因素。

不同地区依照其独特的资源禀赋选择与培育的特色产业将具有较高的生产控制力、增长推动力、产业关联度,因此,将会具有较高的竞争力。

三、坚持市场需求导向

产业结构变化的原动力是需求结构。在市场经济条件之下，产业的竞争最终将体现在市场需求的竞争方面。特别是在买方市场条件之下，市场竞争与开拓是产业发展的关键因素。不管是传统产业还是新兴产业，没有市场需求就没有所谓的竞争力。市场对某一产业的产品和劳务需求量较大，表明该产业相对而言具有较高的竞争潜力。需求不仅是竞争力提高的结果，还是进一步提高的前提条件。

产业结构除了受到本地需求结构的影响，还受到其他地区需求结构的影响。在国际分工的条件之下，地区产业结构虽然仅仅作为总体产业结构的一部分，但它还是受到了国际市场需求结构的影响。较大的出口规模与较强的出口创汇能力是增加产业竞争能力的主要条件。对于一个地区来说，对国内外各种资源要素的集聚与优势能力的扩散也就是产业竞争力的集中表现。

四、重视高新技术引进

现代科学技术具有高度的渗透性、创新性、倍增性和带动性，技术因素可以说是直接影响区域产业竞争力的决定性因素。科技进步对于区域经济增长作用的大小主要是取决于科学技术成果在生产实践之中的推广应用程度以及生产技术的革新。一项知识形态的科学技术成果单独并不能发挥什么作用，它只有在生产实践中得到推广应用并取得有效成果时，才能转化为现实形态中的生产力，进而推动区域经济的增长。

梯度推进理论主要起源于美国哈佛大学教授弗依等人所首创的"工业生产生命周期阶段论"。从区域经济梯度推进理论可以看出较为发达的地区属于高梯度地区，而不发达地区属于低梯度地区。新兴产业与高技术产业应当在高梯度地区优先发展，传统产业则应在低梯度地区发展，产业结构的升级将会有次序地由高梯度地区逐渐向低梯度地区转移。

然而，事实证明在区域经济发展之中也存在着反梯度现象，即在总体经济比较落后地区也能培育出具有竞争优势的产业，这是先进技术和管理方法等多种因素的引进与推广应用所造成的结果。

五、制定合理的产业政策

产业政策是政府制定的有关产业保护、扶植、调整以及完善经济发展等措施的综合体现，主要包括产业组织政策和产业结构政策。从宏观角度来看，国家可以运用经济、法律、行政等多方面的手段来实施产业政策和区域政策，进而提高区域产业竞争力。比如我国深圳经济特区产业竞争优势的形成主要就是由于国家给予特区的优惠政策等。从中观角度来看，一个区域可以在国家宏观政策的指导之下，结合实际情况制定符合现实的财政货币、产业、投资政策等，以促进主导产业群、辅助产业群以及基础产业群的形成，进一步提高产业竞争优势。从微观角度来看，一个区域可以通过制定合适的产业发展政策，指引企业的结构优化,增强企业发展的活力与竞争力,为区域产业竞争优势的形成提供一定的微观基础。

案例分析

船舶制造业产业竞争力分析

从近10年中国船舶制造业占世界造船市场份额的变化可以看出,中国船舶制造业在全球市场上所占的比重正在明显上升,中国已经成为全球重要的造船中心之一。

2019年,我国造船三大指标(以载重吨计)国际市场份额继续保持世界领先,造船完工量、新接订单量、手持订单量分别占世界市场份额的37.2%、44.5%和43.5%。我国分别有4家、6家和4家企业进入世界造船完工量、新接订单量和手持订单量前10强。

在出口方面,2019年1—11月,我国船舶出口金额为221.2亿美元,同比下降10.3%。船舶产品出口到212个国家和地区,仍然以亚洲为主。我国向亚洲出口船舶的金额为124.3亿美元,占出口总额的56.2%;向欧洲出口船舶的金额为36.1亿美元,占16.3%;向非洲出口船舶的金额为24.8亿美元,占11.2%。

在国内市场竞争方面,2019年,我国造船行业市场集中度保持在较高水平,造船完工量前10家企业占全国67.2%;新接船舶订单前10家企业占全国74.8%;手持船舶订单前10家企业占全国69.4%。

华为公司竞争力分析

2020年11月,2020年度软件和信息技术服务竞争力百强榜单公布,华为技术有限公司位列第一名。国内某研究机构发布了《中国区企业存储市场2020年第一季度市场跟踪报告》,报告显示,受疫情影响,中国区整体企业存储系统销售收入下滑7.8%,华为销售收入则保持逆势增长,增长率10.4%,市场份额从2019年第一季度的20.2%提升到2020年第一季度的24.2%,连续19个季度在中国区排名第一,全市场收入增长率80.8%,市场占有率从22.5%提升到35.0%,在不同档次的产品类型中,华为全面引领高端、中端和低端存储市场,市场份额均为第一。

1. 坚持客户需求导向的技术创新方向

技术创新必须坚持以客户需求为导向。由于IT的快速传播,科学研究互相交流的手段越来越快捷,计算机仿真手段也越来越发达,因而促使各种新技术领先客户需求的距离越来越远,超越客户需求的技术将不能很快产生经济效益,只有支付得起这种在新技术领域清洗盐碱地成本的公司,才有能力领导潮流。华为现在还没有能力这样做。

华为与客户建立了十几个联合研究所,其目的主要是共同研究客户的需求。从满足客户需求的解决方案到产品设计和终身的售后服务,华为建立了一套集成的产品开发流程和组织体系,加快了对市场的响应速度,缩短了产品开发时间。

2. 向核心领域收缩,做自己擅长的、高附加值的事情

华为从创建到现在,实际上只做了一件事情,即义无反顾、持之以恒地专注于通信核

心网络技术的研究,始终不为其他机会所诱惑;而且即使在核心网络技术中,也在通过开放合作不断剥离不太核心的部分。

华为发展到今天的规模,仍然保持着清醒的头脑。在投资上,华为坚持"压强原则",集中资源,重点突破,决不拉长战线。在不断加大研发投入的同时,还大力开展世界范围的技术和市场方面的合作,与包括竞争对手在内的国际大公司建立战略伙伴关系,与TI、摩托罗拉、IBM、英特尔、朗讯等公司成立联合实验室,在印度、俄罗斯、瑞典等国设立研究所。而且还在不断地收缩产品线与管理的内容。对于要剥离的非核心业务,动员员工内部创业,从食堂、物业、包装、加工到工程安装、机柜组装已经创业200多个公司。这种剥离将会继续深入下去,大大地减少了华为的管理压力,而且它们提供的服务比华为自己干还要优秀。

华为早在1998年,就明确提出"收紧核心,放开周边"的方针,专心致志于三个领域,即宽带交换、光传输和移动通信领域。截至2017年底,研发人员也达8万名,占公司总人数的45%。每年投入的研发经费占到销售额的10%以上。

3. 引进世界先进实用的管理实践,夯实企业管理基础

企业的创新,包括技术创新和管理创新,它们如同车之两轮,鸟之双翼,缺一不可。企业的核心竞争力,说到底是管理能力的综合表现。

从1998年起,华为开始系统性、大规模地引入国外管理咨询公司,建立基于IT的世界级的管理体系。为了推行客户需求导向的产品开发,缩短产品上市时间,提高开发的成功率,以及为了确保按期交货,提高响应客户需求的柔性,在IT基础设施建设、集成产品开发和集成供应链管理上,与IBM顾问公司长期合作,老老实实向一家学好,"先僵化、后优化、再固化",不盲目、支离破碎地改动大的流程与程序,直到学明白。

4. 建立可持续的、自我激励和自我约束的机制

高技术企业的竞争,说到底是人才的竞争。华为坚持人力资本增值的目标优先于财务资本增值的目标,尊重知识、尊重人才,但不迁就有功的员工;实行自由雇佣制,但不等于不能终生在华为工作。华为的研发、营销和运作主要是以团队方式进行的,这种运作方式决定了华为必须坚持集体奋斗的方针。

华为从创业初期,就实行了员工持股制度,增强了凝聚力,吸引和留住了优秀人才,使员工与公司共享成功、共担风险。而且为了防止授权管理的经理人乱摊成本,以及为了探索资本与劳动如何共同创造财富和分配财富的合理方式,华为试行了虚拟利润考核分配制度,杜绝了管理者乱摊成本费用的现象。

企业的核心竞争力不光是技术,它还是综合的、多方面的。未来企业与企业的竞争,实质上是供应链与供应链的竞争。这条供应链,从与世界著名公司联合研发新技术的战略伙伴关系,到供应零部件的供应商,从客户需求、解决方案、系统集成,到工程安装、售后服务等伙伴的良好协调,这里面都构成核心竞争力的一部分。

问题:
通过上述案例,你认为企业竞争力最主要体现在哪些方面?

第十二章 产业安全

产业安全不纯粹属于经济范畴,也涉及国际政治。随着中国的崛起以及国际地位的提升,与大国的竞争日益激烈。以美国为首的部分西方国家为阻止中国崛起,对我国的产业重点打压。所以,本章内容的讲解有助于大家客观评价中国产业安全状况,提高大家的产业安全意识。

第一节 产业安全的产生、发展及特征

一、产业安全的产生及发展

产业安全的思想可以追溯到早期的一些贸易保护理论:重商主义的保护贸易理论、李斯特和汉密尔顿的保护幼稚产业理论等。第二次世界大战以后,一些经济发展水平相对落后的发展中国家出现了诸如普雷维什的"中心-外围理论"、巴兰的经济剩余转移理论等经济安全思想。从20世纪60年代开始,经济安全问题作为一个重大问题从传统的贸易保护理论中分离出来,受到各国政府和国际组织的重视。美国在60年代后期,就有学者开始关注"经济安全问题"。70年代,日本有些学者开始研究"日本的生存空间和经济安全问题"。到80年代后期尤其是90年代,越来越多国家的政府官员和战略专家对国家经济安全问题给予了高度重视。我国对国家经济安全和产业安全问题的研究始于20世纪90年代,由于研究的着力点不同,我国学者的研究形成了不同的产业安全观。从总体看,现有文献尚未形成成熟的理论体系和科学的分析方法,主要体现在未能对经济安全和产业安全加以严格区分,未能深入揭示产业安全问题的实质,进而准确把握决定产业安全的关键要素,并提出一套科学合理的产业安全评价指标体系。

二、产业安全的定义

目前国内有许多学者对产业安全问题进行了研究,但关于产业安全的定义,理论界还没有形成统一的定论。目前国内学者对"产业安全"的定义主要有以下方面。

王允贵(1997)从产业控制的角度给出了产业安全的定义,认为产业安全是指本国资本对影响国计民生的国内重要经济部门掌握控制权。国民经济各行业的发展主要依赖于

本国的资金、技术和品牌,支柱企业具有较强的国际控制力。赵世宏(1998)从国民产业安全的角度给出了产业安全的定义,他指出,产业安全既不是国家产业安全也不是民族产业安全,而是国民产业安全。国民产业权益包括两个方面:在总量方面,本国国民在本国市场中的产业权益在国际竞争中增加了还是减少了;在份额方面,本国国民在本国市场中的权益份额是增加了还是减少了。张碧琼(1999)从外商投资对国内产业造成威胁的角度给出了产业安全的定义,认为产业安全是指外商利用其资本、技术、管理、营销等方面的优势,通过合资、直接收购等方式控制国内企业,甚至控制某些重要产业,由此而对国家经济构成威胁。于新东(2000)从产业安全的界定角度给出了产业安全的定义,认为所谓产业安全,可以做这样的界定:一国对某一产业的创始、调整和发展,如果拥有相应的自主权或控制权的话,即可认定该产业在该国是安全的。杨公仆(2000)从产业竞争力的角度给出了产业安全的定义,认为产业安全是指在国际经济交往与竞争中,本国资本对关系国计民生的国内重要经济部门的控制,本国各个层次的经济利益主体在经济活动中的经济利益分配充分以及产业政策在国民经济各行业中贯彻彻底。王瑛(2001)从产业抵抗力方面给出产业安全的定义,认为产业安全是指一国产业对来自国内外的不利因素具有足够的抵御和抗衡能力,能够保持各产业部门的均衡协调发展。张立(2002)从产业控制力和产业发展力两个角度给出了产业安全的定义,认为产业安全是指一国在对外开放条件下,在国际竞争力的发展进程中,具有保持民族产业持续生存和发展的能力,始终保持着本国资本对本国产业的控制。

参考上面学者观点,本书定义如下:在市场开放条件下,一个国家对自己产业具有自主权和控制权,一个国家产业对外不利因素具有足够的抵御和抗衡能力。

三、产业安全的分类

产业安全按照不同的分类标准,可以分为不同的类型。
(1) 根据产业安全的发展态势,可以将其分为静态的产业安全和动态的产业安全。
(2) 从生产要素角度可以将产业安全划分为资源安全、技术安全、人口安全和市场安全。
(3) 从区域角度可以将产业安全划分为国内经济安全和国际经济安全。
(4) 从产业角度可以将产业安全划分为农业安全、工业安全和金融服务业安全等。

四、产业安全的基本特征

(一) 产业安全的战略性

产业安全是一国国家安全的重要组成部分,关系到一个国家的国计民生,关系到一国的发展前途,关系到一国的经济权益和政治地位,甚至关系到一个国家的生死存亡。因此,我们要把产业安全上升到战略的高度,从战略的高度研究产业安全问题。

(二) 产业安全的综合性

产业安全涉及的范围包括从农业到工业,再到服务业的一个国家的所有产业部门,而且由于产业间的关联效应,产业安全不再仅仅是某一个产业的问题,其前向相关和后向相关的产业也会因此受到间接的影响。例如,由于金融危机所造成的金融行业的安全问题会间接影响到依靠金融机构贷款来维持经营的中小企业的安全。产业安全的综合性还表现在影响产业安全因素的复杂性、全面性上。自然因素、地理因素、政治因素、经济体制、历史因素、突发性事件、国际环境等都可能会对一个产业的安全产生一定的影响,因而,我们不能把产业安全问题仅仅归结为某一方面,进而在制定维护产业安全的政策时,也要从多方面入手,制定一系列相互配套的措施从整体上来维护产业安全。

(三) 产业安全的紧迫性

产业安全的紧迫性是产业安全战略性和产业安全综合性的要求。尤其是在当今经济全球化趋势不可阻挡的形势下,一个国家产业安全问题显得尤为紧迫,产业安全问题能否得到及时有效的解决,关系到一国经济能否稳定发展,甚至关系到一国的国家安全。

(四) 产业安全的系统性

产业安全的系统性是指产业安全既涉及产业内部发展问题,也涉及产业的外部发展问题。从产业内部来看,产业安全不仅受产业内部的机制结构影响,而且还与产业内部的技术水平和产业内部的管理水平有关。从产业外部来看,产业安全受一个国家的产业结构、产业政策、该产业所面临的国内外的竞争压力等因素的影响。"此外,产业安全的系统性还表现在产业安全与财政安全、金融安全的有机联系上。从根本上讲,产业安全是一国财政和金融安全的基础和前提,而后两者又为一国产业的健康发展提供积极的促进。因此,产业安全本身又是作为国民经济大系统的一个子系统。"[1]因此,我们研究产业安全问题就要从系统思维的角度去进行。

(五) 产业安全的层次性

产业安全的层次性指的是产业安全既是某一个产业的安全问题,也是一国产业群的安全问题。在一个开放的经济体系下,国与国之间的贸易一般都是按照比较优势原则来进行的,一国具有比较优势的产业的竞争力较强,产业安全性较好;而那些处于比较劣势的产业的竞争力则比较弱,产业安全性就较差。一国的资源禀赋是有限的,不可能在所有的产业上都具有比较优势,这就需要对不同的产业有区别地对待,有所偏重,妥善处理好不同层次的产业安全关系。"总的原则应该是以宏观层次的产业群的安全为目标,以部分重要支柱产业为支撑,以部分产业的不安全为代价,由此获得参与经济全球化中的主动权并获取最大化的比较利益。"[2]

---

[1] 杨公仆,夏大慰.现代产业经济学.2 版.上海:上海财经出版社,2005:286.
[2] 杨公仆,夏大慰.现代产业经济学.2 版.上海:上海财经出版社,2005:287.

（六）产业安全的动态性

产业安全的动态性是指产业安全问题不是一成不变的,而是会随着时间、自身发展状况以及外部环境的变换而不断变化,具体来说体现在以下几个方面。第一,随着时间和外部环境的变化,原来未受到安全威胁的一些产业可能会受到安全威胁,而一些原来受到安全威胁的产业则有可能随着政府的保护或自身的发展壮大而受到的安全威胁降低或消除。第二,原来制定的一些有关产业保护的政策在新形势下可能不再适应,因而要从变化的实际来改善原来的政策。第三,产业安全的实现手段和途径也是要与时俱进的。政府对某些产业的保护并不是一直持续的,随着产业的发展壮大,政府可能就会放松对这些产业的保护。

第二节 产业安全的影响因素

影响产业安全的因素主要分为两个部分:内部因素和外部因素。这里所说的内部和外部不是指的产业内部和产业外部,而是以一国国境为界划分的。

一、内部因素

这里的内部因素是指一国国境内对本国产业安全产生影响的因素,主要包括以下几个方面。

（一）国内政治因素

稳定的政治局势是产业得以发展的最基本的条件和产业安全最起码的保证,如果一国政治处于动荡之中,国家安全尚不能保证,更谈不上经济安全和产业安全。

（二）资源禀赋条件

一国的资源禀赋条件对本国的产业安全有两个方面的影响:一方面,优越的资源禀赋条件是本国产业安全的重要保障;另一方面,一国有可能过度依赖本国的资源禀赋而患上"荷兰病"。

（三）历史传承因素

历史传承因素也是影响产业安全的一个重要因素,在我国有相当一部分传统的手工艺都是靠祖辈传承而保留下来的。如果这种历史传承能得以延续,则原有的手工艺产业相对安全;相反,如果这种历史传承不能延续,则原有的手工艺产业的安全就会受到威胁,甚至很可能会随着技艺传承的中断而不复存在。

(四) 产业政策因素

产业政策是一国政府为了实现某种经济社会目标,从供给角度对产业活动实施经济干预的政策和措施的总和。很明显产业政策因素是影响产业安全最直接的因素。产业政策具有弥补市场缺陷、实现产业超常规发展、优化产业结构和资源配置、增强产业的国际竞争力、在经济全球化过程中趋利避害等作用。适当的、符合实际的产业政策能够很好地发挥这些作用,使产业健康有序地发展;如果产业政策制定不当或者脱离了实际,则会抑制这些作用的发挥,甚至还可能产生相反的作用,给产业安全带来威胁。

(五) 技术和创新因素

有研究表明我国产业安全面临的最大的问题是:缺乏具有自主知识产权的核心技术和创新能力低下。长期以来,我国"重引进、轻消化,重引进硬件、轻引进软件"的引进政策,使国内大多数企业只能从事产业链中附加值最低的加工、装配环节,而在附加值较高的研发、设计以及销售环节的发展相对不足。缺乏具有自主知识产权的核心技术,使我们的企业处处受制于人,在产业链中处于被动地位,因而会对产业安全造成巨大的威胁。"创新是一个民族进步的灵魂,是一个国家兴旺发达的不竭动力"。一个缺乏创新的民族,难以立足于世界民族之林;一个缺乏创新的产业,则会被替代、被淘汰。

(六) 国内竞争因素

竞争对产业安全的影响有两个方面:一方面,竞争会使产业安全受到一定的威胁;另一方面,由于竞争的压力,产业为了生存发展会加强自身的建设,因而有利于产业安全的提高。竞争对一个产业的安全是有利还是不利,取决于产业对待竞争的态度以及自身的发展能力。如果一个产业消极对待竞争并且自身的发展能力较弱,则竞争会使该产业的安全受到威胁;反之,如果该产业积极应对竞争并且自身的发展能力较强,则竞争有利于该产业的安全的巩固和加强。

(七) 汇率变动

汇率变动对一国产业安全的影响主要体现在对对外贸易产业的影响上。对外贸易产业又可以分为出口型产业和进口型产业。本国汇率上升,则该国货币升值,致使该国出口的产品的价格相对提高,出口的产品竞争力下降,因而会对一国出口型产业的安全造成威胁;但对于进口型产业来说,本国汇率上升意味着可以用与之前相等的货币进口更多的产品,因而对本国的进口型产业比较有利。反之,当本国汇率下降的时候,意味着本国货币贬值,进口与之前相等的产品,要付出更多的货币,因而会对进口型产业带来安全威胁;但对于出口型产业来说则比较有利,因为本国汇率的下降使该国出口的产品在国际市场上更具有价格上的竞争优势。总之,在只考虑汇率变动这一因素的情况下,本国汇率上升,有利于进口型产业的产业安全,而不利于出口型产业的产业安全;本国汇率的下降,会使出口型产业的安全得到保障,但会给进口型产业带来安全威胁。

（八）财政政策

一国的财政政策也会对产业安全带来一定的影响：如果一国实行的是积极的扩张性财政政策，则这样的政策会促进消费需求的增长，进而带动产业的发展，因而有利于产业安全的维护和加强；而当一国采取消极的紧缩性财政政策，则会抑制消费需求，不利于产业安全的建设。财政政策主要是从产业生产的产品的市场需求角度来影响产业安全的。

（九）货币政策

和财政政策一样，货币政策对产业安全也有一定的影响：如果一国实行的是扩张性的货币政策，则这样的政策有利于产业资金链的运转，因而是有利于产业安全的；当一国实行的是紧缩性的货币政策时，则不利于产业资金的筹集和运转，对产业安全是不利的。货币政策主要是从产业资金来源与运转角度来影响产业安全的。

（十）贸易政策

贸易政策对产业安全的影响主要体现在：如果贸易政策对一些产业的产品征收比较高的关税，则这种政策有利于本国该类产业的安全；如果贸易政策对一些产业的产品所使用的关税和对本国该产业的税率相当，且国外产品具有比较优势时，则这种贸易政策就会对本国的产业造成冲击，进而对本国的产业安全产生不利的影响。

二、外部因素

这里的外部因素指的是一国国境之外的对东道主国家产业安全造成影响的因素，主要有以下几个方面。

（一）国际形势

国际形势对一国产业安全的影响表现在两个方面。一方面是国际政治局势对一国产业安全的影响，和平稳定的国际政治局势无疑是产业安全的最基本的保障，而动荡混乱的国际政治局势则会使一国的产业安全受到极大的威胁。另一方面是国际经济形势对一国产业安全的影响，随着经济全球化和经济区域化的趋势不断加强，一国产业安全不再仅仅局限于一国之内，而是与所属的经济区域的发展息息相关，尤其是在"美国感冒，全球经济都会跟着打喷嚏"的今天，产业安全更要从全球的角度来考虑。

（二）国际竞争状况

产业安全在国际上主要表现在该产业在国际的竞争力方面。在全球化势不可挡的今天，国际的竞争日益激烈，那些没有比较优势的国家的产业安全毫无疑问会受到巨大的威胁，如果当局政府不采取一些保护措施，那么该国的这个产业很有可能会在国际竞争中败下阵来；而那些具有优势的国家的产业可能会因竞争优势而获得较大的利润，进而产业安全会更有保障。

(三) 贸易对手的贸易政策

一国的产业安全不仅与自己国家的贸易政策息息相关,而且还与和自己进行贸易的国家的贸易政策有关。如果对方的贸易政策不利于本国产业的发展,则对方的这种政策就会对本国的产业安全带来一定的威胁;反之,如果对方的贸易政策有利于本国产业的发展,则本国的产业安全较有保证。

(四) 跨国公司

跨国公司是经济全球化的产物,是经济全球化的主要推动力。由于产业集聚效应、利用其他国家优惠的产业政策、节约成本、开拓市场等因素,跨国公司在经济全球化的今天成为一种越来越普遍的公司组织形式。跨国公司不是单纯的资金投资、人力投资、技术投资,而是一种综合了资本、技术、管理、人力等众多生产要素的整个生产行业的跨国转移。跨国公司对一国产业的影响有以下两个方面。

跨国公司对一国产业的积极影响:发展中国家吸引跨国公司在本国建立公司,可以加快产业结构的调整,拓展产业发展空间。跨国公司主要是对第二、第三产业的投资,因而会相对提高第二、第三产业的比重,降低第一产业的比重,促使产业结构优化和升级。

跨国公司也会对一国的产业造成一定的消极影响,主要表现在:对原有相关产业的投资,会造成某些产业投资过大,而另一些产业投资相对不足,导致东道主国家产业结构的低度化、趋同化,甚至是产业结构畸形;有些跨国公司受自己母国的指使,利用自己的技术、管理、资金等优势对东道主国家的战略产业进行压制、破坏;有些跨国公司通过股权收购、技术控制、品牌控制或者直接并购取得一国相关产业的经营权、支配权,这毫无疑问会对该国相关产业的安全构成极大的威胁。

(五) 国外的文化传入

伴随着经济全球化的进程,国外的文化也随之传入一个国家。外来的文化无疑会对传入国的产业的发展有两个方面的影响:既会带动传入国某些行业的发展,也会对原有产业的安全带来威胁。随着国外借贷消费方式的传入,借贷消费在我国流行开来,信用卡消费方式日益普遍,同时借贷消费也使我国的经济发展带有一定的泡沫,使我们的GDP统计失真;国外金融理财观念的传入,在某种程度上带动国内金融理财咨询行业发展的同时也使国内金融理财投资产生了一定的泡沫,威胁着国内金融行业的安全;国外注重营养搭配的饮食文化的传入,在带动国内一些以养生为特色的饮食行业发展的同时,对传统饮食行业造成了一定的冲击;国外流行文化的传入,丰富了国内的精神文化的同时对传统文化产业带来了威胁。

第三节 产业安全的测度

一、产业安全评价的内涵

产业安全评价是指以控制论、系统论和信息论等为理论基础,以产业经济学、信息经济学等为理论解释,运用数理统计和运筹学的方法,按照一定的程序对一些指标体系进行定量分析,进而对一定期间特定产业的安全性所做出的客观、准确的综合评判。

二、产业安全评价的原则

为了能够全面、科学、准确地对产业安全性进行评价,我们应构建相应的产业安全评价体系。由于产业安全的复杂性、系统性、动态性等特点,因此我们在构建产业安全评价体系时,应遵循以下几个原则。

(一) 重点和准确相结合原则

一方面,由于产业安全涉及产业的方方面面,我们不可能面面俱到,因此需要我们有重点、有针对性地建立相关产业安全评价体系;另一方面,由于产业安全的评价指标有很多,我们应根据具体要评价的内容来准确地选取相应的评价指标。

(二) 可行性和科学性相结合的原则

产业安全评价体系的可行性是指建立的评价体系所需的数据和资料应该具有良好、可靠、方便的获得渠道。评价体系的科学性是确保评价结果准确且符合实际的基础,建立评价体系既要考虑可行性,同时也要确保科学性,只有将两者结合起来,才能对产业安全性进行客观、合理的评价。

(三) 系统性和层次性相结合的原则

由于产业安全的系统性特点,因此在构建产业安全评价体系时,我们应注意各个指标之间的系统平衡,努力做到评价指标体系在逻辑和评价内容上的一致性和统一性。同时,由于产业安全的层次性特点,在构建产业安全评价体系的时候,还应注意对评价指标进行层次的划分,以便对所要评价的内容进行尽量详细的评价。

(四) 过程指标和状态指标相结合的原则

产业安全评价的过程指标是指那些能够反映产业安全长期、稳定的发展趋势的指标,如技术创新能力、劳动力素质等;产业安全评价的状态指标是指那些能够反映产业安全状态的指标,如市场集中度、外资控股权等。状态指标只是简单地表明目前产业安全所处的状况,必须结合过程指标才能对产业安全做出比较全面的评价。

(五) 定量分析与定性分析相结合的原则

产业安全的评价指标中,有的能够进行定量的分析,有些则只能进行定性分析,定性分析是对不能量化的指标进行的补充。只有将定量分析和定性分析结合起来,才能对产业安全进行全面的评价。

三、产业安全评价的意义

对产业安全进行科学、合理的评价,能够认清产业发展中出现的问题,进而采取相应的措施使产业健康有序地发展;对产业安全进行科学、合理的评价,能够为政府调整产业结构和制定产业政策提供必要的依据;对产业安全进行科学、合理的评价,能够在一定程度上为产业内的企业以及整个产业指明今后的发展方向;对产业安全进行科学、合理的评价,是建立产业安全预警机制的核心要求。通过对产业安全的评价,建立起的预警机制有利于政府部门开展产业竞争力调查和评估工作,有利于产业洞悉本产业发展的最新态势,有利于提高产业的国际竞争力及应对贸易摩擦的能力,有利于加强社会各界维护产业安全的意识。

四、产业安全评价指标

根据影响产业安全的因素,可以把评价产业安全的指标分为四类。

(一) 产业生存环境指标

产业生存环境是产业得以存在和发展的基础,如果没有产业的生存,就谈不上产业的安全。该类指标是从产业生存和发展的角度来对产业安全进行评价的。该类指标主要包括以下几个:

1. 产业融资环境

产业的生产发展和运营要以资金的延续为基础,因此产业所面临的融资环境会对产业的安全产生很大的影响。该指标又包含三个评价指标:

(1) 资本生成效率。该指标指的是产业资本形成的时间效率。该指标可以通过对产业获得银行信贷的难易程度、进入股票市场的难易程度等来衡量。一般说来,资本的生成效率越高,产业的安全越有保障。

(2) 资本成本。该指标是从产业筹集资金和使用资金所需付出的代价的角度来对产业安全进行评价的。如果一个产业的资本成本较高,意味着产业筹集和使用资金的代价较大,因而会影响产业的进一步发展,甚至有可能使产业倒退,进而对产业安全构成一定的威胁。

(3) 资产负债率。该指标反映的是产业的经营能力和经营风险。较高的资产负债率意味着产业的经营对借贷资金的依赖度较大,具有较大的经营风险,因而对产业的安全不利。

2. 产业劳动力要素环境

产业的发展说到底还是要依赖劳动力的发展。该类指标是从产业劳动力的角度来对产业安全进行评价的。该类指标又包含有四个:

(1) 劳动力素质。该指标指的是劳动力的综合素质,不仅包括生产技能、文化专业知识,而且包括思想品质和职业道德等。一般说来,较高的劳动力素质是产业安全较有保障的一个条件。

(2) 技术发明人员和创新人员在专业人才中的比重。技术和创新人才对于产业技术水平的提高至关重要,该指标是从产业未来的发展能力的角度来对产业安全进行评价的。技术发明人员和创新人员在专业人才中所占的比重较大,意味着产业的安全比较有保障。

(3) 产业失业率。该指标是反映产业发展状态的重要指标,如果某产业短期内出现了非正常的失业率持续攀升,往往表明该产业的安全受到了威胁。

(4) 劳动力成本。该指标是衡量劳动力要素的重要指标,能够反映一个产业在竞争中处于优势还是处于劣势。较高的劳动力成本,意味着产业的产品在竞争中缺乏价格竞争优势,因而会给产业安全带来一定的冲击。

3. 产业的市场需求环境

市场需求是产业产生和发展的最主要的原因之一,如果没有相应的市场需求,产业就很难生存发展;如果某产业原有的市场需求被替代,则产业的安全就无从谈起。该指标可以通过以下两个指标来体现:

(1) 市场需求规模。较大规模的市场需求,有利于产业内厂商追求规模化生产以降低生产成本,这对于具有规模经济、技术差距较大以及具有较高不确定性等特征的产业的生存至关重要。旺盛的市场需求和较大的市场需求规模,是产业得以存在和发展的保障,也是产业安全的保障。

(2) 市场需求增长速度。该指标是从不断变化着的市场需求量的变化速度的角度来对产业安全进行评价的,是一种动态的评价方式。市场需求增长速度加快,意味着产业的后续发展较有保障,因而有利于产业安全的加强;相反,逐渐变小的市场需求、负的需求增长,往往表明产业正处于衰退期,产业的安全无法得到较好的保障。

(二) 产业国际竞争力评价指标

维持和拓展产业的生存空间是产业安全的基本保障,而产业生存空间的维护和拓展依赖于产业的国际竞争力。这一类指标能够反映出产业的竞争能力、活力和实力,是衡量一国产业安全最重要的指标。这一类指标主要有以下七项。

1. 产业国际竞争力指数

该指数直接反映了一国产业的国际竞争力状况。该指标反映的是某一产业某类产品的净出口额与该产业此类产品的贸易总额的比值,即产业国际竞争力指数=(一国某产业产品的出口额-该国该产业产品的进口额)/(一国某产业产品的出口额+该国该产业产品的进口额)。该数值的大小与产业的国际竞争力的强弱呈正相关关系。

2. 市场占有率

企业的市场占有率可分为国际市场占有率和国内市场占有率两个部分。某一产业在国际市场的市场占有率越大,表明该产业的国际竞争力越强;在国内市场的市场占有率越大,则表明在国内市场上有越强的竞争力。从时点上来看,产业的市场占有率是反映产业的国际竞争力强弱的最明显的指标。从长期看来,保持国内市场和国际市场上的市场占有率是产业立足于不败之地的基本保障。总的来说,市场占有率的大小与产业国际竞争力的强弱呈正相关关系。

3. 产品增值率

该指标反映的是在生产国际化和存在产业内分工与贸易的情况下,一国产业的国际竞争力和价值创造能力。一般来说,产品的开发、设计、销售等环节的产品增值率较高,而加工、装配的生产环节的产品增值率比较低。产品增值率的大小与产业国际竞争力的强弱呈正相关关系。

4. 劳动生产率

该指标反映了一国劳动力在产业生产过程中推动其他生产要素发挥作用的能力,以及其他要素尤其是技术要素在产品价值创造中的贡献。根据马克思的价值决定理论(商品的价值是由生产商品的社会必要劳动时间决定的),可以推出劳动生产率是产品成本和价格的重要决定因素。不同的劳动生产率所代表的国际竞争力很显然是不同的:具有较高劳动生产率的产业在竞争中具有比较优势,因而产业的国际竞争力就较强;而较低的劳动生产率所对应的产业的国际竞争力相对就比较弱。劳动生产率的高低与产业国际竞争力的强弱呈正相关关系。

5. 产业集中度

产业的市场占有率是从产业的市场份额的角度来评价产业的国际竞争力的,而产业的集中度是从产业内部组织结构的角度来评价产业的国际竞争力的。一般来说,企业规模的加大会增强本企业产品市场竞争的综合实力,某一行业企业规模的大型化也可以增强该产业的国际竞争力。如果产业集中度得到大幅度提高,即使总体上产业的市场份额没有改变或者略有下降,产业的国际竞争力状况也会得到一定程度的提高。因为产业内单个企业的市场份额提高了,其创新和发展的能力也会得到相应的提高。产业集中度的高低与产业国际竞争力的强弱呈正相关关系。

6. 产业的利润率

该指标反映的是产业的获利能力。产业参与国际竞争的根本目的就是希望通过扩大市场份额来获取更多的利润。因此,无法获取利润或者利润率较低的产业其国际竞争力相对就较弱;利润率较高的产业其国际竞争力就较强。产业利润率的高低与产业国际竞争力的强弱呈正相关关系。

7. 研发费用占销售收入的比重

该指标反映了产业的创新能力和成长能力。在如今的国际竞争中技术进步发挥着日益重要的作用,各国都试图掌握最核心的技术,由此可以看出研发费用投入对产业国际竞争力的重要性。研发和创新是企业保持长久竞争力的关键和保障。研发费用占销售收入的比重的大小与产业国际竞争力的强弱呈正相关关系。

(三) 产业对外依存度评价指标

衡量产业安全的一个重要标准就是产业对外的依存度。产业利用外来技术、资本、管理、人员等要素来发展壮大自己是一种很好的发展方式,但如果一个产业的对外依存度太大,则该产业的安全就缺乏必要的保障。这一类指标主要反映的是外来生产要素的负面影响。该类指标主要包括以下四类:

1. *产业出口对外依存度*

该指标反映的是国内产业的生存对产品出口的依赖程度。该指标可以用一定时期的该产业产品的出口总额比上该产业该时期的总生产额来计算。产业出口依赖度较高,意味着如果国外减少对该产业产品的进口,则该产业的安全会受到较大的影响。我国沿海一带的许多靠对外出口生存的生产厂商由于受国际金融危机的影响而纷纷关门倒闭,这很好地说明了产业出口依存度的高低与产业安全性之间的负相关关系。

2. *产业进口对外依赖度*

该指标反映的是国内产业的生存对生产所需的原材料、零部件等的依赖程度。该指标可以用一定时期的该产业的进口总额比上该时期该产业的总生产额来计算。产业进口依赖度较高,意味着当原材料、生产所需零部件的价格上涨会对本国相关产业造成很大的冲击。20 世纪六七十年代,对于石油资源需要进口的美国来说,中东产油国提高石油价格的决定,大大影响了美国汽车生产行业的生存和发展。产业进口依赖度与产业安全性呈负相关关系。

3. *产业资本对外依存度*

该指标反映的是国内产业的生存对外国资本的依赖程度。该指标可以用一定时期所接受的外国资本比上该产业总的资本来计算。产业资本对外依存度较高意味着当外国资本撤退或抽逃时,产业发展将无法得到资金的有效支持,产业的正常生产无法运转,产业的安全受到极大威胁。随着投资的国际化,国外资金,尤其是其中的一部分投机性资金,会对一国的金融行业造成极大的冲击。1997 年的东南亚金融危机很大程度上是由于大量国外资金投机引起的。产业资本对外依存度与产业的安全性呈负相关关系。

4. *产业技术对外依存度*

该指标反映的是国内产业对国外技术的依赖程度。该指标可以用产业一定时期技术引进的产值比上产业该时期的总产值来计算。产业对外技术依赖度较高,尤其是当国外掌握着核心技术的时候,意味着产业的发展要很大程度上取决于国外的意愿,这无疑会对一国产业的安全造成极大的威胁。20 世纪五六十年代,苏联将帮助中国建设国防军事的技术人员召回,这在很大程度上冲击了我国国防军事产业的产业安全。产业技术对外依存度与产业安全性呈负相关关系。

（四）产业控制力评价指标

从诸多学者对产业安全的定义可以看出，评价产业安全的最重要的指标就是产业的控制力，对产业安全造成威胁的主要是国外的因素，尤其是对于我国这样一个"大政府"的国家来说，产业安全的威胁绝大部分是由于国外因素引起的。该类指标是通过计算国外因素对产业的控制力的角度来对产业安全进行评价的。国外因素对产业的控制力主要体现在以下几个指标中。

1. 外资市场控制率

该指标反映的是外资控制企业对该产业国内市场的控制力。该指标可以用外资控制企业的市场销售额比上国内该产业总的市场销售额来表示，这里所说的外资控制企业不仅包括国外的直接资金投资企业，而且还包括外资股权控制企业、外资技术控制企业以及外资经营决策权控制企业。外资市场控制率越高，国内产业的产业安全所受的威胁越严重。

2. 外资品牌拥有率

该指标反映的是在一国内某一产业中，外资品牌对市场份额的占有程度。该指标可以通过计算外资品牌所占有的市场份额与国内该产业所占有的总的市场份额的比值得到。外资品牌拥有率越高，产业安全受威胁的程度越大。

3. 外资股权控制率

该指标是从股权角度来反映外资对国内产业的控制程度的。通常说来，如果单个企业的外资股权份额超过 20% 就达到了对企业的相对控制，外资股权超过了 50% 就达到了对企业的绝对控制，鉴于此，许多国家的法律都直接规定了在一些关系国计民生的重要行业的外资控股权不能超过 50%。该指标可以通过计算外资股权控制企业的产值与国内该产业的总产值的比值来得到。该比率的值越大，表明产业安全所受的威胁程度越大。

4. 外资技术控制率

该指标从技术的角度衡量了外资对国内产业的控制力大小。该指标可以通过计算单个企业的外资技术控制率，然后将单个企业的外资技术控制率按产值加权平均得到。该指标的值越大，则产业的安全受到的威胁就越大。

5. 外资经营决策权控制率

该指标反映了外资经营决策权的控制力程度，如果外资对经营决策权的控制率超过 50%，即外资对经营决策权的绝对控制，则产业的安全就得不到保障。该指标可以用外资经营决策权控制的企业的生产额与国内该产业的产值总额的比值来表达。该比值越大，产业安全受到的威胁程度就越大。

6. 某单一国家对某一特定产业的控制率，也就是受控制企业外资国别集中度

该指标反映的是国外某一国对本国产业的控制力程度。该指标可以通过计算国外某一国控制的企业的产值与国内该产业的总产值的比值得到。该比值越大，说明产业越集中于国外某一国的控制中，这无疑会对产业的安全构成极大的威胁。

第四节　国外维护产业安全的实践经验

自从20世纪80年代中后期首次提出以来,产业安全在我国已经有了20多年的发展。在这短短的20多年里我国产业安全建设虽有了较快的发展,建立了产业政策保护、立法保护等产业安全维护体系,但就总体状况来看,我国产业安全的维护体系还不够完善。国外一些发达国家的产业安全经过了很长时期的发展,建立了比较完善的产业安全维护体系,因而对我国的产业安全维护有一定的借鉴意义。产业安全维护的国际经验主要有以下几种。

一、发达国家维护产业安全的实践经验

(一) 通过国家立法的形式来维护本国的产业安全

通过立法的形式来维护本国的产业安全是国际上最常见的做法,许多国家都通过建立和完善本国的法律体系来维护本国的产业安全。通过立法规定了外资对本国产业的最高控制率,规定了国外出口到本国的商品的关税,限制了垄断,因而能有效地维护本国的产业安全。

英国政府在1931年颁布的《紧急进口税条例》,规定对进口货从价征税50%;1932年又正式颁布《进口税条例》,规定对进口货物征收10%的关税,对工业品征收20%的关税。通过对进口货物征收关税,使进口货物在价格竞争中处于劣势,因而有利于维护本国相关产业的安全。

德国的《公司法》规定在跨国收购中,当国外收购的股份超过25%或者拥有了所要收购公司的50%以上的控制权时,必须通知联邦卡特尔局;当收购产生或加强国外资本的市场控制地位时,这种收购将被禁止。通过硬性规定国外资本对本国产业的投资份额,使国外资本对本国产业的控制率保持在本国所能控制的范围之内,因而能够有效地维护本国的产业安全。

美国政府1976年颁布的《国际投资调查法》规定,外国获得美国企业10%以上的控股权需在获得股权的45天内呈送备案报告,通过严格的备案审查,来切实维护本国的产业安全。1988年颁布的《综合贸易及竞争法》通过禁止外商收买美国企业的硬性规定,防止外商对本国企业的渗透和控制,来维护本国的产业安全。此外,美国还颁布了《谢尔曼法》《克莱顿法》《联邦贸易委员会法》等法律来反对托拉斯集团的形成,通过限制产业的垄断来维护产业的安全。

日本政府在第二次世界大战后也颁布了《禁止垄断法》,主要内容包括彻底解散财阀企业、排除过度集中的经济力量以及严格限制持有股份、兼任董事及合并企业之间的结合,禁止一切卡特尔等内容,从限制垄断的角度来维护本国的产业安全。

加拿大政府1973年针对外资引进中的突出问题制定并颁布了《外国投资审查法》，规定只有加拿大具有"净利益"的"重大利益"投资才能获得批准。该法律的制定和实施，使只有能为本国带来净利益的投资才能进入本国，很好地维护了本国的产业安全。

（二）建立产业安全审查机构

在建立和完善产业安全法律体系的同时，许多国家还成立了专门的产业安全审查机构，对威胁本国产业安全的国外投资和因素进行审查并向有关部门报告，进而采取相应的措施进行解决。

加拿大政府在1985年成立了加拿大投资局，替代原来成立的外国投资审查局，确定金融（银行、证券、保险、信贷以及信托）、能源（石油、电力、核能以及天然气）、交通（铁路、公路、航空）、文化与通信（广播、出版、电信）四大行业为重点敏感产业领域，通过对这些产业实行严格的外资进入限制和限制外资的比例来维护这些产业的安全。

美国政府在1975年专门成立的外国投资委员会和外国投资办公室，就是为了负责调查外资对国家产业安全的影响，通过评估外资对能源、自然资源、农业、环境、房地产、就业、国际收支和贸易方面的影响，来判断外资对特定产业安全的影响，并向国会提供分析报告，以此制定相关的管制政策。

（三）重视教育、科技创新、培养和吸纳人才

产业安全的维护说到底要靠人的行动来实现，一般说来，产业从业人员的综合素质越高，则产业的安全就越有保障。因而，各国在维护产业安全的时候都很注重对教育的投入和对人才的培养和吸纳。

英国每年都大幅增加对中小学建设的投入来为国家各产业的未来发展培养人才；英国政府还推进"前瞻工程"以加速关键研究成果的应用；建立"高等教育创新基金"推进大学科研成果的产业化；投资大量资金建立高技术企业群，来提高产业的整体素质和竞争力；规定英联邦的技术人才不需办理工作签证，就可以到英国工作两年，倡导"多元文化"和"多民族文化"，并实行一定的物质激励来吸纳优秀人才。通过这一系列的措施，从业者素质得到提高，优秀人才不断到来，科技创新成果源源不断，这些大大增加了英国国内产业的安全程度。

美国历届政府都视教育为国家发展的基础和人才培养的关键。美国对教育的投入十分巨大，州政府税收的40%用于教育；同时积极扶持大学、高等职业教育的发展，通过税收政策鼓励企业增加人力资本投入，还通过高薪和良好的待遇来吸引优秀的人才来为本国的发展贡献力量。对教育的重视和大量优秀人才的涌入，再加上美国本土原有的基础，美国的科研创新成果和专利申请数量每年都在世界上排第一。美国的大多数产业代表着全世界该产业的最高技术，美国的产业在国际上具有较大的竞争优势，这些都要归功于美国对教育的重视、对科技创新的鼓励以及对人才的培养和吸纳。美国现在依然靠科技进步和研发创新来维护本国的产业安全。

第二次世界大战后，日本通过大量的技术引进获得了较快的发展。日本的技术引进有如下特点：通过技术引进来提高本国整体技术水平；兼采众长，充实本国的技术体系；连

续引进先进技术攻克薄弱环节;重视引进技术的吸收和创新工作,使之"本土化";在引进技术中培养技术队伍。正是由于尝到了技术进步带来的甜头,日本依然依靠技术的进步来维护本国的产业安全。

(四) 设置贸易壁垒来限制国外商品的输入

在经济全球化势不可挡的今天,国与国之间的贸易不断增多,在贸易增加的同时,贸易摩擦也在不断增多。有些国家之间的贸易威胁到了进口国国内的产业安全,因而这些发达国家作为进口国都设置了不同程度的贸易壁垒来维护本国的产业安全。从20世纪60年代后半期以来,设置贸易壁垒成为许多国家保护本国产业的做法。据关税贸易总协定统计,现在各国设置的贸易壁垒的形式多达850余种,其中最主要的有:设置关税壁垒,设置进口配额制,实行进口许可制度,对进口商品征收国内税,复杂的海关手续,各种苛刻的卫生和安全质量标准等。

二、发展中国家维护产业安全的实践经验

以上讨论的主要是发达国家在维护产业安全实践过程中的一些做法,由于我国仍是发展中国家,因而我们更应该借鉴一些新兴工业化国家的维护产业安全的经验。新兴工业化国家在维护产业安全方面采取的措施有:

(1) 限制外资投资股权的比例,增加本国对投资参与和决策的权力;进行一定的限股政策。许多新兴国家都要求外资对本国企业的控股权不能超过50%。

(2) 对外资投资进行管理和指导,力求使之与本国经济发展目标相一致。许多进入到一国的跨国公司的发展目标与东道主国家的发展目标不相一致,东道主国家为了维护本国的产业安全,必然会对那些与本国目标发展相一致、有利于本国产业发展的跨国公司的投资进行积极地引导,而对那些与本国发展目标不相一致、会对本国产业带来一定安全冲击的跨国公司进行严格的控制,有时甚至是禁止进入。

(3) 利用税收杠杆对外资投资进行选择和指导。税收是一国进行宏观调控和维护本国产业安全的一项重要工具。通常说来,对于那些能够促进本国产业发展、促进本国产业结构合理化和高度化的外资投资,东道主国家都会实施一定的税收优惠政策,通过这样的优惠政策引导外资投向能够促进本国经济发展的产业部门;对于那些会对本国产业安全造成威胁的产业则实行较高的国内税,通过高税率削减这些外资投资的产业的利润来促使这些资金投向本国所需要发展的产业,进而维护本国产业的安全。

(4) 引进适宜技术,促进技术转让。加强对投资技术的审查,限制或禁止非适宜技术投资,把吸收投资、转让技术与本国的经济增长、资源利用和解决就业结合起来;制定技术转让条例,注重技术吸收与人才培养;争取比较有利的技术转让条件,对于"以市场换技术"的实施应该更加谨慎。

(5) 推行引资形式的多元化。除了传统的"三资形式"(中外合资、中外合作、外商独资)外,外商还可以选择技术入股、管理入股、来料加工、来件装配、补偿贸易、"交钥匙"承建、分成合同、许可证生产、成套或单项设备引进等形式来进行投资。

三、国外产业安全维护实践经验对中国的启示

各国经济发展的实践表明,产业安全任何时候都是本国产业政策的核心目标。无论是发达国家还是发展中国家,都把本国的产业安全作为制定其对外和对内经济政策的目标和依据。虽然经济发展阶段不同,所面临的国情也不尽相同,但其他国家维护产业安全的实践经验对于我国产业安全的维护也有一定的借鉴意义。

(1) 有层次、有计划地逐步对外实行开放。虽然开放会对我国一些产业的安全造成一定的冲击,但在经济全球化已成为势不可挡的潮流的形势下,不实行开放,不参加国际的竞争,就意味着我们无法通过竞争来提高和发展自己。我国封建主义晚期的"闭关锁国"政策为我国带来的屈辱,就是前车之鉴;改革开放以来我国经济快速发展,综合国力大幅提高。这正反两方面的实践经验要求我们实行改革开放。但开放并不意味着全部开放,我国在对外采取开放政策的时候应注意把握好开放的次序、开放的时机和开放的力度,做到有层次、有计划地逐步开放。

(2) 各国产业安全的实践经验还表明了各国政府在维护本国产业安全时所发挥的不可替代的重要作用。无论是发达国家还是发展中国家,政府在保护本国产业安全的时候都发挥着不可替代的作用,要维护本国的产业安全需要借助本国政府强大的政治和经济影响力。

(3) 要处理好引进外资与对外资限制和控制以及引进外资与本国对外投资之间的关系,这是各国维护本国产业安全的重要保证。实施外资的"引进来"和"走出去"战略,通过"引进来"发展壮大本国产业,通过"走出去"使本国产业在国际竞争过程中进一步成长。

(4) 对本国民族工业的扶持与保护是各国在对外开放中的共同做法。通过设置贸易壁垒、对本国出口企业实行补贴、对本国进口商品征收比较高的关税、制定反倾销法、设置苛刻的卫生标准和安全标准等措施,一方面鼓励本国产业的发展,另一方面限制国外产业产品进入本国,维护本国的产业安全。

(5) 建立完善健全的法律体系。通过建立对本国产业有利的法律体系,用法律的形式来维护本国产业安全,避免简单的行政干预。

(6) 重视对技术的吸收和创新。如果只靠纯粹的技术引进,而没有自己本国对技术的吸收,并在此基础上进行研发和创新,那么一国的产业永远只能处在比较低端的水平。不仅产业的发展会受到技术的限制,而且产业的安全也要面临国外技术的巨大威胁,因而在引进国外先进技术和先进管理的时候,要注重对它们的吸收和创新,使其"中国化",真正变成自己的东西。

第五节 主要问题及建议

随着改革开放的不断深化,国外投资大量涌进我国,许多跨国公司也纷纷来我国办

厂，还有一些国外企业直接对我国的企业进行收购、并购。据数据统计显示，从实行改革开放到2008年这短短的30年间，我国累计利用外资6000多亿美元，尤其是进入21世纪以来，外商独资化的倾向更加明显，并购浪潮此起彼伏，这些使得我国产业安全问题越来越凸显。由于我国产业自身的一些问题，我国产业在面对外来冲击时抵抗能力较弱，产业安全受到较大的威胁。

一、我国产业安全面临的突出问题

（一）缺乏具有自主知识产权的技术和产品

长期以来，我国通过大量引进国外技术和设备，使国内产业的技术水平得到大幅度的提高，但是，由于"重引进、轻消化，重模仿、轻创新"的技术引进策略，产业内企业对于国外先进的技术和设备以及一些先进的管理经验，往往是"拿来主义"，不注重消化和吸收，并在此基础上进行一定的改造和创新，使这样的技术实现"本土化"真正为自己所拥有。企业只看重眼前利益的发展模式使得企业对科技研发的投入不足，因而长期缺乏具有自主知识产权的核心技术和产品。据世界知识产权组织公布的数字，2005年，美国申请专利45 111宗，高居世界专利申请数国家榜首；日本专利申报数仅次于美国，为25 145宗；德国以15 870宗专利申请数位列第三；而中国的专利申请数虽然排在第十位，但所申报的专利数还不到美国的零头，为2424宗，这与我国这样一个经济大国的地位是不相一致的。造成这种状况的原因之一就是，企业的研发投入不足，技术开发能力有限，只注重引进，而不注重消化、吸收和创新。

（二）产业的发展过度依赖资源的使用

由于粗放的增长方式未能改变，经济增长对能源消耗的依赖程度不断提高。2007年，我国的GDP占全球的5%，但却消耗了全球37%的钢材、45%的水泥、25%的铝，产业的发展和经济的高速增长过度依赖资源的投入，不但使资源危机问题逐渐凸现出来，而且导致环境污染进一步加重。正是由于这种增长方式的弊端，我国才提出了走科技含量高、经济效益好、环境污染低、资源消耗少、人力资源得到充分发挥的新型工业化道路，以产业的可持续发展来维护产业的安全。

（三）外资对国内某些产业的控制力大幅提升

跨国公司在我国通过实行产品和品牌本土化、生产制造本土化、营销方式本土化、研究开发本土化、采购本土化、人力资源本土化等一系列本土化进程，扩大了自己的市场份额，提升了自己的竞争能力，强化了在国内的市场地位，增强了对产业的控制力，这些无疑会威胁到相关产业的产业安全。

（四）外商通过并购来实现对一些产业的垄断

进入21世纪以来，外商并购投资出现新的动向，并购重点转向产业的排头兵，一些产业的龙头企业陆续被收购。工程机械制造业中的徐州工程机械集团自 1989 年成立以来始终保持中国工程机械行业排头兵的地位，目前位居世界工程机械行业第 10 位，中国 500 强企业第 151 位，中国制造业 500 强第 73 位，是中国工程机械产品品种和系列最齐全、最具竞争力和最具影响力的大型企业集团。2007 年美国凯雷投资集团收购了徐工集团 80％的股权。轴承业中的西北轴承股份有限公司是全国轴承行业 6 家大型一档企业之一，是西部地区最大的轴承企业，也是铁道部批准生产铁路轴承的厂家，产品占全国铁路轴承市场的 25％，在行业内具有举足轻重的地位。2002 年下半年，德国依纳公司整体收购西北轴承股份有限公司，成为公司控股方。电机业中的大连电机集团是中国第一台变频电机的诞生地，是中国电机行业质量金奖的唯一获得者，在国内电机行业中占有重要地位。2008 年日本电器制造商三洋电机股份有限公司斥资约 34 亿日元收购大连电机集团下辖的冰山集团有限公司 30％的股权，成为该公司最大股东。此外，华工接卸行业中的锦西化机、油泵油嘴行业中的无锡威孚有限公司、齿轮行业中的杭州前进齿轮箱集团有限公司以及常州变压器厂等一些在国内本产业中占据重要地位的企业，几乎无一幸免地被外资集团控制，表现出外资明显的产业垄断倾向。外资集团对我国一些产业内的排头兵的收购和控制，将从根本上动摇我国这些产业的根基，使我们丧失产业创新发展的能力，严重弱化我国产业的竞争力，固化了我国在国际分工中的不利地位。这些在产业中占据重要地位的企业是国家战略利益的主体，它们被收购、被控制加大了产业风险，关系到产业安全和国家经济安全。它们被收购还意味着外资直接控制了全行业的利润阀门。

（五）金融行业的开放带来的一些不安全的因素

随着银行业的开放程度不断提高，外资进入中国银行的步伐逐渐加快，截止到 2005 年底，已经有 72 家国外银行在我国设立了 254 家营业机构。外资银行通过对中资银行的持股，掌握国内金融业的基本情况；通过设立新机构来争夺国内市场；外资银行进入中国不仅会造成国内财富的部分外流，而且会危及我国的信息安全，外商通过整合客户数据将掌握客户信息，通过补充审计有可能造成信息泄露。外资对中国金融业的投资，使中国的金融业融入为世界金融的一个重要组成部分，世界范围内的金融危机无疑会威胁我国金融行业的产业安全。

（六）产业重复建设严重且生产经营效率低下

中国企业大多是在政府的长期干预和保护下成长起来的，政府是地区产业发展和企业项目的选择主体，但由于条块分割和地区垄断等因素，各地产业结构高度相似和重复建设现象严重，导致有些产业的生产力严重过剩和资源的闲置与浪费，另一些产业的发展则缺少资源的支持，这些导致了产业的生产效率低下。

（七）贸易格局也不尽合理

我国出口的主要是一些价格低廉且数量较大的商品，各产品之间低价竞销的现象十分严重，这从侧面反映了我国产业结构和产品结构的深层次问题。我国的出口依赖产品附加价值很小的中间加工制造环节，而不是附加值较大的研发设计和销售环节。近些年来,我国的进口规模也越来越大,特别是对进口的能源产品和原材料的需求大幅增加,对战略性资源的依附性不断提高。据统计,我国的原油对外依存度达到了40%,铜矿对外依存度达到了60%,氧化铝的对外依存度为50%,较高的对外依存度使产业面临着空前的安全威胁。

(八)产权制度的不规范和政府介入过多

由于长久以来实行的计划经济体制,大多数企业的产权是归国家或集体所有的,进行股份制改革后,许多企业的产权开始变得模糊起来。缺乏稳定、明晰和高效的产权机制是中国产业发展的制度性障碍,所有者地位不明确,企业经营激励与约束机制不规范,企业的法人治理结构名不副实。政府对企业干预过多,使企业无法根据市场规则来选择符合自己的最优生产模式,影响了企业的发展,这也是我国企业政企不分、政资不分的混乱产权关系的主要原因。同时,这种"大政府"也是产生各种"寻租"的主要原因。

二、维护和加强我国产业安全的对策

我国的产业在发展过程中由于自身的种种原因,存在着上述问题。针对以上问题我们提出了一些具有可行性的对策。

(一)建立健全完善的法律体系

建立健全完善的法律体系是世界上所有国家保护本国产业安全的最普遍的做法。我国针对产业安全的法律也颁布过一些,例如1995年我国先后颁布了《指导外商投资方向暂行规定》和《外商投资产业暂行规定》,但由于没有配套的监控机制,因而实施的效果不太明显。我国应在现行的外资企业法的基础上制定一部统一的法律,对外国投资原则、审查审批程序、持股比例、资本和技术转让、投资期限、争议解决方式等做出硬性规定;应完善《反垄断法》,明确垄断行为的认定标准,维持市场正常的竞争秩序;应完善《反不正当竞争法》,禁止外商投资企业滥用市场支配地位;健全《反补贴法》《反倾销法》,来解决贸易中的摩擦问题和提高对补贴和倾销的调查和裁决的规范化水平,加强对国内产业的保护;完善重要产业的行业法规,以支持国内产业的安全不受威胁或使威胁程度降到最小。

(二)建立符合我国国情的国家产业安全管理体制

通过建立引进外资的国家产业风险管理与安全防范机制不断跟踪中国利用外资的相关信息,履行产业安全的预警和研究职能,不间断地控制研究整个产业的经济运行状态。通过建立国家产业安全的评估指标体系来保证监管的科学性。通过建立我国产业安全问题的资料库和信息库,发挥统计技术的信息优势,并借鉴和吸收国外维护产业安全的经验和成果,来对我国的产业安全问题进行研究和控制,增强国家产业安全的预警机制。通过建立专门的机构来对一些敏感产业实施严格有效的监管,通过建立敏感产业准入制度来限制国外投资以及类似产业进入本国的敏感产业。通过建立专门的机构来对跨国公司并购国内企业进行监管,一旦发现跨国公司收购的国内企业的股份超过一定的比例,及时向有关部门报告,并采取相应的措施来维护本国产业安全。还要建立专门的机构来负责监管支柱产业和重点企业,避免这些产业和企业的控制权落入外资之手。

(三)培育主导产业,促进产业结构的优化和升级

如果认为转变经济增长方式是维护产业安全的最重要的基础性力量,那么,在国民经济中培育具有国际竞争力的主导产业,则是真正实现长期的、动态的产业保护和安全的关键。在国民经济发展过程中培育和发展一个或多个主导产业并使之成为产业升级强有力、核心的引擎,对于维护和加强一国产业安全是非常必要的。主导产业应抢占技术的制高点,既要有较高的技术含量,同时也要有较大的实用性,还要有前瞻性和可持续发展能力。由于我国缺乏强有力的主导产业推动,经济增长还主要是粗放型增长模式,因此我国必须加快培育和发展主导产业的步伐,来维护本国产业安全。除了要培育主导产业外,我们还要通过信息和传统技术的结合,调整和优化产业结构。在淘汰和放弃一些落后的产业的同时大力发展高科技产业,通过对高科技产业的发展使我国的产业结构逐步得到合理优化和升级。

(四)增强自主创新能力,提升产业整体素质

自主创新能力缺乏,对外技术依存度较高,缺少核心技术,是我国很多企业所面临的问题,这也是我国企业缺乏国际竞争力的主要原因。之所以造成这种局面,是因为我国的企业对技术研发的投入相对较小,在引进技术的时候一味地"拿来主义",只注重对技术的应用,而忽略对技术的消化吸收和在此基础上的研发创新。要改变这种局面,我们必须转变原来的技术引进策略,以围绕建设创新型国家、增强自主创新能力为中心任务,切实把增强自主创新能力作为科学技术发展的战略基点和调整产业结构以及转变经济增长方式的中心环节。通过加大对科技研发的投入力度和建立相应的激励机制,并完善专利保护制度,来鼓励自主创新。要维护产业安全,增强自主创新能力,还要突出"三个重点",抓住"两个关键"。突出"三个重点"就是要突出原始创新能力、集成创新能力和引进消化吸收再创新能力。"两个关键"是指一要继续大力发展高技术产业,二要进一步提升产业的装备制造水平。

(五)加强区域经济合作,分散国家产业风险

通常说来,维护一国产业安全是在一国范围内进行的,但我们也可以选择与区域内的伙伴进行合作,通过区域内的合作,增强区域内产业的国际竞争力,进而使区域内各国的产业安全得到维护。美国与墨西哥、加拿大签署《北美自由贸易协定》,与南美国家建立美洲自由贸易区;欧盟是通过区域合作来维护各国产业安全的典型,这也是欧盟成立的原因之一;日本积极改善与东南亚的经贸关系,强化与美国的合作。这些国家或地区都是通过区域合作来完善其经济安全、分散国家经济风险的。我国也应像这些国家一样通过区域合作来加强国内产业的安全。

(六）明晰产权关系，规范政府职能

通过进行股份制改革来理顺和明晰企业的产权关系，明晰的产权关系是规范和治理企业以及提升企业效益和生产效率的保障。我国的政府对企业管得过严过死，使得企业选择利益最大化发展方向和模式的权力受到政府极大的干预，这也使得有些企业铤而走险地去"寻租"。我们要积极地转变政府职能，放权给企业，使企业能够根据市场法则选择适合自己的发展方向和模式，政府只要在必要的时候给予必要的补充。

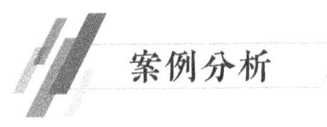

案例分析

法国阿尔斯通与中国的华为

法国阿尔斯通前高管，《美国陷阱》的作者皮耶鲁齐含泪控诉——

我们是怎样从全球第一到被美国收购！今天，他们又盯上了中国华为，你们不要重蹈覆辙。

阿尔斯通，是法国工业上最璀璨的明珠。在辉煌的时候，阿尔斯通做到了：水电设备世界第一，核电站常规岛世界第一，环境控制系统世界第一，超高速列车和高速列车世界第一。在能源方面我们提供了占世界装机总容量15%的设备，共460兆瓦，为世界第二。阿尔斯通和美国的巨头通用电气在全球有着激烈的竞争。

2013年4月14日，在美国肯尼迪国际机场，我（皮耶鲁齐）作为阿尔斯通国际销售副总裁，刚下飞机就被美国联邦调查局逮捕。我无论如何都没有想到，我会因为一起十年前远在印度尼西亚的案件，在美国被捕并起诉入狱。更令人震惊的是，当我身陷囹圄的时候，我的老东家阿尔斯通竟然惨遭"肢解"。

阿尔斯通这家曾横跨全球电力能源与轨道交通行业的商业巨头，不仅被美国司法部处以7.72亿美元的巨额罚款，核心业务也被主要竞争对手美国通用电气"强制"收购，由此美国获取了法国大多数核电站的部分控制权。

刚刚被美国逮捕的时候，我也没有搞清状况。我的心里依旧是抱着幻想，认为自己可以安然无恙。但是最后我却被告知违反了美国《反海外腐败法》和密谋洗钱等十项罪名。如果诉讼成立，我将面临共计125年的监禁。就是在那个时候我才忽然明白，美国的目标不是我而是阿尔斯通。美国人这样做就是为了可以"肢解"阿尔斯通，最后达到收购的目的。

在被美国监禁的那段日子里，我时刻关注着局势的发展，心想商业竞争应该是有底线的，无论谁也不能肆意践踏规则，更何况他们是世界的领导者！但是随后的事情，彻底打碎了我的幻想。为了迫使阿尔斯通屈服，2014年4月23日，我们公司亚洲区副总裁劳伦斯霍金斯被美国逮捕。第二天，阿尔斯通总裁柏柯龙顶不住压力宣布准备将自己的"掌上明珠"能源业务（70%的业务量）以130亿美元出售给美国通用电气。

这场收购案虽然阿尔斯通有100多亿美元入账，但是刨去交税、合资企业、注资、股东

分红、还债以后，公司的收益几乎为零。凭借着强势的美元和技术力量，美国在共同关注的许多议题上，已经成功地向其他同盟国以及它们的企业施加了一套美国的准则。通过司法手段逮捕竞争对手的高管，最后迫使竞争对手高管屈服直至将对手的公司收购。美国人将这种方法运用得炉火纯青，十年内通用电气通过这种方法收购了至少四家企业，阿尔斯通只是第五个而已。

阿尔斯通是我们法国的"华为"，但是惨遭美国打压最后被收购。最近几年，你们中国的华为公司面临了和我们当年同样的境遇。都是同样的手段，只是你们的华为是 5G 领域的顶级企业，阿尔斯通是法国工业上的明珠！当年阿尔斯通有至少 4 名高管被逮捕，今天你们被逮捕的是华为创始人任正非先生的女儿，华为的 CFO 孟晚舟女士。

美国的司法部不是独立的，而是处于强大的美国跨国公司的控制之下。美国的相关法律堪称敲诈利器，2010 年以来，仅法国企业和银行就已向美国缴纳了约 140 亿美元的罚金。从通信行业的阿尔卡特、石油行业的道达尔到兴业银行，受处罚的法国企业无一不是业界巨头。

当听到你们华为的孟晚舟女士在加拿大被逮捕后，我觉得自己应该把我所知道的说出来告诉世界，尤其是提醒中国的华为，希望你们不要重蹈阿尔斯通的覆辙。2019 年初，我和一名法国记者合著的《美国陷阱》一书在法国出版，引起了巨大的反响。这本书是我皮耶鲁齐的亲身经历，详细地揭露了美国政府打击美国企业竞争对手的内幕。我真心地希望中国的朋友们能够看一看，做好防范准备，祝愿孟晚舟女士可以早日归国，也希望华为公司可以渡过难关。

"这是一场彻头彻尾的敲诈。"美国为了本国的经济利益，什么无耻的事情都做得出来。

问题与思考：
看到上面的案例，你对产业安全的理解有什么新的认识？

第十三章　芯片产业链安全

第一节　产业链安全

芯片是高科技核心的基础技术,决定了科技水平的高度,芯片产业链的安全同时也对现代经济生活、科技生态等领域产生了深远的影响。2018年,美国商务部对我国中兴通讯公司进行制裁,严禁美国相关公司对中兴提供包括芯片在内的各种零部件。2019年美国将其限购政策应用到我国的华为公司,限制对其提供芯片等原材料。以美国为首的发达国家对我国芯片产业一系列的限制措施给我国芯片产业发展造成了诸多困难,揭示了我国在芯片产业领域关键环节存在严重的短板。

一、产业链安全内涵及意义

(一) 产业链安全的内涵

产业链是各个产业部门之间基于一定的技术经济关联,并依据特定的逻辑关系和时空布局关系客观形成的链条式关联关系形态,包含价值链、企业链、供需链、空间链四个维度。产业链安全是指在开放经济条件下,一国在产业链的关键节点具有掌控能力和国际竞争力,能够有效保障本国重点产业的生存及持续发展。

(二) 产业链安全的意义

从国家宏观层次看,产业链安全指一国通过制度安排和政策措施防范化解产业链关键环节风险,保持并提升本国在产业链上的竞争力。从行业中观层次看,产业链安全指一国内具体行业的核心企业能够整合产业链上下游资源与要素,实现可持续发展,并有一定的抵御能力面对发展过程中的不确定因素。

二、产业安全、产业链安全、供应链安全的区别

产业安全指一国在对外开放的条件下,在国际竞争中具有保持本土产业持续生存和发展的能力。产业链安全突出外部风险对一国产业上下游关联关系的影响,强调一国在

产业链关键环节的国际竞争力。供应链安全的核心是风险识别与控制,强调围绕核心企业,实现从采购原材料、零部件到制成中间产品以及最终产品,最后到销售网络的安全可控。从企业微观层次来看,产业链安全等同于供应链安全,强调企业对供应链关键环节的把控力度;从国家宏观层次来看,产业链安全强调一个国家对该国企业在产业上下游经济关联中的权益保护与风险防控。

第二节　芯片产业发展现状

一、全球芯片产业发展

自20世纪50年代诞生集成电路以来,芯片产业先由美国引领发展,随后欧洲一些国家发展芯片产业,70年代日本高新技术崛起,80年代晶圆代工商业模式的形成使得中国台湾地区的芯片制造业平稳发展,90年代韩国迎来芯片产业的发展,进入21世纪以后,中国大陆开始发展芯片制造产业。根据目前发展情况来看,美国在芯片市场的占有率、研发、关键技术等领域领先全球,英特尔公司和德州仪器公司都拥有自己的芯片制造工厂,东亚地区在芯片产业加工制造和封装测试方面领先。如图13-1所示,截至2020年,美国的半导体市场占有率为49%,在全球半导体市场占有率中稳居第一,包含日本、韩国及中国大陆、中国台湾地区的亚洲市场占有率为42%,其中中国大陆的半导体市场占有率为5%,与其他发达国家相比还有一定的差距。

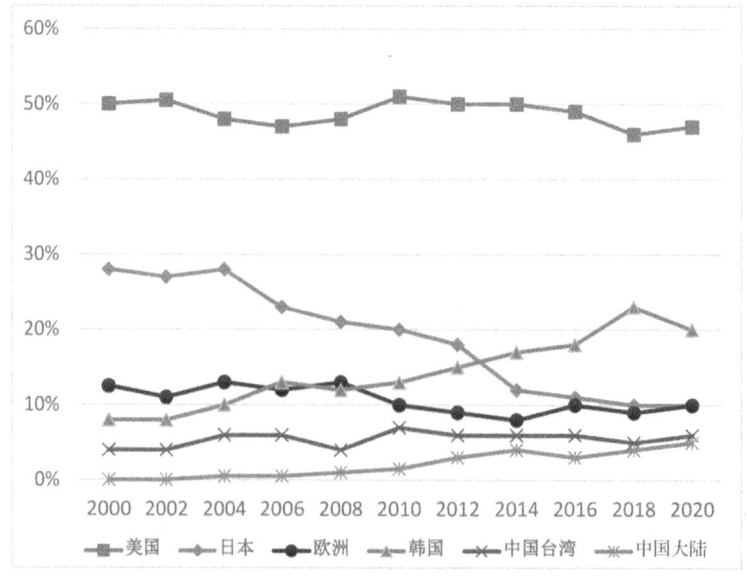

图 13-1　2000—2020 年全球半导体市场占有率

资料来源:半导体产业协会(SIA)。

全球芯片产能极其集中,约 75% 的芯片由东亚地区生产,以中国台湾的台积电公司和韩国的三星公司为首。此外,中国大陆的芯片制造商正在迅速扩大其在全球芯片产能中的比重。相比之下,美国在芯片产能上所占份额越来越少,2020 年美国在全球芯片产能中所占的份额下降到 12%,如表 13-1 所示,2020 年中国台湾的全球芯片产能占比为 22%,位居全球第一,韩国、日本、美国、中国大陆、欧洲的芯片产能占比依次为 21%、15%、12%、15%、10%。

表 13-1 2020 年全球芯片产能所占份额

地区	中国台湾	韩国	日本	美国	中国大陆	欧洲
所占份额(%)	22	21	15	12	15	10

资料来源:IC Insights。

芯片产业的研发需要大量的资本投入以及技术积累,行业进入具有很高的门槛,因而全球的芯片制造企业非常集中,排名最高的五大半导体制造企业为台积电(TSMC)、三星(SAMSUNG)、联华(UMC)、格罗方德(Global Foundries)以及中芯国际(SMIC)。如表 13-2 所示,2020 年台积电、三星、联华、格罗方德、中芯国际五家半导体制造公司占据了全球半导体芯片市场的 93%。此外,台积电主营芯片加工制造,在芯片加工领域,台积电(TSMC)的市场占有率为 59%,稳居全球第一。

表 13-2 2020 年全球半导体芯片公司市场占有率

公司	台积电	三星	联华	格罗方德	中芯国际	其他
市场占有率(%)	58.0	15.0	8.0	7.0	5.0	7.0

资料来源:Counterpoint Semiconductor Foundry Tracker 2020。

二、我国芯片产业发展

(一)我国芯片产业发展现状

我国是世界上半导体最大消费国,占全球芯片需求量的 45%,供内需与外销之用,但是因为自主生产的芯片占比仅有 15% 左右,因此我国每年需要进口大量芯片。2020 年我国进口了大约 3800 亿美元的芯片,约占当年进口总额的 18%。随着芯片设计、芯片制造和封装测试等芯片产业链的不断发展,国内集成电路的产业结构逐渐发生变化,其趋势是芯片设计和制造业所占比重有所上升,而封装测试业所占比重略有下降。

(二)我国芯片产业链竞争力分析

从产业链角度来看,芯片产业有设计、制作和封装测试三个关键环节。芯片设计处于产业链的上游位置,技术含量和产品附加值较高。芯片设计是芯片制作的前提,芯片制作环节位于产业链的中游,资本和技术相对密集,规模经济显著。芯片封装测试环节位于产业链的下游,属于劳动密集型产业,技术壁垒和附加值都比较低。

(1)芯片设计环节。我国的芯片产业在芯片设计环节存在巨大的发展潜力。作为芯片消费大国,一大批本土芯片设计企业快速成长起来,使得我国芯片设计领域的竞争力不断提高,我国芯片设计市场日趋繁荣。目前我国的芯片设计主要服务于移动通信方面,涌现了一批像华为海思、紫光展锐等国际知名优秀企业。

(2) 芯片制作环节。我国的芯片产业在芯片制作环节距国际领先水平还有较大的距离。目前台积电(TSMC)和三星(SAMSUNG)已经量产了 10 nm 和 7 nm 工艺,而国内大陆最先进的量产工艺还是 28 nm,14 nm 工艺研发基本完成,但目前还没有正式量产,与美国至少还有两三代的差距。

(3) 芯片封装测试环节。我国的芯片产业在芯片封装测试环节具有优势。部分芯片封装测试技术已经达到了国际领先水平,并且已经占据了较大的市场份额,不断向产业高端化方向发展。当前国内封装测试产业呈现外商独资、中外合资和内资三足鼎立的局面,华天科技、长电科技等内资企业已经进入全球封装测试企业前 20 名,并通过海外收购或兼并重组等方式不断参与到国际竞争当中。

(4) 芯片产业链模式。从芯片产业链模式来看,我国 Fabless 模式和 Foundry 模式不断发展,但缺乏具有竞争力的 IDM 模式。目前我国芯片产业分工模式不断在演化,芯片产业正处在从垂直整合的集成设备制造(IDM, Integrated Design and Manufacture)过渡到垂直细化分工的无工厂芯片供应商模式(Fabless)和代工厂(Foundry)模式发展过程之中,逐渐形成了三业分离的产业组织形态。

表 13-3　全球芯片产业发展模式

模式	内容	代表企业
IDM 模式	设计、制造、封测等芯片生产流程	英特尔、三星、德州仪器
垂直分工模式	Fabless(无晶圆制造设计)	高通、华为海思
	Foundry(晶圆代工)	台积电、中芯国际
	OSAT(封装测试)	日月光、长电科技
	IP 核供应	ARM

IDM 模式是指集芯片设计、制作和封装测试等多个产业链环节于一身,是早期多数集成电路企业采用的模式,但目前仅有极少数的企业能够维持。目前使用 IDM 模式的企业有英特尔、三星集团和德州仪器等半导体公司。该模式的主要优势有:设计、制造等环节协同优化,有助于充分发掘技术潜力;能有条件率先实验并推行新的半导体技术。但其也有一定的劣势,如公司规模过于庞大,管理成本及运营费用较高,资本回报率偏低等。

垂直分工模式是指芯片设计、制造和封装测试各个环节相互分离,主要包括 Fabless(无晶圆制造的设计公司)、Foundry(晶圆代工厂)、OSAT(封装测试企业)。Fabless 是指无工厂模式,就是只做芯片设计和销售,其他环节全都使用外部资源,如华为海思、高通等公司。Foundry 是指代工厂模式,就是不负责芯片设计,只进行芯片制作生产的模式,如台积电、中芯国际等。OSAT 是指芯片产业链中的封装测试环节,作为产业链的最下游,对芯片设计生产模式也基本无影响,所以并没有把它单独列为一种设计生产模式,代表企业有日月光、长电科技等。

第三节 我国芯片产业发展存在的问题

一、我国芯片产业链安全隐患分析

（一）关键节点存在的产业链安全隐患

我国芯片产业的产业链安全隐患表现在芯片设计和芯片制作两个环节。

1. 芯片设计环节存在的安全隐患

在芯片设计环节，我国芯片产业的产业链安全隐患在于电子设计自动化（EDA）技术缺乏自主创新研究。EDA 是芯片设计中最重要的软件之一，能够缩短研发周期，减少芯片设计成本，是进行芯片设计自动化的基础。从全球范围来看，EDA 技术市场主要由 Synopsys、Cadence、Mentor Graphics 三家美国企业占据，2020 年全球超过 60% 的份额都由这三家美国企业提供，我国芯片企业进口的 EDA 软件大部分来自这三家企业，由此可以看出 EDA 技术市场存在着巨头垄断。随着经济的发展和技术进步，我国涌现了一批 EDA 厂商，如华大九天、芯禾科技等企业，打破了国外企业对我国芯片产业的技术封锁，但是，我国芯片产业在芯片设计方面还存在着一定的差距，国内 EDA 厂商还没有能力支撑起芯片产业全面发展。

2. 芯片制作环节存在的安全隐患

在芯片制作环节，我国芯片产业的供应链安全隐患是原材料和生产设备大多是从国外进口。专用设备、仪器和材料是芯片产业的重要组成部分，是芯片工艺实现的基础。虽然我国在芯片制作材料方面已经突破技术垄断，能够实现自主生产，但是由于企业规模小、市场份额低，生产的设备大多以中低端为主，国内芯片产业的主要市场被美国、日本等发达国家占据。光刻机是集成电路装备中最关键的设备，其技术难度较高，是技术探索最为活跃的领域。一直以来，荷兰的阿斯麦尔（ASML），日本的尼康（Nikon）、佳能（Canon）三家公司基本占据了光刻机的中高端市场，它们通过专利和技术共享形成"寡头联盟"，垄断芯片产业生产，实施芯片技术封锁，使得我国在光刻机领域产出严重不足。目前芯片设备的中高端市场基本被国外市场垄断，国内的企业对于芯片的制造工艺停留在 14 nm，对于 7 nm 芯片的研制技术无从下手，国内熟知的中芯国际对于芯片的研究也只是对外宣称了 12 nm 技术上的突破。

表 13-4　2018 年全球晶圆制造用高端光刻机出货量

单位：台

全球总量	阿斯麦尔	佳能	尼康
134	120	10	4

根据阿斯麦尔、佳能、尼康三家厂商 2018 年财报显示，三家共出货光刻机 374 台，比上年的 294 台增加 80 台，增幅 27.21%。EUV、ArFi、ArF 机型，全年共出货 134 台，其中阿斯麦尔出货 120 台（见表 13-4），在高端市场占据的份额高达 90%。在 10 nm 节点以下，阿斯麦尔则稳稳占据 100% 的市场，同业竞争对手已无力追赶。如果芯片制造商想要生产 10 nm 节点以下的芯片，必须得有阿斯麦尔公司供应的 EUV 光刻机及相应的支持服务。阿斯麦尔公司的一些重要部件来自世界很多国家，美国、德国向阿斯麦尔提供超级精密的机械支持以及光学技术的支持，德国向阿斯麦尔提供一些核心的配件支持，美国为阿斯麦尔提供光源的支持以及计量设备的支持。随着中美贸易摩擦的开展，荷兰受到来自美国的压力，扣留了 EUV 设备出口到中国的许可证，美国称之为一种战略产品，同时担心将此设备交付给中国可能导致技术失窃。

（二）我国芯片产业链安全隐患形成原因分析

我国芯片产业存在的供应链安全隐患，主要原因有以下几点。

（1）芯片产业起步较晚，基础薄弱。1956 年我国提出了"向科学进军"的口号，将电子工业列为重点发展项目，标志着我国芯片产业的起步。1965 年我国研发出第一块集成电路，而美国早在 1958 年就研发出了第一块集成电路。20 世纪 70 年代，北京、上海等地区初步建立了一批专业生产集成电路和设备的企业，由于基础设施落后、企业规模较小、生产产品单一、技术相对落后等问题，我国集成电路规模相对较小。1996 年我国集成电路产量达到 6 亿块，而美国早在 1972 年，日本早在 1976 年就已经达到了该产量。长期以来，我国芯片产业研究缺乏前瞻性的思考，一直致力于引进生产线，忽视了核心技术的引入，"以市场换技术"的发展战略导致我国芯片产业一直落后于其他发达国家。

（2）芯片产业发展遭到发达国家技术封锁。我国芯片产业起步发展时，"巴黎统筹协会"对我国实施设备技术封锁禁运的措施，之后"瓦森纳协定组织"限制封锁我国的新兴技术和产业，规定只允许我国引进滞后两代的芯片技术和产业。在我国芯片产业发展过程中，欧美等发达国家长期禁止我国收购其他芯片企业，不允许华裔工程师进入欧美半导体公司核心部门工作，防止技术泄露。在我国发布《软件产业和集成电路产业发展的若干政策》后，欧美国家干预阻挠我国芯片设计企业享受增值税优惠政策。近年来的贸易摩擦也使得我国芯片企业难以在国际市场中发展壮大。

（3）芯片产业人才紧缺。专业人才的缺乏以及人才供需矛盾等问题严重限制了我国芯片产业的发展。我国芯片产业现有人才量约 40 万人，到 2022 年前后人才需求规模预计将达到 74 万人，芯片人才的需求缺口巨大。我国芯片产业人才队伍在数量、质量和结构上都与欧美等发达国家存在着一定的差距，行业领军人才和管理人才都比较匮乏。与此同时，国内工作环境、基础设施不够完善以及国内企业激励机制不够健全等现状也导致了我国芯片产业人才储备不足。

（4）芯片产业研发投入不足。芯片产业是资本和技术双密集的高端产业，需要大量的研发资本投入，然而我国在芯片产业的研发资本投入明显不足。长期以来我国每年在芯片产业的研发投入不超过 50 亿美元，这一数额抵不过美国英特尔一家企业的研发投入。欧美等发达国家能够在芯片领域占据巨大的市场份额与它们超额的研发资本投入是密不可分的。

（5）芯片产业的产业链各环节的配套协同没有合理规划。主要表现在芯片的应用市场与芯片产业脱节、芯片产业链（设计、制造、封装和检测各环节）缺乏相应的配套、芯片相关产业和支柱性产业发展落后等三方面。由于芯片产业具有资本投入高、回报周期长等特点，导致我国芯片产业链竞争力低下。我国芯片产业链尚未形成合理布局，即使我国能够在众多芯片中取得突破，也无法实现芯片技术进口替代。例如，华为研发的麒麟系列芯片技术已经成熟，能够与高通的骁龙系列芯片比肩而立，但是由于华为的麒麟系列芯片只是一种 CPU，GPU、通信基带芯片等关键核心技术并没有掌握，仍然需要购买高通企业的芯片。

（6）芯片产业自身模块化生产特点。依据芯片产业形成的模块化生产网络，欧美等发达国家的跨国公司利用模块化递归的层级结构，把产业链最高端核心的环节保留在本国，把产业链上的其他环节放在其他国家生产，以此来获取价值链上的大部分利润，我国只能通过组装或者中低端供应获得小部分利润。由模块化生产网络所带来的路径依赖、市场锁定、赢者通吃等一系列市场特征，导致我国芯片产业技术很难有所突破。

二、我国芯片产业发展存在的问题

（一）进口依赖弱化芯片产业技术创新能力

我国芯片产业对外依存度较高，通过进口国外企业的芯片虽然在短期之内可以解决国内芯片需求问题，但是并不能解决国内芯片产业核心技术空心化的问题。长期形成的进口依赖将会延缓国家科技发展进程，削弱科研队伍的进取创新能力，无法改善国内芯片制造的基础设施，使国内芯片产业技术停滞不前。一旦他国举起制裁的大旗，进口依赖性强的芯片产业会瞬间崩塌。

（二）重视应用创新，忽视核心技术创新

目前来看，国内大型互联网企业在外卖、团购、共享单车等共享经济的应用模式上投入大量资金进行技术研究并取得了成功的研究成果，而芯片制造等核心技术的创新研究却一直在坐冷板凳。作为一个制造大国，如果没有一个坚实的核心产业基础，那么国内核心产业的发展随时有可能受制于人。核心产业的基础性研究开发的运作规律与商业模式创新的规律存在着区别，企业应同时注重应用创新和核心技术理论创新，而不应该厚此薄彼。

(三)"大水漫灌"式研究缺少重点

芯片核心技术的突破研究是一个非常复杂的工程,其研究重心要根据各项技术重要性不同、优先级不同、紧迫程度不同合理安排。国内传统的科研体制在科研资金投入方面常常是"大水漫灌"式进行,思路不清晰,研究没有重点。近些年来,我国在芯片产业领域投入的人力、物力、财力总量虽然还是不多,但也不能算少。但是由于资本过度追求投资收益,有退出机制和变现压力,使得在深度产业实践上缺乏耐心,对有需求、变现快的领域更为推崇,对产业基础设施差和实践周期长的芯片、工业机器人、GPU和深度学习算法等领域的关键技术反应冷淡。

(四)芯片产业链尚未打通

国家之间核心技术的较量,最后比的是产业体系的高下。目前我国在芯片设计环节投入较多资本,发展潜力和竞争力在不断提高;在芯片制作环节,和发达国家先进技术相比,国内企业还有较大的差距;在芯片封装测试环节,国内部分技术已经达到国际先进水平。在芯片生产过程中,有设计、晶圆加工、刻蚀、封装、测试等约5000道工序,整个产业链非常长,仅凭产业链上一两个环节的突破并不能促进整个产业的勃兴。

第四节 我国芯片产业安全发展对策

一、强化前瞻性的基础研究

基础研究是整个科学体系发展的开端,现代科学技术全面发展,科学、技术、工程加速融合,科学研究的模式不断重构,学科交叉、跨界合作、产学研协同成为趋势。要鼓励科学家们突破传统的科学范式,加大对前瞻性问题的思考和研究,鼓励他们提出新思想、新理论、新方法,着力在量子计算、边缘计算等方向上进行探索。我国芯片产业科技面临"卡脖子"问题的主要原因是材料问题,因此必须加大芯片产业新材料的研发投入,巩固碳基半导体技术优势,力争实现市场化应用。充分利用税收优惠政策,引导企业和社会资本投入芯片产业基础研究,通过创业企业开展应用基础研究,在快速更替中实现性能优化,进而形成新的先发优势。

二、推动全产业链重点布局

芯片涉及设计、晶圆加工、刻蚀、封装、测试等一条相当长的产业链,我国在芯片产业链各环节或多或少都存在着"卡脖子"技术,需要开展芯片技术创新规律、态势与布局的全面分析,绘制产业技术路线图和技术创新地图,从而形成对芯片"卡脖子"技术攻关的先后次序，通过更新全产业链布局，实现整体技术突破。在芯片上游的设计环节，加大自主设计投入，深度优化提升基于开源架构 RISC-V 的芯片设计，大力支持 EDA 软件设计研发。在中游晶圆制造和封装测试环节，大力支持高端企业实施联合攻关，加快制程升级，向 7 nm 节点芯片制造迈进。引导应用和终端企业加大国内芯片订单投放量，继续并购整合封装测试企业，鼓励社会资本投入封装测试企业，扩大封装测试企业优势，加快封装测试关键装备的研发。

三、注重高端人才培育与引进

要实现高端芯片技术的突破，必须重视高端人才培育与引进。一方面，要加强我国高校芯片产业相关领域的人才培养，实施校企联合培养方案，推动全国相关重点高校与现代芯片产业结构高度匹配的学科专业体系和人才培养体系建设，增强本土芯片领域人才的有效供给。另一方面，大力实施引留并举，创新外部芯片人才利用思路。建立健全芯片产业高端人才引进政策，鼓励国内高端的半导体企业和重点高校针对芯片产业领军人才及其团队制定专项人才引进政策，加大高端人才引进力度。鼓励重点芯片企业设立专门研发部门和海外分支机构，并对已设立研发机构的企业进行政策性补贴。

四、营造良好的创新制度环境

充分发挥好我国政府的制度供给优势，推进产业管理体制和研发管理体制方面的制度变革，积极营造一个良好的外部发展环境，在全球范围内创建一个研发、创新和应用的"朋友圈"。积极推动民营企业、海归创业企业以及国有企业进入芯片领域进行创新研究，形成多元的竞争主体。鼓励芯片企业运用市场机制进行兼并重组，扩张企业规模，以达到社会融资渠道的要求。国家可以通过联合各类金融机构创建专门为中小型高新技术企业服务的中小科技企业支行，中央和省级层面政府注入一定资金并进行信用担保与风险兜底。通过改革科创板、创业板、中小板、新三板等上市标准，适当减少企业规模、资金实力等指标，增加研发经费投入比例、专利数量和质量等创新型指标，为有发展潜力的芯片企业上市融资提供"绿色通道"。加大国家集成电路产业基金的投入力度，吸引更多社会资本进入，扩大集成电路产业基金的整体规模。

第十四章　农业发展模式与粮食安全

第一节　发达国家农牧业发展模式及其适用条件

一、美国农业

1. 农业概况

美国是世界上最大的农业发达国家,据美国经济分析局(BEA)统计,2019年美国农、林、渔和狩猎业总产出4498.4亿美元,同比增长0.7%,占美国GDP比重1.2%。美国位于北美洲中部,国土面积为937万平方千米,土地肥沃,气候温和,耕地面积大,据世界银行数据测算,2016年美国农业用地面积4.06亿公顷、耕地面积1.56亿公顷,位列全球第二位,占国土总面积的20%以上,占世界耕地总面积的13%。美国拥有200多万个农场,而农业从业人数仅260万人,2019年粮食总产量约为5亿吨,占世界总量的1/5。

美国是全球玉米、大豆、小麦等农产品的主要生产国和出口国。作为全球第一大农作物产品出口国,美国每年出口粮食数量1.5亿吨,其中大豆出口额占世界出口总额的37%,玉米占47%,小麦占22%。根据FAO数据,2018年,美国产量与出口量最大的农产品为玉米,产量达3.9亿吨,占全球34.2%,出口量7006.6万吨,占全球40.4%;其次为大豆,产量1.2亿吨,占全球35.5%,出口量4641.5万吨,占全球30.4%。

此外,美国的畜牧业也非常发达,其产值占农业总产值的40%以上,畜产品绝对数量大,人均占有量高,各种畜产品的产量在世界上都位居前列。美国是世界第二大禽肉和鸡蛋生产国,并且是草产品主产国之一,丰富的饲草资源为畜牧业的发展提供了基础条件。

美国大部分地区为温带和亚热带气候,但由于地形复杂,各地的气候存在差异,形成了不同的农作物经济带(区),如下表14-1所示。

表14-1　美国农业经济带区位与作物情况

农业带	地理特征	主要农作物
东北部和"新英格兰"牧草乳牛带	雨量充足、气温较低、土壤欠肥沃	青贮玉米、牧草、奶牛、马铃薯、苹果、葡萄等

续表

农业带	地理特征	主要农作物
中北部玉米带	地势低平、土层深厚、气候温和、雨量适中	玉米、大豆、小麦等
大平原小麦带	海拔500 m以下高平原、地势平坦、土壤肥沃	小麦等
南部棉花带	热量充足、无霜期长、春夏降水多、秋季降水少	棉花、水稻等
太平洋沿岸综合农业区	气候温和湿润	小麦、水稻、水果、干果、蔬菜等

数据来源：公开资料整理，东方证券研究所。

2. 发展模式

美国地域辽阔，资源丰富，气候条件适宜，土地、草原和森林资源丰富，农业资源得天独厚；地多人少，农场规模较大，是当今世界农业现代化程度最高的国家。美国农业属于机械化、规模化、高技术发展模式，在美国农业现代化构成中，机械技术占了主导地位。一般认为，美国是从第二次世界大战（简称"二战"）前后到20世纪70年代完成了从传统农业向现代农业的转变。这个转变过程又可细分为三个时期：

（1）农业机械化时期。20世纪30年代，拖拉机耕地已在美国普及。到1959年，美国的小麦、玉米等主要农业作物的耕、播、收割、脱粒、清洗已达100%的机械化。此后，为适应家庭农场多样化和大型化发展的市场需求，不断推出小型多功能的多品种农机和大功率、高度自动化的大型农机。

（2）农业化学化时期，包括大量使用化肥、农药（除草剂、杀虫剂）与土壤改良剂。二战之后，为提高农业产出，美国农业的化肥使用量剧增。同时，为改善土壤的酸碱度和长期施用化肥的不利影响，美国还逐年增大了土壤改良剂的用量。从1960年起，除草剂的使用迅速增加，现已超过杀虫剂。

（3）农业良种化时期。20世纪70年代前后，美国为适应不同地区气候和土质要求，培育出许多杂交品种，并开始利用遗传生物工程方法、核辐射技术和航天工程技术，改造优化种子的遗传基因，使农产品产量与品质大幅度提高；还培育出了许多畜禽良种，并实行工厂化、规模化养殖。

在经历了以上三个阶段实现农业现代化之后，美国农业并没有就此止步。随着计算机技术和生物技术的应用，相继出现了"精准农业"和"基因农业"等方式。特别是许多特大农场走向了"计算机集成自适应生产"，即将市场信息、生产参数信息（气候、土壤、种子、农机、化肥、农药、能源等）、资金、劳动力信息等集成在一起，选定最佳种植方案，在生长过程中根据当地不同地块小气候的变化，进行自适应喷水、施肥、撒药等，农业生产更趋向工厂化、自动化，使美国农业的现代化水平不断提高，始终走在世界前列。

3. 美国农业发展模式适用条件

（1）得天独厚的地理条件。美国的平原面积占全国面积的绝大部分，耕地面积大，地多人少，农民可以耕种的面积十分广阔，人均耕地面积超过1000亩，有着发展规模农业的天然基础。美国早期农业人口人均有960亩地，人均劳动作业面积过大，耕作效率难以提升。随着科技的进步,具有较高素质的部分农场主逐渐将机械作为人力劳动的替代手段,耕作效率有了明显提升。

（2）完善的土地制度。美国实行多元化的土地所有制,私人所有的土地占58%,主要分布在东部;联邦政府所有的土地占32%,主要分布在西部;州及地方政府所有的土地占10%。土地以私有制为主,国有土地只占其中一小部分。在联邦政府拥有的308.4万平方千米的土地中,也存在多元化的所有形式,国家土地管理局控制60%,国家森林局控制24%,国防部、垦荒局、国家公园局等在美国财富中所占的比重很高。美国土地资产占政府总财富的11.5%,占个人财富总额的12%,占工商业全部财富的18%。国民财富中有一半以上是房地产,而房地产价值中75%是土地。

（3）以家庭农场为基础,多种形式农场并存。美国农业对生产组织形式的划分一般是从三个角度来考虑的,即土地面积、销售额或综合考虑上述两个方面。如果仅依据土地所有权和经营者提供多少劳动来划分农场结构形式,可以得到四种形式:家庭式农场、大于家庭式农场、租佃式农场、工厂式农场。但不论哪种形式的农场,一般采取的都是"公司＋农场"或"合作供销＋农场"等合作模式,即土地归农场主私人所有,以家庭为单位经营,并由私人服务公司或者农业合作社提供全方位服务。一方面,私人服务公司为农业提供全面系统的购销、加工以及产中服务,甚至还提供教育、科技推广方面的服务。而另一方面,由于美国农业生产效率和专业化程度极高,美国农业部门的合作社几乎全是服务性质的。美国农场按产权制度或组织形式可划分为四种类型:家庭或个人农场、合伙农场、公司农场和其他。

（4）科技在农业生产中的广泛应用。在农地政策和信贷法案帮助下,美国的农场数量自20世纪30年代达到高峰之后一直呈下降趋势,农场的平均用地面积增加,有效地促进了机械化的推进,推动了农业生产效率的提高。在这种背景下,美国政府开始重视建立农业技术研发和推广体系,投入使用系统的科学技术,如大型收割机、堆肥体系、牛棚管理体系等,从而提高其绝对产量、农产品质量和农作物收益。美国政府的农业部负责汇总各种农业数字、信息,再通过各专家进行科学分析,形成美国农业的信息检测网络,及时发布评估报告和市场需求的展望报告。

（5）农业法规和配套体系完善。农业支持政策对于美国农业规模化具有直接推动的作用。1933年,正值席卷全球的资本主义经济危机,为了保护农业经济的发展,美国联邦政府出台了历史上第一部农业法案——《农业调整法》。此后,美国农业支持政策的发展基本上是围绕着农业法案修订而展开的。1933—1985年(跨越规模化发展期和成熟期),美国农业法案主要以农产品价格支持和补贴为主;1990—2002年(规模化成熟期),美国农业支持政策开始发生重大转向,即改变过去实施几十年的计划体制,推进农产品生产市场化改革,大力削减农业补贴。

美国政府通过一系列法律进行主动干预,推动了农业规模化进程。①政府补贴主要集中在大农场。美国70%的农业补贴分配给30%的大农场,这有利于提高大农场的规模和竞争力。②农业生产的限额规定直接冲击中小型农场。美国政府实施"播种面积限额计划"以应对农产品周期性过剩的问题,使得大批自耕农和中小农场主分到的限额过小而无法生产。③信贷支持更偏向大农场。大农场拥有更多的可用于抵押的耕地,因而能获得更多的低息和无息贷款,进行生产设备升级和规模扩张,进一步提升自身的竞争力。

(6)农业生产高度机械化。20世纪的美国作为头号科技强国,农业机械化发展迅速。美国是世界上第一个实现农业综合机械化的国家。随后欧美主要发达国家也陆续实现了农业综合机械化,如下表14-2所示。

表14-2 美国等发达国家完成农业综合机械化的时间

国家	美国	英国	加拿大	苏联	法国	意大利	日本
年份	1940年	1948年	1950年	1953年	1955年	1960年	1970年

资料来源:光大证券研究所。

美国75%的土地集中在少数大型农场主手中,大农场的经营规模一般在600公顷以上,人均经营面积高达144公顷。澳大利亚规模大的农场从20世纪50年代起就使用飞机播种、施肥和喷洒农药。加拿大平均每个劳动力拥有动力147千瓦左右,劳均负担1120公顷土地、368头牲畜。法国平均每个农户拥有2台以上的机械设备。通过农业机械的广泛使用,美国以远少于中国的农业人口,成为世界最大的农业生产国。

二、澳大利亚农业

澳大利亚地域辽阔,国土面积769.2万平方千米,是仅次于俄罗斯、加拿大、中国、美国和巴西的世界第六大国家。澳大利亚全国分为6个州和2个领地。6个州分别是新南威尔士州、昆士兰州、南澳大利亚州、塔斯马尼亚州、维多利亚州、西澳大利亚州;2个领地为澳大利亚首都领地、北领地。

因为开发较晚,地理上又距离宗主国较远,澳大利亚一直保持着地广人稀的状态。截至2021年9月,澳大利亚总人口只有2578万,人口密度仅为每平方千米3.3人,比俄罗斯还低,远低于每平方千米52人的世界平均水平。

澳大利亚地貌多样,北部有广阔的平原和雨林,东南部有雪原,中部有沙漠,适合耕作的肥沃土地主要集中在东南和西南沿海地区。全国高度城市化,大城市主要集中在东部沿海地区。首都为堪培拉,最大的城市是悉尼,主要城市还包括墨尔本、布里斯班、珀斯和阿德莱德等。

1. 农业概况

澳大利亚地广人稀,气候以热带、亚热带和温带为主,丰富的土地资源和草场资源以及绵延的海岸线为澳大利亚农业生产创造了得天独厚的资源条件。同美国一样,澳大利亚规模化、专业化、集约化程度非常高的生产经营模式,成就了其高度发达的农牧业生产体系。澳大利亚农业发展至今,农业产业的结构主要以肉牛产业、奶牛养殖、牧羊、谷类生产为主,很多农业企业从事多种经营的复合农业生产。以农业产值来衡量目前澳大利亚的农业产品依次为牛肉、小麦、牛奶、蔬菜和水果、羊肉和羊毛,澳大利亚的主要农业产品都以出口为主。由于澳大利亚的极端气候条件给农业生产带来很大的挑战,在应对这些挑战的过程中产生了澳大利亚的农业发明和创造,以及生产方式的革新,20多年的农业发展使得澳大利亚的农业生产站在了世界农业发展的前沿。

(1) 农业用地。

虽然国土面积大,但并不是所有地区都适宜发展农业,水是限制澳大利亚农业发展的主要制约因素。全国80%的地区年降水量不足600毫米,39%的地区年降雨量不足250毫米;1/3的地区不适宜发展农牧业,另外1/3的地区只适宜发展畜牧业。

虽然如此,其农牧业用地面积仍然相当可观,全国农牧业用地约4.27亿公顷(64亿亩),占国土面积的55%,其中90%以上是天然草场,耕地面积仅有0.47亿公顷(7.05亿亩)。由于其稀少的人口,澳大利亚人均耕地面积高达1.84公顷,位居世界第一,远高于中国0.206公顷的人均耕地面积水平。

(2) 农作物产量。

被称为"骑在羊背上的国家"的澳大利亚是全球重要的农产品生产国和出口国之一,是世界上出口羊毛最多的国家,也是世界上重要的小麦出口国之一。2019—2020年度,澳大利亚共生产了6100万吨谷物和大田作物,28 800家企业参与种植;农场饲养的绵羊和羔羊6400万只,肉牛2100万头。土地利用方面,3.25亿公顷土地用于放牧;3100万公顷用于农作物种植;林业种植面积70万公顷;1900万公顷未用于农业生产,其中41%用于保护的目的。在2020财政年度,澳大利亚包括农作物和牲畜在内的农业出口价值估计为482.3亿澳元。

(3) 主要农作物种植情况。

小麦是澳大利亚种植面积最大的粮食作物,主要分布于澳大利亚东南部大分水岭以西的内陆地区,新南威尔士州和西澳大利亚州是小麦的主要种植区。在澳大利亚大约有3.5万个小麦农场,约15万农民从事小麦生产,普遍采用同时种植小麦和牧羊的混合经营方式。2019—2020年度,全国小麦总产量1516.5万吨。

澳大利亚作为南半球的主要产棉国之一,是世界第三大棉花出口国。澳大利亚棉花种植面积长期维持在60万公顷左右,皮棉总产300万包。而棉花农场只有约1500个,平均每个农场面积400公顷。棉花每公顷平均产量在1500～1600公斤,其中灌溉地单产可达1700～2270公斤/公顷,旱地(即雨养地)产量1135～1417公斤/公顷。由于连年干旱,灌溉用水供应不足,2019—2020年度,澳大利亚的棉花种植面积降至40年来的最低水平,仅种植了约6.1万公顷,棉花产量下降了72%,降至13.5万吨,为1982—1983年度以来的最低值。同时,由于COVID-19大流行的封锁持续,零售环境不断恶化,全球棉花正面临供过于求的局面。

澳大利亚食糖产业被公认为技术最前沿、发展最持续的产业之一。澳大利亚是食糖产业中全球综合产出率和甘蔗含糖量最高的国家,具有很强的国际竞争力,是世界上第三大食糖出口国。澳大利亚具有非常适宜甘蔗生长的自然条件,甘蔗种植主要分布在东部沿海降水量多的亚热带和热带地区。全国约有54万公顷的土地用来种植甘蔗,共有6000多个大小不等的甘蔗种植农场,农场规模在30～250公顷。

关于果蔬产量如下表14-3,14-4:

表 14-3 澳大利亚 2019－2020 年度水果产量

种类	橙子	香蕉	杏仁	芒果	葡萄	苹果	鳄梨	草莓
产量	38.3万吨	37.2万吨	11万吨	6260万吨	150万吨	26.3万吨	7.7万吨	5.9万吨
增长率	12%	20%	13%	26%	－5%	－1%	－3%	－14%

表 14-4 澳大利亚 2018－2019 年度蔬菜产量

种类	马铃薯	西红柿	胡萝卜	生菜	蘑菇
产量	110万吨	29.7万吨	27.5万吨	12万吨	4.9万吨
增长率	－12%	－10%	－13%	－10%	1%

数据来源:资产信息网,澳大利亚统计局。

2. 发展模式

混合农业(小麦-牧羊带)是澳大利亚农业的显著特点,澳大利亚也是全球混合农业代表性的国家。混合农业是种植业和畜牧业相互结合、兼而有之的综合性农业模式。

澳洲大陆有 1/3 的地区不适宜发展农牧业,另外 1/3 的地区只宜发展畜牧业,但其农用地面积仍然相当可观。农牧业用地 4.8 亿多公顷,约占国土面积的 63%。农用地的 90% 以上是天然草场,达 4.4 亿公顷;耕地面积只有 4876 万公顷,其中灌溉面积占其中的 4%。全国有三个明显的农业区。一是集约农业区,又称高雨量带,主要用作谷类种植。其范围从昆士兰州北部海岸延伸到南澳州的东南角,以及西澳州的西南部和塔斯马尼亚,降水较充沛,适宜发展种植业和奶牛业。二是小麦-牧羊区,其范围从昆士兰州中部向南延伸,经过新南威尔士州坡地至维多利亚州北部和南澳州农业区,是半干旱至湿润气候的过渡区,年降水量 400~600 毫米,以旱作农业为主,大多数农场经营小麦、养羊和肉牛业。三是牧业、草地区,包括西澳州、南澳州大部分地区以及新南威尔士州西部、昆士兰州南部,该地带面积最大,达 3.6 亿公顷;但气候干燥,植被稀少,年降水量少于 400 毫米,以养牛业为主,经营粗放。

混合农业模式的特点:①农场内的土地交替种植小麦、牧草或休耕,充分保持麦田的肥力。种植产生的饲料可以饲养绵羊,羊粪又可成为麦田的肥料,农场成为一个良好的农业生态系统。②小麦的耕作活动和牧羊活动在一年内交替进行,农民可以有效地利用时间安排农业活动。秋春两季为小麦种植的农忙季节,而冬季是小麦的生长季,农事较闲,正好是牧羊活动的忙季。③混合农业模式下农民可以根据市场的需求决定是多种植小麦还是多牧羊,使农业生产具有很大的灵活性和对市场的适应性。④混合农业农场规模大,机械化水平高,大大提高了种植、采收效率。

3. 澳大利亚农业的适用条件

(1) 农业区域化分工程度高。澳大利亚农业生产呈现明显的区域化布局特点。澳大利亚根据全国降水、气温变化、地形地貌和土壤肥沃情况,鼓励农业生产向优势区域集中,农业生产呈现出明显的区域化布局特点。全国划分为三个明显的农业生产区域:一是集约农业带,即高降水量农业带,从昆士兰州北部海岸延伸到南澳大利亚州的东南角,以及西澳大利亚州的西南部和塔斯马尼亚州,这里降水充沛,种植业和奶牛业十分发达;二是农牧混合带,从昆士兰州中部向南延伸,经过新南威尔士州坡地至维多利亚州北部和南澳大利亚州农业区,是半干旱到湿润气候的过渡区,以旱作农业为主,小麦生产、养羊和肉牛业发达;三是牧业带,包括西澳大利亚州、南澳大利亚州大部分地区以及新南威尔士州西部、昆士兰州南部,气候干燥,植被稀少,以养羊、养牛业为主。在每个区域内,又出现了不同作物品种的农业生产优势区域带,如昆士兰州的甘蔗带,塔斯马尼亚州的苹果产区,澳东南部的小麦带等。

(2) 农业机械化程度高。早在 20 世纪 60 年代,澳大利亚已经实现了农业机械化。进入 21 世纪以来,计算机自动控制技术在农业机械装备和乳业生产等方面得到广泛应用,农用航空技术和保护性耕作技术也已得到普及。在畜牧业生产中,草场翻耕、牧草播种、施肥撒药、收割打捆、挤奶剪毛等各个环节全程实现了机械化。在大田作物中,小麦、水稻、大麦、燕麦等作物,从耕种到收获实现了全程机械化,一个 1333 公顷规模的农场,一般只需要 2~3 个工人。甘蔗生产在农田建设、耕地松土、播种育苗、生产管理、收获运输、装卸加工各环节的机械化程度超过 90%。在农产品流通销售环节,建立了全程完备的冷链体系,全国 75% 以上鲜活农产品都通过冷链体系运送和销售,既确保了农产品质量,又减少了农产品浪费。

(3) 农业规模化程度高。近 40 年来,澳大利亚农场规模化趋势明显,农场数量越来越少,规模越来越大。20 世纪 70 年代中期到 80 年代中后期,农场数量平均每年减少 6.3%,但农场平均产出以每年 2.6% 的速度增长。目前的农场数量比 20 世纪 80 年代又减少了 1/4 左右。据统计,2006/2007 年度,澳大利亚约有 15.04 万个农场,农场平均规模 2892 公顷;2009/2010 年度农场数量减少为 13.4 万个,平均规模扩大为 3052 公顷;2013/2014 年度农场数量进一步减少为 12.85 万个,平均规模继续扩大到 3200 公顷。

(4) 农业信息化水平高。澳大利亚农业信息化起步较早,从 20 世纪的 50 年代末 60 年代初普及广播,到 70 年代普及电视,再到 21 世纪初普及有线电视、计算机和互联网,信息技术在农业生产中得到广泛应用。根据澳大利亚联邦科学与产业研究组织(CSIRO)报告,2013 年,手机网络在农场的地区覆盖率为 85%,人口覆盖率为 99%,大型农场的互联网普及率达到 90% 以上,小型农场互联网普及率达到 70%。目前,农户普遍利用网络获取天气、价格、产品、设备和技术等各种农业信息,进行网络交易、买卖农产品,通过网络进行各种社交沟通等。为进一步提升农业现代化水平,当前澳大利亚正加快实施国家宽带网络基础设施建设计划,为农业提供更稳定的宽带卫星接入和地面无线网络服务,促进物联网等信息技术在农业的广泛应用。信息技术的应用和科学种田知识的普及,弥补了澳大利亚农业自然条件不理想的劣势。

(5) 农业国际化程度高。澳大利亚生产的农产品大多数都用于出口,具有很强的市场竞争力,是世界上重要的农产品出口大国,对世界粮食安全的保障作用越来越显著。澳大利亚国内农业生产一直高度依赖国际市场,主要根据国际市场农产品需要和价格变化确定生产种和规模,完全以市场需求为导向,以商品化生产为目的,属于典型的外向型农业。多年来,澳大利亚每年生产的农产品出口率平均在 75% 以上,其中羊毛、牛肉、小麦、蔗糖、奶制品等产品在国际市场上占据较大份额,是世界第一大羊毛出口国、第二大牛肉和蔗糖出口国、第三大小麦和乳品出口国。其羊毛、奶粉、棉花的 90% 以上,小麦、大麦、糖料的70%以上,大米、牛肉、羊肉的60%以上出口到国际市场。澳大利亚年产小麦3000万吨左右,其中2000多万吨用于出口;绵羊7100万只,98%的羊毛产量用于出口;肉牛2800万头,大部分牛肉用于出口。澳大利亚高度重视拓展亚洲市场,中国成为澳大利亚第一大农产品出口市场,亚洲市场特别是中国市场对于澳大利亚农业发展的影响越来越大。

三、以色列农业

1. 农业概况

以色列位于亚洲西部,是亚、非、欧三大洲结合处,1948年5月建国,实际控制面积约2.5万平方千米。气候干燥,降雨量小,60%国土属干旱地区,20%为半湿润区,其余地区多被丘陵和森林覆盖;平均年降水量只有400~550毫米,50%国土年降雨量少于150毫米,人均水资源占有量不足400立方米,是世界人均水平的1/22。截至2021年4月,以色列人口932.7万人,其中约74%是犹太人,约21%是阿拉伯人,其他5%被列为非宗教人士。

以色列城市化水平较高,城市化率达94%,农业从业人口占全国总人口的1%左右。2020年国内生产总值(GDP)达0.4万亿美元,人均GDP 4.36万美元。

以色列耕地少,自然条件恶劣,可耕地面积仅为4100平方千米,大约为国土面积的20%。全国务农人口约为12万人,占全国总人口的2%,农业总产值35亿美元,占国内生产总值的7.5%。在农业产值中,种植业占57.4%,畜牧业占42.6%,农副产品60%用于出口,年出口创汇约21亿美元。

以色列除了种植小麦、玉米等饲料作物以外,西红柿、甜椒、西瓜、向日葵、草莓以及果园等经济作物和经济林木占了很大比重,水果和蔬菜单产水平居世界前列。以色列的养殖业极为发达,每头奶牛产奶量达40升/天,平均年产奶量为1.2万升/头,单头奶牛年产奶量目前居世界第1位。

2. 发展模式

(1) 组织模式。以色列农业经营组织模式主要有三种,包括基布兹、莫沙夫和农业公司。

基布兹,也称为集体农庄,是由东欧移民回国的青年出于对苏联集体农庄的向往而创建。基布兹组织现在全国有270个,成员总体有12万人,占全国人口的3%,平均每个基布兹有450名成员,拥有500公顷的土地。类似我国过去的人民公社,土地和生产资料公有制,基布兹给每个农民按月发放生活津贴,生活必需品一律实行供给制,孩子教育及养老免费,剩余收益主要用于扩大再生产,集体成员共享收益。以色列很多政府官员出自于基布兹,被人们称为具有高度的集体主义精神。基布兹最主要的特征有三点:一是所有的生产资料包括土地归集体所有;二是基布兹的所有收入包括其成员个人收入全部归集体所有,基布兹给每个农民按月发放生活津贴,生活必需品一律实行供给制,其余收入、积累主要用于扩大再生产;三是基布兹内部实行民主管理,民主理财,每2年改选一次管理委员会,对基布兹内部事务进行民主管理。

莫沙夫是以家庭为基本生产单元的村庄,家庭农场联合体。它是一种农业合作组织,既是一个行政村又是合作社,具有社会服务和经济管理的双重功能。莫沙夫是一个约60户人家的村庄,每户人家拥有自己的房屋和土地,自给自足。每户人家均从属于莫沙夫集体,莫沙夫以联合的形式负责供销,小家庭大规模。莫沙夫的特征有三点:一是莫沙夫的土地和水资源所有权归属国家,但经营权属家庭个人;二是其他生产资料及收入均归农户;三是教育、医疗、文化、产品供销等统一由集体提供服务。

以色列农业企业一般是以农机服务及农产品加工为主要内容,服务于基布兹和莫沙夫,形成相互支撑的组织体系。政府与合作组织的关系主要包括三个方面:

一是补贴政策。基布兹和莫沙夫所购买的农业设备,政府给予40%的补贴,农业用水价格低于工业用水的80%。

二是土地使用权。土地所有权属于国家,基布兹和莫沙夫仅拥有土地的使用权。

三是基布兹和莫沙夫所有的经营活动都要向国家纳税。

目前以色列农业生产经营全部实行订单生产,基布兹的农民们只管精心种植,之外的加工、采购、财政、购销等烦琐的农业服务由区域合作组织承担,从而使农产品进入国内、国际市场。这也是其现代农业取得成功的关键因素之一。

(2) 经营模式。

以色列农业的经营模式集中体现为农业生产的高度集约化。一是土地高度集约化。以色列的土地全部属于国家所有,国家将土地分配给基布兹和莫沙夫中的每个家庭,所有的土地不允许买卖。二是水资源利用高度集约化。以色列国虽然三面环海,但是淡水资源比较缺乏,加利利湖是全国唯一一个淡水湖,淡水资源非常珍贵。所以,整个国家淡水资源的利用也实行高度集约化管理。国家给城市居民、单位和工农业生产用水都有指标控制,超指标用水均要加倍收费。正是由于这个制度,才诞生了以色列农业发达的节水灌溉系统。以色列的污水处理再利用程度很高,他们将城市污水处理净化后用于农业灌溉,远可送到南部的沙漠地区。三是生产组织高度集约化,主要表现为具有高度集约化的基布兹和莫沙夫这两种组织形式,同时,整个全国农业生产经营全部实行订单生产。基布兹从生产到销售统一组织,莫沙夫的农户与公司签订销售合同,以色列绝大部分农产品就是这样出口到欧美各国。

3. 适用条件

从自然资源禀赋看,以色列耕地少、半干旱性气候、降雨量小、季节性强、区域分布不均、淡水资源缺乏等问题极为突出,自然资源及气候条件对农业生产非常不利。适宜农业生产的土地很少,沙漠占其国土面积的60%,可耕地面积只有40余万公顷,大约为国土面积的16%。耕地主要分布在北部滨海平原、加利利山区以及上约旦河谷。北部滨海平原是以色列栽培柑橘类果树的中心区,是最先为国家提供重要出口商品的基地。加利利山区由于大量季节性降雨,形成小块肥沃谷田,不用灌溉即可耕作。该地区生产的橄榄和烟叶驰名国内外。在上约旦河谷的太巴列湖周围地区,是农作物丰产区,每年种植稻谷、棉花、花生、玉米和各种热带水果。

(1) 因地制宜的农业策略。

根据其农业生产条件,以色列采取了因地制宜的农业生产策略:减少本国粮食种植面积,粮食主要依赖进口,种植经济价值较高的水果蔬菜,出口换汇。自建国以来,以色列不断缩减粮食种植面积,且粮食产量不高,不能自给,主要依靠进口。根据联农组织(FAO)数据,自 1961 年以来,以色列谷物播种面积总体呈下降趋势,2019 年谷物播种面积仅 5 万余公顷。单产基本没有变化,2019 年以色列谷物平均单产仅 3.5 吨/公顷,相比而言,2019 年中国粮食作物平均单产为 5.7 吨/公顷。

同时,以色列粮食产量很不稳定,1983 年最高,谷物总产量 43.7 万吨;1999 年最低,仅有 12.3 万吨;2019 年全国谷物总产量也不高,仅有 17.8 万吨,而谷物进口量则高达 340.5 万吨,粮食自给率仅有 5% 左右。

(2) 节水农业,世界领先。

干旱少雨、水资源匮乏,是以色列农业面临的最大挑战。出于生存和发展的需要,以色列建国初期便制定法律,宣布水资源为国家公共财产,由专门机构进行管理,同时兴修水利,并大力发展农业节水灌溉技术。

以色列农业灌溉强调技术创新,用好每一滴水。例如,在滴灌设备上安装监测器,把生物技术和纳米技术用于节水。严格实施"节约每一滴水"和"给植物灌溉,而不是给土壤用水"等先进理念,并采用计算机控制的水肥一体化喷灌、滴灌和微喷、微滴灌系统,按照作物生长的需求进行节水灌溉,水资源的利用率高达 95%。

以色列还在水费收取方面实行严格的奖惩措施,使农民们从每立方米水的最大经济效益方面来考虑农业生产。据统计,以色列农业用水量已由 13 亿吨减少至约 10 亿吨,每公顷灌溉用水也从 8000 吨降到 5000 吨,其中淡水、盐碱水、再生水各占 1/3。

(3) 农地资源的节约与高效利用。

一是大力实施耕地资源的有效保护与高效利用以及沙漠改造计划。自 20 世纪 80 年代开始,实施荒山成片开发配套设施齐全的住宅小区计划和城市区域发展战略计划,避免城市的盲目扩张。

二是扩大耕地面积,提高产出水平。全面推行节水技术,大力改造沙漠,使旱地农业变为灌溉农业。半个多世纪以来,以色列政府还通过"两步走"的方式成功实施了改造和开发沙漠的宏伟规划。如今以色列的可耕地面积已由建国初期的 10 万公顷增加到 44 万公顷,灌溉面积从 3 万公顷扩大到 26 万公顷。

三是注重农业高新技术的开发与利用,大力发展资源节约与集约化生产。工厂化栽培技术、滴灌技术、无土栽培技术、营养液配合滴灌技术、精准栽培等技术的广泛运用,不仅节约了土地,而且大大提高了农产品的产量与品质,如番茄的产量每公顷达 100~150 吨、辣椒 15 吨,甚至在温室中创造出每季每公顷收获 300 万枝玫瑰花的奇迹。

(4) 强大的农业科教与推广体系。

以色列建有一整套强大的由政府部门(农业部等)、科研机构和农业合作组织紧密配合的科研、开发、教育、推广服务体系,全国共有 30 多个从事农业科学研究的单位、3500 多个高科技公司,不少大学也设有一些专业性研究单位。

政府每年投入上亿元的农业科研经费,各公司用于研发的费用一般占公司总收入的 15%~20%。其研究重点是沙漠改造、适合当地自然条件的农畜品种培育以及太阳能的利用、农畜产品的高产、高速繁殖和病虫害防治等。

以色列的农业科研紧紧围绕生产,强调技术的实用性与经济效益。各项研究一旦取得成功,便通过技术推广服务站举办培训班、建立示范点,以实地讲解等方式迅速推广。

第二节 中国的农业发展条件及模式选择

一、农业发展条件

1. 自然条件

(1) 气候条件。

中国南北相距 5500 多千米,跨近 50 个纬度,大部分地区位于北纬 20°~50°的中纬度地带。光、热条件优越,但干湿状况的地区差异大,全年太阳辐射总量一般西部大于东部,高原大于平原,以西藏为最高,西北地区和黄河流域的太阳辐射条件优于世界上不少平均温度相似的地方,长江流域优于日本和西欧。农作物生长期间的热量条件,除分别占国土面积 1.2% 和 26.7% 的寒温带以及青藏高原多属高寒气候外,其余 72.1% 的地区处于温带(占国土 25.9%)、暖温带(占 18.5%)、亚热带(占 26.1%),以至热带和赤道带(占 1.6%),全年 0℃ 以上积温均在 2500℃ 以上,其中以海南为最高,达 8500~9000℃,无霜期 100 天至全年无霜。因而如仅就热量条件而言,夏季都可种植多种喜温作物,大部分地区并可复种,一年种二熟或三熟。以 400 毫米等雨量线为界,分为东南和西北两大部分,东南部为湿润、半湿润区,西北部为半干旱和干旱区,约各占国土的一半。

西北部半干旱、干旱区的年降水量一般在 400 毫米以下,有些地方仅数十毫米甚至数毫米,干燥度在 1.5 以上,有的甚至达 20 以上,因而限制了农业和林业的发展,只在较高的山岭有少量森林资源。但这些地区有辽阔的草原,形成了中国的牧区。

(2) 土地资源。

我国土地资源绝对量大,但人均占有量少。土地资源是农业经济活动的基本资源和环境载体,也是经济社会发展的重要战略性资源。全国土地总面积约为 960 万平方千米,约占世界土地总面积的 7.3%,仅次于苏联和加拿大而居世界第 3 位。但是按人均占有的各类土地资源数量显著低于世界平均水平。山地多,平地少,海拔 3000 米以上的高山和高原占国土的 25%。此外还有约 19% 难于利用的土地和 3.5% 为城市、工矿、交通用地。人均耕地面积仅约 1.5 亩,为世界平均数 4.5 亩的 1/3,是人均占有耕地最少的国家之一。人均林地面积约 1.8 亩,森林覆盖率为 12.7%,而世界平均分别为 13.6 亩和 31.3%。人均草地面积 5 亩多,也只及世界平均数 10.4 亩的一半。

由于严格的耕地保护政策,耕地面积稳中有升,牧草地面积有所减少,村镇及独立工矿用地面积增长较快。从发展农业来说,我国土地面积呈现总体充裕、区域不均衡和可持续性供给稳定的基本特征。

(3) 水资源。

我国河川径流总量大,但水土配合不协调。中国年平均降水总量约6万亿立方米,其中约有44%形成径流。全国河川多年平均径流总量为27 115亿立方米,在世界上仅次于巴西、苏联、加拿大、美国和印度尼西亚而居第6位。但如折合为年平均径流深,仅为284毫米,较许多国家为低。人均占有年径流量仅为2558立方米,只相当于世界平均数10 800立方米的1/4,美国的1/5,苏联和印度尼西亚的1/7,加拿大的1/50。

水资源的地区分布很不均匀。长江流域及长江以南耕地只占全国总耕地的37.8%,拥有的径流量却占全国的82.5%;黄淮海三大流域径流量只占全国的6.6%,而耕地却占全国的38.4%。水量在时程分配上也极不平衡,年际间变幅很大。如海河流域1963年径流量达533亿立方米,1972年仅99亿立方米,相差5.4倍。全国有相当大的地区,易受洪、涝、旱、渍等自然灾害的侵扰。

农业用水是我国水资源利用的重要构成部分,农业用水主要是生产性用水和生活性用水。数据显示,农业用水在用水总量中的比例逐渐降低,目前大约在63%。近年来,农业用水量在3900亿立方米左右。在所有产业和经济活动中,农业是用水量最大的产业。虽然由于水利工程等方面的原因农业用水效率有所提高,但仍然存在很大的用水低效率情形。

(4) 草地资源。

草地资源是重要的农业资源,是牧业发展的重要保障。我国草原总面积为39 283.267万公顷,其中可利用草原面积33 099.542万公顷。近年来,我国牧草地面积有所下降,可能会对草料供应产生一定影响。不过,这种情况并没有足够的经验事实来证明,可能是人工饲料替代了草料,因此牧草面积下降对牧业可能影响仍在可控范围。

草地资源与畜牧业的发展。畜牧业的增长和草地资源的关系比较复杂,实际上,畜牧业的增长在很大程度上是依靠圈养等来实现的。因此,草地资源对畜牧业的贡献可能正在减少。因为,诸多经验事实表明,近年来牧草地面积的下降并没有显著地影响牧业的增长。不过,由于草地的重要生态价值,需要采取有力措施减少草地退化的情形。维护草地生态系统的稳定性对于防治荒漠化等具有重要现实意义。

(5) 森林资源。

根据第八次全国森林资源清查结果,我国森林面积为2.08亿公顷,森林覆盖率为21.63%。活立木总蓄积164.33亿立方米,森林蓄积151.37亿立方米,天然林面积1.22亿公顷,蓄积122.96亿立方米,人工林面积0.69亿公顷,蓄积24.83亿立方米。森林面积和森林蓄积分别居世界第5位和第6位,人工林面积居世界首位。在全部造林面积中,用材林、经济林、防护林、薪炭林和特种用途林的比例分别为19.68%、20.53%、58.36%、0.66%和0.77%。数据显示,我国森林覆盖率比较低,人均木材产量等指标比较低,林业资源总价值也比较低,林业资源保护面临严峻形势和重大任务。

我国一直致力于林业资源的保护工作,特别是1998年洪灾发生后,政府采取了空前的力度来保护天然林及实施退耕还林等林业保护工程,这些保护工程主要包括天然林保护工程、退耕还林工程、防沙治沙和津京风沙源治理工程等。工程的实施为国家森林安全及森林的综合效益发挥了很大效益。应该说,我国林业资源总体上处于可控、有序和可持续发展的状态。

2. 社会条件

（1）国家政策和措施。

2013年至今，以习近平总书记关于做好"三农"工作的重要论述为指引，农业支持保护的理念和内涵进一步丰富和发展。党的十八大以来，在习近平总书记关于做好"三农"工作的重要论述的指引下，坚持重中之重战略地位、坚持农业农村优先发展、坚持立足国内保障自给、坚持绿色生态导向等发展理念进一步丰富了农业支持保护的内涵，推动农业支持保护政策发生重大转型。着眼于推动乡村全面振兴，农业支持保护的目标转向更加注重农业质量效益和竞争力提升，强化绿色生态导向，支持保护领域不断拓展，调控手段也日趋完善。国家保障和推动农业的发展，提高农业生产力，农民生产积极性高。2004—2021年，中共中央、国务院连续18年发布以"农业、农村、农民"为主题的中央一号文件，强调了"三农"问题在中国社会主义现代化时期"重中之重"的地位。

2021年2月1日，《中共中央　国务院关于全面推进乡村振兴加快农业农村现代化的意见》正式印发，这是21世纪以来第18个指导三农工作的中央一号文件，标志着三农工作重心历史性转向全面推进乡村振兴。文件首次提出实行粮食安全党政同责，为落实好粮食安全提供了坚实的制度保障。文件明确，实现巩固拓展脱贫攻坚成果同乡村振兴有效衔接，加快推进农业农村现代化，力争2021年，农业农村现代化规划启动实施，脱贫攻坚政策体系和工作机制同乡村振兴有效衔接、平稳过渡，到2025年，农业农村现代化取得重要进展，粮食和重要农产品供应保障更加有力，现代乡村产业体系基本形成，乡村建设行动取得明显成效。

（2）劳动力资源。

我国人口多，劳动力资源丰富，有利于精耕细作，提高单产。据国家统计数据，2020年，中国农业劳动者人数依然高达1.77亿人，在三个产业就业人员中的比重高达23.6%，而发达国家的这一比例多数在10%以下。但是也要看到，农村劳动力素质低，不利于农业技术的推广。

根据2017年12月统计的全国农业普查数据，全国农业生产经营人员总共31 422万人，但受教育程度在初中及以下占比为91.8%，远高于76.1%，即全国受初中及以下教育人数占比较大，可见农业经营人员受教育程度偏低。

二、模式选择

目前，中国农业发展模式可分为两大类：传统农业发展模式和现代农业发展模式。

1. 传统农业

传统农业发展模式是以家庭为单位的小规模自主经营型农业生产方式，沿用长期积累的农业生产经验为主要技术的农业生产模式，以精耕细作、小面积经营为特征。传统农业典型特点：机械化程度低、产出低，但是外界物资投入少，具有高度的持续性。这是最传统的和最重要的农业发展模式，是保障我国14亿人民粮食安全的主要渠道，是农民的主要收入和生活来源,主要存在于广大农村地区,成本低、效率低、农产品商品率低、自给性强。

但是由于农业相对收益连年下降、成本节节攀升,重挫农民积极性,农民外出务工普遍,农业劳动投入不足,田间管理缺失。我国城市化水平在不断提高,农村青壮年劳动力不断向城市转移,导致农村剩下的优质劳动力不多,特别是在山区、丘陵区等经济落后地区农村人口迁移多、剩余劳动力基本殆尽的情况普遍存在。

农业劳动力供给大幅度减少,导致农业劳动力不足、劳动力成本上升。在充分市场化、经济效益较好的劳动力密集型农业产业领域,如设施农业、果业生产,农业生产收入相当于农业领域的自我雇佣所得,显然,再也不能像以前一样忽视农业劳动力成本。

由此,农业土地谁来经营,对于政府和农户来说都是一个绕不开的问题,于是,农业生产托管的方式应运而生,即农户等经营主体在不流转土地经营权的条件下,将农业生产中的耕、种、防、收等全部或部分作业环节委托给有能力的农业生产性服务组织完成的农业经营方式,这是社会化服务直接服务农业和农户最现实最简洁的方式,是实现农户与现代农业发展有机衔接的重要经营模式,也是实现服务规模经营的有效方式。

2. 现代农业

现代农业发展模式是将现代先进科学技术、经营理念和管理方式或新兴农业生产理念应用于农业生产的全过程,以提高土地产出率、劳动生产率和资源利用率为手段,以获取更多的经济利益为目标的生产方式。现代农业的发展极大地提高了农业生产专业化、社会化和市场化水平,大大提高了农业综合生产能力,但现代农业成本高,技术要求严格。

(1) 节水农业发展模式。

节水农业是为了节约水资源,不使用漫灌,而使用滴灌、喷灌等方式来进行农业灌溉,有些还会和水肥一体机相结合。目前世界做得最好的是以色列在沙漠地带的一片绿色种植。节水农业主要是采取滴灌、喷灌等现代化设施在生产过程中减少水资源浪费、提高水资源利用率的农业生产方式。

虽然我国地域广阔,水资源总量为2.8万亿立方米,居世界第6位,但人均拥有量仅相当于世界的1/4,居世界第109位,特别是西北等内陆地区常年降水少、河流断流、沙漠化严重,水资源更为紧缺。而上下几千年的历史,农业用水一直处于粗放式和随意性。由于灌溉渠道不配套或灌溉工程老化失修,灌溉多为粗放型大水漫灌,导致耗水量大,水资源利用率低。数据显示,中国的农业灌溉水有效利用系数仅为0.45,大大落后于发达国家0.7到0.8的水平;中国每生产一公斤粮食平均需要消耗1300公斤水,而发达国家则在1000公斤以下。落后的漫灌式的农业生产方式至少导致2/3的水被浪费掉。

节水正成为中国农业产业进程的重要领域。农业高效节水要从生物节水、农艺节水、工程节水三方面挖掘潜力,三者缺一不可。涉及新产业和新商业层出不穷,比如,灌溉系统、育种、水肥一体化、雨养农业、农业物联网、节水模式。节水农业一定程度上也能促进减少农残不流入河流,进行二次污染,也有利于解决土地板结,并帮助水资源不足地区的农业生产,因此国家也有相关的补贴。

(2) 循环农业发展模式。

循环农业是相对于传统农业发展提出的一种新的发展模式,是运用可持续发展思想和循环经济理论与生态工程学方法,以节约资源、清洁生产、回收废弃物为基本特征,结合生态学、生态经济学、生态技术学原理及其基本规律,采取"资源—产品—废弃物—资源"的资源重复利用方式,在保护农业生态环境和充分利用高新技术的基础上,调整和优化农业生态系统内部结构及产业结构,提高农业生态系统物质和能量的多级循环利用,严格控制外部有害物质的投入和农业废弃物的产生,最大限度地减轻环境污染,实现农业生产与环境保护良性循环的农业发展模式。

循环农业应用比较普遍的主要有四种模式:一是以沼气为纽带的资源利用型发展模式;二是以资源减量化为主要环节的节约型发展模式;三是以"种、养、加"循环模式为特色的生态型发展模式;四是以龙头企业为主体的企业主导型发展模式。

(3) 生态农业发展模式。

生态农业是针对现代农业投资大、能耗高、污染严重、破坏生态环境等提出的,即在经济和环境协调方针指导下,总结吸收了各种农业方式的成功经验,运用生态学与经济学原理以及系统工程方法,因地制宜利用现代科学技术并与传统农业精华相结合,合理组织生产,实现高产、优质、高效与持续发展目标,达到经济、生态、社会三大效益统一。生态农业是依据生态学的基本理论,遵循生物生长规律,因地因时制宜地规划和组织农业生产。20世纪80年代国家就提出要积极推广生态农业发展模式,保障食品安全,经过二十几年的发展,在一些地区也得到了有效的应用和推广,培植了许多不同类型的生态农业发展模式,如立体混合型、资源循环利用型、生态环境综合整治型、资源开发型、综合全面建设型和院落生态系统型6种主要的发展模式。

(4) 有机农业发展模式。

有机农业遵循可持续发展原则,按照有机农业基本标准,在农业生产过程中不使用化肥、农药、生长调节剂和家畜饲料添加剂,不采用基因工程技术及其产物,而是遵循自然规律和生态学原理,协调种植业和养殖业的平衡,采用一系列可持续发展的农业技术,维持持续稳定的农业生产过程,其核心是建立和恢复农业生态系统的生物多样性和良性循环。通过这种方式生产的农产品有机物质含量较高,健康、安全、环保,是目前国内外最受消费者喜爱和追求的农产品之一。

与传统农业相比,有机农业系统的产量较低。然而,与传统农业相比,它们更有利可图,更环保,并提供更多的营养食品,其中农药残留量更少(或没有)。此外,初步证据表明,有机农业系统提供了更大的生态系统服务和社会效益。尽管有机农业在建立可持续农业体系方面尚未发挥作用,但没有任何一种单一的方法能够安全地为地球提供食物,而是需要有机和其他创新农业系统的混合。但是,采用这些系统还存在很大的障碍,需要各种政策手段来促进其发展和实施。

(5) 休闲观光农业发展模式。

休闲观光农业融合生产、生活和生态服务等功能,紧密联结农业种植业、农产品加工业和服务业,将农业的生产功能向休闲体验、文化传承、人文创意等多功能扩展,实现农业生产与休闲观光的有机结合。根据区位交通、自然资源、历史文化资源等条件,我国最早的休闲观光农业模式是以农业生产为主,依托城郊便利的交通条件和地方丰富的旅游资源,居民利用自家庭院、农产品及周边的田园风光、自然景观,为游客提供物美价廉的农家美食享用和形式多样的农事体验活动。

（6）精准农业发展模式。

精准农业属于现代农业发展中的新型模式，也是新时代背景下农业产业的发展趋势，是由信息技术、遥感技术及生物技术组成的把农业与高新技术紧密结合的精细化农业发展方式。精准农业是将现代先进科学技术应用于农业生产，根据植物生产需要定时、定量施加肥料和水，以提高资源利用率和农业产出率的农业发展模式。精准农业适合大田农业，也适合养殖业，如养殖业的物联网操作。

精准农业是智慧农业的第一站，其主要依靠5S技术，当前已经发展成熟。5S技术包括遥感、地理信息系统、全球定位系统、数字摄影测量系统、专家系统等，目前在农业中的应用已经较为成熟。在5S技术精准定位导航的作用下，耕种、收割等适合中大型农机作业的简单场景有望率先落地。大数据、物联网等技术也在农业领域中逐渐应用，主要用于智能施肥、灌溉设备的构建，在5S技术的配合下，有望推动播种、施肥、灌溉、除虫等场景快速落地。由人工智能和云计算技术分析决策后，可在大范围内将农业资源配置深度优化，进一步降低人工参与度，使生产作业更智能，管理更精细，决策更精确。

除降低人力依赖度外，农业精准化可带来多方面优势。以农业无人机为例，其根据航线精准飞行作业，可保证作业过程更加高效，降低重复作业面积，减少资源浪费。无人设备可全天候工作，作业效率稳定且远超人工作业，在大范围、高重复的劳动场景中优势显著。在山地、丘陵等地形复杂的地区，小型农业无人车、农业无人机行动更加灵活，可降低传统大型农机对作物和田地的损害。据亿欧智库披露数据，2019年我国无人机保有量已达到5.5万架，植保作业面积达8.5亿亩，通过精准作业减少农药使用量20%，节省用水90%，提高农药利用率30%。

（7）设施农业发展模式。

设施农业是指利用新型生产设备，现代农业工程技术、管理技术，调控温室、塑料大棚等保护设施内蔬菜、果树、花卉、鸡鸭、猪牛等动植物生长的温度、光、水、土、气等环境参数因子，对动植物的生长发育环境进行整体或局部范围的改善，使动植物生长不受或很少受自然条件制约，在有限的土地上投入较少的劳动力，建立动植物周年连续生产系统，实现动植物高效优质生产的一种现代农业生产方式，是属于生产可反时令性、生产可类型多样化的高投入、高产出、高效益产业。

2012年我国设施农业面积已占世界总面积的85%以上，其中95%以上是利用聚烯烃温室大棚膜覆盖。据统计，2018年中国农业设施总面积为189.42万公顷，但以造价较低、抗风险能力较弱的塑料大棚为主，日光温室和连栋温室面积占比较低，分别为30%和3%。从栽培作物看，蔬菜占设施园艺总面积的85%以上，设施蔬菜栽培作物以番茄、黄瓜、甜椒等为主。

（8）田园综合体开启的农业变现新模式。

田园综合体是一种基于田园核心吸引物而构建起来的不同供应链的流量共享模式和价值相乘模式。2017年2月5日，"田园综合体"作为乡村新型产业发展的亮点措施被写进中央一号文件。田园综合体是集现代农业、休闲旅游、田园社区为一体的特色小镇和乡村综合发展模式，是当前乡村发展代表创新突破的思维模式。

田园综合体实现了田园的三次变现：第一次变现是依托自然之力和科技之力实现田园农产品变现；第二次变现是依托自然之力和创意之力实现田园文化产品和田园旅游产品变现，这一次变现不仅赚了钱，还形成了一个田园社群；第三次变现是依托田园社群建立起来的延伸产业变现。

田园综合体开启了产业集群新模式：田园综合体的内核是乡土经济逻辑，而不是粗放式城市化经济逻辑。粗放式城市化经济逻辑追求的是产业之间的无底线利益，集约式城市化经济逻辑追求的是"工业集群＋休闲产业集群"的利益最大化，乡土经济逻辑追求的是"农业集群＋休闲产业集群"的利益最大化。所以，田园综合体更加符合中国农耕社会的文化环境和地理环境。对于中国城市化进程来说，田园综合体树立了逆城市化的成功范式。

田园综合体开启了乡贤文化新模式：田园综合体寄托着城里人的乡土田园梦，却也寄托着乡村人的城市化梦想，一群人想要回归田园，另一群人却想要赚更多钱走向城市。在很多落后贫困地区搞田园综合体，会深刻感受到当地政府和当地居民在思想意识上的局限性。所以，田园综合体的建设中，将面临文化的重塑，这是田园综合体能够具备灵魂的关键。未来，需要在中产阶级的新田园文化和农民的旧田园文化之间找到一种平衡机制。这种平衡机制的建立不依赖于管理运营者，也不依赖于任何商业模式，而是依赖于一种自由和谐的文化开放机制。未来，基于田园综合体，一定会生成一种全新的乡贤文化形态。

第三节　中国的粮食安全问题

一、粮食安全基本内涵及发展阶段

粮食安全，顾名思义，就是能确保所有的人在任何时候既买得到又买得起他们所需的基本食品。其包括三层含义：一是确保生产足够数量的粮食，二是能够最大限度地稳定粮食供应，三是确保所有需要粮食的人都能获得粮食。

粮食安全具有鲜明的阶段性特征，目前国内比较统一的认识是三阶段论。

粮食安全的第一阶段是国民经济发展水平较低时期，改革开放以前是比较典型的第一阶段。这一时期的特征是粮食还没有满足消费需求，需要整个社会不遗余力地将粮食生产放在突出位置，粮食商品量占总产量的比重很低，城镇人口占总人口的比重也很低。这一阶段的粮食安全问题可以表述为，随时向民众供应足够的基本食品，简言之，就是人人有饭吃，整个社会刚刚进入温饱阶段。这一时期粮食安全的重点是总量保障。

粮食安全的第二阶段是国民经济发展到中等水平时期。其基本特征是粮食生产已经可以在总量上满足需求，社会已经摆脱了粮食短缺的困扰，其他食品如水果、蔬菜、肉禽蛋鱼等丰富起来，人们的选择性明显加强，小康社会的种种特征日益明显。这一时期粮食商品化率有了很大程度的提高，城镇人口占总人口的比重也接近50%。这一阶段粮食安全可以表述为,所有人在任何时候都能买得到并买得起粮食,整个社会已进入小康。这一时期粮食安全的重点转变为流通保证。

粮食安全的第三阶段是国民经济发展到工业化水平时期。这一时期二元经济结构得到根本改变,粮食生产已经基本实现了规模化和机械化。这一时期的特征是粮食生产的潜能得到充分发挥,人口总量趋于平稳或下降,因而对粮食的消费也趋于平稳。在粮食消费中,人们关注更多的已不是总量和品种问题。这一时期粮食商品量占总产量的比重在80%以上,城镇人口规模远大于农业与农村人口规模。这一阶段的粮食安全可以表述为,所有人在任何时候都能够在物质上和经济上获得足够、安全和富有营养的食品,来满足其积极和健康生活的膳食需要及食物喜好。在这一阶段,粮食安全的重点转变为食品的营养和卫生保障以及随生活水平提高而产生的食物偏好。当前我国正处于由第二阶段向第三阶段转型的历史进程中,强调逐步以食物安全取代粮食安全,扩大对粮食安全认知的内涵和外延,粮食安全具有越来越重要的意义和影响。

二、粮食安全评估依据

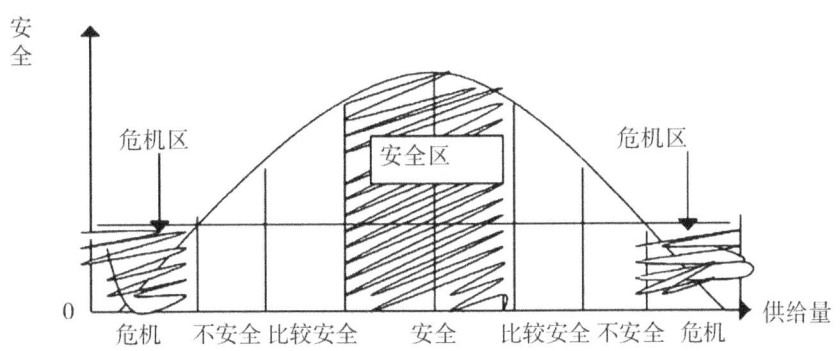

图 14-1　粮食安全等级曲线图

1. 理论依据——粮食安全等级曲线图

如图 14-1,横轴从左到右粮食由供不应求到供求平衡再到供过于求,纵轴代表粮食安全度。也就是说在粮食供不应求的时候、极度供不应求的时候是危机,那么极度供过于求,出现"卖粮难"的时候我们说也是危机。但是我们从历史面上来看,总体来讲供不应求的情况出现的危机或不安全是比较多的。

我们理想的是粮食安全,粮食曲线最高点是最安全的。另外在供给略小于需求或者略大于需求这个区间是安全或比较安全的。我们将粮食安全的等级划分为中间是安全的,两边是不安全的,而且我们逐渐把不安全的因素分为了几个档次,从中间到两边延续,也就是粮食安全、粮食比较安全、粮食不安全和粮食危机,粮食危机也分为两边粮食危机,极度的供不应求和极度的供过于求(见表 14-5)。

表 14-5　粮食安全的等级层次

警度级别名称	安全等级名称
短缺巨警	粮食危机
短缺重警	粮食不安全
短缺中警	粮食比较安全
短缺轻警	
无警	粮食安全
过剩轻警	粮食比较安全
过剩中警	
过剩重警	粮食不安全
过剩巨警	粮食危机

2. 粮食安全评估的基本依据

(1) 粮食安全评估的概念。粮食安全评估是指通过采用粮食安全的指标对我国粮食安全状况进行评估,从而得出我国粮食是否安全。这些指标包括粮食生产安全、粮食流通安全、粮食消费安全、粮食财政、粮食税收(含关税)、粮食金融、粮食保险、粮食储备、粮食预警等。

(2) 粮食安全的评估范围。粮食安全的评估范围包括两个方面:一是粮食生产、流通、消费运营过程的安全;二是粮食财政、粮食税收(含关税)、粮食金融、粮食保险、粮食储备、粮食预警等保障体系的安全。

(3) 粮食安全评估的品种对象。粮食安全评估的主要对象为小麦、稻谷、玉米、大豆及食用油、马铃薯、花生及花生油安全分析,电子商务安全分析,粮食金融安全分析,粮食财税安全分析等。

(4) 粮食安全评估的维度。

数量安全。粮食数量安全侧重的是通过提高粮食数量以保障粮食供给能力,解决人们"吃得饱"的问题。数量安全是粮食安全的基础,也是我国历来发展粮食生产的首要目标。通过人均粮食占有量、粮食播种面积和粮食单产等绝对量指标和粮食产量波动率等相对量指标体系,衡量我国粮食的数量安全。

质量安全。数量安全实现之后,质量安全是新时代对粮食安全提出的更高要求。质量安全是指人们能够获得营养丰富、健康安全的粮食,以满足自身需求,解决人们"吃得安全""吃得健康"的问题。目前对于粮食质量安全的衡量主要有两种方法:①从粮食质量本身出发,利用粮食的容重、水分、杂质和出糙率等指标直接衡量粮食质量安全;②从结果出发,通过营养不良人口发生率、人均摄入总热量间接考察粮食质量安全。

环境安全。粮食生态环境安全侧重考察粮食生产方式的可持续性。我国耕地占全球约 10%,淡水资源约占 6%,却要养活全球近 20% 的人口,资源与人口不匹配、不对等。长期以来,我国粮食生产主要依靠过量投入化肥提高粮食单产,但这种方式对土壤和水造成巨大的污染,对生态环境造成破坏,威胁粮食生态环境安全。可用单位耕地面积化肥施用量和作物受灾比例衡量粮食生态环境安全。

产业安全。即基于粮食产业链、价值链和供应链的发展需求,在保障粮食生产合理收益、粮食产业发展水平以及国际竞争力等方面强化粮食安全的经济支撑。

因此,新时期保障粮食安全,必须系统把握上述多个维度,既要考虑到数量的安全、质量的安全,还要考虑产业的安全和环境安全,有效统筹粮食安全"保什么、在哪保、谁来保、怎么保"等问题,实现要素资源的高水平保障、种植结构的高效能管控、粮食产业的高质量发展。

三、粮食生产持续增长,粮食安全仍然堪忧

改革开放以来,我国农业发展成就巨大。最突出的标志是,在耕地面积显著减少、人口规模大幅增加的情况下,人均农产品产量大幅度提升,其中粮食增加了50%,肉类增加了5倍,水产增加了8倍,水果增加了19倍。2021年粮食产量继续高位增产,创下13 657亿斤的历史新高,比上年增加267亿斤,增长2%;水稻、小麦等口粮自给率超过100%,人均粮食占有量超过480公斤,比世界平均水平高出37%;肉蛋奶、果菜茶品种丰富、供应充裕,有效满足了人民群众日益增长的消费需求。这些巨大成就证明,改革开放以来,党领导的一系列农业农村重大改革和方针政策是正确的,是必须要坚持和强化的。同时也要看到,我国农业发展面临诸多挑战,突出表现在耕地少、规模小、成本高、单产低等方面。

21世纪头10年,我国粮食生产取得了历史最好成绩。如下表14-6,2004—2011年,粮食总产量实现了半个世纪以来首次"八连增",年均增幅3%,并首次连续五年保持在1万亿斤以上,为实现我国经济社会快速平稳发展奠定了坚实基础。但我们应该清醒地看到,当前我国粮食安全保障面临严峻的形势,可以用三个平衡概括:脆弱平衡、强制平衡、紧张平衡。所谓脆弱平衡,是保障的资源条件贫乏;强制平衡,是经济社会要素投入大,政府强力主导;紧张平衡,是保障食物及粮食安全的总供给能力不够高。本质上讲,改革开放以来实现的粮食供求基本平衡、供给略有节余,就是建立在这样的基础之上的。

表14-6 2002—2021年我国粮食总产量

年份	2002	2003	2004	2005	2006	2007	2008	2009	2010	2011
粮食产量/万吨	45705.75	43069.53	46946.95	48402.19	49804.23	50413.85	53434.29	53940.86	55911.31	58849.33
比上年增长(%)	—	−5.8%	9%	3.1%	2.9%	1.2%	6%	0.9%	3.7%	5.3%
年份	2012	2013	2014	2015	2016	2017	2018	2019	2020	2021
粮食产量/万吨	61222.62	63048.2	63964.83	66060.27	66043.51	66160.73	65789.22	66384.34	66949.15	68285.1
比上年增长(%)	4%	3%	1.5%	3.3%	−0.025%	0.2%	−0.6%	0.9%	0.9%	2%

数据来源:国家统计局。

四、农产品价格上涨,粮食安全重要性凸显

1. 玉米价格大涨,或带动小麦、稻谷价格上行

玉米供应偏紧,玉米价格持续快速上涨。经过多年的去库存,玉米整体供应已经偏紧,玉米价格持续快速上涨,截至 2020 年 8 月 4 日,玉米收购均价已经达到 2218 元/吨,较 2019 年年底的 1833 元/吨上涨 21%。受玉米价格上涨以及最低收购价上调等因素影响,小麦和稻谷价格上涨。从小麦和稻谷的自身供需格局来看,均较为充裕,库存也较高,不存在价格大幅上涨的基础。但在玉米价格大涨的条件下,部分饲料用玉米或由小麦或稻谷替代,从而使得稻麦价格出现跟涨;叠加 2020 年稻谷最低收购价上调(籼稻价格上调 0.01 元/斤),稻麦价格近期均出现不同程度上涨。2020 年 8 月 4 日,粳稻价格 2952.5 元/吨,较 2019 年年底 2590 元/吨上涨 14%;小麦价格 2379 元/吨,环比 6 月份 2293 元/吨的低价上涨了 3.75%。若玉米价格后续进一步上涨,稻麦价格或继续上行。

2. 我国粮食供需紧平衡,部分品种对外依存度高

我国国内粮食供需基本处于紧平衡状态,但是在结构上供需并不匹配。我国劳动力资源丰富,但土地资源短缺,造成我国水产、畜牧、园艺等劳动密集型产品竞争力强,而粮食、大宗农产品等土地密集型产品竞争力弱。2019 年,我国大豆对外依存度为 87.61%,2017 年大麦进口依存度为 84.75%,如表 14-7 所示。

表 14-7 我国主要农产品进口依赖度及对外依存度

品种	国内产量/万吨	进口量/万吨	国内消费量/万吨	进口依赖度
玉米	24106.4	500	29406.6	1.70%
大豆	1695	9550	10900	87.61%
小麦	13140	430	11119.3	3.87%
稻谷	19696	326	19993.6	1.63%
大麦	130	678	800	84.75%
高粱	282	508	782	64.96%
食糖	1045	355.4	1490	23.85%
棉花	436.3	185	690.8	26.78%

注:大麦、高粱为 2017 年数据,其余为 2019 年数据。
资料来源:wind,天风证券研究所。

3. 在中美冲突和全球疫情的背景下,粮食安全重要性凸显

首先,美国是中国农产品进口的重要来源国,若中美冲突持续,我国农产品进口来源或存在不确定性。其次,全球虫害蔓延以及水旱灾害或导致粮食减产。非洲蝗虫、草地贪夜蛾,以及爆发的水旱灾害,或导致粮食生产受到影响。此外,新冠疫情蔓延,进口受到影响。目前全球新冠肺炎疫情持续蔓延,一方面会对农业生产带来不利影响,另一方面出于

疫情防控需要，国内对国外农产品进口监管趋严，也将影响国内农产品进口。2020年7月，习近平总书记在吉林调研时明确指出，中国人的饭碗任何时候都要牢牢端在自己手上，进一步强调粮食安全的重要性。

五、保障粮食安全的国际经验与启示

近年来，全球粮食供求日益偏紧，粮食危机的隐患越来越大，确保粮食安全已经成为各国农业政策的首要目标。各个国家经济社会基础不同，自然资源禀赋各异，粮食安全战略选择差别很大。系统地总结这些经验，对于我国粮食安全战略的政策设计具有重要的借鉴意义。

1. 三种不同类型的粮食安全战略

第一类是人少地多型国家。美国、加拿大、巴西、澳大利亚等国人均耕地面积大，粮食产量高，是世界主要的粮食出口国。这些国家的玉米、大豆、小麦等在世界市场上占有举足轻重的地位。在粮食生产上，人少地多型国家多采取大规模农场式的经营方式。现代农业的实现方式也以资本替代劳动为主。由于土地资源丰富，粮食供给的压力较小，这些国家的粮食供求矛盾主要侧重于如何保障粮食的国际竞争力和国内粮农收益的稳定性。因此，人少地多型国家的粮食安全保障机制一般是通过相对完善的法律手段和市场自我调节来实现的，很少采取行政干预手段。

第二类是人多地少型国家。我们的近邻日本、韩国，人均耕地面积较小，粮食自给率较低，是世界主要的粮食进口国。它们保障粮食安全的重点在于如何为国内农业提供支持和保护，尽量提高粮食自给率并稳定国际粮源。由于长期面临粮食危机的挑战，人多地少型国家历来多以强有力的行政手段来促进现代农业发展，保障食物安全。一方面，政府支持下的农业科技发达，且多以节约土地和水资源的集约化经营模式为主要取向；另一方面，政府通过高额的农业补贴、严格的农地保护和完善的粮食流通、贸易体制等手段全方位保障国家食物安全。

第三类是人地平衡型国家。法国、德国、英国等西欧国家，人地矛盾不是非常突出，人均耕地面积处于世界中等水平，粮食供求总体保持平衡。随着全球粮食供求关系趋紧，国际粮价波动日益加大，人地平衡型国家保障粮食安全的风险也越来越大。当前，它们保障粮食安全的重点在于，如何确保国内粮食市场的稳定和供求的均衡，其具体措施主要是在备受争议的欧盟共同农业政策框架下构建的，主要特点是对内通过巨额补贴维持粮价稳定，对外实行农产品贸易保护。通过内外"两手"齐抓，这些国家不仅维护了本国的农业和农产品市场，而且保证了欧盟的粮食安全。

总结世界各国保障粮食安全的主要经验，我们可以发现：第一，无论"人地关系"是否紧张，保障粮食安全一直都是各国农业政策的首要战略目标；第二，种类繁多、相互补充的政府补贴是各国实现粮食安全的重要手段；第三，与自然资源禀赋相协调的农业科技和经营体制是各国发展粮食生产的重要途径；第四，完善的粮食市场与贸易政策是各国确保粮食安全的重要基础；第五，符合WTO规则的灵活且有针对性的国际农产品贸易政策是各国保障粮食安全的重要补充。

2. 国际经验对我国粮食安全保障的启示

第一，我国粮食安全必须坚持"立足国内生产，实现基本自给"的原则。中国人的饭碗，必须端在自己手中，中国拥有世界上最多的人口，因此，中国也应当是世界上最需要重视粮食安全的国家。如果中国不能实现粮食的基本自给，那么社会繁荣和稳定就无从谈起，甚至连国家主权和领土完整都可能无法保障。饭碗端在别人手里，社会稳定就端在别人手里！此外，我们国家的粮食生产还兼有社会保障的重大意义。农民进城打工，如果工作丢了，那么可以回乡从事农业生产，有事做，有饭吃，这对社会稳定的意义十分重大。2008年金融危机，大量农民工失业返乡，继续从事农业生产等于是一种社会保障，否则，农民工大量滞留在城市，会带来很大的社会不稳定因素。因此，立足国内的原则不仅是国家安全、社会和谐的需要，而且在经济上也符合成本最小化原则。

第二，在立足国内供给的基础上，充分发挥国内外"两个市场""两种资源"的作用。尤其应大力实施农业"走出去"战略，通过农业合作，实施优势互补，增加和补充我国的粮食供应。例如日本，从20世纪70年代开始，就以全国农协联合会和综合商社为中心，在海外搞农业开发，把在海外生产的谷物直接运回日本。我们国家搞农业"走出去"还有更进一步的国际政治意义，到海外搞农业开发，援助亚非拉国家搞农业基础设施建设和粮食综合生产能力建设，可以帮助这些国家保障它们的粮食安全。中国是一个负责任的大国，应该实施中国特色的农业对外援助。

第三，实现粮食安全与农民增收的有机统一。要健全和完善对种粮农民的直接补贴和其他政策扶持。例如美国，它的农业法案里面特别强调，要给农民提供一种收入的安全网。这不仅是要支持粮食生产，而且是要给农民提供一种收入支持。美国农民的收入40%来自农业补贴。再看我国2002年开始搞种粮补贴试点，2004年全面推开，现在已经有"四补贴"，每年1000多亿，平均到每个农民头上200多元人民币，占农民人均纯收入的4%不到，农民种粮积极性很难可持续保障。因此，在发放补贴的同时，还要注意价格支持，提高农民种粮的比较效益。另外，要给农民提供优质低价的社会化服务，农民现在种地不纳税、上学不交费、看病不太贵，下一步是不是可以做到种粮少花费，甚至不花费呢？当然，这个补贴政策要在WTO的框架下，用足、用好。

第四，注重农业科技创新和经营模式创新。世界各国都把加大农业科研和推广投入、提高农业科技水平作为发展粮食生产的重点。美国的农业教育、科技和推广是"三位一体，政校合一"的。美国农业部农业合作局和农业推广局是联邦农业教育—科研—推广的重要机构，联邦政府在各个县都有派出机构，负责这个"三位一体"的工作，提供服务。美国的州立大学农学院是大学系统的农业教育—科研—推广的重要机构，州立大学有很多附属的农业实验站和合作推广站，这样，农业科研成果就能够迅速有效地转化为生产力。我国受土地和水资源的约束，未来实现粮食持续增产的根本出路也在于提高粮食综合生产能力。说到底，就是提高单产水平，主要就是要依靠科技创新，开发新的种子，研制新的肥料，提升灌溉技术等，还要把技术切实推广下去。

第五，健全保障国家粮食安全的法律法规体系。发达国家普遍重视粮食立法工作。例如日本，早在二战后初期就制定了《粮食管理法》，对粮食批发、零售、加工制定了严格的法律。这部法律非同小可，在日本大米实现自给的过程中发挥了重要作用。随着粮食安全形势的变化,日本的粮食法也在不断修订。立法是我国全国人大及其常委会的一项主要工作,当前,中国的第一部《粮食法》征求意见稿正在广泛征求意见,希望能够早日得到全国人大常委会的审议通过。同时,还要深入研究,制定涉及粮食价格保护、粮食储备机制、预测预警体系建设等的配套法规,并适时予以修订完善。

六、提升粮食保障水平的重点任务措施

2021年11月12日,国务院印发《"十四五"推进农业农村现代化规划》(以下简称《规划》),提出立足国内基本解决我国人民吃饭问题,既保数量,又保多样、保质量,对夯实农业生产基础、提升粮食等重要农产品供给保障水平做出系统安排,充分彰显了端牢中国人饭碗的坚定决心和信心。《规划》提出,"十四五"时期,要实现粮食等重要农产品供给有效保障,粮食综合生产能力稳步提升,产量保持在1.3万亿斤以上,确保谷物基本自给、口粮绝对安全。为实现以上目标,必须深入实施国家粮食安全战略和重要农产品保障战略,落实藏粮于地、藏粮于技要求,健全辅之以利、辅之以义的保障机制,夯实农业生产基础。

稳定粮食播种面积,这是基础性要求。要落实地方政府抓粮食生产的责任,《规划》强调压实粮食安全政治责任,落实粮食安全党政同责,完善粮食安全责任制,细化粮食主产区、产销平衡区、主销区考核指标,完善粮食主产区利益补偿机制,鼓励粮食主产区、主销区之间开展多种形式的产销合作。这就再次明确粮食生产不仅是主产省的责任,而是各地共同负责,要共同加强粮食生产能力建设,守住谷物基本自给、口粮绝对安全底线。调动农民种粮积极性,《规划》提出完善粮食生产扶持政策,稳定种粮农民补贴,完善稻谷、小麦最低收购价政策和玉米、大豆生产者补贴政策。扩大稻谷、小麦、玉米三大粮食作物完全成本保险和种植收入保险实施范围,支持有条件的省份降低产粮大县三大粮食作物农业保险保费县级补贴比例。

加强耕地保护与质量建设。18亿亩耕地必须实至名归,这是从更长远的角度来强化粮食等重要农产品生产能力建设。要严格数量保护,《规划》要求坚守18亿亩耕地红线,落实最严格的耕地保护制度,加强耕地用途管制,实行永久基本农田特殊保护。建立健全耕地数量、种粮情况监测预警及评价通报机制,坚决遏制耕地"非农化"、严格管控"非粮化"。永久基本农田重点用于发展粮食生产,特别是保障稻谷、小麦、玉米等谷物种植。强化质量建设,《规划》提出提升耕地质量水平,推进高标准农田建设,加大农业水利设施建设力度,实施国家黑土地保护工程,推进耕地保护与质量提升行动,加强南方酸化耕地降酸改良治理和北方盐碱耕地压盐改良治理。在耕地占补平衡方面,不仅数量要平衡,也要有质量要求,严禁以劣补优。

保障其他重要农产品有效供给。全面建成小康社会后,人民群众消费需求结构加快升级,对肉禽蛋奶水产和果菜等方面的需求日益增加。《规划》提出,要发展现代畜牧业,健全生猪产业平稳有序发展长效机制,防止生产大起大落。实施牛羊发展五年行动计划,大力发展草食畜牧业。加强奶源基地建设,优化乳制品产品结构。加快渔业转型升级,保持可养水域面积总体稳定,推进水产绿色健康养殖,到2025年水产品年产量达到6900万吨。促进果菜茶多样化发展,强化"菜篮子"市长负责制,构建品种互补、档期合理、区域协

调的蔬菜供应格局,因地制宜发展林果业、中药材、食用菌等特色产业,提升茶业发展质量。

优化农业生产布局和协同区域农业发展。从农业生产尤其是作物生产的自然条件特点出发,《规划》对农业生产区域布局做出部署。加强粮食生产功能区建设,加大对水稻生产功能区、小麦生产功能区、玉米生产功能区等政策支持力度,打造国家粮食安全产业带。加强重要农产品生产保护区建设,稳定提升大豆、棉花、油料、糖料、天然橡胶等重要农产品生产能力,提高国内自给水平。加强特色农产品优势区建设,发掘特色资源优势,建设一批特色农产品标准化生产、加工和仓储物流基地,培育一批特色粮经作物、园艺产品、畜产品、水产品、林特产品产业带。

此外,针对农业面临的自然风险和市场风险,《规划》提出,增强农业防灾减灾能力,强化农业气象服务,健全动物防疫和农作物病虫害防治体系,加强监测预警网络建设。提升重要农产品市场调控能力,深化农产品收储制度改革,加快培育多元市场购销主体,加强粮食等重要农产品监测预警。开展粮食节约行动,有效降低粮食损耗。稳定国际农产品供应链,实施农产品进口多元化战略,健全农产品进口管理机制,稳定大豆、食糖、棉花、天然橡胶、油料油脂、肉类、乳制品等农产品国际供应链。

第十五章　电子商务与传统零售业转型

第一节　中国电子商务发展现状

自电子商务植根中国发展以来,在政府和市场的共同推动下,电子商务发展成果丰硕,成为推动我国经济发展的重要动能。我国电子商务市场规模持续增长,产业结构持续优化,电子商务营商环境持续改善,成为经济增长的新亮点。

一、电商规模稳定增长,生态发展成必然趋势

电子商务在我国20多年的发展历程大致经历了萌芽期、调整期、复苏期、成长期、转型期等阶段,具体每一阶段发展特点及标志性事件详见下表15-1,自2013年起至今中国电商发展完成了去中间化、去中心化和去边缘化的转型,市场结构不断优化,电商巨头阿里巴巴、京东、唯品会等纷纷赴美上市。转型之后,中国电子商务快速崛起,走向了生态化发展道路。具体表现在以下两方面:一方面,电商由综合网购不断向母婴、跨境、农村等细分领域发展;另一方面,线上线下结合、企业合纵连横,依托大数据技术不断打通生态入口、产品、服务和场景,对自身生态体系内的资源重新整合,打破行业边界,实现了多行业多领域全方位生态圈布局,都象征着中国电子商务走向生态化发展道路。

表15-1　中国电子商务发展历程

时期	特点	标志性事件
萌芽期 (1997—1999年)	信息化水平较低,大众对电子商务缺乏了解,加上互联网泡沫等因素影响,电商网站大多举步维艰	B2B——中国化工网上线 B2C——8848成立 C2C——易趣网上线 个人网银——招行一网通
调整期 (2000—2002年)	电商问题暴露,资金撤离,市场重新洗牌,优胜劣汰,超1/3网站销声匿迹	慧聪网上线,卓越网成立 中国电子商务协会成立 eBay以3000万美元收购易趣网33%股份
复苏期 (2003—2005年)	电子商务网站开始务实经营,大批网民逐步接受网购	阿里巴巴成立淘宝、推出支付宝 腾讯推出拍拍网,C2C三足鼎立格局形成

续表

时期	特点	标志性事件
成长期 (2006—2007年)	国家政策支持,基础环境不断成熟,物流、支付、诚信瓶颈得到基本解决	网盛科技上市,A股"中国互联网第一股"诞生 京东商城获投,开启国内家电3C网购新时代
转型期 (2008—2009年)	初步形成了具有中国特色的网络交易方式,进入规范化、稳步发展的阶段,电子商务企业竞争激烈	淘宝屏蔽百度搜索 特卖电商唯品会上线 当当网实现盈利 "双十一"大促开启
发展期 (2010—2012年)	大量传统企业和资金流入,网民数量和物流快递行业都快速增长	阿里巴巴建大淘宝物流 支付宝获得牌照 唯品会美国上市 电商监管首度立法

中国电商在走向生态发展道路的同时,电商规模也在持续稳定增长,2015年中国网络购物市场交易规模达3.8万亿元,较上年增长36.2%(见图15-1)。不仅网络购物交易规模保持稳定增长,而且网络购物行业发展日益成熟,各家电商企业除了继续不断扩充品类、优化物流及售后服务外,也在积极发展跨境网购、下沉渠道发展农村电商。在综合电商格局已定的情况下,一些企业瞄准母婴、医疗、家装等垂直电商领域深耕,这些将成为网络购物市场发展新的促进点。

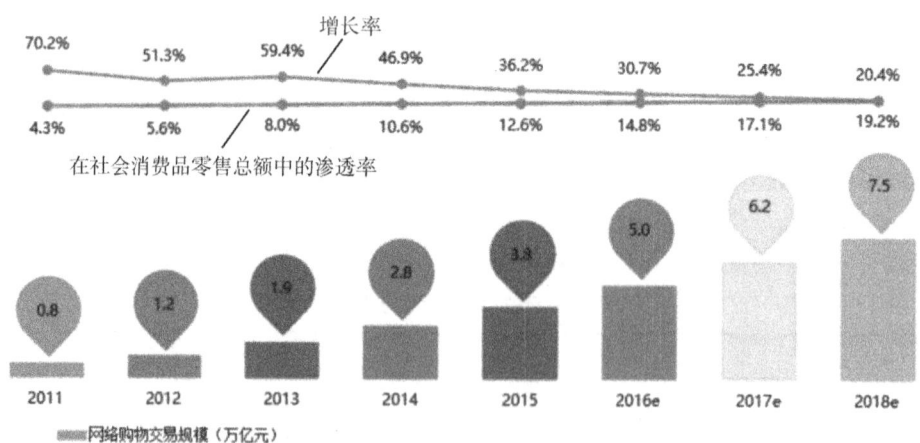

图15-1 2011—2018年中国网络购物市场交易规模

注:网络购物市场规模为C2C交易额和B2C交易额之和。

中国网络购物市场交易中,移动网购集中度很高,主要集中在阿里无线、京东和唯品会。尤其是阿里无线在2016年居首位,其市场交易规模占比84.2%,京东市场交易规模占比5.7%(见图15-2),交易规模第三的唯品会移动端占比更是高达约90%,在电商中位列第一。京东、苏宁、国美等企业也大力发展移动端,移动端占比均有提升,市场竞争较激烈。

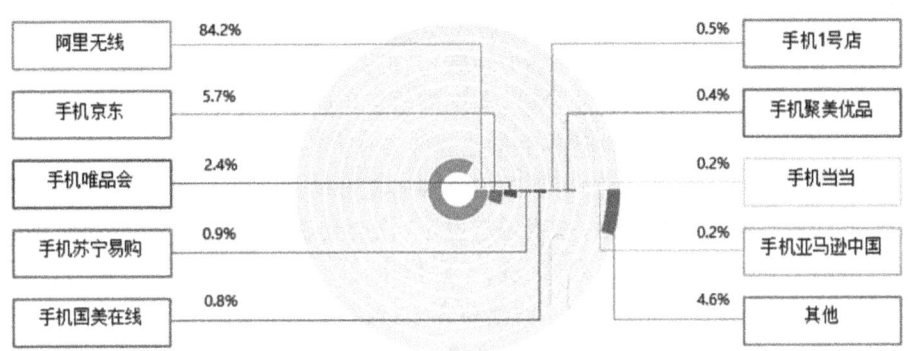

图 15-2　2016 年中国移动购物市场企业交易规模占比

二、电商平台四大巨头发展各领风骚

随着我国电商如火如荼的发展,中国网络购物行业产业链布局也日趋完善,详见图 15-3。其中阿里巴巴、京东、唯品会和苏宁易购占据主导地位,成为电商行业的四大巨头,发展模式各有千秋。

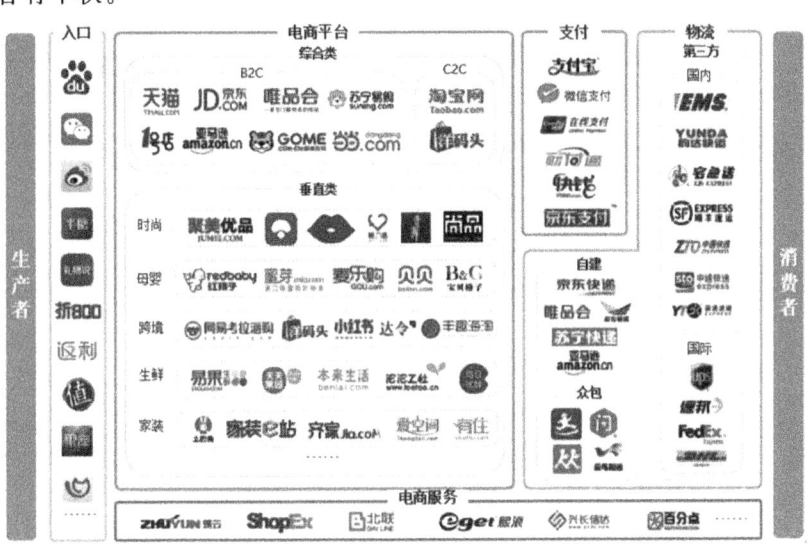

图 15-3　中国网络购物行业产业链图谱

(一) 阿里巴巴

阿里巴巴走的是网上全生态道路,通过自有电商平台沉积以及利用 UC 浏览器、高德地图、企业微博等多样化端口作为流量导入,电商核心业务及支撑电商体系的金融业务,以及配套的本地生活服务、健康医疗等服务,打造囊括电子商务、游戏、视频、音乐等泛娱乐业务和智能终端业务的完整商业生态圈。

阿里巴巴在布局完整商业生态圈时采取各行业细分式拓展,以 UC 浏览器、高德地图、企业微博、陌陌、神马搜索等多样化端口作为流量导入,网购方面布局有 B2C 的天猫、

C2C的淘宝、闲鱼,在电商企业中交易规模位列第一。旗下的蚂蚁金服涉足支付、征信、借贷、理财、保险、银行、众筹、证券等多个领域,为电商发展提供了金融支持。物流配送方面国内通过菜鸟网络加强基础设施建设,菜鸟网络是由阿里巴巴、银泰、复星,还包括富春投资、顺丰和申通、圆通、中通、韵达等共同出资于2013年5月28日成立。第一期投资额达1000亿元,第二期2000亿元。阿里巴巴董事局主席马云担任菜鸟董事长,菜鸟网络总裁童文红首次对外解读菜鸟战略,称菜鸟定位于"社会化物流协同、以数据为驱动力的平台",并且明确五大战略:快递、仓配、跨境、农村和驿站。

作为菜鸟网络五大战略方向之一的菜鸟驿站,通过同合作伙伴联手菜鸟驿站的建设,在高校通过创业的学生、在连锁店通过全家等,通过社会化协同,形成覆盖全国主要城市的末端公共服务网络。在末端配送网络建设上,在城市有超过4万个菜鸟驿站构成菜鸟网络的城市末端网络,提供末端的综合物流生活服务,未来这将是一张遍布全国的最后一公里物流快递网络。具体布局如下:

1. 菜鸟校园驿站

该驿站专门针对高校提出相应的高校物流解决方案,面向高校的广大师生。全国已建立了1000余家菜鸟校园驿站。

2. 社会网络

对于社会大众,菜鸟依托便利店作为其重要的组成部分,与菜鸟合作的便利店有全家、上海联华快客、河北国大、浙江十足等。在末端配送网络建设上,在城市有超过4万个菜鸟驿站构成菜鸟网络的城市末端网络。

3. 菜鸟驿站智能柜

依托信息技术发展出现的智能快递柜的投入使用也成为菜鸟城市末端网络的一部分,在2019年3月13日,菜鸟驿站智能柜已全部开通刷脸取件功能。

4. 送货上门

2021年4月15日,菜鸟驿站开始免费送货上门。

此外,在O2O、跨境电商、农村电商、云计算、B2B、文娱等方面阿里巴巴都有涉足布局自己的产业。阿里巴巴这一商业生态圈的核心是数据及流量共享,基础是营销服务及云服务,通过支付宝有效整合数据,实现全产业链一站式打造。

(二)京东集团

京东集团的核心领域在电商、金融、本地生活、智能硬件,并且增速较快。立足核心领域,京东的发展模式是以自营为主,打造生态圈。集团针对不同核心领域的生态布局依次是京东商城、京东金融、京东智能、京东到家等模块,以及接下来会大力发展企业服务领域。

京东商城是京东集团布局网购的核心,致力于打造中国最大的自营式电商企业,其交易规模位于电商企业的第二位。O2O领域中以"京东到家"作为商超核心业务,涉及文娱、旅游、出行、医疗、教育等多方面。跨境电商板块京东全球购进口方面相继开通欧洲、韩国、日本、澳洲、美国等国家馆,出口方面布局俄罗斯等市场。以京东智能为基础,发展智能产品众筹平台,加大智能云平台的建设,是京东在智能硬件方面打造的生态之一。在金融支持方面京东金融涉足支付、供应链金融、消费金融、众筹、财富管理、保险、证券七大业务板块。物流配送方面京东依然是自营,其拥有7个大的物流中心,234个大型仓库,6756个配送站和自提点,覆盖全国范围内的2639个区县。农村电商方面,截至2015年底,京东在全国拥有1293家服务店,覆盖约1300个区县、近40万个行政村。京东还投资金蝶软件、3W咖啡、新科兰聚合数据等企业开展企业服务。

(三) 唯品会

唯品会在中国开创了"名牌折扣＋限时抢购＋正品保障"的创新电商模式,并持续深化为"精选品牌＋深度折扣＋限时抢购"的正品特卖模式。唯品会在美国纽交所上市后截至2016年第三季度,已连续16个季度实现盈利,成为我国电商四大巨头之一。唯品会的生态圈拓展是朝向时尚特卖方向的。其中,网购方面是正品特卖模式,涵盖名品牌服饰鞋包、美妆、母婴、居家等品类。金融方面,在消费借贷方面有小贷、租赁牌照;理财方面,有保险代理、基金代销等牌照。跨境电商方面,唯品国际在全球11个国家和地区设立买手团队建立选品优势,拥有全球12个大海外仓和国内11大保税仓快速配送优势。母婴领域,唯品母婴引入国际权威机构进行质检,全球化采购扩充品类、增设网上社区;投资麦乐购、辣妈帮、荷花亲子等。大数据方面,持续创新图片识别、"千人千面"等个性化技术的研发及运用,超15%的业务增量得益于大数据挖掘。物流方面,唯品会有直营模式的品骏物流,快递员有2万多人,承运唯品会90%的订单配送。唯品会的物流是所有快递公司中服务范围最广、农村地区最深入的,为唯品会的配送提供支持。

(四) 苏宁易购

苏宁易购在我国电商发展中立足电器商城,多渠道多品类协同发展。其发展战略简称一体、两翼、三云、四端,即以互联网零售为主体,以线上线下的开放平台为两翼,建立面向供应商和消费者以及社会合作伙伴开放的物流云、数据云和金融云,融合布局POS端、PC端、移动端、电视端。苏宁易购是电器商城的华丽扩容,网购业务是从传统的电器商城,将品类拓展到服装、母婴、食品、日用百货等领域。O2O方面,通过线下1600余家门店将O2O落地,围绕本地生活,集展示、体验、服务、引流、销售于一体。跨境电商领域,在美国、日本、澳洲和我国香港的海外布局已落地成熟;打通了广州、杭州、苏州、宁波、天津、郑州、重庆、上海国内跨境口岸。金融方面,第三方支付、理财、消费金融、信贷、保险等领域,推出了易付宝、企业信贷、票据理财、众筹等产品。农村电商方面,苏宁易购直营店数量有101家,覆盖全国约1000个县的5000个镇,遍及50 000个村。物流领域,苏宁易购拥有4个航空枢纽、12个自动化分拣中心、60个区域配送中心、10 000个配送点,是电商企业中最大的自营物流体系。

三、用户队伍壮大,性别趋于平衡

随着信息技术的发展普及以及人们生活水平的提高,在我国几乎实现人手一部手机,网民数量也与日俱增。这些手机上网用户无疑是电商的潜在顾客。2015 年中国手机购物用户规模达到 3.4 亿人,增速达到 43.9%,在网购用户中占比高达 82.2%。2018 年中国手机购物用户规模已经达到 5.1 亿人,在网购用户中占比高达 90.9%。网络购物用户数量不断攀升,详见图 15-4。移动端作为 O2O 主要入口,用户数量增多对普及 O2O 发展起到直接的保障作用,是开展各种形式的线上线下结合的用户基础。

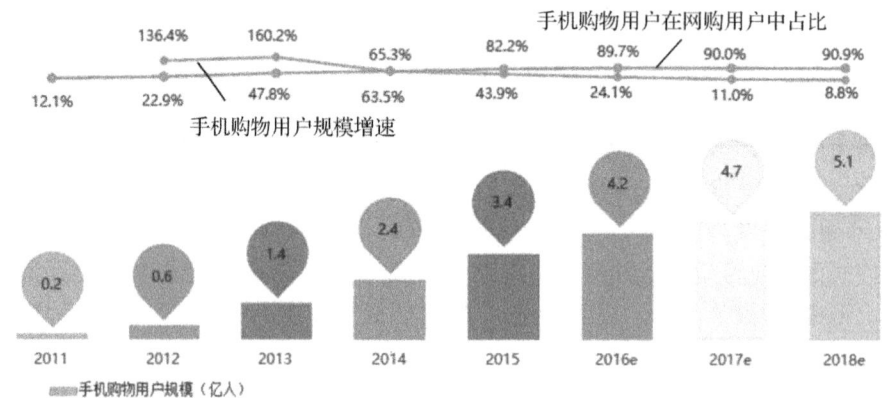

图 15-4 2011－2018 年手机网购用户规模及在网购用户中的占比

从电商企业平台的月度独立移动设备数来看,淘宝、京东的月度独立移动设备数为亿级,唯品会、天猫和苏宁易购为千万级。其中淘宝明显领先,并于 2016 年 10 月月度独立设备数超 5 亿。而唯品会涨幅最大,1－10 月的涨幅达 39.1%;体量巨大的淘宝表现亮眼,依旧保持 35.8% 的增长。这些都反映了电商用户队伍的壮大。

从性别来看,中国女性网民比例逐年上升,见图 15-5,从 2014 年的 43.6% 到 2016 年的 47%,一年半时间内,女性网民与男性网民的差距整整缩小了 6.8 百分点。青壮年仍是网购消费主流群体,30 岁以下用户占 41.9%。对比艾瑞 2014 与 2015 年的网络大调研数据可以发现,18 岁及以下的网购人群小幅上涨 0.17%。

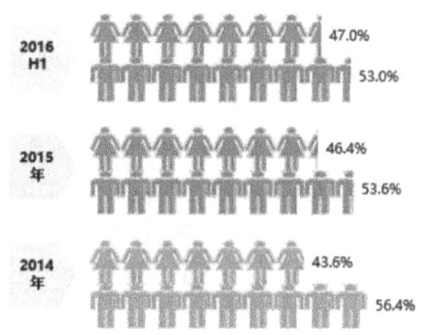

图 15-5 2014－2016 年中国互联网用户性别分布

第二节　中国电子商务发展趋势

通过以上对我国电子商务的现状分析,可以预见中国电子商务发展的趋势。

一、网购进入移动电商时代,用户消费更加场景化

从网络用户的数据得知,移动端用户比例居高,中国网购交易额移动端占比从2011年的1.5%增长为2018年的73.8%,详见图15-6。网购发展迎来移动电商时代,在移动互联网时代,信息渗透无处不在,购物受时间、空间限制更小,消费行为变得分散,任何一个生活场景都有可能转化为实际消费——市场开始由传统的价格导向转为场景导向。2015年,移动端超过PC端成为网购市场主要的消费方式并不断渗透。随着移动购物模式的多样化、O2O、特卖等与场景相关的应用将成为驱动消费者迁移的新增长点。在移动端网购对消费者来说消费场景更丰富,购物需求更易满足(通常与所处的场景有关),进而下单购买。

(一)碎片化使用户向移动端迁移,用户消费更加场景化

碎片化对于中国网购用户而言,主要表现在时空碎片化、信息碎片化、需求碎片化、渠道碎片化、生产碎片化。时空碎片化是指客户接受信息的便利性,对用户来说接受信息非常方便,例如坐车、等候、吃饭等情况下可随时随地上网。网络信息繁杂,消费者的时间和接受信息的方式支离破碎,这反映的是信息碎片化。需求碎片化是指需求的多样化,可以来自朋友推荐、微博、点评、粉丝效应等。渠道碎片化是指购买渠道的多元化,消费者购买可以通过门店、电商平台、微博、微信、直播等方式。生产碎片化是生产不再是大众化,而是面向客户小众化、个性化、需求多样、C2C、定制发展。对于移动端的消费者而言无论处于哪一种场景中,都可以随时进行网购,进而可以产生购物需求,进行下单购买,这一系列的操作与移动端消费场景丰富化、应用细分化以及营销个性化、支付便捷化等密不可分;也促使中国网购用户迁移至移动端,标志着中国电商发展进入移动电商时代。

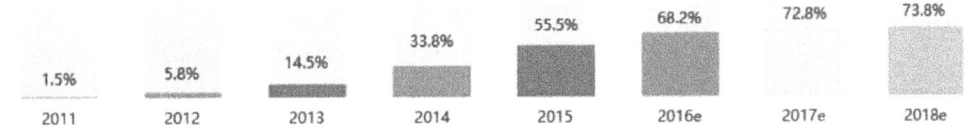

图15-6　2011—2018年中国网购交易额移动端占比

(二)用户更喜欢直接的方式进行场景消费

在移动网购用户中直接打开App进入网购网站成为最主要的方式,与2014年相比,2015年直接打开App和通过社交平台链接进入网购主页的用户增多,通过其他方式进

入的用户减少。其中,直接打开购物 App 不仅是各种渠道中占比最高的方式,较 2014 年提升的比例也达到 10.4%。由此可知,移动端用户更喜欢直接的方式进入场景消费。对于电商企业而言,在大力进行营销推广的同时,也要做好移动端 App 优化,提高用户的留存率和复购率。

(三)消费场景丰富化带动商品需求多样化

由于消费者的消费场景更加丰富,因此对商品的需求也更多样化。移动端众多的消费商品中,服装鞋包最畅销,60.5% 的用户在 2015 年网购了服装鞋包,虽较 2014 年占比稍有下降,但仍远超其他品类。从消费者性别来看,服装鞋包品类在男女用户中都是网购最多的品类。天猫、京东等电商企业看到了穿戴类巨大的市场空间和消费需求,相继在服饰类商品上发力。以服饰鞋包特卖起家的唯品会,凭借对偏好服饰鞋包品类的女性人群的深耕,跻身电商前列。与此同时,用户对手机周边需求也有所提高,特别是话费充值、手机及配件的需求很高。

(四)用户在移动端网购频率提高

2015 年,用户移动端网购的频率较上年有所提升,每周都进行移动网购的用户占近 1/3,未进行购买的用户也减少了 0.8%。相对 PC 端而言,用户在移动端的购物频率明显更高,用户每周进行多次、每周进行一次、半月进行一次的网购比重都有所增高。值得注意的是,未在移动端进行购买的用户比 PC 端多了 4.2%,说明移动端购物仍有较大的发展空间。

(五)移动端网购频率提高,家里和工作间隙成为网购的主场景

与 2014 年相比,网购场景由 PC 端更多地转移到移动端。用户在家里和工作间隙两个主要网购场景下使用移动端进行网购的比重增加。2015 年中国移动网购用户在家里网购占 67.5%,较 2014 年增涨了 4.9%,在工作间隙网购的比重由 2014 年的 38.9% 增长到 2015 年的 45%。根据移动端碎片化特点和用户在工作间隙网购的习惯,许多电商也调整了产品上新时间,选择在用户使用高峰期进行商品上新,例如特卖电商唯品会早 10 点、晚 8 点上线特卖。

二、用户消费升级,电商国际化加速

随着我国网购市场规模持续扩大,网络购物供给质量不断提升,有力地推动了消费升级。网购用户的市场不仅仅局限于国内市场,也投向了国际市场。跨境电商应运而生,跨境电商的发展主要得益于政策支持、消费升级和配套设施的完善。利好政策的出台降低了跨境电商经营成本,为跨境电商提供了更广阔的发展空间。消费升级拉升了消费者对全球化高品质商品的购买需求。物流、支付等配套设施的完善使网购用户更便捷地网罗全球优质商品。

（一）政策支持、消费升级和配套设施完善共同促进跨境电商发展

2014年中国网购用户中境内网络购物占到99.0%，跨境网络购物只占到13.6%；2015年境内网络购物占比较上一年下降了0.5%，但是跨境网络购物较上一年增长了9%，跨境网络购物发展前景巨大。我国跨境电商的发展离不开以下几方面：

1. 政策支持

海关总署开放多个跨境电商试点城市，并实施优惠税收和提高通关效率等措施支持新兴业态并加强监管，打击非法进口。国务院也出台各项政策在试验区、通关、服务企业等多方面支持跨境进口电商发展，外汇管理局全面支持进口电商，质检总局也制定相应的监管标准支持跨境电商发展。

2. 消费升级

2015年我国人均生产总值接近7600美元，达到中等偏发达国家水平，国内消费者的消费需求逐渐旺盛。艾瑞调研数据显示，2014年、2015年网购用户最看重的因素都是商品质量，随着网购用户品牌意识不断加强，购买海外高性价比商品的需求日益扩大。

3. 配套设施完善

2015年国家开放了包括杭州、上海、重庆等9个城市在内的跨境电商试点城市，国内的龙头物流企业开展跨境物流业务，并积极引入国际现代化物流企业在国内加大投资。跨境支付进一步完善，支付方式更加多样便捷，国内电商纷纷开展跨境进口零售业务。

（二）跨境进口零售电商2015年爆发性增长

随着2014年下半年进口电商零售政策的放开，大量内贸电商和创业企业纷纷涌入进口电商零售市场。2015年该市场的规模爆发性增长达到1184.3亿元，增长率为111.9%，在进口电商中的渗透率达13.2%。自2015年至2018年，在政策基本面保持利好的情况下，进口电商零售市场保持平稳增长，交易规模达到了5260.4亿元。

（三）高性价比的国际化商品更受用户青睐

跨境网购中产品品质和价格优惠是用户跨境网购的主要原因，据2016年中国跨境网购用户选择跨境网购原因的调研数据来看，产品品质有保证占比60.7%，产品价格实惠占比58.6%，国内网站买到占比52%。其中，化妆品个护和母婴用品、食品保健等对安全和品质有较高要求的品类，以及服装鞋帽需求较大。

（四）用户购买国际商品的方式偏好国内网站

2016年超过3/4的跨境网购用户使用过国内跨境电商网站，使用最多的是国内电商境外购物频道，使用率达到60.8%。目前，较为有影响力的有天猫国际、京东全球购、唯品国际等。全球综合电商境外网站的使用比率达到44.9%，境外各国购物网站使用率为35.6%；国内独立跨境电商网站和官方性质电商网站使用率分别是29.3%和28.1%，未来发展空间较大。

(五) 跨境网购商品中美国产品最畅销

从跨境网购产品地区分析,2016 年美国产品购买率最高达到 53.9%,在我国跨境网购商品中最畅销。其次是日本产品,购买率 45.7%,韩国产品购买率 35.3%,分别居于第二、三位。日本产品也受到网购用户的热捧。

三、用户人群更加细分,电商企业多元化发展

网络购物用户人群细分是市场发展的必然方向,用户群体细分有利于企业在生产、宣传、销售等各个环节的专业化,也促进了电商企业的多元化发展。

(一) 消费群体逐渐趋于细分,电商企业服务精准个性化

国民经济快速发展,人民生活水平提高,用户更加注重商品品质,各方面消费力量兴起,"90 后"、女性和老年群体成为消费新动力。不同性别、年龄、家庭角色的用户需求不尽相同,他们将选择符合自身特征的商品。商业回归产品与服务本质,生产出更符合消费需求的产品、提供更加精细化的运营和包括内容在内的个性化的服务。

(二) 女性用品电商崭露头角

综合类电商因提供多样化的商品可以满足不同用户群体的需求而在电商企业中有一定的优势,但是处于发展初期针对女性用户的电商仍受到资本市场的大量关注。从垂直领域来看,服饰和美妆类是女性电商发展较成熟的领域,例如天猫、京东和唯品会占据约 90% 的 B2C 服装服饰市场份额。而母婴用户则更倾向于在综合性电商平台进行网购;随着跨境电商兴起,海淘类女性垂直电商也异军突起。电商企业通过增加 SKU,提高产品品质、打造品牌,以提升女性用户占比,增加用户的留存率和复购率。尤其是唯品会是针对女性服装服饰需求发展起来的综合电商,女性用户占比约 80%。

(三) 女性经济独立,购买性强,品牌忠诚度高

随着我国女性地位的提高,越来越多的女性走向社会,自己赚钱自己花。2016 年超四成女性用户个人月收入 5000 元以上,万元以上的也达 12.6%。女性网购用户多具备一定经济能力。女性网购用户热衷网购,每月网购金额千元以上的达 26.1%,并且交叉分析可以发现,女性网购用户的月均网购金额高于男性网购用户。同时,近八成女性网购用户愿意为品质付出高价,但仍有追求物美价廉的需求,多数女性看到感兴趣的品牌或产品会主动上网了解,并在购买前进行详尽比较。

2015 年,76.3% 的女性网购用户重视品牌,77.6% 更是高度忠诚用户;女性通过品牌彰显自己的品位与情致。

(四) 彰显个性的时尚商品,是女性用户的心头好

爱美是女人的天性,女性用户最爱频繁购买服装服饰,2016 年 81.1% 的女性用户网

购过服装服饰,其中每月网购服装服饰的女性用户达48.2%,且5000元以上的高端消费区,服装服饰也是用户的心头好。此外,作为服装服饰的重要搭配,鞋包配饰的购买频率位列女性网购时尚品类第二位。而无论哪种时尚商品,用户网购平均单件金额都集中于101～500元的平价消费。

(五) 母婴网购低渗透、高增长、发展潜力大

2011—2014年母婴网购市场交易规模稳定增长,增长率高于线下母婴渠道,渗透率不断提高。2012、2013年母婴网购交易规模增长率均低于整体网购市场增长率;与其他服装、化妆品、3C等品类相比,母婴品类渗透率仍然很低。2014年起母婴线上交易规模增长率超过整体网购增长率,从2014年下半年到2015年上半年母婴网购交易规模飞跃式增长,2015年底线上渗透率已达到15.5%,市场规模达到3606亿元,增长98.4%。随着新生儿小高峰的到来,以及跨境网购市场的发展,母婴网购市场发展空间巨大。

(六) 不同阵营母婴电商纷纷崛起

母婴电商作为垂直行业,根本原因在于其客户是以孕婴童为核心的细分人群。随着女性地位的提高,女性在家庭消费中的影响和决策程度大大增强,因此电商企业多从初为人母的年龄阶段切入,紧密围绕孩子出发,并延伸至发展女性电商以及家庭的各类需求。母婴电商纷纷崛起,其中综合电商母婴业务的代表有天猫、京东、唯品会、1号店、当当等,垂直母婴电商的代表有贝贝、麦乐购、宝贝格子、母婴之家等。还有母婴社区或母婴工具也涌现出来。

从母婴网购商品来看,尿不湿和奶粉作为易耗品,是母婴网购用户购买最频繁的品类,尤其尿不湿的购买频率最高。其次是童装,频率也相对较高。在奶粉、尿不湿等标品竞争激烈的市场状况下,童装和益智玩具杀出重围,成为母婴用户网购最多的品类。奶爸奶妈不仅自己爱网购服装鞋包,也爱给宝宝网购服装,2016年童装占比60.7%,较其他品类拉开了一定的差距。随着生活质量提高,人们非常重视食品安全问题,奶粉、奶瓶奶嘴作为宝宝需要入口的品类,高客单价用户较多,尤其是奶粉的客单价明显高于其他品类。而尿不湿不仅购买频率高,购买客单价也高。此外,平价消费仍是主流消费,除奶粉外,其余孕婴童产品客单价多集中于101～300元。

四、社交＋电商模式势头强劲,未来市场可期

(一) 社交、电商相互渗透以抢占用户资源

哪里有人,哪里就有社交;哪里有社交,哪里就有用户。电商需要流量驱动,行业巨头也希望不断抢占用户更多的时间和流量。在网红风靡、内容电商兴起及大数据的冲击与推动下,社交和电商不断融合发展,电商行业已逐渐向基于社交的去中心化共享经济时代过渡。传统的电商,是用户先有需求后购买,用户依赖平台较高,商家对消费者很难有直接的影响力。社交＋电商解决了产品质量的信息不对称问题,不断刺激消费者模糊的购买欲望转化

为明确的消费需求,而用户对某个好友、社区或网红的信任,将增加其重复购买率。

(二)网购用户对社交网购的接受度提高

2015年,我国社交网购用户规模1.5亿,较上年增长19.1%;社交网购使用率由2014年的33.8%提升至2015年的35.2%。网购用户人均社交网购金额2134元,增长75.5%;人均社交网购7.2次,较2014年提升1.2次。作为社交网购的营销方式,微信(公众号、微信群、朋友圈)、直播等方式在2015年被广泛应用,网民对社交网购的认可度日益提升。

(三)网络直播成为电商营销的新蓝海

社交+电商模式是大势所趋,各家电商企业也纷纷开启了"直播+网红+电商"模式的探索。在刚结束不久的"12·8周年庆"期间,唯品会就联合章子怡、佘诗曼、江一燕、魏晨等8位明星开启了8场"全明星派对"直播。对于电商企业来说,直播是一种新型的营销方式,目的是为平台带来额外流量,提高销量和打开率。而随着直播数量的指数级增长,只有真正有价值的内容才能沉淀下来,被用户所关注,与其他电商平台形成差异化优势。为了精准地匹配用户感兴趣的产品,大数据也将成为制胜关键。为寻求流量增长,电商企业探索"直播+网红+电商"新模式,洋码头在国内首创跨境扫货直播,以买手模式切入,引入明星投资人引起市场关注;菠萝蜜目前主要针对日韩市场,周一至周五有5场直播,直播产品多为小众公司的有趣产品;聚美优品利用粉丝经济效应,创造明星直播,通过明星来分享美容知识,借助网红售卖美妆类产品;唯品会深耕明星IP及"直播+网红+电商"领域,首创手机直播式综艺秀;蘑菇街以网红模式切入,由网红分享穿搭、美妆、旅行、健身等,同时投入3亿元扶持旗下网红直播艺人的孵化和经济业务;淘宝则是以店铺切入为主,定位于消费类直播,涵盖母婴、美妆、潮搭、美食等多个范畴。社交+电商模式势必给我国电商的发展带来新一轮的格局,电商发展未来可期。

第三节 网络零售业态类型

网络零售业态是基于互联网为媒介有别于传统零售业的一种新业态,对消费者而言,它打破了时间和空间限制,可以随时随地进行购物。网络零售业态按照不同的视角可以有不同的分类。

一、依据零售方是否自建网络零售渠道划分

(一)自有平台销售(online direct sales)

自有平台销售是指厂商、代理商、个体商户等零售商自己搭建网络零售平台,自主经

营网站商品,与此同时零售方根据自身经营战略,也可以将平台提供给其他零售方使用。主要有京东、小红书、聚美优品、网易考拉等。

(二) 第三方平台销售

第三方平台销售不同于自有平台,厂商、代理商、个体商户等零售商不自建平台而是借助第三方网络交易平台进行零售。网络交易平台提供方不参与商品销售行为。主要有淘宝、天猫、苏宁易购、唯品会等。

(三) 其他网络零售

除上述两种类型外的其他网络零售方式,比如与第三方合建平台等。其中第三方平台销售成为网络零售的主体。

二、根据网站销售商品的种类划分

(一) 综合型网络零售

综合型网络零售里面销售的商品品种类目繁多,经营多个品类及多个品牌。例如天猫、京东等,销售的商品涉及服饰鞋包、食品、美妆、运动、医药等领域。综合型网络零售在用户端具有比较大的流量优势,在供应商端具有规模采购的优势。

(二) 垂直型网络零售

垂直型网络零售是针对某一行业或细分市场提供单一品类或单一品牌商品的网络零售业态,如销售母婴用品的贝贝、母婴之家、蜜芽等。垂直型网络零售可以专注某一单品或某一品牌的商品,一般具有很好的选品能力,可以通过数据分析以及深度经营用户人群等为目标客户提供个性化服务。

网购已经成为社会主流消费方式之一,改变了人们的传统购物方式,对传统零售业产生了巨大影响,对传统零售业来说也是转型的契机。

第四节 传统零售业转型

依托互联网现代信息技术产生的电子商务对依靠传统媒体、电话和信函等方式促成的商务活动产生巨大的冲击,同时也充分暴露出传统零售业存在诸多不足。为了企业的长远发展,从事传统零售业活动的企业亟须转型,寻找新的发展路径。

一、传统零售业的交易流程

传统零售业的交易中包括四个环节。

(一) 交易前的准备阶段

交易前商品的供应商会尽可能地运用商品广告、传统媒体、信函等传统媒介，将产品信息传递到有需求的买方或者消费者手中。

(二) 贸易磋商阶段

在这个阶段供需双方会针对产品的具体信息进行口头或者书面形式的磋商。在磋商过程中买卖双方会针对商品进行询价、讨价还价，确定成交价格、磋商交易条件，订立合同、运输及支付方式等，通过电话、传真或者邮寄信件等形式进行沟通，最终达成签订合同的意向。

(三) 合同与执行阶段

依据双方在磋商阶段达成的口头协议以白纸黑字的形式签订书面合同确定磋商的结果以及监督双方执行的情况。

(四) 支付阶段

在传统零售业中支付一般采用现金、转账和支票，尤其是在企业销售商品中消费者多采用现金支付，而企业与企业之间多采用支票进行支付，在支票的支付中又涉及企业及双方的开户银行。

二、传统零售业存在的缺点

从传统零售业的交易流程来看，传统零售业中存在诸多缺点。

(一) 交易环节多

传统零售业交易一般情况下包含交易前的准备阶段、贸易磋商阶段、合同与执行阶段和支付阶段，若其中某一个环节出现问题最终会影响交易的顺利进行或者交易失败。

(二) 交易成本高

交易成本高主要反映在费用多方面。传统零售业中一般企业都是有具体店铺的，商铺运营的费用是其中一项成本，包括员工的工资、库存成本，以及宣传商品投入的广告费用，还有交易过程中双方往来文件的传递处理费用等。这些费用的产生都无形中加剧了传统零售业的交易成本。

（三）缺乏和客户及时沟通

传统零售业中消费者的商品大都来源于实体店铺，在实体店中消费者对想要购买的商品能够"看得见，摸得着"，在体验商品的过程中会对产品直接进行评价，而这些评价制造商是不能第一时间获得的，也就不能及时去更新商品，造成商品更新较慢，不能更好地满足消费者的需求。制造商不能确实了解消费者的真实想法，双方之间缺少良好有效的沟通。

三、我国传统零售业转型路径

（一）构建全渠道电商零售生态圈

互联网技术的出现发展产生出了多元化的销售模式，传统零售业企业触网势在必行，对于一些实力雄厚的大企业，它们投入巨资打造全渠道的电商零售平台，将供应商、零售商和消费者在整个供应链中的各环节以及销售、库存管理和物流配送等环节依托互联网技术全面整合改造，形成电商的集聚，实现资源和信息的共享，打造出以客户需求为主的全渠道电商零售生态。以苏宁云商为例，苏宁云商集团股份有限公司前身是苏宁电器股份有限公司，1990年成立。苏宁易购就是在2010年正式运营的B2C网上商城，云商城模式在2013年提出，依托互联网技术和基于数字云店的布局，与阿里巴巴在2015年联手发展大数据、云计算领域，将线上与线下全面融合，形成了集零售、电商、物流为一体的电商零售生态。苏宁的定位就是"电商＋店商＋零售服务商"，将原有的以销售为主的门店改成以展示、供消费者体验、物流售后等功能为主，着重打造消费者全新的购物体验。

（二）整合自身资源，实现线上线下渠道的闭环

利用互联网的优势为企业所用，依托互联网实现企业的全面改造花费太高，而且改造后的效果如何很难评估。但是企业可以依托互联网技术整合自身的资源，改变和完善传统实体店的功能，拓展企业的线上渠道，依托互联网的营销，打通线上和线下渠道，实现线上和线下渠道闭环，既迎合了消费者的互联网消费的需求，又助力企业依托互联网技术的转型升级。

（三）强化自身，构建一体化供应链

现今传统零售业的竞争已不再是价格战，而是越来越多地凸显在供应链环节。国际上的零售业巨头之所以能够形成强大的竞争力，主要来源于其与全球优秀企业之间链接而形成完整独特的一体化供应链。我国传统零售业中供应链整合不足，缺乏成熟的体系，以及自有品牌经验不足，零售服务竞争力薄弱。面对电子商务发展的冲击，不少企业借鉴国外先进经验，纷纷产生出新的商业模式，如买手制、事业合伙制等，强化自身的经营，同时利用互联网工具不断升级改造传统门店，优化自身服务，目的就是向内外延伸打造一体化的供应链，提高企业自身在供应链中的主导权，提升企业的核心竞争力。

第十六章　新能源产业发展与政策

第一节　我国新能源产业现状分析

一、我国新能源产业生产及消费状况分析

（一）新能源产业生产情况

在国家新能源政策的支持下，我国可再生能源装机规模稳步扩大。2020年，可再生能源发电量达到2.2万亿千瓦时，占全社会用电量的比重达到29.5%，较2012年增长9.5百分点。全国全口径非化石能源发电量2.58万亿千瓦时，同比增长7.9%，占全国全口径发电量的比重为33.9%，同比提高1.2百分点，非化石能源电力供应能力持续增强。

截至2020年底，全国全口径水电装机容量3.7亿千瓦、核电4989万千瓦、并网风电2.8亿千瓦、并网太阳能发电装机2.5亿千瓦、生物质发电2952万千瓦。全国全口径非化石能源发电装机容量合计9.8亿千瓦，占总发电装机容量的比重为44.8%，比上年提高2.8百分点。

2020年，全国电源新增发电装机容量19 087万千瓦，比上年多投产8587万千瓦，同比增速81.8%。从各类电源新增装机规模看，新增并网风电和太阳能发电装机容量分别为7167万千瓦和4820万千瓦，分别比上年多投产4595万千瓦和2168万千瓦，新增并网风电装机规模创新高。新增水电和核电装机分别为1323万千瓦、112万千瓦。新增生物质发电装机543万千瓦。

从装机增速看，2020年，风电装机同比增长34.6%，较上年增速提升21百分点。太阳能发电以24.1%的速度增长，较上年增速高出7百分点。核电增速收缩，降低6.7百分点。水电装机低速缓增，同比增长3.4%。如图16-1所示。

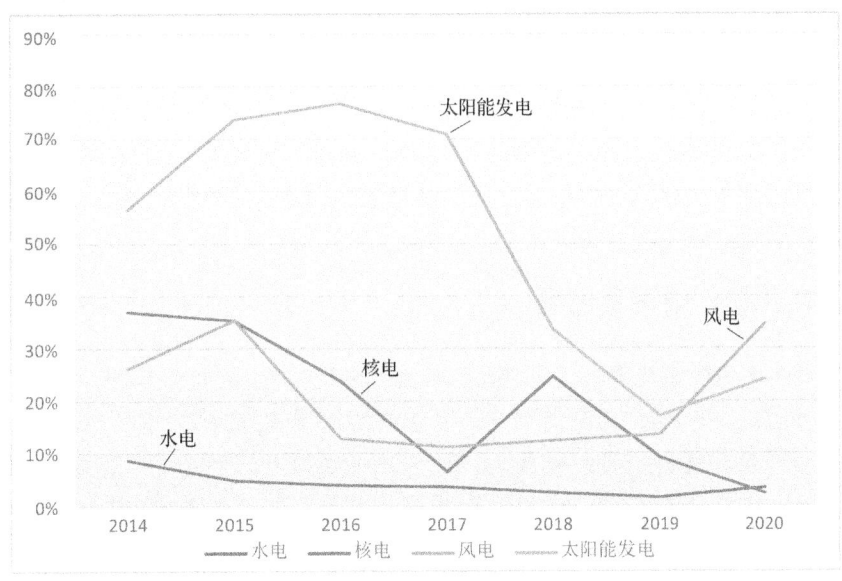

图 16-1　2011－2020 年全国电力装机增速情况

据国家能源局数据显示,2020 年全国电源基本建设投资完成 5244 亿元,电网基本建设投资完成 4699 亿元,两项合计投资达到 9943 亿元,同比增长 9.6%。这是在 2016－2018 年投资接连收缩后的第二年增长。

从近十年数据来看,电力投资总体呈增长态势,"十二五"期间年均投资约为 7800 亿元,"十三五"期间年均投资约为 8800 亿元。2020 年是近十年电力投资的最高水平,2012 年电力投资 7393 亿元为近十年最低。如图 16-2 所示。

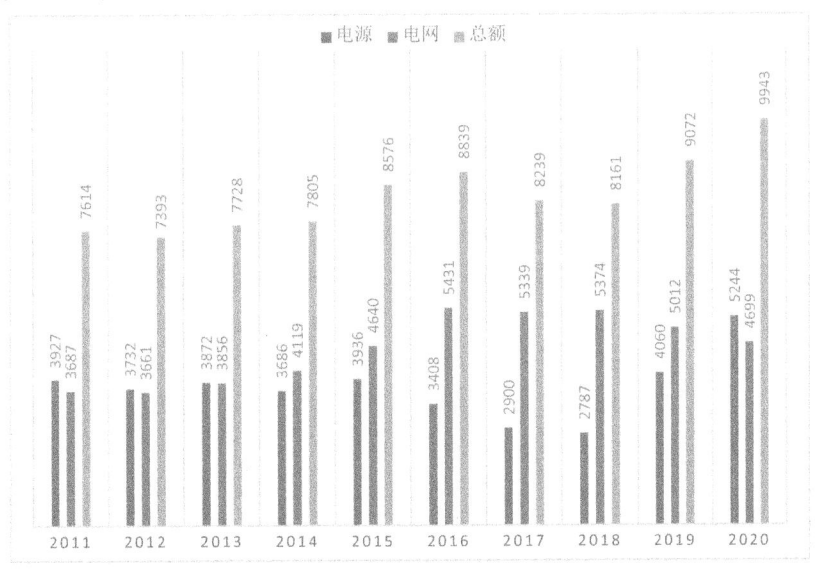

图 16-2　2011－2020 年全国电力投资情况(单位:亿元)

2020 年全国电网基本建设投资完成 4699 亿元,投资持续减少,同比降低 6.2%,较 2019 年降低 313 亿元,成为"十三五"期间最低投资额,与"十二五"末电网投资额相当。

回看近十年,如图16-2所示,电网投资呈现倒"V"形,"十二五"期间整体呈上升趋势,"十三五"期间整体呈下降趋势。

2020年全国新增220千伏及以上变电设备容量22 288万千伏安,比上年少投产1526万千伏安,同比减少6.4%;全国新增220千伏及以上输电线路回路长度3.5万千米,与上年投产量相当,同比减少2.5%;新增直流换流容量5200万千瓦,比上年多投产3000万千瓦,同比上升136.4%。

(二)新能源产业消费情况

1. 新能源产业消费总量

我国是世界上最大的能源消费国,并且能源消费总量保持着一个较高的增速。2000—2020年,我国能源消费总量从14.70亿吨标准煤上升到49.80亿吨标准煤,年均增速为6.28%。其中,在2009年,我国能源消费总量正式超过美国,成为全球最大的能源消费国。同时,随着我国经济增速维持较高水平,对于能源的消费量仍有较大的增长空间,按照近五年能源消费增速均值2.79%计算,到2030年碳达峰前后,我国能源消费总量有望达到65.57亿吨标准煤的水平。

考虑到我国经济向绿色发展转型及我国采取的降低能耗的"双控"措施,按照1.5%的合理年均增速计算,到2030年,我国的能源消费总量约为57.79亿吨标准煤,将低于国家发改委和国家能源局联合印发的《能源生产和消费革命战略(2016—2030)》提出的2030年能源消费总量控制在60亿吨标准煤以内的目标。

不管是按照近五年增速均值还是略低的合理增速计算,到2030年实现碳达峰目标时,我国的能源消费总量都将突破55亿吨标准煤,较目前的能源消费总量都有较大的增长空间。从总的市场份额来看,未来我国天然气的消费量仍有较大的提升空间。

2. 新能源产业消费结构

在目前已公布碳中和的国家和地区中,我国的能源消费结构对煤炭的依赖性远高于其他国家。截至2020年,我国的煤炭消费占能源消费的比重为56.80%,同时期全球的能源消费中煤炭占比为26%,欧洲的煤炭消费占比仅为14%,加拿大仅为4%。未来,我国煤炭消费占比下降依然是确定性趋势,原油、天然气和可再生能源的消费占比都有增长空间。

数据显示,2000—2020年,我国煤炭消费占比呈现出先增后减的趋势,2000—2007年,煤炭消费占比从68.50%上升到72.50%,2008—2020年,煤炭消费占比从71.50%下降到56.80%。2000—2020年,原油消费占比振荡下降,从22.00%下降到18.90%。天然气消费占比不断提高,从2000年的2.20%上升到2019年的8.40%。风电、核电、水电等可再生能源消费占比不断提高,从2000年的7.30%提高到2019年的15.90%。

当前,我国二氧化碳的排放量接近100亿吨,约占世界排放总量的1/3,实现碳中和目标充满了巨大挑战。而由于煤炭是我国二氧化碳的主要排放来源,未来降低煤炭消费占比、提高天然气等清洁能源和风能等可再生能源的消费占比是必然的趋势。

2020年,我国全社会用电量平稳增长,增速略缓。根据中电联数据,2020年,全社会用电量75 110亿千瓦时,同比增长3.1%。受疫情影响,2020年电力需求和电力供应都出现了诸多变数,呈现出不确定性,尤其是第二、三产业受冲击较大。下半年随着复工复产、复商复市持续推进,用电需求较快回升。

"十三五"时期全社会用电量年均增长5.7%,较"十二五"时期回落0.6百分点。2015年是"十三五"的开局之年,我国宏观经济调速换挡,进入发展新常态,增长方式发生转变,当年全社会用电量5.69万亿千瓦时,增速回落至0.96%,为多年来最低值。2016年后产业结构加快升级,全社会用电量增速回升,2019年全社会用电量增速增长至4.47%。2020年因突如其来的疫情,用电需求再次受到影响,随着经济在第二季度实现恢复性增长,全社会用电量增速回升,全年增速达到3.1%。

2020年,第二、三产业用电增幅较小。分产业看,第一产业用电量859亿千瓦时,同比增长10.2%,是唯一实现两位数增长的产业。第二产业用电量51 215亿千瓦时,同比增长2.5%。第三产业用电量12 087亿千瓦时,同比增长1.9%。城乡居民生活用电量10 950亿千瓦时,同比增长6.9%。如图16-3所示。

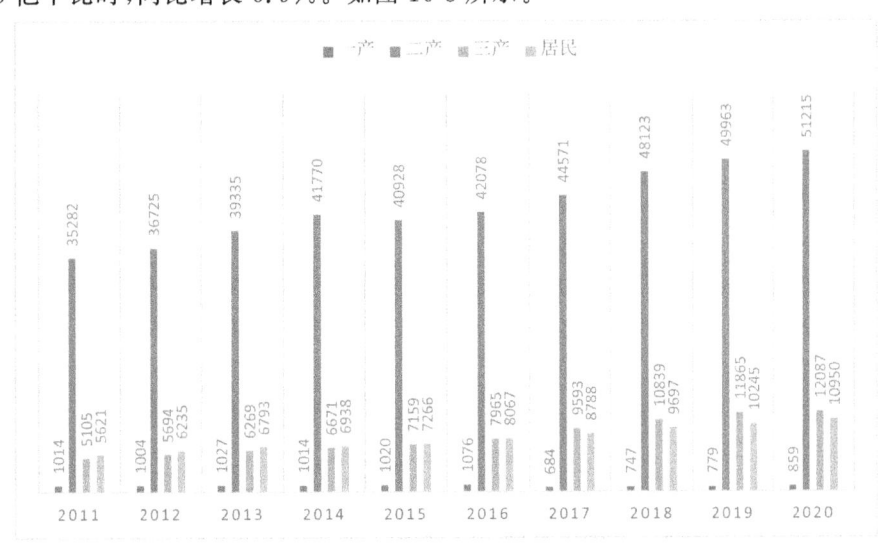

图16-3　2011—2020年分产业用电量(单位:亿千瓦时)

注:2018年3月,国家统计局《关于修订〈三次产业划分规定(2012)〉的通知》明确将"农、林、牧、渔服务业"调整到第三产业后,并更名为"农、林、牧、渔专业及辅助性活动",电力行业按照最新的标准开展行业统计工作,为保证数据可比,2017年之后的数据已根据新标准重新分类。

二、我国现行新能源产业政策

新能源产业范围广泛,一般而言,指与新能源相关的市场、产品、企业的集合,不仅包括风能、太阳能等新式能源终端产品,而且包括为了开发利用能源的设备提供商、技术服务商、原材料供应商等新能源产业链条中的各个行业,诸如新能源汽车、新能源建筑等利用新能源的产业。新能源只是强调相对于传统能源,这些能源开发利用时间短、技术处于发展期、具有绿色环保和再生特征,而新能源产业则包括与新能源开发利用相关的供应链和产品。

自改革开放以来,我国在新能源的开发和利用方面取得了长足的进步。但是我国的新能源行业仍然无法与传统化石能源行业相竞争,现阶段新能源的发展主要依赖于政府的政策支持。从20世纪80年代开始我国就出台了一系列支持新能源发展的政策。

我国于1995年颁布了《中华人民共和国电力法》,1997年颁布了《中华人民共和国能源保护法》,2000年颁布了《大气污染防治法》。这些法律都体现出我国政府对于新能源产业的支持。进入21世纪,能源危机愈演愈烈,为了缓解能源危机,保护环境,实现社会和经济的可持续发展,我国政府大力支持新能源的开发和利用,并且制定了新能源开发利用的详细措施和目标,鼓励利用各种资金进行新能源的开发利用,并保护新能源投资者的合法权益,全国新能源的开发和利用全部归国家能源局统一管理。我国在2005年颁布了《中华人民共和国可再生能源法》,并在2009年对其进行了修订,可再生能源法适用于中国的一切行政区域。

2010年《国务院关于加快培育和发展战略性新兴产业的决定》将新能源产业列为中国六大新兴战略产业之一,国家对新能源产业的这一定位恰当地反映出新能源产业在未来社会经济发展中的重要地位。在任何情况下,能源产业都是确保社会正常运转的基础型产业,国民经济中任何产业的发展都离不开能源产业的支撑。新能源取代传统化石能源是不可避免的发展趋势,根据当前环境恶化趋势和能源枯竭速度,越早取代,越能促进社会经济高质量发展,我国将其确定为新兴战略产业来发展,正是基于这一背景。

从2015年8月起,国家对各种类型的新型能源都出台了相关的政策支持,例如通过确定用电价格(0.42元/度)这种直接定价的方式对分布式光伏发电进行补贴,各省份根据相关规定又对新能源提供相对的扶持政策,这有效地促进了光伏行业的发展。

国家能源局设立专业部门负责组织和协调国家新能源资源的调查和相关技术规范的出台,制定新能源发展和利用的长期目标,上报国务院批准后颁布和实施。新能源的开发利用应该征求相关单位、专家和公众的意见,并进行公示;国务院制定和出版新能源电网技术以及其他新能源产品和技术的国家标准和规范;新能源的开发与利用技术和产业发展被视为国家科学和高科技产业的重点领域;国家投入大量资金促进新能源的开发和利用,降低新能源的生产成本,提高新能源产品质量。

国家鼓励和支持新能源发电技术;电网公司要全部接受新能源发出的电量,并要为新能源上网提供必要的条件;发展分布式新能源系统也受到了各地区政府的支持;清洁高效的生物质燃料、太阳能热水器、太阳能制冷系统、太阳能光伏发电系统等已经在许多地方得到了推广和应用。

新能源的上网电价是由价格主管部门根据不同地区、不同新能源资源制定的。根据国务院出台的指导价格,电网公司要全额收购新能源电力。国家财政设立新能源发展专项资金,并将一些新能源科技项目建设成标准示范工程。金融信贷机构对于新能源开发提供贷款优惠,对于国家可再生能源产业发展指导目录中列出的项目可以进行税收减免。地方政府应该遵守相关法规,鼓励发展新能源,电网公司要全额购买新能源电力,石油销售企业应该把生物质乙醇燃料的销售纳入到其燃料销售体系之中。在新能源的开发和利用过程中,如果某个环节出现违法违纪行为,政府部门将按照国家已经颁布的相关法律对直接责任人给予行政处罚,如果构成犯罪的将依法追究其刑事责任。

第二节　国外发展模式及启示

与国外几十年的新能源发展历程相比,中国只有短短的十几年属于新能源的快速发展期,在产业技术及管理经验上都有一定差距。通过研究国外新能源的发展历程,总结它们失败的教训,汲取它们成功的经验,可以为制定中国新能源发展策略提供理论支撑。

一、以美国为代表的能源配额模式

美国的能源政策反映的是党派和利益集团斗争的结果,奥巴马在位时期出台各种政策鼓励,支持发展可再生能源,可再生能源产业也在其在位期间得以快速发展。代表保守派利益的特朗普上台之后,认为可再生能源的发展威胁到了传统化石能源的利益,从而暂停或削弱了奥巴马时期所制定的各种可再生能源产业支持政策,不仅如此,他还带领美国退出了限制传统能源发展的各种国际组织。即使如此,特朗普在位期间,美国的可再生能源产业仍然取得了较为快速的发展,这充分表明了技术驱动下的产业发展趋势是不可阻挡的。

据美国联邦能源管理委员会数据显示,2019年美国可再生能源发电量占美国发电总量的19%,在所有可再生能源发电中,占比最大的是风电,其次是水电和光伏发电。在所有可再生能源中,最具有发展潜力的是光伏和风电。据美国能源信息署的数据表明,2008年至2017年,美国太阳能发电增加了39倍,风能发电增加了5倍。2019年全部能源新增装机量中,风电和太阳能占据了47%左右,据该机构预测,到2050年光伏和风电将占据80%的可再生能源。美国的光伏发电以分布式为主,为了鼓励该产业的发展,美国对在屋顶安装太阳能电池板的房主和小企业进行大力的财政补贴支持。比如美国加利福尼亚州实施的百万太阳能屋顶计划,大力地促进了该州光伏发电的快速发展,该州太阳能发电占全国太阳能发电总增长的43%。

美国是世界上第一个制定能源安全战略的国家,该战略强调节约能源、完善机制、财政补贴及发展可再生能源四大原则。为了促进新能源发展,美国制定了新能源配额制度,后来该制度被澳大利亚、瑞典、英国等国家采用。该制度要求电力企业在生产的总电力中必须有一定比例的电力来自新能源,并根据新能源发电量配发可再生能源证书。没有达到配额要求的电力企业可以向超出配额要求的电力企业购买可再生能源证书。电网公司和消费者购买电力的时候,必须按照要求购买一定的可再生能源证书。美国的一些大公司为了显示其社会责任,会购买超出配额要求的可再生能源证书,比如美国的英特尔、微软、苹果等大型高科技公司所购买的可再生能源证书代表的电量占其总用电量的100%。而对于一些不能通过可再生能源证书反映其用电发电输电满足配额要求的企业和个人就需要向政府缴纳一定的罚款。美国律政制度之所以能够取得成功,原因可能是多方面的,但社会的环保意识的提升,在其中起到关键作用。社会的环保意识越强,企业购买可再生能源证书的激励越强,这种公开的市场行为向市场传递了企业履行社会责任的信号,有利于提升企业的社会形象。企业的积极购买会提升可再生能源证书的市场价格,从而提升对电力生产企业提高可再生能源发电比例的激励。

二、以日本为代表的固定电价制度

日本是一个能源匮乏的国家,为了突破能源对经济发展的限制,日本注重节能技术和新能源技术的开发。1979年日本颁布节能法,强制要求汽车制造必须达到政府所规定的效率指标,因此日本的汽车节能减排技术位居全球前列。此外,日本在建筑节能和照明节能方面也掌握核心技术专利。新能源技术开发方面,早在1974年,日本就推出新能源技术开发计划,向国民灌输新能源的重要性和必要性,提升国民新能源的责任意识,投入大量经费在太阳能、氢能及新材料方面深耕。光伏产业是日本发展最快的新能源产业。受日本国土面积及地貌特征等因素影响,日本的光伏产业以屋顶光伏产业和分布式电站为主,同时分布式发电可以用来抵御频繁发作的地震自然灾害。日本政府鼓励住宅采用储能系统,日本经济产业省为安装储能系统的家庭提供66%的费用补贴,分布式光伏发电加储能系统是日本新能源的主要特征。在新能源产业政策推动及需求的拉动下,日本培育出了一大批诸如夏普、京瓷、三洋和三菱等实力雄厚的太阳能发电设备生产厂家。在风能方面,由于日本拥有世界第7长的海岸线,比较适合发展海上风电,2019年日本发布海上风能促进法,制定海上风电扶持计划。2020年4月,日本风力发电协会和全球风能理事会联合成立日本海上风电工作组,推动日本海上风电技术进步。

日本早在2012年7月1日实施了可再生能源固定价格收购制度,该制度还被芬兰、意大利等国家采用。该制度要求电力运营商对个人及单位的可再生能源电力以固定价格全额收购,溢价部分以赋课金形式对电力运营商进行弥补,赋课金最终由全部用户分摊负担。固定价格收购制度,使得可再生能源发电成为盈利业务,从而极大地促进了可再生能源的迅速发展。日本政府在实施固定价格收购制度的同时,实行了绿色投资减税措施。随着可再生能源技术的发展,可再生能源的发电成本越来越具有竞争力。2019年8月,日本经济产业省对太阳能、风能等可再生能源的固定价格收购制度进行了修正,大规模太阳能、风能发电将作为竞争电力能源,不再适用固定收购制度,但对于应对灾害能力极强的分散性小规模太阳能、风能发电仍然适用固定价格收购制度。

与固定价格收购制度比较接近的还有英国采用的差价合约制度,该制度的核心是参与市场竞争的新能源发电企业与政府签订长期合约,合约约定了新能源出售价格,如果市场价格低于这一合约价格,由政府弥补其间差价;相反,如果市场价格高于这一合约价格,其间的差价应返还给政府。该制度本质上就是政府以固定价格收购新能源,但是与固定价格全额收购不同之处在于,差价合约制度下新能源企业要参与市场竞争,承担一定的市场经营风险。

三、以欧洲为主的溢价制度

欧洲环境署发布的《2018欧洲可再生能源发展报告》指出，欧洲的能源转型速度及人均可再生能源消费量位居全球领导地位，2017年可再生能源发电量占欧洲总发电量的85%，2017年欧盟范围内可再生能源终端消费的比例达到17.4%，其中奥地利、丹麦、芬兰、拉脱维亚和瑞典等国，这一比例超过30%。2017年欧盟新增装机容量的85%是可再生能源，风能和太阳能光伏占可再生能源增长的75%，该年欧盟在总装机和并网容量方面排名仅次于中国。欧盟是可再生能源发展较早的国家，2017年之前，欧洲拥有全球最大的风电装机容量，2019年，37.5%的电力来自于可再生能源。欧洲一直处于可再生能源革命的最前沿。市场研究与咨询机构伍德麦肯齐发布报告指出，2018年欧洲30%以上的电力来自于可再生能源，其中风能是最大的单一低碳电力来源，约占该地区总供应量的12%，太阳能占4%；欧洲已经成为全球最大住宅储能市场。

2020年欧委会公布近海可再生能源战略，通过推动海上发电项目大幅度提升可再生能源使用率。欧盟在全球海上风力发电领域占据重要地位，目前全球42%的海上发电能力分布在欧洲沿海。北海是世界上海上风电的最佳位置。欧盟具有海上风电领域的先发优势，1991年丹麦设立全球首个海上风力发电厂。欧盟的海上风电领域正受到其他国家的挑战，2018年全球一半的海上风电投资都发生在印度等亚洲国家。2019年亚太地区风能发电占全球风能发电量的36%，欧洲占32.3%，北美占20.8%。太阳能发电领域，2019年亚太地区占全球太阳能发电量的54.4%，欧洲占21.4%，北美占17.3%。2020年上半年风能、太阳能、水力和生物质能等可再生领域发电量占欧盟27个会员国发电量的40%，超过化石燃料发电量（占34%）。2020年上半年，风能、太阳能创造了欧洲总发电量的21%，其中风能和太阳能占丹麦总发电量的64%，爱尔兰49%，德国42%。

丹麦是实际上最早使用风力能源的国家，也是当前全球国内风力发电量占比最高的国家。早在1891年，丹麦气象学家就发明了用风车发电给教室照明。除了有传统技术之外，更重要的是丹麦给风力发电产业给予补贴、税收优惠等各种激励政策。世界上第一部发电风机诞生于丹麦。2019年丹麦风力发电占比47%。丹麦西岸风力强劲，拥有发展风能的自然优势。丹麦政府规定，2050年完全可以摆脱化石燃料，大力发展新能源，对于风电等可再生能源产业免征环境税。丹麦法律规定国家必须接受风电场的风电。丹麦拥有46家研究机构，8所大学，6个科技园区，主攻空气、动力、气象、风力评估、力学、材料力学、风机性能等风能研究。

2012年以前德国可再生能源产业长期依靠固定补贴，但随着可再生能源使用规模的扩大，补贴压力也越来越大，高额补贴压力促使政府推动德国可再生能源改革计划，通过引入竞价机制，逐步推动消费者主动为绿色电力买单。2012年以后，德国采用与其他诸如丹麦、荷兰、西班牙等欧洲国家一致的新能源溢价机制。该制度的核心是新能源发电企业按照市场价格参与市场竞争，政府对单位新能源给予固定的财政补贴，这种制度鼓励新能源企业通过创新降低成本，在单位新能源补贴额和市场价格不变的情况下，新能源成本越低，新能源发电企业利润额也就越大。

四、全球新能源发展启示

(一) 风能和太阳能将是未来替代传统能源的主力军

在当前的可再生能源中,水力发电占据了主导位置,但这一位置将会被风能和太阳能替代的趋势非常明显。虽然水力发电也具有可再生性和清洁性,但水力发电受水文自然条件限制,可供开发利用的水利设施有限,在其他新能源技术发展的早期,水力发电在一定程度上扮演了替代传统能源的主角。除水电外,核电也是新能源发展早期的一个主角,美国核电曾经达到能源总量的 20%,但近几年所发生的一系列核电事故,让人们意识到能源生产的安全性也是能源选择的一个主要考虑因素,基于这一点,近几年的核电投资速度明显下降。相比于水电的水文自然限制和核电的安全风险,风能和太阳能在这些方面具有明显的优势,特别是水暖风能太阳能技术的发展,其发电的成本优势逐渐显现,对包括新能源在内的所有其他能源的替代速度在逐渐加快,2019 年全球新增能量装机中,太阳能和风能占据了半壁江山。美国是一个传统能源丰富的国家,特别是随着页岩油气的开发,美国成为传统能源主要出口国,即使如此,据美国能源署预测,到 2050 年太阳能和风能将占据全部能源的 80% 左右。

(二) 各国新能源的发展均离不开国家产业政策的支持

国家产业政策的支持是新兴产业得以迅速发展的基本保障,这是由新兴产业的技术发展特征所决定的。新兴产业技术一般处于技术发展的婴儿期或技术积累期,这一时期的典型特征是技术发展缓慢、技术不够成熟导致产业生产成本较高,因而缺乏市场竞争力和市场接受度,导致资源回报率低,单独依靠市场难以吸引产业资源的流入。但是站在社会的角度,该产业技术代表了未来的发展方向,该产业的发展能够改善人类的生存空间,提升人类的生存质量,因而应该推动该产业的快速发展。这种市场资源配置的结果与人类期望之间的差距就是市场失灵,解决这一市场失灵就需要产业政策的干预支持。

各国通过产业政策发展新能源产业也是兑现联合国减排目标的有效途径。传统化石能源的大规模使用带来一系列环保问题,直接威胁了全球人类的生存环境。针对这一问题,世界各国共同签署巴黎协定,各国制定自己的减排目标,就是对巴黎协定的一种承诺和遵守。减排而不影响生产生活,可行的路径无非两个方面。其一是大力发展节能技术,降低生产生活中的单位消耗。但是这一途径会受到技术极限的限制,并且很多时候能源节约的速度难以跟上因生产生活规模的扩大而导致的能源扩张的速度。能源节约效果明显,但是难以从根本上解决问题。其二就是大力发展清洁能源,以清洁能源替代传统化石能源。以风能、太阳能为代表的新能源的一个典型特征就是清洁无污染,可以从根本上解决传统化石能源对环境的污染问题,各国为了实现所承诺的减排目标,短期内可以通过发展节能技术减缓碳排放的增长速度,长期只有通过发展新能源,才能从根本上彻底解决这一问题。以欧美和日本为代表的西方发达国家,凭借其技术研发优势,在 20 世纪 70 年代就开始了新能源产业技术的国家规划布局,中国是从 90 年代末期以国家层面提出发展新能源的。除中国外的其他第三世界则是最近几年随着新能源技术的成熟陆续出台国家的产业支持政策，以响应国际社会减排节能的呼吁。

（三）新能源选择受国情影响

除水电外，新能源主要包括太阳能和风能。各国在新能源选择上会受到能源消耗总量、自然条件、技术优势等各种因素的影响。比如能源消耗总量，总量越大越有利于规模经济的发挥，当消耗总量远大于最小经济规模点时，给多种能源的开发利用提供了机会；相反，如果能源消耗总量比较低，以至于当开发利用多种新能源时难以发挥规模经济，只选择开发利用成本较低的单一新能源，便是最优决策。自然条件也会对能源选择带来一定的影响，比如内陆国家就很难发展海上风电技术，而对于一些沿海国家，则有这方面的优势。再比如一国的风速、光照等会影响太阳能和风能的选择。此外，传统能源越是贫乏的国家，越有动力去发展新能源产业。

对于能源消耗大国，在能源选择上一般是多头并进均衡发展，比如中国、美国；而对于一些能源消耗量较低的国家，一般会侧重于发展某一种新能源，比如欧洲各国侧重于发展风能。

第三节 我国新能源产业发展中存在的问题

一、新能源产业政策存在的问题

（一）政策缺乏统一性和协调性

我国新能源产业的发展涉及农业部、水利部、能源局等诸多部门，这会削弱国家对新能源产业的开发和利用。大量的政策和规划来自不同的部门，由于各个部门出台政策和规划的目标不同，因此很难在新能源的开发利用方面达成共识。同时，由于新能源政策在不同部门之间缺乏协调，这也很难形成一个长期有效的系统来支持新能源的可持续发展。例如，为了鼓励我国风电的发展，减少风电场的投资成本，有关部门取消了风力发电机进口关税；然而，另一部门又在积极推进风机设备制造的国产化。由于这两个部门出台政策的目的不同，取消关税政策虽然有利于中国风电场的发展，但是却严重阻碍了中国风电设备实现国产化的步伐。

（二）新能源鼓励措施不健全

中国政府对于新能源的财政补贴机制不够完善，存在着诸多的问题。一些财政补贴都是象征性的补贴，这些补贴数额小于总投入成本的10%。一些新能源的税收十分接近常规能源的税收，有些甚至高于常规能源的税收，这对于新能源的发展是十分不利的。例如,根据相关规定,0.25元/千瓦时的补贴应当给予生物质能发电,这样生物质能发电成本可以降低到0.6元/千瓦时,但是这个价格仍然高出常规能源发电成本,这就造成生物质能发电在起步阶段就遇到了很大的困难。

(三) 区域性能源政策缺失

中国领土广阔,东西部地理条件差异较大,造成了新能源资源的差异;并且由于历史和传统等原因引起人口结构、社会、经济等发展不平衡。这些现实问题决定了一项政策法规有可能不能适用于各个地区,而目前的新能源政策还没有充分考虑到这些问题,且各地政府政策中缺少相关问题的细节,这导致了新能源产业与当地的传统工业相比较还没有显示出明显的优势。

(四) 新能源投资体系不够完善

中国新能源项目投资主要来源于以下三个方面:本国政府投资和贷款,外国政府投资和贷款,外商投资。新能源投资主体单一,国内企业对于新能源投资较少,新能源投资商投资行业较为单一,没有形成一个新能源产业链。同时,由于外商投资增多,可能造成对国内新能源市场的垄断,尤其是在高端新能源市场。在这种情况下,能源危机和产业危机将会同时阻碍我国新能源产业的发展。

二、新能源行业并网难题

(一) 电网规划管理模式亟待优化,安全隐患亟待消除

现阶段我国电网规划管理根据各自所辖范围和电压等级分为三级设置,这种管理模式虽具有一定的合理性,但由于规划人员对相应的配电规划状况不了解,加之相关电网建设不全面等问题,极大程度地降低了配电网运行的可靠性,增加了意外风险发生的概率和相应的配电设施维护难度,十分不利于配电网运行安全管理工作的顺利推进,同时也容易造成上下级电网规划协调力度不够,各级规划不协调,无法实现电网资源管理的整体化和最优化。

由于大型风电机组的核心零部件国产化率略低,采购周期较长,从而在产能和成本方面有可能在一定时期制约我国风电的大规模发展;各地风况显著差异,导致风电设施运维成本极高。

风电发展初期装机规模较小,与配电网直接相连,对电网的影响主要表现为电能质量,随着大规模风电接入输电网,系统调峰压力加大,系统稳定和运行问题突显。

光伏并网发电的实际情况、电能质量受到的影响主要表现在以下两个方面:第一,光伏发电系统的可控性比较差,再加上客观环境因素的影响和制约,一旦将其并入大电网之后,会导致原本可能存在的电能质量不高问题变得更加严重;第二,光伏发电系统的启动会在一定程度上引发大电网电压的闪变,特别是在启动期间会容易产生谐波,这些谐波对于大电网整体的稳定性会产生较大的负面影响。

(二)新能源产业投资回报率低于社会投资平均水平

受传统管理理念的影响,现阶段我国的电网规划观念仍然较为落后,难以满足电网快速发展的需求,加之缺乏系统性的优化管理理念,不能很好地对现阶段电网规划中存在的问题进行规范,且由于相关技术工作人员对全电压等级序列的整体优化重视程度不足,造成规划管理进程推进缓慢,在经济分析中对整个投资周期中投资回报率重视不够。

风电产业的利润水平连续下降,投资回报率低于社会投资平均水平,风电开发商积极性严重受挫是造成风电投资热度下降的根本原因。

海上风电发展当前面临的风险来自政策、技术、环境、经济、运维以及健康安全等方面。这些风险也导致了海上风电发电成本高昂,投资回报率较低,对新能源投资者的热情产生消极影响。

(三)电网基础设施亟待更新

配电设备是电网规划的基础设施,也是实现电网正常运行的保障,为了更好地对现阶段电网进行规划管理,需对电源设备的选型提供充分的技术分析和科学计算,而当前我国电网建设工作盲目地扩大电网截面和容量,忽视了配电设备之间的高度配合,给配电设备的耐用性造成了一定的负面影响,同时也不利于电网利用效率的提高和电网安全隐患的规避,极大程度地制约了电网规划工作的发展进程。

三、新能源项目融资模式面临的困境

目前,新能源企业的项目建设资金主要包括企业内部融资、政府扶持经费、根植于资本市场的直接融资、来源于信贷市场的间接融资以及风险投资。但是在具体融资过程中,许多环节都出现了较大的阻碍,导致新能源项目在融资模式上面临着前所未有的困境以及难以想象的隐患。

(一)信贷资金支持难以获得

通过对2006年以来的新能源企业负债情况的分析研究,可以清楚地发现新能源企业的负债率较高且基本维持在60%左右。换句话来说就是,新能源行业普遍存在着高负债的困境,即新能源企业在项目融资上难以取得银行的信贷资金支持。造成该情况的出现有着多方面的原因:一是新能源企业现今仍主要依赖于企业所有者的资本投入,对信贷资金的争取力度不够;二是由于新能源企业投资风险大、投资回报慢等表层原因,再加上大多数银行与传统能源大型企业常年保持着良好的战略伙伴关系的深层次原因,使得作为新能源企业重要间接融资平台的多数银行更愿意去支持那些有国家扶持并发展稳定的传统能源企业,而不是仍处于摸索阶段的新能源中小企业,从而导致了大多数新能源企业难以获得银行的垂青而获得信贷机会。

（二）风投公司仍持观望态度

风投公司获利主要是通过股权转让、股权回购和扶持企业上市这三种方式。但对于目前我国的资本市场而言，很难全部实现以上三种获利手段，再加上风险资本很难在短时间内从原先的大型投资项目中抽身出来，因此，包括像 IDG、银河证券等国内外大型风投公司对我国新能源的投资力度仍较小，总投资资本不超过 4000 万人民币。可以说，风投公司对我国新能源行业仍处于观望状态。

（三）企业上市门槛较高

作为资本密集型企业，新能源企业在资本方面大多具有需求大、战线长以及回报率低等特征。针对此种现象，最佳的解决方法就是扶持一定规模的新能源企业成功上市。但从现阶段的实际情况出发，由于证监会具有严格的企业股票发行审查制度以及来自于我国现行《公司法》相关条例等多种因素的限制，新能源企业实现上市的门槛之高非一般企业所能想象，因此大多数企业只能望洋兴叹，难以筹措到足够的发展资金。

（四）企业融资模式单一

作为一种新兴的行业，新能源企业所能实现的融资模式仍十分单一。目前的大多数新能源企业的项目发展资金主要包括大部分的企业内部投资和小部分的银行贷款，而来自于民间和风投公司的资本所占比重却微乎其微。企业内部投资拥有使用灵活的优势，使其在融资过程中无须冗杂的审批程序，能确保新能源建设项目的顺利进行，从而大大提高了项目的投资回报率。但是，企业内部融资并不是长远之计。新能源项目所需的资金十分庞大，仅凭企业内部的投资难以长期满足行业的发展要求，发掘更多的融资模式是势在必行的。

第四节 我国新能源产业发展对策

一、新能源发展政策改进措施

（一）建立一个强有力的政府部门，实行统一管理

在我国，新能源开发利用涉及诸多部门和产业，相互之间的责任经常重叠。对于哪一个政府机构负责新能源的开发并没有一个确定的说法。同所有的官僚主义一样，内部不协调是一个普遍存在的现象。为了提高效益，避免重复，需要有一个强有力的中央部门进行统一管理和组织协调，由副总理来组织领导，类似于国务院节能办公会议。这项战略的优点是明显的：它不仅减少混乱，还能加强实施新能源及能源效率政策的能力。当然，某

些重叠和重复偶尔也会发生,因为电力部门涉及社会的许多方面,这样就需要不仅是一个政府部门的关注。因此,仍然需要协调以及协作程序的管理。

(二) 采取新能源产业激励政策

遵照有利于新能源发展和经济合理的原则,政府有关部门需要尽快研究制定和完善新能源上网电价。电网企业因收购新能源发电量所发生的高于常规能源发电平均上网电价的费用,可以考虑附加在销售电价中由全社会进行分摊。

新能源若要被更好地开发,一套有效而适时执行的政策(包括短期和长期战略)是十分必要的。另外,我国可以借鉴美国《公用事业管理政策法》的经验。此政策法要求,公用事业按可避免成本购买独立电厂的电力,包括热电联产和新能源生产的电力。这一政策为新能源发电技术与以矿物燃料发电技术的公平竞争创造了条件。美国在风能和太阳能发电方面的成就,及其在生物质能发电方面的领先位置得到了国际的承认,其背后的主要原因是《公用事业管理政策法》的实施。

如果使用经济激励政策,应当同企业的绩效相联系,比如,补贴金的计算以千瓦时为基础。各种各样的经济激励政策,应当对条款加以时间上的限制,否则不会对产业产生激励,而只能使其安于现状。

(三) 实施资源评估,因地制宜来制定符合各区域条件的政策

现阶段我国指定区域性政策迫切需要进行风能、生物质能、地热能和太阳能资源的详细评估,确定其总资源量、技术可开发量和经济可利用量。这将为各地制订政策和项目规划设计提供可靠依据。

为推动西部地区的经济发展和新能源电厂的建设,指令性市场允许新能源税收抵免以及新能源证书与新能源分开出售,这样可以把它们卖到大负荷集中用电的地区,而不考虑某些输电问题。换句话说,上海的公用事业可以向内蒙古的新能源电力支付补贴款而不用实际得到内蒙古的新能源电力,这样做是为了满足指令性市场的要求,新能源电力送入当地电网,而税收抵免归上海公用事业所有。这样做的好处是它可以先在批发市场上运作(先进行一些省级的试点),因批发市场上经销商较少,业务比较容易按预定的计划执行。这也会给可再生能源证书交易提供一些经验,以便在今后电力制度改革中在更大范围内完善和采用。

无论使用何种形式发电,我国的电力系统都将受益于传输和配电网络的改善。系统目前的弱点加强了靠近人口密集区建设发电厂的趋势。这使得目前在城市中已存在的由于机动车、供暖和炊事等的燃料,以及工业过程排放物产生的大气污染问题加剧。发展全国相互联电力网络将有利于提供更多的配电资源及从农村购买电力。这样做的结果将会提高资源利用效率,降低城市的大气污染。

在我国的输电/配电系统的设计和扩展中,应注意包括对偏远省份的新能源资源发展的输电支持。此外,输电、供电和用电的规定和标准应兼顾不同的技术。供电规定应提高间歇性供电能力及小型发电厂将电能输送到电网系统的能力。所有发电厂以公平的价格随意使用输电和配电服务(例如,同公用事业自身收费标准一样)是建立一个独立电厂的

基本要求。

（四）制定完善的投资及税收体系

依据我国的《可再生能源法》，国家电网企业和石油销售企业有义务收购可再生能源电力和生物液体燃料。政府有关部门需要做的是，尽快组织制定相关运行管理规定、技术标准、工程规范和建设管理规定等等。

对我国来说，制定一套稳定的政策来刺激入网的新能源电力批发市场将是最有益的。这套政策应包括精心制定的投资及税收政策；贷款担保或其他减少资助新能源项目可预见风险的机制；有保证的输电通路及公平的传输规定；良好的资源评估和公平的资源法。例如，将适用于小水电设备的6%增值税也扩展用于所有其他新能源。

二、新能源并网难题解决策略

（一）积极倡导"分散式"新能源开发模式

分散式开发是指不通过变电站，直接将风电升压后接入农网和低压电网。相比大规模集中开发，分散式开发可以降低成本，分散电网的事故风险并缓解消纳瓶颈，适合电网结构好、土地面积有限的地区。目前，分散式开发已经在欧洲形成一定规模，但是我国仅在内蒙古有两台示范机组，潜力巨大。过去提倡建立大基地融入大电网促进了风电规模化发展，当前更应在此基础上，支持资源不太丰富的地区，如云南、安徽、湖北、湖南、山东、山西、重庆、贵州、西藏和四川等地，发展低风速风电场，倡导分散式开发。

（二）加强技术攻关以及技术标准的前瞻性研究与制定

国外十分重视新能源并网标准制定，欧洲各国都对风电并网提出了严格的技术要求，并通过立法建立了严格的风电并网检测制度，确保并网风电满足技术标准要求。西班牙电网公司对风电场的发电预测进行严格考核，误差比例超过20%则需要向电网企业缴纳罚款，以此激励风电场提高预测精度。欧洲和美国的风电发展经验表明，大规模的风电并网要求对风电功率进行准确预测，我国在这方面已经开展了一些工作。今后要在现有工作的基础上，不断提高预测精度，从技术上保障更多的风电并网和消纳目标的实现。

（三）建立系统的利益疏通引导机制

鼓励、引导和疏通电力系统所有参与者发展新能源的热情，充分挖掘他们的技术潜力，才能更加有效地促进新能源并网和消纳。要建立风电并网成本及调峰机组减收补偿机制。为保障风电顺利接入和传输，近期需要加强电网建设和改造，国家应对电网企业由此增加的合理成本予以补偿。此外，为保障风电并网，给可再生能源发电出让发电小时数，降低了其他发电机组的出力，减少了自身的收益，国家应尽快研究出台合理的利益补偿机制，提高相关企业的积极性。

（四）出台鼓励优化电源结构的政策

当前电价的确定和电力调度的规则，没有充分体现电网安全运行过程中能发挥不同作用电力装机的价值，如调峰、备用等设备，其价值通过电网企业的电力调度间接实现，这就不能调动企业参与这类电源建设的积极性。具有灵活调节能力的电源，包括天然气、抽水蓄能电站，目前的价格政策还是空白，它们在系统中所能发挥的容量价值就无法得到有效的反映。

三、创新新能源项目融资模式的措施

我国新能源行业的发展离不开政府的支持，而政府只有通过推行强而有力的相关产业优惠政策和措施，才能不断提高我国新能源行业的发展水平。

（一）引导银行信贷

政府应引导银行加大对新能源行业的支持力度，尤其在信贷方面予以适当宽松的政策。具体措施表现为政府领头，银行跟进，不断完善信贷制度，降低信贷利率，特别是对其中技术方面较成熟、发展潜力较大的新能源企业予以信贷额度、信贷利率以及还贷时限上的优惠和宽松，从而加大银行信贷对新能源行业的支持力度。

（二）鼓励民间资本投资

与外资相比，民间资本在政治和外汇两方面所面临的风险相对较小，具有无与伦比的投资优势。因此，民间资本的投资已然成为国家经济发展的重要部分，具有重大的战略意义。2010年，国家就出台了《国务院关于鼓励和引导民间投资健康发展的若干意见》，其中明确指出鼓励民间资本参与国家新能源行业的建设，通过独资、控股等手段进行投资。而目前，民间资本在新能源行业所占比重只有13.6%，发展空间很大。针对该种情况，政府必须出台更为具体的措施，以提高民间资本的投资积极性。

（三）放宽债券限制

结构合理的债券市场一方面可以满足不同企业在不同发展阶段的融资需求，提高资金使用率，另一方面也有利于新兴行业的发展创新，因此政府可适当放宽对新能源企业发行债券的限制，适量降低债券的发行利率，由此推动新能源行业的优势资产成功上市，使得新能源企业的融资渠道不断得到拓宽，从而提高企业的市场化与规模化程度。

（四）加快融资模式的创新

ABS融资模式即资产债券化（asset-backed-securitization），是一种新型的融资模式。与传统的融资模式相比，ABS模式属于成本较低的结构化融资模式，一方面通过资产重组和信用增级等手段提高了证券信用水平，另一方面经过资本的证券化也大大改善了企业的资本结构。

PPP 融资模式,即公私合伙制(public private partnership),指的是针对某建设项目而形成的政府与私人部门之间的长期合作关系。该模式在投资初期就可根据政府与私人部门可承担风险的大小而进行项目利益的分配,不仅改变了传统的由政府承担全责的模式,而且也大大降低了私人部门的投资风险。因此,其风险和利益的分配就更为科学合理。政府和私人部门各自分工,优势互补,政府主要负责的是制度和策略的制定和维护,而私人部门则要全权负责整个项目的流程,将更有效的技术和管理引入项目建设中,从而加快项目的建设进度和提高项目的利益回报。

租赁融资模式也是近些年使用较多的一种融资模式。与其他模式相比,租赁融资模式的优势在于:首先,企业与租赁公司互取所需,既解决了企业在起步阶段资金不足的困难,又满足了租赁公司的融资需要;其次,租赁公司只负责提供资金给企业,不会影响企业的正常运营和内部结构;最后,有效利用了税收制度,在税前就扣除了融资成本,减少运营成本的消耗,从而大大降低了企业的运营风险。

新能源行业想要发展壮大,就必须以雄厚的资金作为坚实后盾。在现行市场条件下,创新并选择最为合理科学的融资模式是新能源企业解决资金难题的最佳方法。

第十七章　中国机器人产业发展

从全球范围来看,机器人是衡量国家创新能力和产业竞争力的重要指标,已成为全球新一轮科技和产业革命的重要切入点。人工智能技术的突破、核心零部件成本的下降,加速了机器人在各领域的渗透,其产业规模近几年呈迅速扩大之势且潜在发展空间巨大。尤其是服务机器人发展迅速,近五年中国服务机器人行业增速高于全球平均增速,市场规模占全球比例超 25%,同时在产业链、产业环境等方面都具备全球竞争优势,未来有望成为全球服务机器人领域的领导者。

在中国市场,家用领域的工具型扫地机器人已实现大范围普及,涵盖多功能的教育陪伴机器人产品也层出不穷,令人眼花缭乱;随着人工智能技术与医疗领域结合日渐紧密,消费群体对医疗服务质量需求不断提升,医疗机器人成为推动医疗服务高质量发展的重要动力;在公共服务领域,具备引导接待、配送等功能的机器人已实现较多落地迭代,细分领域下的场景积累和技术竞争壁垒是公共服务机器人公司的重要布局方向。

然而在产业积极正向发展的同时,也存在着技术发展不成熟、实际价值未达消费者预期、传统领域市场培育所需时间较长等发展问题。在疫情催化之下以及数年的持续高速增长基础上,中国机器人产业未来仍将迅速扩张且潜力巨大。认清发展现状,理清发展逻辑,紧跟发展机会,是产业当中所有参与者需努力的方向。

第一节　中国服务机器人产业发展概况

一、服务机器人的定义及其分类

据国际标准化组织(ISO)最新资料,将机器人定义为:具有一定程度的自主能力,可在其环境内运动以执行其任务的可编程执行机构。据国际机器人联盟(IFR)划分标准,可将机器人分为工业机器人和服务机器人。中国电子学会结合中国机器人产业发展特性,将机器人分为工业机器人、服务机器人和特种机器人三类。

与其他两种机器人不同,服务机器人作为一种刚出现的、正在发展的领域,有这样几种概念的描述:①服务机器人是一种自主或者半自主的能够提供服务而不是提供生产的机器人,这种机器人能够改善人们的生活质量;②服务机器人是一种以半自主或全自主的方式操作,用于完成对人类福利和设备有用的服务(制造操作外)的机器人;③服务机器人是能在日常环境中完成对于人类活动有用的服务的、基于传感器的、可预编程的机电一体化装置。欧美国家多采用第一种定义,定义较为广泛。亚洲国家(包括中国)多采用第二种定义,定义狭窄,但是更贴近普通人的理解。

服务机器人是日常生活中人们接触频率最高的一类机器人,被广泛应用在零售、物流、医疗、教育、安防等众多行业和场景,可以实现引导接待、物流配送、清扫、陪伴教学、安防巡检等多种功能。按照其应用场景及功能,服务机器人可分为家用服务机器人、医疗服务机器人和公共服务机器人三类。家用服务机器人主要从事教育教学、助老助残、情感陪伴、智能家居、数字娱乐、健康医疗、文化体育等工作,医疗服务机器人主要从事医疗手术、医疗辅助、医疗康复、医疗后勤等工作,而公共服务机器人主要在物流配送、汽车出行、零售餐饮、酒旅航空、金融银行、生活娱乐、安防巡检、房地产等行业起作用。随着技术的进步,服务机器人无论是在外形还是功能方面都在不断升级。在 2020 中国国际服务贸易交易会上,服务机器人·智能科技专题展区汇聚了大量外形迥异、功能丰富的机器人,它们在我们的日常生活中扮演着越来越重要的角色。

二、服务机器人的发展历程及背景

(一) 我国服务机器人的发展历程

20 世纪 70 年代初期,我国科技人员从外文杂志上敏锐地捕捉到国外机器人研究的信息,开始自发地研究机器人。"出于对工人阶级的感情",加上技术革新的需要,上海、东北等地工厂的技术人员自发地研发机械手,如上海汽车配件二厂研制的汽车灯壳冲压机械手,天津锻压机械厂研制的锻件上下料机械手,就是我国最早的一批工业机器人。

80 年代中期,我国机器人的研发单位大大小小已有 200 多家,然而,由于多半从事的是低水平、重复性的研究,全国尚无一台机器人产品问世,直至 1985 年,我国机器人才迎来了"春天"。1985 年,工业机器人被列入了国家"七五"科技攻关计划研究重点,目标锁定在工业机器人基础技术、基础器件开发及搬运、喷涂和焊接机器人的开发研究等五个方面。

从 90 年代初期起,在国家"863"计划支持下,我国工业机器人又在实践中迈进一大步,具有自主知识产权的点焊、弧焊、装配、喷漆、切割、搬运、包装码垛等 7 种工业机器人产品相继问世,还实施了 100 多项机器人应用工程,建立了 20 余个机器人产业化基地。同时,在国家"863"计划的支持下,我国在服务机器人研究和产品研发方面已开展了大量工作,并取得了一定的成绩,如哈尔滨工业大学研制的导游机器人、迎宾机器人、清扫机器人等,华南理工大学研制的机器人护理床,中国科学院自动化研究所研制的智能轮椅等。

服务机器人行业发展划分为五个阶段:技术准备期、产业孕育期、产业形成期、产业发展期和智能化时期。美日欧机器人产业已完成前四个阶段,目前处于智能化时期,而中国机器人产业还处于孕育期。美日欧服务机器人产业形成了各自的产业模式,美国优势在系统集成,日本强调产业链分工,欧洲强调本体加集成的整体方案。中国现阶段机器人产业模式更接近美国模式,原因是机器人本体不能大规模国产化,估计未来的发展趋势是类似于日本的产业链分工模式,前提是真正突破机器人本体。

2015年被业内称为"服务机器人的元年",服务机器人技术越来越成熟,成本越来越低,资本的大量涌入导致机器人越来越快地进入到人们的生活之中。服务机器人作为机器人家族中的年轻成员,倏然成为业内新宠。在服务机器人领域,发展处于前列的国家主要是日本、韩国、美国、德国。虽然我国服务机器人普及率低、起步晚,但研究发展速度快。特别是2015年,掀起了家庭机器人的普及革命,而掀起这场革命的核心是"高智能"和"低价格"。高成长型人工智能的不断融入和持续的产业化成本降低使服务机器人迅速打开家庭市场,成为一个不可小觑的市场爆点。

据《中国服务机器人行业发展前景与投资战略规划分析报告前瞻》数据显示,目前,世界上至少有48个国家在发展机器人,其中25个国家已涉足服务型机器人开发。在日本和北美、欧洲,迄今已有7种类型计40余款服务型机器人进入实验和半商业化应用。

(二) 我国服务机器人的发展背景

中国服务机器人持续保持良好增长态势,有望成为全球行业领导者。随着信息技术快速发展和互联网快速普及,以2006年深度学习模型的提出为标志,人工智能迎来第三次高速发展。与此同时,依托人工智能技术,智能公共服务机器人应用场景和服务模式正不断拓展,带动服务机器人市场规模高速增长。我国服务机器人的市场规模快速扩大,成为机器人市场应用中颇具高点的领域。IFR统计数据显示,2019年中国服务机器人市场规模约22亿美元,约占全球25%的市场份额。其中,我国家用服务机器人、医疗服务机器人和公共服务机器人市场规模分别为10.5亿美元、6.2亿美元和5.3亿美元,家用服务机器人和公共服务机器人市场增速相对领先。2015年到2019年间,中国服务机器人的销售额增速持续高于全球服务机器人销售额增速及中国工业机器人销售额增速,保持良好增长态势。到2021年,随着停车机器人、超市机器人等新兴应用场景机器人的快速发展,我国服务机器人市场规模有望接近40亿美元。不同于在工业机器人领域中国处于行业追随者位置的境况,在服务机器人领域,中国在市场规模、产业链等方面具备全球竞争优势,未来有望引领全球服务机器人行业的发展。

服务机器人发展的驱动因素主要有以下几个方面:

(1) 有效解放生产力、提高效率及提升服务质量。服务机器人的本质在于服务,其内在价值可根据主要作用及需求满足类型分为三大类:解放生产力、提高效率及提升服务质量。价值越高,越易得到市场拓展和快速发展机会,这三大价值是促进服务机器人行业发展的内在基本动力。

(2) 社会结构。人口结构、劳动力供给及劳动力成本各项因素是服务机器人产业快速发展的催化剂。由于发达国家的劳动力价格日趋上涨而且人们越来越不愿意从事自己不喜欢干的工作,类似于清洁、导购、保安等工作在发达国家从事的人越来越少。这种简单劳动力的不足使服务机器人有着巨大的市场。

(3) 经济水平的提高。随着经济水平的上升,人们可支配收入的增加,人们有能力购买服务机器人来解放简单的重复劳动,或者购买服务机器人进行娱乐、教育从而提高生活质量。同时,中国第三产业增加值占GDP比重逐年升高,而第三产业内的教育、医疗、餐饮等服务行业的快速发展有望拉动对于服务机器人的需求量,促进服务机器人行业的快速发展。

（4）技术创新。进入互联网时代后人类的科学技术迅猛发展,得益于计算机和微芯片的发展,智能机器人更新换代的速度越来越快,服务机器人发展的技术支撑越来越强。

环境感知传感技术日新月异。随着光学、声学、触感以及超声传感器的发展,服务机器人已经获得越来越接近于人类的感知能力。

大数据、云计算提高服务机器人人工智能水平。大数据技术的发展,为服务机器人提供了很多条件;云计算技术更是可以随时通过网络更新补充服务机器人的数据库。有了大数据和云计算技术,服务机器人可以轻松获取大量信息资源,在做决策时方案优选的能力越来越强,人工智能水平不断提高。

生物材料的发展使得服务机器人的人机互动性越来越好。机器人技术的不断发展,不仅让机器人能实现的功能越来越多,也促使成本不断下降,使得机器人的便捷性、安全性和精确性更强。

（5）政策支持。国家相关部门出台一系列政策,积极完善和发展服务机器人行业的各种制度,包括企业管理制度、行业生产制度、产品销售制度等等,与时俱进地推进服务机器人行业的制度和体制机制建设,明确支持服务机器人相关产业发展,积极稳妥地推动行业制度化发展,有效地推动了行业的快速发展。

第二节　服务机器人终端应用分析

一、家用服务机器人

根据中国服务机器人细分应用市场数据显示,相对于医疗服务机器人与公共服务机器人,家用服务机器人占据最大的市场份额,是率先实现产业化的细分领域。

衡量家用服务机器人是否具备发展空间的主要因素为是否存在刚需、使用频次以及个性化程度。是否存在刚需是家用服务机器人选择场景落地必须考虑的问题,市场需求量越大,家用服务机器人的发展空间就越大;使用频次会影响消费者对产品的接受度,消费者对某种类型机器人使用次数越多,说明越接受该种机器人,从而会影响市场规模;而个性化程度则会影响产品后期是否容易产业化放量。

家用型的机器人第一种为功能型,这种类型的机器人在家庭中的作用是非常大的。它们消费品属性明显,深受广大消费者的欢迎和喜爱。对于具体功能型家用服务机器人品牌来说,品牌认知度、核心技术研发与创新能力是其核心竞争力的重要来源。由于功能型机器人与消费者日常生活密切接触,品牌则代表了安全与质量,因此,品牌认知度会是消费者选择功能型家用服务机器人的重要选项。同时,技术水平和创新能力的高低直接决定了产品的前途和命运,是保证产品更新换代以及智能化程度提高的重要因素。

在众多功能型家用服务机器人中,扫地机器人占比最大。随着家庭可支配收入的增长及消费升级,越来越多的年轻人青睐于智能化程度高的产品,扫地机器人的出现解放了"懒人"的双手,让人们从繁重的家务中解脱出来。世界上第一款量产的智能扫地机器人由电巨头莱克斯于2001年推出,并将其命名为"三叶虫",设计者希望这款产品能如世界最古老的节肢动物一样爬过世界的每一寸土地。国内在智能扫地机器人领域的起步较晚,但却以惊人的速度发展,在消费升级、产品智能化的双重浪潮下,消费者对机器替代家务的刚性需求(懒人经济)越发显著,苏州益节科技的地贝、苏州怡凯电器旗下的科沃斯、深圳智宝科技等都为扫地机器人的发展做出了重要贡献。有数据显示,近年来我国扫地机器人市场长期保持高速增长,市场接受度已达高水平,而且我国扫地机器人行业集中度较高,行业 CR_3(行业前3家最大企业所占市场份额总和)数据一直维持较高水平。

但是现在在市场上出现的扫地机器人都存在一些问题。比如,目前扫地机器人普遍使用镍氢电池,充电时间长,使用寿命短;并且扫地机器人大都采用红外传感技术,当碰到圆柱形或者不规则物体时,由于红外传感器对这类物体无法有效识别,会与障碍物表面发生接触,最终会对障碍物以及机器人表面造成一定损伤;对于细小灰尘等,扫地机器人可以有较强的清洁效果,但是对于大颗粒污染物却无法处理,影响整体清洁度;当下行业渗透率与覆盖率还比较低,过度宣传产品品质势必将对产品口碑造成影响,从而影响消费者对整个行业的判断,阻碍行业发展。

家用型的机器人第二种为教育型,这种类型的机器人是由生产厂商专门开发的以激发学生学习兴趣、培养学生综合能力为目标的机器人成品、套装或散件。它除了机器人机体本身之外,还有相应的控制软件和教学课本等,主要用于机器人竞赛和课内外教学。国内已有一些企业和公司可以生产教育机器人或教学平台。不同种类的教育机器人将不断涌现,如 SmartCar、SUUNY618、博思威科教育机器人等均已投入市场。

教育机器人发展初期以技术概念为卖点,但技术成熟度不够导致实际产品性能不足,产品在实际应用中解决问题的能力不高;发展中期由于市场上产品同质化严重,导致存在大量低价格战与营销大战,降低了产品性能与价格。但是,目前主要还是处于综合实践活动的层面,随着各地中小学机器人实验室的迅速建设,它作为课程,各种活动不成熟的表现也越发明显,并且遇到了诸多方面的制约。例如,教育研究欠缺、教学活动随意性强、教学目标尚欠科学、缺乏科学规划与教学设计、竞赛活动商业化严重、产品缺少规范、资金严重缺乏、政府扶持力度不大等等。教育机器人经历了从概念先行到价格营销再到回归内容与价值本质的发展阶段变迁,未来产业生态的建立需要各方的共同参与与促进。

家用型的机器人第三种为娱乐型,这种类型主要指的就是可以在生活当中给大家带来快乐的机器人,比如可以唱歌,可以讲故事或者是可以跳舞。刚下班或者是放学回到家之后,拖着疲累的身体躺在沙发上休息,语音控制这一种类型的机器人为您播放一首宁静的音乐,相信能够让疲惫的身体更加放松。

当今市场上的家用教育娱乐机器人产品琳琅满目、层出不穷,虽然不能替代父母在孩子成长中的作用,但有些产品已经能够通过自主学习与良好的人机交互体验成为孩子的良师益友,是父母上班后孩子的重要生活伙伴。目前市面上最常见的娱乐机器人就是智能音箱,比如百度公司的小度智能音箱,小米公司的小爱智能音箱,阿里巴巴集团的天猫精灵等。

家用型的机器人第四种为助理型,这种类型的机器人更像是我们平时生活当中的管家,帮助控制家中不同电器的开关,即便是主人不在家里面也可以通过智能手机远程控制或者是实现和家人之间的视频对话,化身随身"便利贴"及时给出提醒等。这是一种能够进入人们的家庭生活,并帮助人们处理一些日常家务、解决家庭生活中特定问题的机器人。管家机器人是工具型机器人的进阶形态,也是伴侣型机器人的发展前提。作为机器人家族里重要的成员,同时也是未来家居生活的终端,管家机器人将进入新一代智能家居的中心领域,成为实现机器人与智能家居两大行业相互交融的重要角色。

但总的来说,家用服务机器人的市场规模及行业发展速度由消费者需求驱动,在我国市场上发展前景广阔,同时由于行业竞争激烈,企业间的核心竞争力主要来自于品牌认知度和技术创新,所以早期进入的企业容易建立较高的竞争壁垒,新进入的企业难以在短时间内获得竞争优势。

二、医疗服务机器人

随着人口老龄化程度的加深,人民群众对养老服务、医疗保健、康复治疗以及陪伴陪护的需求也将更加明显,这为服务机器人的发展提供了广阔空间。作为服务机器人中的一个重要类别,应用于专业服务领域的医疗机器人不仅能够提高医生的工作效率,还可以提供高精度的医疗服务。

医疗机器人是一种智能型服务机器人,用于医院、诊所的医疗或辅助医疗。它能独自编制操作计划,依据实际情况确定动作程序,然后把动作变为操作机构的运动,可用于移动病人、医用教学、临床医疗等。现阶段,根据 IFR 标准,可以把医疗机器人分为手术机器人、康复机器人、辅助机器人、后勤机器人四大类。手术机器人可以进行精确的外科手术,是外科医生进行手术的辅助设备;康复机器人是专门为残疾人服务的,可以帮助残疾人恢复独立生活能力;辅助机器人是提供医疗问诊等服务的机器人,可以扩展医疗人员能力,减少医疗过程中不必要的人力和资源投入,如诊断机器人、制药机器人等;后勤机器人能够帮助医护人员分担部分沉重、烦琐的运输工作,提高医护人员工作效率,包括导诊服务机器人、医院消毒机器人、医用物流机器人等。

目前,全球医疗机器人市场主要分布在北美、欧洲和亚太三大地区,这三大地区也是当前全球经济最为活跃的区域,其中北美地区使用医疗机器人的比例远高于其他地区,市场占有率达 62%。全球最大的 10 家医疗机器人企业几乎全是欧美的公司,其中处于世界领先地位的无疑是美国,到现在已经有 30 多个公司。这些医疗科技公司拥有庞大的资源网络、全面的服务内容和优秀的研发团队。在我国,2014 年至 2017 年间集中出现了至少 100 家医疗机器人创业公司,公开披露融资的公司超过 40 家,还有部分上市公司近年来拓展了医疗机器人业务。

医疗机器人是机器人领域和医疗器械领域的新兴发展方向,是各国竞相投入和角逐的重要科技制高点。医疗机器人具有高技术、高门槛、高附加值特征,对医疗手术、康复医学、健康管理、医院服务等方面具有革命性影响。不仅如此,医疗机器人还可以减少人为误差,能够做到定位时间短、创伤小、定位精；部分情况下比人工更加安全,可以代替医务人员进行有损害的操作,如注射放射性同位素；可以模拟手术操作,选择最佳的手术方案；开启全面护理模式,实时监控病人生理特征,有效实施康复或陪护等功能；降低人力资源,在一定程度上辅助医护人员工作；可设定机器程序,使得它们具有比传统医护人员更多的耐心和细心,生理疲惫方面也会大大减少。从过去模式单一的看病、治病到现在的健康管理以及医疗器械信息化、智能化、网络化、便携化,新时代的医疗体系孕育着医疗机器人的大发展。

目前,我国医疗机器人行业取得积极进展,产业聚集特征明显,一批企业快速发展,5G、人工智能等新技术与医疗机器人加速融合。在我国医疗机器人市场中,康复机器人占比最大,约为41%；医疗服务机器人、手术机器人占比相差不大,分别为17%、16%。医疗机器人行业高速增长的主要动因有以下几方面：

(1) 全国经济稳健增长。近年来,我国经济稳中求进、转型升级,新动能持续增长,对外贸易和国内消费比重不断增长,这为医疗机器人产业的发展奠定了经济基础。

(2) 人口老龄化程度加深。老年人口是医疗服务需求的主体,持续增大的庞大老年人口群体是老龄产业发展的人口学基础,近年来中国老年人口数量不断增长,中国人口老龄化呈现逐步加深态势。

(3) 居民收入持续增长。随着全国经济的稳健增长,我国居民可支配收入也持续增长,居民消费能力大大提升,从而带动了人们对于各方面的消费。

(4) 政策利好产业发展。目前全球正大步跨入智能化时代,智能制造逐渐渗透到国民经济各部分,我国政府对医疗机器人的研发和推广给予大力政策支持,将长期利好医疗机器人产业的发展。

(5) 医疗支出增加提升保障水平。我国医疗卫生事业发展始终坚持供需兼顾,既坚持以公立医疗卫生机构为主体,不断完善医疗卫生服务体系,又坚持中国特色的社会医疗保险模式,持续提升医疗保障水平。

(6) 医疗资源供需紧张。紧缺的优质医疗服务是医疗机器人的市场机会,医护人员和病人数量的不匹配往往导致医院"看病难"的情况发生。

(7) 相关技术的飞速进步。移动互联网、大数据、云计算、物联网、人工智能等信息技术的突破和融合发展促进了数字经济的快速发展,行业内的顶尖科研机构都将机器人技术在医疗领域的应用作为一个主要的研究方向。

目前达芬奇机器人全球装机量超过5000台,国内手术机器人也大多为进口直觉外科公司的达芬奇机器人。国内的医疗机器人产品尚处于前期研发或临床试验阶段。我国医疗机器人的研制主要集中在大学科研院所,如哈工大的"微创腹腔外科手术机器人系统",国防科技大学的外骨骼机器人和脑控机器人,迪马股份的外骨骼机器人等。不过大多是在点上有突破,全面普及和进入临床尚待时日。

我国医疗机器人发展虽然取得了一些成绩,但与人民日益增长的健康需求还有较大差距,医疗机器人的全面普及和进入临床还存在一些制约因素。一是手术机器人进入医疗机构有价格门槛,绝大多数国内中小型的医院无法负担如此高昂价格。二是手术机器人对患者使用有消费能力制约,绝大多数患者是没有能力消费的。三是知识产权的垄断制约了国产医用机器人研发成本,国外手术机器人领先的专利造成技术壁垒,使得国产手术机器人系统为避免侵权只能另辟蹊径进行自主知识产权的创新,而这需要大量的时间摸索积累,也增加了研发的成本。四是医疗机器人培训机制和操作数据库尚未建立,国产机器人五花八门,没有固定的操作标准和规范,亟待全面建立培训和考核机制。

随着国家的高度重视和国内产学研合作的逐步深入,数字化、智能化成为智能医疗机器人的重要发展方向,国内医疗机器人的研发和运用也得到了各路资本的青睐,我国医疗机器人行业将迎来黄金发展期。

三、公共服务机器人

服务机器人在公共服务领域上的应用衍生出了公共服务机器人这一概念,公共服务机器人的范围最为广泛,只要能够为公众或公用设备提供服务的机器人都属于该类型,大型商场、银行、酒店、政务大厅、展览馆、机场、车站、餐厅等等,应用场景丰富多元,服务方式多种多样。从商业价值和商业用途角度考虑,目前发展规模较大、真正具有实用价值的公共服务机器人主要是引导接待机器人、末端配送机器人和智能安防机器人。

据统计,随着人口老龄化及出生率的下降,未来 10 年左右将会出现巨大的劳动力缺口,人力成本居高不下,预计 2030 年,中国将成为劳动力缺口大国。在此情况下,重复率的工作需要生产力更高的方式来替代,使用机器人替代人工劳动无疑是最好的选择。

2015 年也曾涌现出一大批送餐机器人,但当时机器人运行需要铺设地面磁轨,配送速度慢、效率低下,甚至比未经培训的普通员工都低,这样的机器人显然不是顾客心目中的理想产品。另外,行业对市场刚需的误解,使产品陷入"贪大求全"的困境。例如,迎宾型的机器人既要有语音交互、肢体动作等功能,又要在人脸识别、娱乐互动等方面展现能力,似乎越多的功能越能满足客户的需求,结果往往是"样样通样样松",不仅没有在单个功能上做好做稳,反而给市场带来更大的成本负担。机器人动辄几万甚至几亿的定价,以及高昂的后期维护成本,让客户对着机器人产品望而却步。正是由于行业对市场刚需的不解与误解,不仅这些过往的机器人产品最终遭到淘汰,更降低了市场、资本对机器人行业的整体预期。

此外,我国公共服务机器人的自主研发能力也亟待加强,核心软件、核心零部件都还依赖进口,这使我国产品的核心竞争力大打折扣。同时,公共服务机器人市场的拓展离不开产业链上下游的协同配合,但是目前公共服务机器人却面临着一些问题,如机器人生产厂商对下游应用市场的真实需求不清晰、下游应用企业与应用场景分散等,严重影响了公共服务机器人行业的发展。

目前,已有不少机器人企业重新理解行业痛点,研发出了真正符合市场需求,具有成熟商业模式的机器人产品,极大改变了餐饮服务机器人之前华而不实的固有印象。经历了近 5 年的洗礼,如今,市面上一些服务机器人智能化程度越来越高,以智能行走为例,目前大部分服务机器人已能实现自主行走,做到自主路径规划、自主避障等功能,即使在各类复杂环境中也能穿梭自如。当然,在实现机器人自主行走的背后,是有像思岚科技这样一批领军的高科技企业在机器人定位导航领域为之付出的巨大努力。

公共服务机器人行业中,公司保持长期竞争力的重要依据分别是技术积累、场景积累和稳定的供应链。技术积累是参与者必不可少的竞争要素,深厚的技术沉淀可以帮助公司更快、更好地发展;场景积累是公司能够构筑的重要竞争壁垒,可以帮助公司获得先发优势,快速迭代产品;稳定的供应链能够保证成本与产量控制,有效帮助公司在艰难环境中生存下来。而行业参与者在选择自身具体落地的细分领域时,除需紧密结合自身特征及优势外,还应从场景需求真实性、客户付费意愿及产品规模化这三大因素对于落地场景进行考量。

根据中国电子学会统计数据,2017年我国公共服务机器人市场规模已经达到3.7亿美元(数据根据实际情况按份额进行折算),其中公共服务机器人在服务机器人领域的市场规模比重为28.8%;2018年和2019年,中国电子学会测算的公共服务机器人市场规模分别约为3.9亿美元和5.3亿美元。同时,随着我国公共服务机器人市场潜力的不断增大,各方资本纷纷入场。有数据显示,2019年,国内公共服务机器人市场融资规模2.25亿元左右,较2018年大幅增加。

虽然我国公共服务机器人行业的发展还在初级阶段,行业标准不统一、不规范,产品也存在智能化水平不高、人机交互性能不完善、用户操作方式不便捷、无法满足动态环境下的复杂导览任务等问题,但有一批企业已经形成了较为完整的公共服务机器人产品线,代表企业有科沃斯机器人股份有限公司、北京康力优蓝机器人科技有限公司、深圳市优必选科技有限公司、天津智汇未来科技有限公司、中智科创机器人有限公司。

第三节 服务机器人产业趋势展望

一、服务机器人产业发展机遇及挑战

随着5G、人工智能等技术纳入新基建,国家战略政策的助推以及产业链的发展促使服务机器人产业蓬勃发展。产业也开始呈现规模化、体系化,用户多样化的需求将为服务机器人市场带来更大的发展机遇,服务机器人行业的发展将迎来黄金时期。服务机器人作为一项具有巨大社会关注度、特色鲜明的高新技术,解决社会劳动问题是其主要实际功能,它是现代制造业与服务业不可分割的重要组成部分。研究发展服务机器人不仅是未来社会发展的重大机遇,也对提升国家核心竞争力具有重要意义。

同时,多样化的需求结合严峻的贸易环境也给行业提出了诸多挑战。

第一,服务机器人市场上人才储备过少。目前,我们正处于一个信息时代,一个知识经济时代,信息技术可以大大提高"知识生产"的效率,尤其是能够大大提高科技创新的频率和规模,为经济和社会的发展提供永不衰竭的强劲动力。从国家发展战略角度看,科技兴国和人才强国是相辅相成的,只有拥有更多的人才储备,才会有科技创新和科技强国的机会。应该清楚的是,我国目前在服务机器人这方面的人才储备还不够,产品创新能力也不够高,某些产品的核心技术还需要从国外进口才能得到,这不仅在很大程度上影响了我

国服务机器人行业的发展,而且不利于提高我国的国际核心竞争力。

第二,服务机器人行业的统一标准体系尚未建立。统一的行业标准体系是一个成熟行业发展的标志,是一个成熟行业发展不可或缺的条件,更是一个成熟行业发展必须遵守的行为准则,因此,建立起适合我国服务机器人市场发展的行业标准是今后服务机器人市场必须解决的问题之一。只有建立健全了国内服务机器人行业发展的制度体系,我国的服务机器人行业才能拥有更加蓬勃的发展。

第三,相关高新技术的发展速度跟不上。生物技术、智能机器人技术、纳米技术以及巨型计算机技术对未来服务机器人的发展影响最大,这些技术将决定着服务机器人的更新和发展速度,而我国目前生产服务机器人的许多核心零部件和核心材料都需要从国外进口,这在很大程度上限制了我国服务机器人行业的发展。

第四,服务机器人的市场接受度不足。由于我国的服务机器人行业起步晚、发展速度缓慢,很多消费者对于这些产品并不了解,认知也不充分,导致消费市场难以快速扩展。而且,服务机器人的细分领域众多,全面推广普及实属不易。同时,服务机器人大多成本高昂,最常见的扫地机器人价格也仍然不够亲民,超出了大部分消费者的购买能力。

唯有准确把握市场动向,不懈攻克核心技术,建立有效的安全和监管机制,才是服务机器人行业未来发展的不二法门。

二、服务机器人产业发展趋势

服务机器人是一种半自主或全自主工作的机器人,它定位于服务人类,而不是应用于制造业从事生产。它可以认识周围环境,根据变化的环境信息自主思考,并做出反应,是多种技术集成的智能化装备。机器人以虚拟软件的形式服务人类,让机器人的"神经网络"接近于人,依赖于人工智能和互联网,使其"能听会说""能理解会思考",与人实现自如的沟通。这样的机器人可以作为虚拟应用,根据公共场所的需要,植入相应的软硬件设备,完善机器人的功能,满足公共服务市场的需求。

随着中国人口老龄化的不断加剧,以及二胎政策的实施,养老、陪护、医疗、教育需求不断增大,伴随着人工智能技术迅速发展,服务机器人迎来了发展的黄金时期。据中国电子学会发布的《中国机器人产业发展报告(2019)》统计,截止到2019年8月,我国公共服务机器人、医疗服务机器人和家用服务机器人市场规模分别为5.3亿美元、6.2亿美元和10.5亿美元,服务机器人市场规模达22亿美元,同比增长33.3%。尤其是以扫地机器人、教育机器人等为代表的家用服务机器人和迎宾机器人、送货机器人等公共服务机器人市场增速明显。

未来服务机器人技术发展将有四大趋势:更加全面化、更加智能化、更加市场化、更加普及化。只有机器人商业化应用普及成熟,服务机器人产业才能真正发展壮大。

(1)更加全面化。服务机器人的发展依靠于机械、信息、生物、医学、材料等多种学科共同的发展,所以若想要服务机器人技术快速提高,其上下游相关产业必须快速发展。目前手机行业的传感器小型化、互联网行业的硬件服务化、电力行业的动力电池化、AI研究发展的智能算法芯片化等等已经带来了服务机器人相关技术的革新与进步,未来的机器人产业会朝着更加全面化的方向发展。

(2) 更加智能化。人工智能深入发展,云计算应用深化。在技术层面,服务机器人将在人工智能和云计算方面实现进一步突破。人工智能是服务型机器人的"大脑",实现机器人在非结构化环境下的识别、思考和决策,直接决定了机器人的智慧化程度。云计算是服务型机器人的"平台",是实现与移动互联网海量数据连接的纽带,能够完成实时信息搜索和信息提取,直接决定了机器人的应用延伸拓展水平。科技是第一生产力,技术水平和创新能力的高低直接决定了产品的前途和命运。智能家居产品的智能化特征必须依靠高水平、高层次的人工智能技术来实现,这样才能生产出个性化、数字化、网络化的高质量产品。

(3) 更加市场化。随着服务机器人全面化和智能化的快速发展,服务机器人将迎来市场化的美好前景,服务机器人市场化必须要制定一系列的服务机器人行为规范和准则。服务机器人迈向市场化的重要前提是服务机器人可以友好地被大众认可和接受,大众对待服务机器人的态度也是服务机器人市场化需要考虑的一个问题。另外很重要的一点是,服务机器人必须要满足机器人三原则才能市场化,所以服务机器人市场化是服务机器人发展的美好蓝图。

(4) 更加普及化。高昂的成本和价格是阻碍服务机器人普及化的重要因素,虽然近年来我国居民可支配收入逐年增多,但对于绝大部分居民来说仍是无法承担的。而随着机器人技术改进和成本的降低,会有越来越多的消费者根据所需购买或选择使用对应的服务机器人,从而使得服务机器人在我国普及程度更高。

第四节 中国工业机器人产业发展概况

一、工业机器人的定义

工业机器人是指应用于生产过程与环境的机器人,主要包括焊接机器人、包装机器人、搬运机器人、涂料机器人、码垛机器人和切割机器人等。随着机器人应用范围的扩大,工业机器人的应用范围也逐渐扩大,市场需求主要在汽车、电子设备以及金属制造等领域。

二、工业机器人的发展历程

我国的工业机器人发展起步相对较晚,大致可以分为以下四个阶段。一是理论研究阶段。20世纪70年代到80年代初,由于当时国家经济条件等因素的限制,我国主要从事工业机器人基础理论的研究,在机器人造助学、机构学等方面取得了一定的进展,为后续工业机器人的研究奠定了基础。二是样机研发阶段。20世纪80年代中后期,随着工业发达国家开始大量应用和普及工业机器人,我国的工业机器人研究得到了政府的重视和支持,国家组织对工业机器人需求行业进行调研,投入大量的资金开展工业机器人的研究。三是示范应用阶段。20世纪90年代,我国研制出弧焊机器人、点焊机器人等7种工业机器人系列产品,实施了100余项机器人应用工程,并且在90年代末建立了9个机器人产业化基地和7个科研基地。四是初步产业化阶段。21世纪以来,《国家中长期科学和技术发展规划纲要(2006—2020年)》突出增强自主创新的政策环境,加快促进企业成为创新主体,大力倡导企业为主体,产学研紧密结合,国内一大批企业或自主研制或与科研院所合作,加入工业机器人研制和生产行列,我国工业机器人进入初步产业化阶段。

三、工业机器人的发展现状

从2013年以来,我国工业机器人市场开始迅速增长,成为全球最大的市场。根据IFR统计,2018年,我国工业机器人市场累计销售工业机器人15.6万台,占全球的比重达到36%,年销量连续6年位居世界首位。在国家、地方政策的引导下,到2020年,我国机器人的市场规模预计突破100亿美元,其中工业机器人的比重占到60%左右。

工业机器人在我国工业生产中发挥了重要的作用。工业机器人的最大客户是汽车工业,占33%的市场份额,其在汽车制造领域的重要性以及不可替代性表现得越来越明显,在汽车压铸、焊接、喷涂、搬运、装配和检测中都发挥了显著的作用。其次是电气、电子工业,占32%,金属和机械工业占12%。除此之外,工业机器人在食品行业、橡胶和塑料工业、纺织行业等都有所涉及。

近年来,国家和各地政府都在倡导推动制造业实现转型升级和提质增效,同时伴随《中国制造2025》等战略规划的提出,工业机器人的研制能力和技术水平等方面均取得了较大改善。总的来说,我国在工业机器人领域已经形成了较为成熟的产业链,而且产品在汽车生产等领域取得了广泛应用。此外,还有一小部分科研单位和生产企业对机器人生产中涉及的全部技术环节和要素均实现了完全掌握,在工业机器人整机及其关键零部件等核心技术领域已经和国外缩小了差距,这些都表明我国的工业机器人已经从早前模仿和追赶国外的阶段向着自主研发的阶段进行迈进。

虽然我国在工业机器人领域进步迅速,但这还远未达到彻底完善的地步。比如,很多高精端领域使用的工业机器人依然依赖进口,国产工业机器人在运行轨迹精度、重复定位精度等方面还存在一定程度的落后等等。所以,必须对工业机器人的研究做进一步深化,要与当前智能制造的发展理念相互协调,使工业机器人能够在智能制造模式中发挥出关键作用。

第五节 工业机器人产业趋势展望

一、工业机器人产业发展机遇及挑战

同服务机器人的发展状况类似,工业机器人行业在发展过程中遇到了机遇和挑战。

人口红利的消失使得智能化工业机器人代替传统人工的过程大大加速；国内产业升级进程的加快在对工业机器人提出更高要求的同时，对其需求也大大增加；另外国家和地方政府的大力引导和支持是工业机器人行业健康稳定发展的保障。随着"中国制造"走向"中国智造"，未来我国的工业机器人领域将呈现爆发式发展，工业机器人行业发展的风口将至。但是，在发展过程中却存在一些不容忽视的问题。

(1) 核心零部件占据本体70%成本，却严重依赖进口。工业机器人的设计与创新不仅仅要随着市场的发展而进行调整和改变，更要领先于市场及用户的需求。但在实际发展之中我们发现，中国的工业机器人企业依然处于模仿阶段，企业的自主研发能力相对较弱，这使得我们只能依靠价格优势去赢得市场，而无法利用技术优势获得更高的利润。自主研发能力与市场需求之间的不匹配影响到企业的发展，也不利于我们突破市场困境。

(2) 产学研用各环节间尚未形成有机的链条。一方面，拥有技术优势的部分科研院所成果转化能力不足，生产企业独立研发实力不够雄厚，实际应用现场的环境条件在实验室难以模拟，而研发、制造、应用之间沟通合作不畅，存在研发出的机器人实用性不强的现象。另一方面，相关行业间沟通不足也对打造工业机器人市场需要的机器人制造了障碍。

(3) 行业国际竞争非常激烈。工业机器人标志着一个国家科技与工业的发展水平，我国工业机器人历经了数十年的发展，工业机器人的设计与制造技术已经非常成熟，目前国内从事相关行业的企业有数百家之多。但从总体角度而言，中国的工业机器人发展仍处于萌芽状态，以KUKA、ABB等国际巨头为代表的工业机器人领军企业纷纷进军中国市场，在激烈的市场竞争中我们能否继续生存和发展，这是中国工业机器人行业面临的最严峻考验。

二、工业机器人产业发展趋势

未来相当长的时间内，工业机器人的发展主要依靠的领域将依然是汽车和电子行业，工业机器人将更小、更轻、更灵活。为了确保国家经济发展的速率和质量，就必须不断创新发展生产技术，打破传统人工生产，通过发展工业机器人技术，提高我国制造业乃至整个工业的装备技术水平，以增强我国的国家安全与综合国力。

以标准化为核心，提高工业机器人本身的可靠性。为进一步提高工业机器人在行业领域中的应用优势，需针对工业机器人本身的力学性能以及运动结构等进行合理调配，然后依据标准化的设定，来将不同产业的机器人实现资源整合，然后通过相关参数与部件之间的基准测定，来提高部件在各个行业领域中的应用能力。

以智能化为核心，提高工业机器人的性能。工业机器人的智能化实现是工业机器人得以长期发展的基础。人工智能的发展是以多类别信息架构技术、传感器设备来实现的，其对我国当前一体化生产体系来讲，具备较高的应用价值，为此针对此类系统在工业机器人体系中的功能，来正确界定出工业机器人人工智能的发展方向，为技术的创新提供路径，进而为高品质的以机代人途径的实现奠定基础。

以广泛化为核心，提高工业机器人的仿生性和系统整体性。在智能制造模式下，很多传统的人工操作环节都会被自动化装备取代，比如工业机器人，所以工业机器人的自动化程度会显著增强。而伴随着科技水平和制造能力的提升,工业机器人的成本会不断下降,使用性能却不断增强。工业机器人无论是在手臂外形结构上还是在控制程序的编程开发上,都高度呈现出仿真拟人化的特点,所以其整体性能不断得到提升优化,在各种工业制造领域的应用可靠性也越来越高,适用范围明显更加广泛。

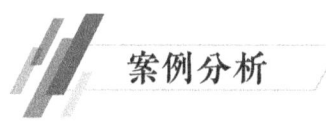
案例分析

恒大恒驰汽车生产

恒大集团是以民生地产为基础,文化旅游、健康养生为两翼,新能源汽车为龙头的世界500强企业集团。恒驰新能源汽车,于2019年8月28日横空出世。至此,恒大集团正式完成多元化产业布局,形成了以民生地产为基础,文化旅游、健康养生为两翼,新能源汽车为龙头的产业格局,在世界500强排名中位列第138位。

恒大新能源汽车秉持"核心技术必须世界领先、产品品质必须世界一流"的战略定位,整合全球顶尖资源,已构建覆盖先进整车制造、动力总成、动力电池、汽车销售及智慧充电的新能源汽车全产业链。与全球汽车工程技术龙头合作同步研发14款车,首期6款恒驰已全球发布,2021年陆续实现量产,并按照工业4.0标准在上海、广州等地建设世界最先进的智能制造基地,完全覆盖了A到D级所有级别和轿车、轿跑、SUV、MPV、跨界车等全系列车型,实现产品线全覆盖,用时两年走完其在新能源汽车领域"从0到1"全过程。未来3~5年,力争成为世界规模最大、实力最强的新能源汽车集团,助力中国从汽车大国迈向汽车强国。

特斯拉的超级工厂曾被媒体比喻为"外星战舰",由机器人当家的自动化生产线引发行业轰动。如今,随着恒大汽车生产基地震撼登场,"最牛基地"随之易主。此次亮相的两大基地均按照工业4.0标准建设,全部由机械臂和智能机器人完成对应生产工序,集世界最先进的装备与工艺于一身,实现世界最先进的智能制造。仅以机器人数量为例,恒大上海、广州基地共装配了2545台机器人,而特斯拉上海超级工厂仅有数百台。值得一提的是,通过德国库卡和日本发那科提供的智能技术,车身车间可实现24小时不间断工作。全面达产后能够做到每分钟生产1辆车。

这些"多才多艺"的智能机器人是怎么造出世界一流的恒驰的?

在冲压车间,通过世界最先进的德国舒勒全自动冲压生产线,一块钢板能迅速"揉捏"成白车身。车身车间采用德国库卡和日本发那科的顶级技术,巨型机械臂能精确地执行点焊、铆接、绲边、胶合等工作,每一步都分毫不差。涂装车间采用世界最先进的德国杜尔涂装技术,"手握"3D喷枪的智能机器人能全方位、不留死角地完成自动喷漆、涂胶等任务。装配车间配备德国杜尔全自动装配线,通过最先进的3D视觉定位系统、可弯曲机械臂能快速精准地安装车门、车轮等重要零部件。

类似这样的生产基地恒大在全球布局有多个,到2025年实现年产100万辆,到2035年实现年产500万辆。庞大的基数保证单个产品成本足够低,也有利于把控产品品质,恒大汽车将助力民族汽车工业走向世界。

上海洋山港智能物流

作为全球最繁忙的集装箱港口，洋山深水港是建设上海"国际航运中心"的重要载体。而洋山四期码头，则是全球规模最大的自动化码头，使用智能化设备代替人工，依托智能控制系统作为"超级大脑"。

全智能是洋山自动化码头的最大亮点，偌大码头几乎"空无一人"。然而在忙碌而井然有序的码头上，有一批不停穿梭的智能"搬运工"格外引人注目，这就是自动引导运输车，也被称为 AGV 小车。工程师将 AGV 小车比作"快递小哥"，它配有智能控制系统，可以根据实时交通状况提供最优路线，遇到运行路线拥堵，系统便会重新规划路线。除了无人驾驶、自动导航、路径优化、主动避障外，AGV 小车还能自主诊断故障、监控电量，是工作、生活能够自理的"优秀员工"。除此之外，一个集装箱从远洋货轮转移到陆路运输需要多个环节，而这一切都由"桥""台""吊"组成的"巨型机器人"协同完成。

2019 年，交通部、工信部认定的智能网联汽车自动驾驶封闭测试场地在临港新片区开园，洋山港"5G＋自动驾驶重卡"项目成功开展示范运营。项目将致力于在国际上率先实现 5G 环境下运用智能重卡技术开展港口智能化作业，助推港口向自动化、智能化转型升级，加快建设具有全球领先水平的智慧港口。

上汽 5G 智能重卡搭载了自主开发的智能驾驶控制系统，能够采集、分析大数据，不断自主学习、升级；通过智能驾驶电控底盘，能够自动控制车辆行驶；首创的"绿色天然气发动机＋12 挡自动变速箱"动力总成，使卡车不再成为行走的污染源。

从全长 32.5 公里的东海大桥到洋山深水港，中国移动实现了 5G 网络信号的全覆盖。35 个 5G 基站的布局，使得洋山港即便在最极端的情况下，也能保证信号通信安全稳定，为无人驾驶技术在 5G 环境下实现港区智能化作业提供了保障，成功解放了重卡司机。无人驾驶车辆自动转弯、停车、避让、处理紧急情况，甚至会思考、会学习、会合作；不久的未来，通过 5G 网络人工智能将代替重卡司机完成劳累繁重的驾驶任务。

从港口装卸用"机械抓斗"替代工人肩挑手提，到智能码头实现自动化操作，近年来，码头作业这个曾经的劳动密集型行业，正逐渐转向科技密集型。自动化码头可实现 24 小时作业，通过远程操控、自动操控，不仅码头效率比过去有质的提升，还能实现二氧化碳排放下降 10% 以上。在中国移动 5G 网络的助力下，一个更加智慧、高效、环保的物流体系正在构建。人的双手也将被解放，机器正在从人的工具，逐渐变为人的朋友。

问题与讨论：
1. 你认为中国工业机器人发展状况如何？
2. 如何看待机器人对劳动力的替代效应？

第十八章　人口老龄化与康养产业发展

2005年,全球60岁及以上人口占总人口的比重超过10%,这意味着全球在总体上跨过了老龄社会的"门槛",进入到了人口老龄化阶段。本章将围绕人口老龄化问题以及近年来多次被中央、地方政府提及的康养产业发展问题进行阐述。

第一节　人口老龄化以及各国的实践

一、中国人口老龄化现状与趋势

目前判断一个国家或地区是否进入到老龄化阶段,国际上较为通用的准则有两个。一是看一个国家或地区65岁及以上人口占总人口比重是否超过7%,如果超过就认为该国已进入人口老龄化阶段。[①] 二是看一个国家或地区60岁及以上人口比重是否超过10%,如果超过就认为该国已进入人口老龄化阶段。[②] 目前两个标准都可以作为一个国家或地区是否进入人口老龄化阶段的判断标准。但是近年来随着各国老龄化程度的不断加深,延迟退休已成为各国应对劳动力减少普遍推行的政策。中国虽然在2015年出台的《中华人民共和国老年人权益保障法》中指出老年人指60周岁以上的公民,但当前随着中国退休制度的改革,以及中国公开出版发行的各类统计年鉴中多数都只公布了65岁及以上人口的比重,国内学术界对一个国家是否进入人口老龄化的界定也越来越倾向于使用65岁及以上人口的比重。本书将采用65岁及以上人口占比来分析中国老龄化问题。

1990—2019年,中国65岁及以上人口数量由6368.35万人增长到17 603万人,年均增长387.4万人;65岁及以上人口占总人口的比重由5.57%增长到12.60%,年均增加0.242百分点。2010年之后,人口老龄化呈现加速的趋势:1990—2010年,65岁及以上人口年均增加247万,占总人口的比重年均增加0.167百分点;;2010—2017年,65岁及以上人口年均增加634.3万,占总人口的比重年均增加0.411百分点;2017—2019年,65岁及以上人口年均增加850多万,占总人口的比重年均增加近0.6百分点。具体见图18-1。

[①] 具体参见:联合国经济和社会理事会,《人口老龄化及其社会经济后果》,1956年。
[②] 具体参见:维也纳老龄问题世界大会,《维也纳老龄问题国际行动计划》,1982年。

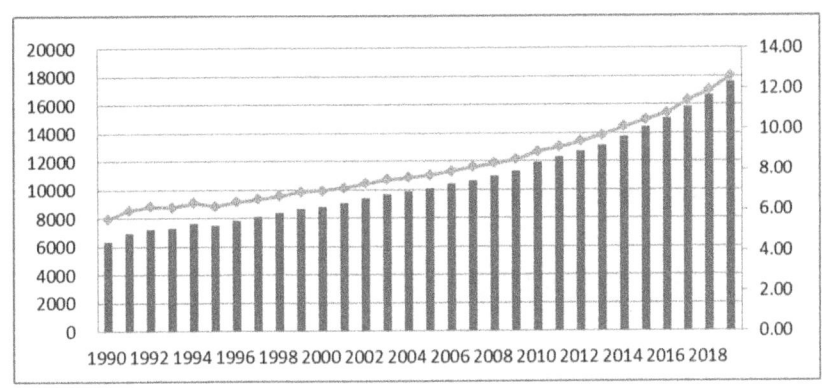

图 18-1　1990 年以来中国 65 岁及以上人口数量及占比

注：左侧坐标为中国 65 岁及以上人口的绝对量，单位为万人；右侧坐标表明中国 65 岁及以上人口占总人口的比重，单位为％。

数据来源：历年《中国统计年鉴》。

为什么会出现人口老龄化的现象呢？从人口老龄化的判断标准看：人口老龄化就是一个国家或地区 60 岁或 65 岁及以上的人口比重超过了一定的比例。人口老龄化问题不是中国特有的现象，2005 年全球已经整体上跨过了老龄社会的"门槛"，进入到了人口老龄化阶段。而法国、英国、美国等经济发达国家更是在 20 世纪三四十年代纷纷进入到了人口老龄化社会。少子化和人均寿命不断延长是导致老龄化出现的直接原因。究其本质，人口老龄化是一个国家或地区经济社会发展的必然结果，是医疗进步、公共卫生等事业发展的直接成就。伴随着低出生率、低死亡率以及寿命的不断延长，一个国家必然会进入人口老龄化社会。[①]

需要特别注意的是，中国与全球其他老龄化社会的国家或地区有几点显著的差异。首先，全球其他人口老龄化社会的国家基本都是"先富后老"。全球其他进入老龄化社会的国家，基本都是在人均国民生产总值达到 2 万美元的时候才进入老龄化社会，而中国 2000 年进入到人口老龄化阶段的时候，人均国民生产总值才刚刚达到 1000 美元。"未富先老"是中国与其他已进入人口老龄化社会国家的一个显著差异。其次，受计划生育等政策的影响，中国人口老龄化速度快，并呈现加速的趋势，这与其他国家老龄化程度"慢慢"加深不同。再次，人口基数大，需要赡养的老人绝对数量多。截至 2019 年，中国 65 岁及以上老人的数量已经达到 1.76 亿人，这比很多国家的人口总规模都要大。1990 年中国老年抚养比为 8.35％，而到了 2019 年已经达到 19.64％。最后，由于中国区域经济发展差距大，同时受户籍等制度影响，导致中国有近 2.5 亿的流动人口，不同地区的老龄化程度差异显著，农村留守老人问题突出。

根据中国人口与发展研究中心预测，在 2020—2035 年和 2035—2050 年两个阶段，未来中国人口老龄化趋势如下：在 2020—2035 年，老年人口占比将增加约 11 百分点，2035

---

① 人均寿命不断延长是经济社会发展的产物，是科技、医疗、卫生事业发展的成就不难理解；但少子化（人口出生率低）是否与一国经济发展存在因果关系还有待考证，但是纵览全球各个国家均不难发现，随着经济发展的确出现了出生率降低的现象。

年老年人口达 3.26 亿,占总人口比重将达到 22.8%,比同期发达国家平均水平低 1.7 百分点,比发展中国家平均水平高出一倍,与同期英国、瑞典、挪威、美国老龄化程度相当;在 2035—2050 年,老年人口占比将在 15 年内增加约 7 百分点,总量年均增加约 500 万,2050 年老年人口总量将突破 4 亿,占比达 29.3%,略高于发达国家平均水平,在世界排名第 16 位左右,进入全球老龄化最严重的国家行列。①

二、应对人口老龄化的实践

人口老龄化之所以受到社会的广泛关注,是因为它会对经济、社会的方方面面带来巨大的影响:宏观上看,人口老龄化会通过影响劳动力供给、储蓄、创新以及资本投资等因素进而影响一国的长期经济增长、产业结构等;微观上看,对于一个家庭特别是"80 后"家庭普遍建立的"421"家庭结构,如何赡养老人不得不说是每一个家庭都要面对的挑战。从个体上看,每一个人都终将老去,自己的晚年生活将如何度过等诸多问题都不得不让人重视和思考人口老龄化问题。上述问题早已进入到了经济、社会等学科的研究视野,有兴趣的读者可以查阅相关的研究文献,限于篇幅,本书的研究重点将不再一一回顾上述问题。本节将把问题聚焦于一个国家如何满足老人生活、健康、安全以及参与社会活动,实现老有所养、老有所医、老有所乐等的实践分析上。

(一) 应对人口老龄化的实践:养老产业

1. 养老产业内涵

养老产业也称为"银色产业""银发经济""老龄产业""老人产业"。中国对养老产业的研究始于 20 世纪 90 年代。在 1997 年 5 月 28 日中国首次老龄产业研讨会上,中国老龄协会会长张文范首次公开明确地提出"老龄产业"的说法。学术界曾经对养老产业的属性和产业边界的界定存在一定的争议。2020 年中国国家统计局发布《养老产业统计分类(2020)》,并明确养老产业是以保障和改善老年人生活、健康、安全以及参与社会发展,实现老有所养、老有所医、老有所为、老有所学、老有所乐、老有所安等为目的,为社会公众提供各种养老及相关产品(货物和服务)的生产活动集合,包括专门为养老或老年人提供产品的活动,以及适合老年人的养老用品和相关产品制造活动。养老产业统计范围为:养老照护服务,老年医疗卫生服务,老年健康促进与社会参与,老年社会保障,养老教育培训和人力资源服务,养老金融服务,养老科技和智慧养老服务,养老公共管理,其他养老服务,老年用品及相关产品制造,老年用品及相关产品销售和租赁,养老设施建设等 12 个大类。② 其中养老公共管理、老年社会保障、老年健康促进与社会参与等是典型的社会事业,因此养老产业兼具产业和社会事业的双重属性。

---

① 本节老年人指年龄在 65 岁及以上的人。具体参见:贺丹,刘厚莲. 中国人口老龄化发展态势、影响及应对策略[J]. 中央党校学报,2019(8).

② 具体见:2020 年中国国家统计局发布的《养老产业统计分类(2020)》。

2. 典型国家养老产业发展的实践

中国的养老产业(事业)是在计划经济时期专门为照顾"三无对象"而设立的国家福利设施的基础上发展起来的。中国传统的养老模式是家庭养老,没有家庭支撑的城市孤寡老人和农村五保老人,则由政府兴办的敬老院或养老福利机构负责供养。目前中国的养老方式可以概括为"9073"模式,即 90% 的老年人由家庭自我照顾或由家庭成员、亲戚朋友照顾,7% 的老人享受所在社区提供的养老服务,3% 的老人则接受养老机构提供的养老服务。这一模式既是中国当前养老的现状也是政府大力推进的养老模式。中国发布的《"十三五"国家老龄事业发展和养老体系建设规划》(国发〔2017〕13号)明确提出,2020年实现"居家为基础、社区为依托、机构为补充、医养相结合"的养老服务体系更加健全。那么,其他进入人口老龄化的国家又做过哪些尝试?取得了哪些经验呢?

不同国家的历史文化、宗教信仰、国体政体存在诸多差异,这使得不同国家和地区进入人口老龄化阶段后,应对和处理人口老龄化及其所带来的经济社会问题存在诸多差异。为此,本书梳理了世界上几个应对人口老龄化及其所带来的经济社会问题采取举措较有代表性的国家:英国(福利主义的代表)、美国(自由市场经济的代表)、日本(东亚文化圈中发达国家的代表,也是人口老龄化程度最为严重国家的代表)、新加坡(西化的华人国度的代表)来分析其处理养老问题上的差异、政府角色和成功经验。(具体介绍见本章附录)

正如对养老产业的内涵和外延的界定存在争议一样,学术界对养老模式也没有达成完全的共识。为了便于与中国当前的"9073"模式进行对比,同时也是多数学者对养老模式的划分,本书把养老模式划分为三大类:家庭养老、居家社区养老和机构养老。前两者的共同点在于老人均未离开原来的居所,差异在于接受的各项服务是源于非市场化的家庭成员还是市场化的社区服务机构或政府组织。而机构养老则是老人离开原来的居所到养老机构接受养老服务。

从多国的经验来看,特别是福利性国家,政府早期均把解决养老问题的着力点放在政府主导下的机构养老上。例如:英国政府1948年颁布了《国民救济法》,其中第21条明确地方政府有责任为有需要的人提供居住性照顾。随后在20世纪40年代末至60年代初,英国政府兴办大型福利院舍,雇用大批工作人员对申请入住老人、无依无靠的老年人和残疾人实施住院式集中照顾。入住各类机构的老人在上述国家中的比例一度超过20%,但是随着政府财政负担的加剧,以及集中式机构养老弊端的出现,英国开展了"反院舍化"和"去机构化"运动,社区照顾的养老模式开始兴起,并在20世纪70年代后期得到迅速普及。日本是当前世界上人口老龄化程度最深的国家之一。日本政府1963年7月颁布了首部关于养老的法律《老人福利法》,并在随后的10年间,在全国建设了约3100处健康恢复型养老设施和约3700处老年疗养医疗设施,65岁以上老人需要时可入住这些设施。与多数西方发达国家不同,美国是一个移民国家,同时其生育率在发达国家中也保持较高水平,造成了美国人口老龄化问题一直以来并不突出。与美国文化相适应,子女一般与祖父母之间保持较大独立性,法律和道德都没有要求子女担负父母养老的义务,这种"接力"式的养老方式使得老人养老也很少依赖子女。这使得相对纯粹的市场化养老体系在美国得以建立起来。养老社区在美国养老体系中占据着非常重要的地位,经过多年运行已经成为老年人养老的主要载体。

梳理上述典型国家应对人口老龄化的普遍做法不难发现,多数发达经济体在进入人口老龄化阶段初期,都曾尝试依靠国家巨大的财力大力推进机构养老来解决本国的养老问题,但随着时间推移,老人数量的不断增加,各国均出现财政资金无力承担的情况。丹麦曾经每年用于养老的财政支出一度超过本国财政支出的20%。同时,集中式机构养老所带来的弊端逐渐显现。其弊端主要体现为:老年人与原有的生活环境割裂开来,在一定程度上损害了他们的社会适应能力和健康,导致机构养老的死亡率和人均寿命分别明显高于和短于居家养老的老人。因此,经过早期力推机构养老解决养老问题的阶段,当前多数发达国家无一例外均由力推机构养老转变为居家社区养老模式,即老人不离开原来的居所而由各类养老机构登门提供各项服务。与多数发达经济体不同,美国政府始终未在养老问题上扮演主要角色,而由市场主体根据需求提供各类服务,并形成了颇具代表性的"太阳城模式"和"持续护理退休社区模式"。此外,上述国家一个共同的特点是均在应对人口老龄化过程中以立法的形式保障老年人的基本权益,并针对老年人群体失能、半失能比例高的情况推广长期护理等保险服务。

3. 养老产业发展的趋势和规律

首先,市场化为主,政府兜底是各个国家普遍采取的养老问题解决方式。从多个国家的发展经验以及中国改革开放以来的实践来看,若要把稀缺资源最大限度地优化配置和有效利用,让市场在资源配置中发挥决定作用,让市场主体成为产业发展的主要推动力是必然的选择和趋势。前文中我们提到西方发达国家在应对人口老龄化解决养老问题的过程中逐渐放弃政府主导的机构养老模式,一个重要因素就是效率低、成本高,最终导致财政难以为继。英国养老产业20世纪90年代基本上实现私有化,企业逐渐发挥主导作用。美国的养老产业则一开始即为企业扮演主要角色。因此,用市场化的手段解决一个国家多数人的养老问题成为非常显著的趋势,而政府和慈善机构则在养老问题上承担兜底工作。

其次,养老产业呈现出明显的规模化、集团化和专业化的趋势。在英国,居家养老服务产业基本被大公司控制。巴切斯特卫生保健集团是英国最大的老年人护理企业之一,全国各地共设有220家养老院和疗养院。同时它开办的针对阿尔茨海默氏症(老年痴呆症)患者的高质量疗养院闻名遐迩。而保柏(Bupa)公司更是在全球190个国家设立了数以万计的老年护理院,该集团仅在英国就设立了49所医院,34个健康保护中心,245个老年护理院,45个退休之家。

再次,规模化运营的养老机构都会同时提供医疗和养老的服务。这本身就反映出老人接受养老服务时往往兼具养老和医疗或保健的需求,同时也说明当前中国力推的"医养结合"是养老服务产业发展的基本规律和方向。

最后,养老产业特别是养老服务业的健康发展离不开制度的顶层设计。例如,在养老的各项支出中,失能或半失能老人由于服务需求高,负担最重。而在国外早已存在的长期护理保险则极大程度上解决了该问题。

(二)应对人口老龄化的实践:健康产业

分析健康产业,首先需要了解人们健康观念的转化。最初人们对健康的认知正如《辞海》里对健康的定义:"人体各器官系统发育良好、功能正常、体质健壮、精力充沛并具有良好劳动效能的状态。通常用人体测量、体格检查和各种生理指标来衡量。"这种提法和人们最初对健康的最朴素认识"健康就是没有病"基本一致,是把人作为生物有机体来对待的。到了1946年,世界卫生组织(WHO)成立时在它的宪章中所提到的健康概念则增加了心理和社会关系的内容,即健康是一种在身体上、心理上和社会上的完满状态,而不仅仅是没有疾病和虚弱的状态。世界卫生组织关于健康的这一定义,把健康内涵从生物学的意义,扩展到了心理和社会关系的层面,把人的生理、心理、家庭和社会生活的状态均包括在内。1989年,世界卫生组织对健康进一步界定,增加了"道德"健康内容,即认为健康包括生理健康、心理健康、良好的社会适应性、道德健康四个因素。此外,世界卫生组织还提出了亚健康的概念,即亚健康是健康与疾病之间的临界状态,虽然各种仪器及检验结果显示是健康状态,但人体有各种各样的不适感觉。健康观念逐渐由狭义的"健康就是没有病"逐渐转化到内涵更为丰富的大健康观念。

实践中,对健康产业的界定基本是随着人们健康观的变化而变化的,最初健康产业指经济体系中向患者提供治疗、康复等服务部门的总和,该类产业也被称为狭义健康产业。而目前人们越来越认识到预防对于健康的重要性,因此越来越接受包含了保罗·皮尔泽在《财富第五波》中所提及的保健产业的健康产业,即健康产业既包含向患者提供治疗、康复等服务部门的总和,也包含对非患病人群提供保健产品和服务活动的经济部门。

2019年中国国家统计局发布的《健康产业统计分类(2019)》明确提出:健康产业是指以医疗卫生和生物技术、生命科学为基础,以维护、改善和促进人民群众健康为目的,为社会公众提供与健康直接或密切相关的产品(货物和服务)的生产活动集合。健康产业范围确定为医疗卫生服务,健康事务、健康环境管理与科研技术服务,健康人才教育与健康知识普及,健康促进服务,健康保障与金融服务,智慧健康技术服务,药品及其他健康产品流通服务,其他与健康相关服务,医药制造,医疗仪器设备及器械制造,健康用品、器材与智能设备制造,医疗卫生机构设施建设,中药材种植、养殖和采集等13个大类。从发布的健康产业统计范围及有关说明看,中国健康产业的内涵和统计范围是接受了大健康的健康观。同时不难发现,类似于养老产业,健康产业也兼具产业和社会事业的双重属性。此外,如果查阅国家统计局发布的《健康产业统计分类(2019)》和《养老产业统计分类(2020)》,不难发现上述两个产业存在明显的交集。比如在健康产业中就包含了健康养老与长期养护服务的细分产业,而养老产业里则包含了老年医疗卫生服务和老年康复护理服务等细分产业。之所以出现这样的问题,从两个产业统计分类编制时对养老和健康产业的内涵定义就可以看出:养老产业包含为"老年人"这一特定人群提供产品或劳务,满足其生活需要的各类活动的总和,涉及的范畴非常广泛,既包括满足老年人需要的健康产品和服务,也包括非健康产品和服务;而健康产业则指为社会公众提供与健康直接或密切相关的产品(货物和服务)的生产活动集合,本身也就包含了为老人群体提供与健康相关的产品和服务。

第二节　康养产业发展现状与问题

2014年12月，首届中国阳光康养产业发展论坛第一次提出"康养产业"这一新名词，国外没有"康养产业"的提法。目前国内学术界对于康养产业的概念内涵、产业性质有一定的争议和分歧，同时国家也没有发布类似于养老产业和健康产业的统计分类说明。既然康养产业还是一个有争议乃至还没有官方统计数据的新生事物，为什么还在教材中讨论呢？一方面是康养产业在目前的各类报道、研究乃至政府规划中经常被提及，使用越来越广泛，有必要对这一"新生事物"进行了解；另一方面正如前文对养老产业和健康产业的分析，两者之间实际上有一定的交集，存在产业边界不清楚的问题，康养产业是否是一种更为合理的产业划分值得研究。

一、康养产业内涵

康养产业的概念提出时间并不长，对于康养产业的概念内涵、产业性质以及统计口径等问题都尚未形成统一和权威的观点。争议主要聚焦于如下三个方面。首先，是对康养产业在内涵方面的界定上。目前比较有代表性的观点有三个：一是2014年首届中国阳光康养产业发展论坛提出的康养产业就是健康与养老服务产业；二是李后强(2015)提出康养主要包含"健康"和"养生"两个方面；[①] 三是何莽(2018)提出康养包含"健康""养生""养老"三个维度。[②] 其次，国内不少研究未对康养产业的产业性质进行特别的区分，导致很多文献中"康养产业"与"康养事业"以及"养老产业"与"养老事业"混淆不清。最后，目前中国国家统计局并没有发布康养产业的统计分类，这使得对康养产业的研究特别是实证研究面临不少的困难。

基于国家统计局发布的养老产业和健康产业统计分类以及国内最新的相关研究，越来越多的学者指出康养产业就是健康产业＋养老产业。[③] 本书也持有该观点。需要说明的是：首先，本书所述的康养产业不同于2014年首届中国阳光康养产业发展论坛提出的康养产业，论坛提出的康养产业仅仅包含服务业的内容，本书所述的康养产业不局限于服务业，一、二、三产业都有涉及；其次，本书所述的康养产业在统计分类上等于国家统计局发布的健康产业和养老产业统计目录之和，当然需要扣除二者重合的部分；最后，本书所

[①] 李后强认为"康养"主要包含了"健康"和"养生"两个方面，康养产业指以优良自然资源为依托，辅以完善的市政等配套设施，以运动、保健、休闲、度假、养生等功能为核心的促进人健康长寿的现代服务业。具体参见：李后强.生态康养论[M].成都：四川人民出版社，2015.

[②] 何莽将"康养"分为"健康""养生""养老"三个维度，将"康养"看成"以养为手段，以康为目的"的活动。具体参见：何莽.中国康养产业发展报告(2018)[M].北京：社会科学文献出版社，2019.

[③] 具体参见：房红，张旭辉.康养产业与理论构建[J].四川轻化工大学学报，2020(8).

述的康养产业具有双重产业属性,既包含"事业"也包含"产业"。

二、康养产业发展的意义

首先,发展康养产业是实施健康中国战略的应有之义。党的十九大提出的"实施健康中国战略",是以习近平同志为核心的党中央从长远发展和时代前沿出发,做出的一项重要战略安排,旨在全面提高人民健康水平、促进人民健康发展。而康养产业关注的就是人民的健康和养老问题,发展康养产业是人民健康水平提升的基本保证。实施健康中国战略,必然要求大力发展康养产业。

其次,发展康养产业是贯彻以人民为中心思想的内在要求。新时代背景下,我国社会主要矛盾转化为人民日益增长的美好生活需要和不平衡不充分的发展之间的矛盾。然而,随着经济社会转型,家庭规模逐渐小型化,"421"的家庭结构逐渐普遍,空巢老人逐渐增多,家庭养老功能弱化,家庭养老压力沉重;同时,随着经济社会的进步,养老观念也在发生变化,养老不再局限于满足衣食住行的基本需求,老年人在生活服务、生活照料以及精神慰藉等方面产生了更高、更强烈的需求。因此,康养产业关系着国民的生存质量,而发展康养产业,满足老龄人口需求,应对社会老龄化问题,正是贯彻以人民为中心的思想,满足人民美好生活需要和高质量发展的内在要求。

再次,发展康养产业是推动高质量发展的必然要求。发展康养产业可以调整经济结构,转变经济增长方式。康养产业涵盖健康、养生、养老、医疗、金融、旅游、体育、保险、文化、科技、信息等诸多方面,能对上下游众多产业的发展产生很大的带动效应,从而影响经济结构调整的完善程度。另外,康养产业是增长性和可持续性更为强劲的产业,通过开发"第二次人口红利",可以助推经济发展方式成功转型,进而推动经济高质量发展。

最后,发展康养产业是打赢脱贫攻坚战的有力抓手。党的十九大把精准脱贫作为全面建成小康社会必须打赢的三大攻坚战之一,提出了乡村振兴与精准脱贫系列措施。而打赢脱贫攻坚战,康养产业带动无疑是关键。康养产业具备明显的资源异地供给优势,有助于有效解决城市人口密集而农村发展动能不足导致的区域性整体贫困。特别是自然资源禀赋较好,但经济发展基础薄弱的地区,通过充分挖掘当地文化、生态和劳动力资源,进行规划、开发、运营,不但可以缓解居民养老资源不足的问题,而且有利于带动城乡融合,推进乡村供给侧改革,解决养老产品与服务供需结构性矛盾,为乡村振兴和精准脱贫提供了有力抓手。

三、康养产业的发展现状与问题

(一) 康养产业发展现状

由于康养产业这一概念提出时间不长,学术界对其内涵、产业性质和产业边界还有一定的争议,同时国家统计局也没有公布相应的关于该产业的统计数据,使得无法对该产业的发展情况做出准确的量化分析,但从一些学者的研究以及相关的政府规划中,仍然可以提取一些信息,能对该产业的发展现状有一个大体的了解。此外,查阅统计年鉴等官方资料,可以获取卫生费用支出等时间序列数据,这使得可以从需求方面对康养产业的某些细分产业发展状况,从时间维度进行分析。

国内较有代表性的研究是何莽编著的系列报告——《中国康养产业发展报告》。《中国康养产业发展报告(2018)》指出:2018年全国共240余万家康养相关企业,较上年同期增长12%,其中超过80%的康养企业为中小型康养企业,主要从事康养服务和售后服务,全国康养市场总规模在2018年为6.85万亿元,约占国民生产总值的7.2%,较2017年上升10.5%。① 一些政府规划,如《"健康中国2030"规划纲要》,曾预测2020年中国健康产业规模将达到8万亿元,2030年将再翻一番达到16万亿元的规模。② 国家工信部发布的《关于促进老年用品产业发展的指导意见》(2019)则指出到2025年老年用品产业将达到5万亿元的市场规模,而老年用品产业仅是养老产业12个大类产业之一。

由于缺乏统一口径的康养产业统计分类,这使得无论是学者研究还是政府规划对康养产业的规模预测均缺乏权威性和可对比性,同时不同报告、规划往往只报告1~2年的数据,难以从时间维度对产业发展情况进行分析。查阅相关统计年鉴,中国统计年鉴系统地报告了历年全国卫生费用总额的数据。虽然该数据不能涵盖康养产业的全部情况,但是该数据从需求的角度还是可以反映康养产业中一些重要细分产业的发展情况。正如图18-2所示:1990年以来,全国卫生费用支出由747.39亿元增长到2018年的59 121.9亿元,28年间增长了79倍,远高于同期国民生产总值的47倍的增幅。即使以政府、社会和个人三项卫生费用支出中增幅最小的个人现金卫生费用支出,也增长了63倍,仍然远远高于同期经济增速。截至2018年,全国卫生费用总额为5.91万亿元,占当年GDP比重达到6.57%。

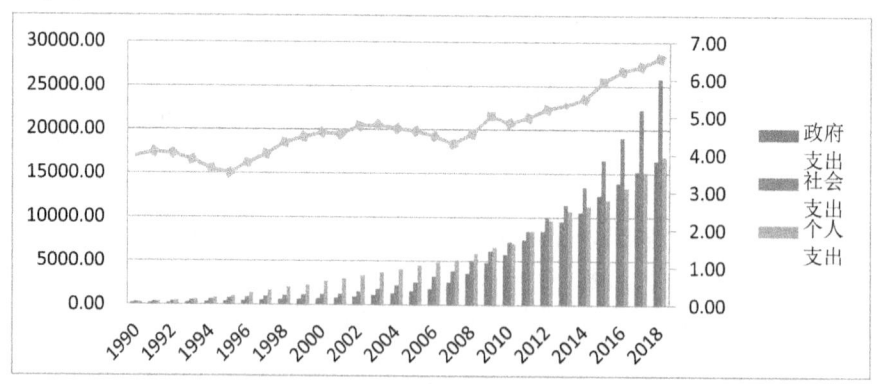

图18-2 1990年以来中国政府、社会和个人卫生费用支出额及占GDP比重

注:左侧坐标为政府、社会和个人卫生费用支出绝对量,单位为亿元;右侧坐标为历年全国卫生费

---

① 具体参见:何莽.中国康养产业发展报告(2018)[M].北京:社会科学文献出版社,2019.
② 具体参见:《"健康中国2030"规划纲要》,2016.

用支出占当年 GDP 比重,单位为%。①

数据来源:《2019 年中国统计年鉴》。

虽然用卫生费用总额可以间接地反映康养产业的潜在规模,但是可以肯定地说,这将极大低估康养产业的规模。从《健康产业统计分类(2019)》中可以看到,健康产业 13 个大类产业中的 3 个大类产业,即医疗卫生服务、健康事务、健康环境管理与科研技术服务,医疗卫生机构设施建设等可以涵盖所有的卫生费用支出。② 而健康产业中的其他 10 个大类产业比如健康促进服务,健康用品、器材与智能设备制造,中药材种植、养殖和采集等产业均无法被涵盖,更不用说比健康产业外延更大的康养产业。因此,随着老龄人口规模的持续增长,人们健康意识的逐渐增强,同时参见国外其他国家老龄产业占国民生产总值的占比,可以预测中国康养产业的潜在规模是巨大的。

(二) 康养产业发展的突出问题

基于前文分析可以看出,康养产业近年来发展迅速,潜在规模巨大,未来可期。那么目前康养产业又存在哪些突出的问题呢？康养产业是养老产业和健康产业的合集,虽然养老产业和健康产业有不少的交集,但是不可否认从细分产业的角度二者又存在明显的区别。此外,康养产业兼具社会事业和产业的双重属性。③ 因此,对康养产业的问题的分析,应该从产业和社会事业不同属性的角度以及养老和健康不同的产业角度进行。

1. 从社会事业属性的角度看康养产业的问题

养老产业(事业)可以用形势严峻、短板突出加以概括,具体表现为:城乡、区域老龄事业发展和养老体系建设不均衡问题突出;养老服务有效供给不足,质量效益不高,人才队伍短缺;老年用品市场供需矛盾比较突出;老龄工作体制机制不健全,社会参与不充分,基层基础比较薄弱;涉老法规政策系统性、协调性、针对性、可操作性有待增强。④ 健康产业

---

① 政府卫生费用支出指各级政府用于医疗卫生服务、医疗保障补助、卫生和医疗保障行政管理、人口与计划生育事务支出等各项事业的经费。社会卫生费用支出指政府支出外的社会各界对卫生事业的资金投入,包括社会医疗保障支出、商业健康保险费、社会办医支出、社会捐赠援助、行政事业性收费收入等。个人卫生费用支出指城乡居民在接受各类医疗卫生服务时的现金支付,包括享受各种医疗保险制度的居民就医时自付的费用。卫生总费用等于政府卫生费用支出＋社会卫生费用支出＋个人卫生费用支出。占比＝卫生总费用/当年 GDP。

② 医疗卫生服务包括:治疗服务、康复护理服务、独立医疗辅助性服务、公共卫生服务等四个中类产业。健康事务、健康环境管理与科研技术服务包括:政府、社会组织和园区健康事务管理服务,健康环境管理服务,健康科学研究和技术服务等三个中类产业。医疗卫生机构设施建设包括:医疗卫生机构房屋建设、医疗卫生机构建筑安装、医疗卫生设施建筑装饰装修等三个中类产业。具体见:2019 年中国国家统计局发布的《健康产业统计分类(2019)》。

③ 本书所说的产业属性和社会事业属性最大的区别在于,参与康养产品服务的供给方是否遵循市场机制原则,是否以利润最大化作为提供产品与否的原则,如果是那么就是产业属性,如果不是那么就是社会事业属性。关于养老产业的属性问题曾经引起过广泛的讨论,一些学者坚持养老产业应该市场主导,兼具社会事业的属性;一些学者则坚持社会事业属性优先,市场是其补充的观点。具体参见:汪雁. 对老龄产业内涵及性质的再思考[J],市场与人口分析,2004(10).

④ 具体参见:《"十三五"国家老龄事业发展和养老体系建设规划》(国发〔2017〕13 号)。

(事业)问题主要表现为:资源总量不足,布局结构不合理,优质医疗资源尤其缺乏;基层服务能力薄弱,基层医务人员技术水平亟待提高,服务设施和条件需要持续改善;深层次的体制机制矛盾依然存在。①

2. 从产业属性的角度看康养产业的问题

养老产业发展的问题主要体现为:潜在需求大,短期内有效需求不足。正如不少学者指出的那样,养老市场看似需求规模很大,实际上能否形成有效支付的养老需求有限。北京大学乔晓春教授曾对北京养老市场做过深入调研。2015 年北京老人追踪调查数据显示:当年北京共有 309 万 60 岁以上的老人,其中失能、半失能老人 52.8 万人,占所有老人的比重为 17.1%。② 养老最突出的问题主要聚焦于失能和半失能老人的照料上,也是对于一个家庭来说最棘手最需要解决的问题。据乔晓春教授的调查,北京真正入住到养老机构的老人仅为 4.1 万人,占所有老人的比重仅为 1.3%。这与国家提倡的"9073"模式显然还有较大的差距。是因为养老床位不够导致的吗? 北京各类养老机构的实际床位使用率刚刚超过 50%,也就是说近一半的养老床位是闲置的。为什么有如此多的养老床位闲置呢? 看完各类养老机构的收费标准(见表 18-1),答案就自然出来了。养老机构一共分为三种类型:事业、民办非企业和企业。其中,事业型养老机构是政府投资带有福利性质的机构;民办非企业则是政府和私人共同投资,收费标准受政府指导不是以盈利为目的的养老机构;企业性质的养老机构则追求利润。

表 18-1　各类养老机构的收费标准

老人情况	法人类型	收费标准
自理	事业	2528
	民办非企业	3007
	企业	5260
半失能	事业	2968
	民办非企业	3541
	企业	7020
失能	事业	3699
	民办非企业	4559
	企业	9884

注:收费标准为元/月,包含床位费、餐费和护理费。
数据来源:乔晓春《养老产业为何兴旺不起来?》。

---

① 具体参见:《"十三五"卫生与健康规划》(国发〔2016〕77号)。
② 国家卫健委老龄健康司司长王海东指出,截至 2018 年年底,全国老人失能率为 18.3%。国际上判断失能的标准是能否完成吃、穿、上床睡觉、上厕所、运动和洗浴这六项指标,其中如有一项做不了就是失能,而如日常行动和日常照护有一点困难的情况是半失能。国内界定失能与否的标准则主要依据《关于开展长期护理保险制度试点的指导意见》,不同地区制定了不同的细则。具体见 http://shh.sinoins.com/2017/08/23/content_240407.htm。

2015年,北京老人平均每月的总收入中位数仅为3833元,月收入超过8000元的比重不足8%。① 而真正对养老服务刚需的老人往往是失能或半失能老人。对于该群体,企业性质养老机构的收费标准,90%以上的老人是无法依靠个人收入支付的。因此在北京的养老市场上,事业型养老机构处于一床难求,但是企业型养老机构却存在床位利用率低下的尴尬困境。北京是中国社会福利保障最好的城市之一,北京尚且无力依靠财政投入承担事业型养老机构的支出,何况其他城市。②

近年来,不少大型保险公司、房地产企业纷纷推出养老服务项目,比如泰康人寿推出的泰康之家养老社区。从社区的软硬件环境看,的确能解决老有所养、老有所乐、老有所医等一切可以期盼的标准,但是费用之高可能非一般人所能承受。③ 养老服务需求最迫切的群体是70岁以上失能或半失能老人群体,但是70岁以上的老人基本都是在养老金制度尚未完全建立的时候已经退休或即将退休的,该人群平均收入并不高,绝大多数承担不起完全市场化运作的养老费用开支。"未富先老"的客观事实是导致中国养老产业潜在需求大,但短期内有效需求不足的主要原因。④

与养老产业市场化短期内面临有效需求不足的困境有所不同,健康产业特别是医疗卫生服务,面临的发展问题可以说是全球共性的,因医疗卫生市场存在着不确定性和严重的信息不对称,仅仅依靠市场机制是无法有效配置资源的。正如卫生经济学的奠基人肯尼斯·阿罗所指出的那样:患者对自己需要什么样的医疗服务以及在哪里可以购买到所需要的医疗服务,往往是缺乏相关知识的,当患者缺乏足够的知识,进而无法做出最优选购策略时,作为被委托方——医疗服务的提供者,能否以患者的核心利益做出有效的医疗服务决策,是医疗卫生市场最基本的难题,该问题也被称为"选购难题"。⑤ 前文为了分析健康产业的潜在规模曾指出中国卫生费用支出1990年以来高速增长,但是换一个角度看,这也意味着政府、社会、居民的医疗负担在快速增加。因此,如何建立起一个适合我国

---

① 总收入包括养老金、仍然继续工作收入、干农活收入、抚恤金、企业年金、商业保险、高龄津贴、养老服务补贴、护理补贴、最低生活保证金、五保三无救助金、房租收入、利息收入、土地出租承包收入、原单位补贴福利和分红、子女和亲属给的钱,未包括存款和房产。具体见:乔晓春.养老产业为何兴旺不起来?[J].社会政策研究,2019(2).

② 需要指出的是,企业型养老机构并没有因为收费高而获得很高的利润,反而存在着如果经营不好,面临亏损的状况,即使是那些入住率较高的企业型养老机构。此外,北京养老机构无论是事业型、民办非企业型还是企业型都或多或少得到了财政补贴,当然企业型得的比例最低。具体参见:乔晓春.养老产业为何兴旺不起来?[J].社会政策研究,2019(2).

③ 入住该养老社区的前提:投保《泰康尊享岁月养老年金保险(分红型)》获得保证入住权,需每年缴费21.8万,缴费10年,累计缴纳保险费218万。入住后自理老人每月基本费用11 850元/人;失能或半失能老人每月基本费用1.6万元/人~2.4万元/人。这仅仅是基本费用不包括治疗、购买衣服等费用,同时还需要缴纳20万元的押金。具体见:https://www.sohu.com/a/220862819_797384.

④ 即使目前已经基本在我国建立起来的养老金制度也面临保障充盈率不高的情况,与发达国家相比差距仍然非常大。2018年美国养老金/GDP逾135%,中国养老金/GDP仅为7%。具体见:http://finance.sina.com.cn/roll/2019-10-28/doc-iicezzrr5430589.shtml.

⑤ 具体参见:程璐,费清.美国医疗保障制度的演进与启示:基于"选购难题"的视角[J].理论学刊,2019(1).

国情,能够减少选购难题所导致的医疗资源配置低效率,成本可担,患者满意,医保机构、商业保险公司、医疗服务供给方可以持续发展的制度体系是健康产业良性发展的一个重要前提。[①]

第三节 政府产业促进政策

自20世纪末中国人口进入老龄化阶段以来,特别是2010年后人口老龄化呈现加速趋势以来,各级政府针对中国养老问题的各类政策、规划、指导意见层出不穷。譬如:2013年国务院出台《关于加快发展养老服务业的若干意见》(国发〔2013〕35号);2015年国务院办公厅转发《卫生计生委等部门关于推进医疗卫生与养老服务相结合指导意见的通知》(国办发〔2015〕84号);2016年中国人力资源社会保障部办公厅发布《关于开展长期护理保险制度试点的指导意见》(人社厅发〔2016〕80号);2016年10月,中共中央、国务院印发《"健康中国2030"规划纲要》;2017年国务院连续发布《"十三五"国家老龄事业发展和养老体系建设规划》(国发〔2017〕13号)、《国务院办公厅关于制定和实施老年人照顾服务项目的意见》(国办发〔2017〕52号);2019年7月15日,国务院印发《国务院关于实施健康中国行动的意见》。可以看出基本每1~2年都会出台国字头的文件或规划。一方面表明政府对老龄化问题的重视,另一方面也表明老龄化问题的解决已经刻不容缓。

康养产业兼具社会事业和产业的双重属性。因此,在康养产业的促进政策的制定上,应遵循两个基本原则。一是可以市场化的产业,应积极地用市场的方式配置资源,提高资源的利用效率。比如,养老产业中的老年用品及相关产品制造业、老年用品及相关产品销售和租赁业、住宅适老化及无障碍改造、老年旅游服务等以及健康产业中的健康旅游服务、养生保健服务、健康保险服务、健康设备和用品租赁服务、医疗仪器设备及器械制造等。二是需要政府解决的则需要加大投入力度,积极履行兜底工作。康养产业中本身一些产业就是需要政府提供的公共服务,比如养老产业中的老年人社会救助、老年人社会福利、养老科学研究和试验发展、养老公共管理、老年法律服务和法律援助等;健康产业中的健康人才教育与健康知识普及、健康科学研究和技术服务、健康环境管理服务、公共卫生服务以及政府、社会组织和园区健康事务管理服务等。对于那些既可以市场化同时也需要政府参与的产业,则应该基于不同的发展阶段出台针对性的政策。如养老照顾服务可以市场化,但是现阶段相当一部分老百姓无法负担市场化的服务价格,政府则应在减免相关税费、土地出让价格等方面降低提供养老照顾服务的企业负担,同时承担兜底工作。

最后,需要指出康养产业从提出到现在不过几年时间,学术界对其内涵、外延颇有争议,也没有口径统一的相关数据。本书关于该产业的分析难免存在各种问题。希望本书可以起到抛砖引玉的作用,有更多的有识之士可以从事康养产业的研究。

---

① 卫生经济学是一个非常有意思的经济学分支学科,有兴趣的同学可以查阅相关文献进行了解。

附录：典型国家养老产业发展的对比分析

(一) 英国

英国是世界上第一个完成工业化的国家，也是发达国家中较早进入老龄化社会的国家，其在20世纪30年代初期就已经进入老龄化社会。近年来，英国人口老龄化与高龄化的程度进一步加深，2010年英国老龄化水平为17%[①]，2015年其平均年龄已超过40岁[②]。在长达半个多世纪的长河中，英国社会保障体制经历了从"福利主义国家"到"中间道路"[③]的转变，对英国养老政策的总结梳理对于后发国家具有非常强的现实指导意义。

英国是现代福利制度的起源，其标志是诞生于1942年的《贝弗里奇报告》[④]。该报告为福利主义国家描绘了一幅充满万众期待的宏伟蓝图，即主张由国家提供普遍的、基本的、"从摇篮到坟墓"式全方位的社会保障。1946年颁布的《国民医疗保健法》和1948年颁布的《国民救济法》标志着英国现代社会保障制度的建立，这两大法律规定了公民拥有享用国家提供的健康服务和院舍照料的公民权利，尤其是《国民救济法》第21条明确了地方政府有责任为有需要的人提供居住性照顾[⑤]，造成院舍照顾服务机构的迅猛增长。院舍照顾是指政府兴办大型福利院舍，同时花钱雇用大批工作人员对无依无靠的老年人和残疾人实施住院式集中照顾，因此也被称为机构照顾，该模式是20世纪40年代末至60年代初英国社会主要的养老模式存在形态。

由政府主导的"院舍照顾"式养老模式虽然使得老人能享受到普惠性和统一性的养老产品和服务，但是由于院舍照顾使得老年人与原有的生活环境割裂开来，在一定程度上损害了他们的社会适应能力。而且这种模式下的养老产品和服务的供给不可避免地会带有很强的同质化特征，容易忽视受照顾者的独特性和个性化，必然无法充分满足老年人的心理需求。[⑥] 与此同时，"福利病"对经济效率的负面影响日益得到重视，而不断增加的投入也使得政府财政难以为继。为了探寻更有效的养老模式，英国开展了"反院舍化"和"去机

---

① 参见：李赟.爱与陪伴：老人心灵呵护理论与实务[M].北京：中国劳动社会保障出版社，2015.
② 参见英国老龄化来袭：平均年龄首次达到40岁[EB/OL].http://edu.sina.com.cn/en/2015-06-29/092290428.shtml，2015-06-29/2017-08-04.
③ 强调有限的国家干预和有限的市场调节相结合。
④ 《贝弗里奇报告》是素有"福利国家之父"之称的英国经济学家威廉·贝弗里奇爵士的传世经典，它是社会保障发展史上具有划时代意义的著作，对整个世界的社会保障制度建设产生了巨大的影响。该报告基本被英国政府接受并采纳付诸实施，1948年，英国首相艾德礼宣布英国第一个建成了福利国家，贝弗里奇也因此获得了"福利国家之父"的称号。报告和英国福利国家社会保障制度的实施，影响到了整个欧洲。瑞典、芬兰、挪威、法国、意大利等国也纷纷效仿英国，致力于建设福利国家。
⑤ 参见：周慧.老年人社区照顾：老龄化社会养老的有效模式[J].新西部，2003(11).
⑥ 参见：周慧.老年人社区照顾：老龄化社会养老的有效模式[J].新西部，2003(11).

构化"运动,社区照顾的养老模式开始兴起,并在20世纪70年代后期得到迅速普及。①20世纪90年代初期,英国颁布了《照顾白皮书》和《国家健康服务与社区照顾法令》,进一步强调,社区照顾的目标是在"自己的家或'像家似的'环境中供养人们"②,这一模式一直持续至今。老年人社区照顾的主要服务内容包括三个方面。一是在一定规模的社区中兴建中小型的院舍设施,对无依无靠、生活不能自理的老人进行院舍照顾。但这种院舍是开放型的,住院老人可以走出院舍,进入他所生活的社区。这与传统的将院舍与老人生活的社区隔离开来的院舍式照顾有本质的不同。二是在社区中兴建服务设施,有需要的老人可定期来享用这些服务设施,同其他老人交流。政府派交通工具接送,老年人一般当日返回自己的住所。三是对行动不便或日常生活有困难的老人实行上门服务,包括代买生活用品、代做饭食、清理卫生、陪同聊天等。

英国养老服务体系经历了由完全的政府兜底到以政府兜底为主、社区化养老为辅的转变。

(二) 美国

早在20世纪40年代,美国就已经进入人口老龄化社会。但由于美国是一个移民国家,同时其生育率在发达国家中也保持较高水平,因此美国人口老龄化问题一直以来并不突出。美国并非福利国家,以效率为准则的市场经济的原则反对政府提供高福利,基本养老保障水平并不高。③ 与美国自由文化相适应,子女一般与祖父母之间保持较大独立性,法律和道德都没有要求子女担负父母养老的义务,这种"接力"式的养老模式④使得老人养老也很少依赖子女。这两方面造成了相对纯粹的市场化养老体系在美国得以建立起来,与政府兜底的养老模式的普惠性和家庭养老模式对人性的高要求相比,市场化的养老体系更加具有针对性和差异性,能够满足老年人多元化的养老需求,逐渐形成了阶梯式的养老体系。

养老社区在美国养老体系中占据着非常重要的地位,经过多年运行已经成为老年人养老的主要载体。与社区(居家)养老相似的是,养老社区在空间上也体现为"家庭","家庭"在美国养老体系中占据着主流⑤,70%以上的老人采用的是"以房养老"的方式。但在养老产品的供给上,与"社区养老"嵌入式的半社会化养老模式不同,养老社区是专门性的用于养老的社区,使得养老社区能像机构养老那样提供适宜老年人的居住、餐饮、医疗护理、文化娱乐、健身运动等全方位、多层次的高品质生活。

在美国,养老社区兴起于20世纪60年代,美国"当兵的一代"逐渐退休,以太阳城为

---

① 参见:李珺,李艳忠.以养老机构为依托发展社区照顾养老模式的可行性分析[J].云南社会科学,2013(3).
② 参见:陈玉光.社区养老服务体系建设:国际经验与基本路径[J].新视野,2013(2).
③ 参见:中华人民共和国财政部政策研究室.美国基本养老保险制度概况[EB/OL].http://zys.mof.gov.cn/pdlb/tszs/201601/t20160122_1655093.htm,2017-8-3.
④ 此种模式与养儿防老或者说"反哺"式的养老模式相对应。
⑤ 美国最大的老年人权益组织退休人员协会(AARP)一项民调显示,近90%的65岁以上美国长者希望在家养老。

代表的养老社区开始在美国兴起。随着"婴儿潮"①一代的大量退休,将推动养老社区需求量不断增长。

美国养老社区主要有三大模式:

第一,仅接收健康老者的"太阳城模式"②。太阳城模式本质上属于住宅开发性质,由地产开发商主导,通过销售养老概念住宅,开发商得以收回投资并产生盈利。太阳城选址通常位于郊区,占地大,容积率低,精装修标准,拎包即可入住,附近一般配有专为社区服务的商业中心。考虑到老年人收入水平,太阳城项目房价往往相对便宜,如"苹果谷太阳城"位于洛杉矶东北方向120公里左右,房价仅为洛杉矶市内的约三分之一,对老年购房群体构成了极大的吸引力。由于项目面向的是身体康健的老者,因此社区内没有专门提供医疗、护理等配套服务,主要依赖社区所在城镇提供的大市政配套。但社区为活跃长者们提供了多样的设施,如高尔夫球场、娱乐中心以及教育培训等。在医疗护理方面,允许第三方提供的家政、保健等服务。

第二,运营商主导的"持续护理退休社区(CCRC)模式"。持续护理退休社区已有100多年历史,经过长期发展,已发展成为一种复合型养老社区。该模式主打精细化管理服务,其理念是在复合型社区中满足老人对健康管理、护理和医疗等不同生理年龄阶段的基本养老需求,令老人不需要搬家就可以在持续护理退休社区中完成人生三分之一的幸福旅程。全美目前共有近2000处持续护理退休社区,其中约82%为非营利性组织所有,有相当一部分是从传统养老院转型而来。持续护理退休社区主要服务三类老人。第一类是自理型老人,年龄介于55～65岁,在社区中有独立住所。社区为这部分老年人提供便捷的社区服务,如餐饮、清洁、医疗保健及紧急救护等。同时,为满足老年人精神生活的需求,社区会组织各种形式的活动,如老年大学、兴趣协会等。第二类是介助型老人,主要服务对象为需要他人照料的老人。这类老人除了可以得到社区服务外,还有类似饮食、穿衣、洗浴等日常生活护理。为了丰富介助老人的生活,一些社区也会在老人身体可接受范围内,提供各类活动。第三类是介护型老人,针对的是生活完全无法自理的老人,在介护型社区,老人24小时都处于专业护士的监护之下。介护型老人年龄一般在80岁以上,同时居住在特殊的单元里。可以看出,持续护理退休社区对管理和护理人员水平要求较高,员工人数众多,服务提供者和入住老人的比例一般为1∶1。为了集中为老人提供全方位服务,并进一步降低看护成本,CCRC项目通常位于郊区,以多层为主,布局紧凑,密度相对太阳城更高。和太阳城靠出售地产获利不同,CCRC只提供地产租赁权和服务享受权,通过收取房屋租赁费和服务费赚钱。其中,服务费包括一次性的入门费、定期的房屋租赁费及特殊服务费等。根据房间大小,入门费从20万美元到100万美元不等,年费或月费则视所需护理的程度而定,针对健康活跃长者,每月需要支付3000美元,半护理老人

---

① "婴儿潮"是指1946—1964年间新出生人口,高达7600万人,几乎占美国现在人口总量的1/4,2017年,他们中的最年长者达到71岁,而最年轻者也有53岁,巨大的养老压力可见一斑。

② 在美国,人们不把老年人称作夕阳,而是叫作太阳。20世纪60年代,地产开发商德尔·韦布公司在亚利桑那州阳光明媚的凤凰城建立首个此种类型的养老社区,并以"太阳"命名,太阳城模式因此得名。

4000美元/月,全护理老人则是5000～6000美元/月。特殊服务费则取决于个体所需的额外护理服务。据美国媒体报道,预计2013年共有330万美国人生活在全美1.6万家护理服务设施中,相当于1/7的65岁以上老年人、1/5的85岁以上老年人选择这一模式。2013年1月,共有3036家此类护理服务设施赢得联邦政府的"五星"评级。①

第三,自然形成退休社区养老模式②。自然形成退休社区养老模式兴起于20世纪80年代中期,自然形成的较大规模的老年人口集聚为系统性养老服务的嵌入提供了空间。1986年,美国第一个正式的自然形成退休社区养老模式在纽约曼哈顿的宾南社区诞生了。当时宾南社区有大约3000个单元和6000住户,75%以上的居民年龄都在60岁以上,他们中很多人都遇到了经济、住房和医疗方面的各种问题,于是负责社区管理的房产合作社联合了纽约犹太社区联合会(世界上最大的地区性慈善组织)以及其他一些政府和非政府组织,共同成立了一个为社区老年居民提供住房、医疗以及其他社区服务的委员会。该委员会的成功经验为后来成立的自然退休社区服务项目提供了范例。③ 2001年,北美犹太人联合会开始推动自然退休社区居家养老倡议,并寻求联邦政府支持,在全国范围内发展与试点该模式。2002—2010年间,依照《老年美国人法案》,国会共拨款3000万美元,在全国26州试点发展自然形成退休社区养老模式。拥有养老服务支持的自然形成退休社区大多数位于城市,少数位于城郊或乡村;社区通常由单元住宅建筑物或传统民居构成;社区居民大多为中、低收入者,其文化与语言具有多元化特点;社区由社会服务机构牵头,绝大多数由政府资金支持,少数由私人慈善机构资助。④

因此,美国养老体系的特点是"市场化为主、政府补助为辅"式的社区养老为主要存在形态。

(三)日本

日本是东亚国家的代表,东亚"家"文化在其养老产业发展过程中影响深远。二战以前,日本的老龄化问题并不突出,国家也没有专门的政策导向和制度安排,该阶段的养老体系主要由家庭养老来自发组织和供给。二战之后,伴随日本经济起飞的同时,人口老龄化问题凸显出来。1950年日本65岁以上的老龄人口仅占总人口数的5%,1971年该数据突破7%,这标志着日本正式进入老龄化社会。在西方工业化国家中,日本是进入老年

---

① 参见:美国养老地产业三种模式及典型案例深度解析[EB/OL].http://www.sohu.com/a/116048255_237406,2017-8-3.
② 在美国,有一类因为历史原因而自然形成的老年人群居社区,这些人往往在同一个社区住了几十年,他们老了又都不愿意离开老宅,使这一区域老年人口比例畸高,这种社区被称为自然形成的退休社区。
③ 参见:张强,张伟琪.多中心治理框架下的社区养老服务:美国经验及启示[J].国家行政学院学报,2014(4).
④ 参见:侯立平.美国"自然形成退休社区"养老模式探析[J].人口学刊,2011(2).

型社会最晚的国家,但其人口老龄化增速却位于发达国家之首,"少子化"①问题的出现导致传统的家庭养老举步维艰,探索新的养老模式就成为日本政府应对人口老龄化的重中之重。

家庭养老模式的改变始于20世纪60年代初期,日本政府最早把解决问题的着力点放在推广政府主导的机构养老上,逐步形成了由国家包揽的官办型养老福利机制。在这个发展阶段中,日本政府把养老放到国家战略层面来考虑,强调养老是整个社会的责任。1963年7月,日本颁布了首部关于养老的法律《老人福利法》,充分说明了日本当局对养老问题的重视。随后的大约十年间,日本政府在全国建设了约3100处健康恢复型养老设施和约3700处老年疗养医疗设施,65岁以上老人需要时可入住这些设施。

政府主导型的养老体制在一定程度上缓解了人口老龄化的压力,但是随着人口老龄化的进一步加剧、"少子化"下的家庭结构简约化,以及在大量女性走上工作岗位等因素共同作用下,养老产品和服务的供给与日益增长的需求相比仍显不足。在此背景下,日本政府做了大量补充性的制度安排:第一,为了更加突出养老问题的重要性,1982年日本又颁布了《老人保健法》,该法是《老人福利法》的自然延续和发展,其进一步把与老人生活密切相关的医疗和保健从一般人的健康保险体系中剥离出来,形成了相对独立的体系;第二,为了应对"低龄老龄化"和缓解养老床位的不足,日本政府出资建立"托老所",为老人提供短期入住、护理和治疗服务;第三,作为上一条的配套措施,政府出资培训了10万家庭护理员,负责看护照顾生活不便的老人。

从以上措施可以看出日本政府应对老龄化所做出的一系列努力,但是政府主导型的机构养老虽然提供了良好的医疗护理条件,但解决不了离家老人忧郁孤独的心情,造成机构养老的死亡率明显高于居家养老的老人。更为糟糕的是,与日俱增的巨大投入成为财政不可承受之痛,在"低龄老龄化"和"高龄老龄化"并存的背景下该种模式难以为继,半社会化的居家养老模式开始受到广泛重视。

与此同时,经过二战后30多年的发展,日本人口从战前的"人生50年型"转为20世纪80年代的"人生80年型",并且有进一步向"人生90年型"迈进的倾向,长寿成为日本社会的常态。为了应对长寿社会的到来,日本政府于1986年6月推出《长寿社会对策大纲》,旨在制定面向21世纪的长寿社会对策。1989年12月,日本政府又进一步制定了《推进高龄者保健福利十年战略计划》,确立了国家对高龄者的"保健—医疗—福利"服务的基本方针。其内容包括以市町村为主体的居宅福利对策、强化扩充收养福利设施、设置700亿日元的长寿福利社会基金、无瘫疾老人作战计划、设计充实的晚年生活方案等,可以看出,"居家"成为此项内容的核心,这就是以居家养老、居家看护为主的"黄金计划"。该推进计划的确将日本的老人福利发展引入了一个新的时代,也标志着以居家养老为中心的社区服务体系正式形成。

黄金计划缓解了护理难题,但是资金来源成了难题。为了缓解日益增长的社会保障

---

① 日本的"总和生育率"由1947年的4.54迅速下降至1974年的2.1以下,而国际社会公认平均每对夫妇需有2.1个孩子才能实现人口的自然更替。具体参见http://news.xinhuanet.com/mrdx/2015-07/28/c_134452909.htm.

支出对财政的压力,日本于 1997 年开始制定《护理保险法》,于 2000 年 4 月实施,此法将 40 岁以上的被保险人都纳入到护理保险的范围。资金来源以政府为主(各级政府分摊),40~64 岁国民的负担为 33%,在年金或工资中按比例扣除,65 岁以上的老人负担 17.5%,在养老金中扣除。

也就是从那时起,日本开始悄然成为世界上最长寿的国家,养老不仅是一个社会问题,更是一个经济问题。2010 年 6 月,日本政府公布《21 世纪复活日本的 21 个国家战略项目》,将"医疗和看护产业"作为新兴的服务业产业以拉动未来经济发展。这一战略的实施带动了一批"老人用品专卖""老年餐饮专营""老人之家管理咨询""养老服务人员培训"等企业发展,成为日本经济未来的增长点。综上可见,日本养老模式的探索经历了由"家庭养老"到"机构养老"再到"居家-社会型养老"的演变历程。因此,日本养老体系的特点可以总结为:第一,立法;第二,注重规划;第三,注重政府责任承担、子女养老义务的代际传承和社会养老体系的互动。

(四) 新加坡

新加坡总人口中华人占了 75% 左右,西化程度比较高,号称"西化的华人国度"。但是中华文化也深深影响着新加坡的生活形态,"孝"文化传统在尊老、爱老上体现得更加淋漓尽致。新加坡于 2000 年[①]才正式进入老年型社会,相较于其他发达资本主义国家,虽然其进入老龄化社会时间比较晚,但发展势头强劲。目前,在 9 个新加坡人里面就有 1 个在 65 岁或以上,到 2030 年,每两个新加坡成年人就要抚养 1 个 65 岁以上的老人。[②] 为了应对人口老龄化,新加坡政府未雨绸缪,从 20 世纪 50 年代就开始致力于老人养老问题的制度性解决,其中很多成功经验值得借鉴和学习。新加坡养老特点:第一,"以法制孝";第二,以社区居家养老为主;第三,去产业化。

1955 年 7 月中央公积金制度的建立,标志着新加坡制度性老年社会保障的开始。中央公积金制度实际上是一种强制性的长期储蓄,也被称为"退休基金社会主义"制度。在中央公积金制度框架下,成立中央公积金管理局,政府为每位公民设立独立账户,雇主和雇员必须在工资里面按百分比缴纳公积金,这是强制性的,而且不到退休不能变现。退休时一次将积攒的钱取走,政府不发放养老金,每个人都要靠自己养活自己。可以看出,这种中央公积金制度不同于一些国家实行的以个人和雇主交纳保险费为主,政府给予资助的保险制度,也不同于一些西方国家实行的完全或基本上由国家负担社会保险基金的制度。[③] 也就是说,在进行制度设计之初,新加坡政府就吸取了西方国家的教训,不仅避免了养老制度养"懒人"的窘境,也减缓了政府财政的巨大压力。值得注意的是,政府不直接支付养老金并不代表着其在养老问题上的超然地位,政府在与老人生活有关的公共基础设施和公共服务相配套的制度性产品提供方面更是不遗余力。

---

① 参见:张恺悌.新加坡养老[M].北京:中国社会出版社,2010.

② 参见:新加坡眼.到 2030 年,每 3 个新加坡人里就将有 1 个在 65 岁以上![EB/OL]. http://www.yan.sg/2030315yishang/,2015 年 09 月 21 日.

③ 参见:黄学海.借鉴新加坡中央公积金制度推进中国社会保障制度改革[J].当代财经,1996(9).

除了中央公积金制度之外,新加坡政府非常强调家庭在养老过程中的重要性。作为对"孝"文化的诠释,新加坡政府认为,孝道是做人的起点,孝道可以稳固家庭,可以使人类社会得以延续,还可以把每个人塑造成堂堂君子。① 因此,为了能够保持在赡养老人方面具有天然优势的比较传统的"三代同堂"的家庭形式,新加坡政府采用了"胡萝卜加大棒"式的奖励与惩罚并存的激励政策。先来看惩罚方面,新加坡在1994年制定了"奉养父母法律",成为世界上第一个将"赡养父母"立法的国家。1995年11月新加坡颁布的《赡养父母法》规定:凡拒绝赡养或资助贫困的年迈父母者,其父母可以向法院起诉,如发现被告子女确实未遵守《赡养父母法》,法院将判决对其罚款1万新加坡元或判处一年有期徒刑。为了有助于此类案件的开展,1996年6月根据该法新加坡又设立了赡养父母仲裁法庭,使得养老引起的家庭纠纷更加具有针对性。

除了法律这一大棒之外,新加坡政府还出台了一系列经济方面的刺激政策。第一,所得税优惠。新加坡政府推出"三代同堂花红",即与父母同住的"三代同堂"家庭的纳税人扣税减免额增加到5000元。为祖父母填补公积金退休户头的人,也可享受一定幅度的扣除税额。② 第二,推出一系列补贴计划。为需要赡养老人的低收入家庭提供养老、医疗方面的津贴,以减轻其家庭负担,提高其赡养老人的积极性。新加坡政府自1993年以来曾推出多项"公积金填补计划",每次计划政府都拨款5000多万新加坡元,受惠人数达17万~18万,每次个人只要自行在户头里存入20~50元,就可获得政府100~350元补充金额,在每次执行填补之前,政府都通过多方呼吁孩子和其他家庭成员为家中没有能力的老人填补户头,以让他们能享有政府的填补数额。③ 第三,申请组屋优惠。在新加坡,组屋是一项具有社会福利性质的事业,目前大约87%④的居民居住在组屋,是实现"居者有其屋"的重要载体。对与老人同住的组屋,对申请者提供便利和优惠。对"三代同堂"的家庭给予价格上的优惠和优先安排。规定单身男女青年不可租赁或购买组屋,但如愿意与父母或四五十岁以上的老人同住,可优先照顾;对父母遗留下来的那一间房屋可以享受遗产税的减免优待,条件是必须有一个子女同丧偶的父亲或母亲一起居住。⑤

作为一个西化的国家,新加坡有一部分老人也不愿意和子女居住,1998年开始新加坡开始推行新的居家养老模式——乐龄公寓⑥。

新加坡公民卖掉持有的大房子套现,一部分钱用来购买乐龄公寓,另一部分作为养老金之外的补充资金,新加坡人把其总结为"卖掉大房子,换成小房子,既有地方住,又有余钱养老"。目前乐龄公寓已成为新加坡解决"老有所居""老有所养"的重要方式。乐龄公

---

① 参见:江宜航.新加坡:1994年制定了《奉养父母法》.
② 参见:胡赐道.30年后老年人将增到19%,政府须谨慎用钱以备未来之需[N].新加坡联合早报,2001-3-8.
③ 参见:填填补补户头知多少[N].新加坡联合早报,2001-1-21.
④ 参见:孔伟.新加坡如何应对人口老龄化[EB/OL].http://theory.people.com.cn/n/2012/0702/c136457-18425946.html,2017-8-2(2012年7月2日).
⑤ 参见:韦红.新加坡精神[M].武汉:长江文艺出版社,2000:180.
⑥ 乐龄是对60岁以上年龄段的别称,"乐龄"所表达的意义就是开心、快乐、愉悦、惬意、潇洒,甚至是幸福、享受等等,此词语最早源于新加坡等地。

寓地点都选在公交便利、设施完善、基础较好的成熟社区内,一般为 12~14 层精装修板式高层,有 35 和 45 平方米两种面积的户型。出于降低养老成本的考量,新加坡政府制定了较为低廉的价格,35 平方米的户型平均售价大概为 5 万新元,45 平方米的为 7 万新元,不过,到 2015 年,这一价格也随建安成本上升至 10 万元新币左右。每户一般有一个卧室,有部分家具,厅和卧室用活动隔墙分隔,节假日时提供子女探访活动。乐龄公寓的内外设施均按照老年人需求而设,如更宽的大门和电梯间便于轮椅出入,更大的煤气、热水器等开关按钮,更亮的房间照明度,以及难以尽数的扶梯、休息场所和定制化健身设施。吸引老年人来这里居住的另一个原因是设在公寓楼下的乐龄服务中心。服务中心不仅配备有专业的医疗、护理人员,从身体和精神上帮扶老人,还时常举办各种娱乐活动,以丰富老人的晚年生活。值得关注的是,除购买公寓需支付低廉的房价外,新加坡乐龄公寓为老人提供的各项设施、服务均免费。

慈怀护理:免费的临终关怀。新加坡的临终护理起源于 1985 年,当时,一名女医生在玉朗区看到有需要临终关怀的病人,遂与两名助手以志愿者的身份照顾这些病人,从而开启了新加坡的临终护理事业。1989 年,新加坡第一家也是最大的临终护理机构注册成立,取名 HCA 慈怀护理。慈怀护理中心是一家慈善机构,对病症末期患者提供舒适的服务,专业的多学科综合治疗团队为患者提供临终关怀,并且上门探望病人及其家属。看护团队由医生、护士、社会工作者、顾问和经过培训的志愿者组成。慈怀护理中心提供上门访问、日间护理、留住三种服务模式,并以居家护理为主。新加坡的态度和做法是提供完全免费的临终关怀服务,不论患者年龄、种族、经济状况甚至国籍。只要身在新加坡,即使是来新加坡看病的外国人,如被医生定性为末期病人,寿命少于 1 年,也可到慈怀护理中心度过余生。新加坡卫生部为慈怀护理中心提供了 60%~70% 的资金,社会捐助占据 20%~30% 的比例,其余 10% 来自筹款活动。除此之外,新加坡的所有医院均设有病痛舒缓小组和临终护理病床。

参考文献

[1] 苏东水.产业经济学.北京:高等教育出版社,2010.
[2] 干春晖.产业经济学.北京:机械工业出版社,2015.
[3] 王俊豪.产业经济学.北京:高等教育出版社,2008.
[4] 李孟刚.产业经济学.北京:高等教育出版社,2008:126-136.
[5] 吴忠良.产业经济学.北京:经济管理出版社,2005:13-17.
[6] 梁媛媛.产业经济学理论.北京:中国水利水电出版社,2015:104-116.
[7] 朱涛.现代产业经济学.郑州:河南大学出版社,2016.
[8] 周湾湾,王利君.产业结构优化升级助力经济高质量发展.合作经济与科技,2021(04):31-32.
[9] 苗勃然,周文.经济高质量发展:理论内涵与实践路径.改革与战略,2021,37(01):53-60.
[10] 崔功豪,魏清泉,刘科伟.区域分析与区域规划[M].北京:高等教育出版社,1999:159-163.
[11] 闫应福.产业经济学.北京:中国财政经济出版社,2003.
[12] 史忠良.产业经济学.北京:经济管理出版社,2005.
[13] 杨公仆,夏大慰.产业经济学教程.上海:上海大学出版社,1998.
[14] 斯蒂芬马丁.高级产业经济学.史东辉,等,译.上海:上海财经大学出版社,2003.
[15] 洪涛.中国共产党领导下的百年粮食回顾与展望.粮食科技与经济,2021(06).
[16] 温铁军,唐正花,刘亚慧.从农业1.0到农业4.0:生态转型与农业可持续.北京:东方出版社,2021.
[17] 范明,牛刚.现代企业理论.北京:社会科学文献出版社,2007.
[18] 黄亚钧.微观经济学.北京:高等教育出版社,2009.
[19] 杨瑞龙,杨其静.企业理论:现代观点.北京:中国人民大学出版社,2005.
[20] 杨建文,周冯琦.产业组织:21世纪理论研究潮流.上海:学林出版社,2003.
[21] 施蒂格勒.产业组织.王永钦,薛锋,译.上海:上海人民出版社,2006.
[22] 李志明,柯旭清.产业组织理论.北京:清华大学出版社,2004.
[23] 戴伯勋,沈宏达.现代产业经济学.北京:经济管理出版社,2001.
[24] 芮明杰.产业经济学.上海:上海财经大学出版社,2005.
[25] 杨公仆.产业经济学.上海:复旦大学出版社,2005.
[26] 张宝光.产业结构高度化研究.天津:天津财经大学出版社,2005.
[27] 管怀鎏.论产业结构高度化.河北经贸大学学报,1997(5):7-9.
[28] 吴德进.产业集群论.北京:社会科学文献出版社,2006.

[29] 梁琦. 产业集聚论. 北京：商务印书馆，2004.

[30] 李小建. 经济地理学. 北京：高等教育出版社，2006.

[31] 李悦，李平. 产业经济学. 大连：东北财经大学出版社. 2002.

[32] 何维达，宋胜洲. 开放市场下的产业安全与政府规制. 南昌：江西人民出版社，2003.

[33] 王毅，朱有志. 中国产业安全报告：预警与风险化解. 北京：红旗出版社，2009.

[34] 李孟刚. 产业安全理论研究. 北京：北京交通大学，2006.

[35] 李旻暾. 产业安全预警系统应用研究. 福州：福州大学，2004.

[36] 刘一飞. 国外有关产业安全的经验及教训. 宏观经济管理，2010(4)：69-72.

[37] 李炳炎. 外资并购与我国产业安全. 探索，2007(6)：78-83.

[38] 景玉琴. 开放、保护与产业安全. 财经问题研究，2005(5)：32-37.

[39] 景玉琴. 产业安全概念探析. 当代经济研究，2004(3)：29-31.

[40] 杨国亮. 新时期产业安全评价指标体系构建研究. 马克思主义研究，2010(6)：63-71.

[41] RUGMANA M，D'CRUZ J R. The "Double Diamond" Model of International Competitiveness：The Canadian Experience. Management International Review，1993，33(2)：17-39.

[42] CHODS. A dynamicapproach to international competitiveness：the case of Korea. Journal of Far Eastern Business，1994(1)：17-36.

[43] DUNNINGJ H. Internationalizing Porter's Diamond. Management International Review，Second Quarter，1993，33(2)：7-15.

[44] 郭京福. 产业竞争力研究. 经济论坛，2004(14)：32-33.

[45] 陈红儿，陈刚. 区域产业竞争力评价模型与案例分析. 中国软科学，2002(1)：99-104.

[46] 崔大沪. 强国战略中的中国产业国际竞争力. 世界经济研究，2003(9)：29-35.

[47] 胡本田. 产业集群：提升安徽省产业竞争力的战略选择. 安徽大学学报（哲学社会科学版），2006(2)：138-143.

[48] 金碚. 中国工业国际竞争力：理论、方法与实证研究. 北京：经济管理出版社，2003.

[49] 金碚. 竞争力经济学. 广东：广东经济出版社，1997.

[50] 金碚. 产业国际竞争力研究. 经济研究，1996(11)：39-45.

[51] 金碚，李钢，陈志. 加入 WTO 以来中国制造业国际竞争力的实证分析. 中国工业经济，2006(10)：5-14.

[52] 蓝庆新，王述英. 论中国产业国际竞争力的现状与提高对策. 经济评论，2003(1)：111-115.

[53] 刘希宋，李响. 我国高技术产业竞争力比较评价. 技术经济与管理研究，2005(2)：15-17.

[54] 卢艳秋，余戈，朱秀梅. 提高我国化工产业国际竞争力的对策. 国际贸易问题，2003(4)：20-24.

[55] 波特. 国家竞争优势. 李明轩，邱如美，译. 北京：华夏出版社，2002.

[56] 裴长洪. 利用外资与产业竞争力. 北京：社会科学文献出版社，1998.

[57] 白树强. 全球竞争论. 北京：中国社会科学出版社，2000.

[58] 魏后凯，吴利学. 中国地区工业竞争力评价. 中国工业经济，2002(11)：54-62.

[59] 吴红光.我国纺织业国际竞争力分析与贸易政策调整.中国软科学,2001(11):23-25.
[60] 严于龙.我国地区经济竞争力比较研究.中国软科学,1998(4):39-45.
[61] 张超.提升产业竞争力的理论与对策探微.宏观经济研究,2002(5):49-52.
[62] 张其仔.开放条件下我国制造业的国际竞争力.管理世界,2003(8):74-80.
[63] 邹薇.关于中国国际竞争力实证测度与理论研究.经济评论,1999(5):27-32.
[64] 斯密.国民财富的性质和原因的研究.北京:商务印书馆,2002.
[65] 马歇尔.经济学原理.北京:商务印书馆,2019.
[66] 马庆喜.企业竞争力理论及其评价研究.商业研究,2005(4):17-19.
[67] 朱春奎.产业竞争力的理论研究.生产力研究,2003(6):13-15.
[68] 诺斯.制度、制度变迁与经济绩效.刘守英,译.上海:上海三联书店,1994.
[69] 林毅夫,潘士远,刘明兴.技术选择、制度与经济发展.经济学(季刊),2006,5(2).
[70] 易余胤,盛昭瀚,肖条军.企业自主创新、模仿创新行为与市场结构的演化研究.管理工程学报,2005(1):14-17.
[71] Kenneth A J. The Economic Implications of Learning by Doing. Review of Economic Studies,1962,29.
[72] 青木昌彦,安藤晴彦.模块时代:新产业结构的本质.周国荣,译.上海:上海远东出版社,2003.
[73] 青木昌彦.比较制度分析.周黎安,译.上海:上海远东出版社,2001.
[74] 朱瑞博.模块化抗产业集群内生性风险的机理分析.中国工业经济,2004(5):54-60.
[75] 胡晓鹏.从分工到模块化:经济系统演进的思考.中国工业经济,2004(9):5-11.
[76] 苏静,娄朝晖.分工专业化与模块化效率分析:一个新兴古典经济学的解释.科技管理研究,2005(2):199-201.
[77] 张海华,王雅林.产业集聚模块化演化过程分析.学习与探索,2009(1):166-168.
[78] 韩晶.基于模块化的中国装备制造业自主创新的制约与突破.科学学与科学技术管理,2009(12):92-96.
[79] 朱涛.模块化、产业集群与企业核心竞争力.中州大学学报,2006(1):21-24.
[80] 施蒂格勒.产业组织和政府管制.潘振民,译.上海:上海人民出版社,1996.
[81] 斯蒂格利茨.经济学.北京:中国人民大学出版社,1997.
[82] 萨缪尔森,诺德豪斯.经济学.萧琛,等,译.北京:华夏出版社,1999.
[83] 弗朗茨.X效率:理论、论据和应用.费方域,等,译.上海:上海译文出版社,1993.
[84] 李秀峰.我国政府规制研究的现状分析与启示.中国行政管理,2004(4):96.
[85] 王健,等.中国政府规制理论与政策.北京:经济科学出版社,2008.
[86] 植草益.微观规制经济学.北京:中国发展出版社,1992.
[87] 陈富良.放松规制与强化规制.上海:上海三联书店,2001.
[88] 王俊豪.英国现行政府管制体制的评论.经济科学,1998(4):117-119.
[89] 库茨涅茨.各国的经济增长:总产值和生产结构.常勋,等,译.北京:商务印书馆,1985.
[90] 张敦富.区域经济学原理.北京:中国轻工业出版社,1999.